广西经济金融智库系列项目

广西金融前沿报告 2020

主　编　周建胜　蔡　幸
副主编　黄荣哲　叶栋梁

中国金融出版社

责任编辑：吕　楠
责任校对：孙　蕊
责任印制：程　颖

图书在版编目（CIP）数据

广西金融前沿报告 2020 / 周建胜，蔡幸主编 . —北京：中国金融出版社，2020. 11
ISBN 978 - 7 - 5220 - 0867 - 7

Ⅰ. ①广…　Ⅱ. ①周…②蔡…　Ⅲ. ①地方金融事业—经济发展—研究报告—广西—2020　Ⅳ. ①F832. 767

中国版本图书馆 CIP 数据核字（2020）第 203312 号

广西金融前沿报告 2020
GUANGXI JINRONG QIANYAN BAOGAO 2020

出版发行　中国金融出版社
社址　北京市丰台区益泽路 2 号
市场开发部　(010)66024766，63805472，63439533（传真）
网 上 书 店　http：//www. chinafph. com
　　　　　　(010)66024766，63372837（传真）
读者服务部　(010)66070833，62568380
邮编　100071
经销　新华书店
印刷　北京市松源印刷有限公司
尺寸　185 毫米 ×260 毫米
印张　24
字数　515 千
版次　2020 年 11 月第 1 版
印次　2020 年 11 月第 1 次印刷
定价　65. 00 元
ISBN 978 - 7 - 5220 - 0867 - 7

前言

FOREWORDS

自2018年12月《广西壮族自治区建设面向东盟的金融开放门户总体方案》上升为国家战略以来，面向东盟的经济金融合作大通道日益通畅，跨境金融合作机制和风险防控机制日益完善，面向东盟的人民币跨境结算与投融资创新日益增多，广西现代金融服务体系建设日益加快，金融服务实体经济能力日益增强。尽管在2019年底受到突如其来的新冠疫情冲击，广西社会融资规模增长率依然达到31.43%，比预期值高出3.58个百分点；全区金融机构营业网点数量及资产总额分别增长6.48%和9.57%，比全区生产总值增长率高出0.48个百分点和3.57个百分点；全区金融业生产总值增长率6.20%，也略高于全区生产总值增长率。

2019年，广西金融业贯彻“六稳”“六保”工作要求，加强逆周期调整，充分发挥金融在资源配置和宏观调控方面的重要作用。2019年广西新增单位固定资产贷款1139.24亿元，新增单位经营贷款510.68亿元，工业贷款新增281.66亿元，制造业贷款新增146.56亿元，金融精准扶贫贷款672亿元。广西顺利推出首单信用风险缓释凭证、首单自治区级扶贫资产证券化产品、首单公交票款资产证券化产品等，打通地方政府债券柜台发行渠道，实现绿色金融债券发行主体覆盖所有城商行。广西出台保险创新综合试验区实施方案，推进商业车险自主定价改革，保险业为全社会提供风险保障超过56万亿元。2020年初，广西壮族自治区人民政府出台《关于支持打赢疫情防控阻击战促进经济平稳运行的若干措施》《深入推进“复工贷”促进广西经济平稳发展十条措施》等文件。人民银行出台1.8万亿元再贷款再贴现政策。金融机构通过“到期延、存量续、总量增”等措施，精准高效地支持实体经济复工复产。

作为动态反映广西金融发展态势的蓝皮书，《广西金融前沿报告》已经连续三年公开出版，在广西经济金融界的影响力越来越显著。编撰委员会高度重视《广西金融前沿报告》的学术性、应用性、前瞻性、综合性、权威性，在广泛开展调查研究的基础上，组织拥有高级职称或者博士学位的学者共同完成。《广西金融前沿报告2020》包括3个主题报告、7个专题报告和附录。其中，3个主题报告分别反映了银行业、证券业、保险业在推进广西建设面向东盟的金融开放门户过程中取得的成果与面临的挑战，并针对广西金融业高质量发展提出对策建议；7个专题报告分别围绕金融合作、银行管理、资产管理三个研究方向，凸显出金融前沿理论在广西建设面向东盟的金融开放门户的应用。

本书是广西金融与经济研究院、广西应用经济一流学科（培育）金融学方向、广西财经学院金融硕士专业学位授权点建设资助项目。

由于作者研究水平有限，时间仓促，书中难免存在疏漏与不足，恳请专家学者与广大读者不吝赐教。

2020年6月

目录

CONTENTS

第一部分　主题报告

第二部分　专题报告

第一部分　主题报告

1. 广西银行业发展前沿报告

作为现代经济核心之金融，历来是经济发展重要的战略落脚点和核心动力。在落实“三大定位”新使命，“建设壮美广西”的新征程上，面向东盟的金融开放门户战略如同一个巨大的引擎，驱动广西银行业进入开放发展的新时代。

一、广西银行业开放发展的基本背景

（一）面向东盟的金融开放门户扬帆起航

早在2017年，广西壮族自治区金融工作会议就已有建设面向东盟的金融开放门户的谋划。2018年初，广西壮族自治区沿边金融综合改革试验区建设圆满收官，为建设面向东盟的金融开放门户奠定了坚实基础。随后，广西地方金融监督管理局、人民银行南宁中心支行、广西银保监局、广西证监局等部门通力合作，联合国家开发银行广西分行、中国银行广西分行等金融机构，在对上海、深圳、天津、海南等地金融开放政策开展充分调研基础上，形成《广西建设面向东盟金融开放门户基础研究报告》《广西壮族自治区建设面向东盟金融开放门户总体方案》《广西沿边金融综合改革总结报告》等系列文本。2018年9月，《广西壮族自治区建设面向东盟金融开放门户总体方案》正式上报国务院，并经与十多个部委沟通对接和修改完善后，于12月28日获得国务院同意，13个国家部委联合印发了《广西壮族自治区建设面向东盟金融开放门户总体方案》，广西建设面向东盟的金融开放门户正式升级为国家战略，成为推动广西全面履行“三大定位”新使命的战略抓手。

《广西壮族自治区建设面向东盟金融开放门户总体方案》出台一年间，《广西建设面向东盟的金融开放门户五年实施规划（2019—2023）》等一揽子文件陆续推出，积极推动金融平台密集落地，夯实基础性金融平台实力，加速金融中后台服务平台建设和集聚，打造中国银行业金融机构“走出去”的重要出口和东盟国家银行业金融机构“引进来”的重要入口，建设更多金融机构面向东盟中后台功能密集布局的中国—东盟金融城。同时，以推动人民币国际化为战略目标，积极开展面向东盟的跨境金融业务创新，升级完善口岸贸易结算互联互通体系，全力促进边民互市贸易结算便利化，创新构建跨境金融合作交流机制，引领中国—东盟金融领域务实合作。

（二）银行业全面开放新阶段大幕开启

习近平总书记对我国金融业加大开放力度做出明确指示："宜快不宜慢，宜早不宜迟。"2019 年，银行业全面开放政策密集出台，其中银保监会推出的开放政策和举措多达 30 余项。

早期的银行业对外开放举措主要有四个方面：实现外资投资便利化，放宽外资设立机构条件，扩大外资机构业务范围，优化外资机构监管规则。比如，不限制对中资银行、金融资产管理公司及商业银行新设的金融资产投资公司和理财公司的外资持股比例；允许外国银行在中国境内同时设立子行和分行；对外国银行境内分行的监管实行合并考核，主动调整外国银行分行营运资金管理。

随后，银保监会发布《关于进一步放宽外资银行市场准入相关事项的通知》，明确外资银行可开展代理发行、兑付、承销政府债券等业务，允许符合条件的外国银行授权中国境内相关分行经营人民币业务和衍生产品交易业务。2019 年 5 月，银保监会进一步出台 12 条对外开放新措施，推动股权、市场准入、业务经营、监管规则等领域内外资银行的一致性，取消外国银行在中国设立外资法人银行、分行的总资产要求，放宽中外合资银行中方股东限制，取消外资银行开办人民币业务审批，允许外资银行开业时即可经营人民币业务。2019 年 7 月，银保监会又研究加推 7 项对外开放新政措施，鼓励外资金融机构参与设立、投资入股商业银行。

（三）中国—东盟战略合作伙伴关系日益紧密

中国连续 10 年成为东盟最大的贸易伙伴，2020 年第一季度，东盟升格为中国最大贸易伙伴。东盟与中国的双边贸易从 2010 年的 2355 亿美元增至 2019 年的 4970 亿美元的翻番水平，呈现良好的增长势头。经过 16 年多的合作发展，中国与东盟战略伙伴关系已成为新型国际关系的典范，从无序竞争向优势互补和共赢发展转变；从"黄金十年"进入"钻石十年"；从利益共同体合作升级为"一带一路"倡议引领的命运共同体共享发展；从二维合作转向多维合作，二者的战略合作伙伴关系日益紧密。作为中国—东盟合作的桥头堡和领头羊，东盟连续 16 年成为广西最大的贸易伙伴，6 个东盟国家在广西壮族自治区首府南宁设立领事馆，随着面向东盟的国际大通道、西南中南地区开放发展新的战略支点、"一带一路"有机衔接的重要门户等战略深入推进和"南向、北联、东融、西合"的全方位对外开放发展新格局加快形成，广西将成为中国与东盟交流合作最活跃、平台机制最完善、发展潜力最大的先行区之一。

二、广西银行业经营发展的现状

为更好地分析广西银行业经营发展现状，拟通过与同是西部地区的重庆市、贵州省、云南省进行比较分析。各省区市均为西部陆海新通道的重要节点，且重庆具有面向东盟的金融中心建设目标，云南一直致力于发展面向东盟的金融开放门户，贵州是紧邻广西的发展势头较好的省份。分析数据若未做特别说明，均来源于 Wind。

（一）大型商业银行稳步发展

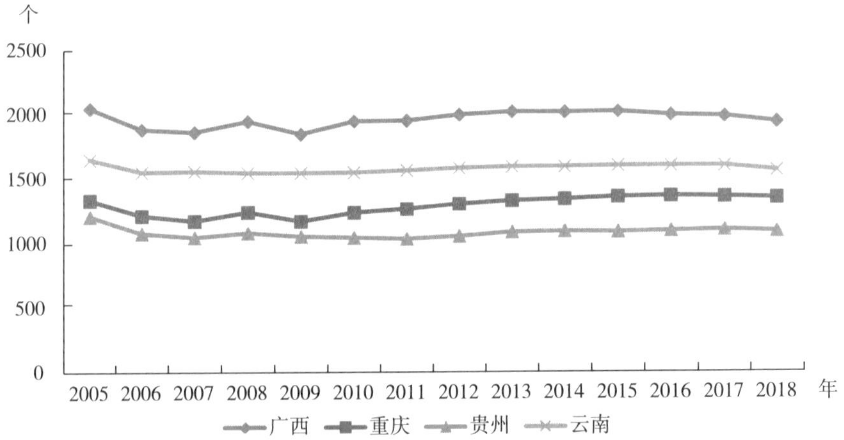

图 1－1　广西与部分省区市大型商业银行机构营业网点数

从大型商业银行机构网点数来看，广西一直位列重庆、贵州、云南等西部省区市榜首，分别比重庆、贵州、云南多出 700 个、1000 个和 400 个左右，维持在 2000 个附近。一方面，广西地域面积相对较大；另一方面，大型商业银行机构布局相对较多，参与金融开放门户建设的基础相对扎实。

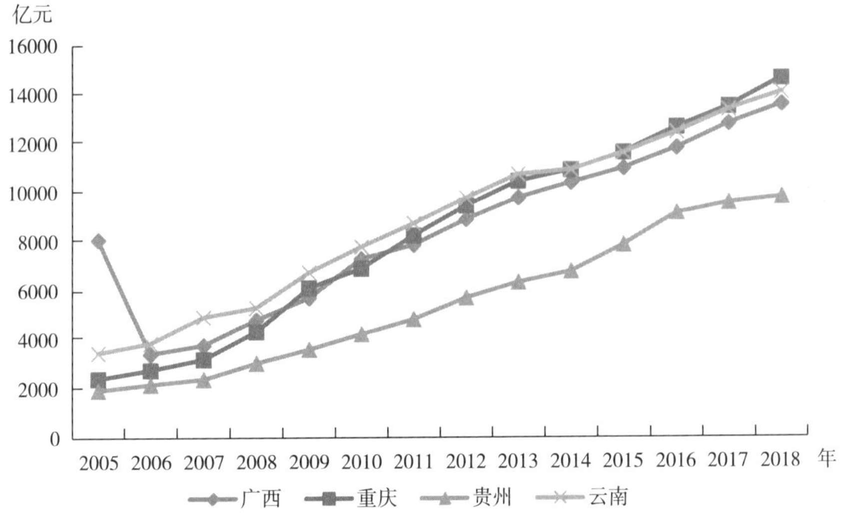

图 1－2　广西与相关省区市大型商业银行资产规模

从图 1－2 中数据可以看出，广西大型商业银行资产规模自 2006 年基本完成股份制改造后连续呈快速上升态势，从 2006 年的 3420 亿元增长到 2018 年的 13556 亿元，年均增长速度超过 11%。值得注意的是，云南省大型商业银行资产规模一直大于广西，重庆则后来居上，于2011年赶超广西，说明广西大型商业银行机构网点虽然有优势，但相比重庆、云南而言，发展效益并没有更佳表现。

（二）政策性银行支持持续增强

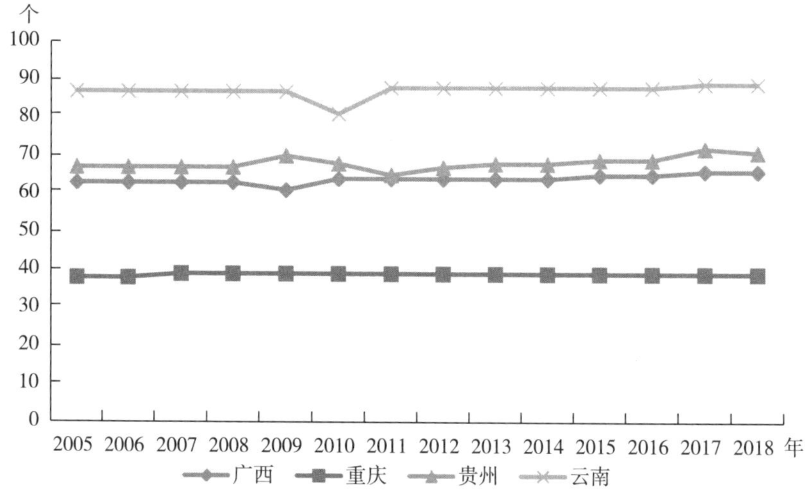

图1－3　广西与部分省区市政策性银行机构营业网点数

在政策性银行数量方面，云南机构数量一直占优，贵州与广西机构数量不相上下，而重庆相对较少，这和各省区市的地理位置、经济社会发展水平及国家区域政策有关。

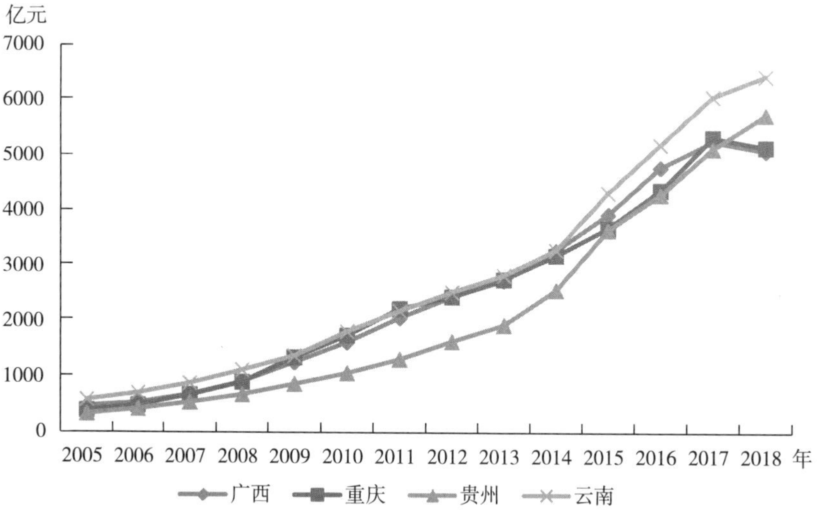

图1－4　广西与相关省区市政策性银行资产规模

从图1－4中可以看出，与机构数量占优一致，云南政策性银行资产规模领跑各省区市，在2018年达到6460亿元，与其他三个省区市的政策性银行规模比较来看，广西相对较大，2018年达到5763亿元，比贵州和重庆分别多出约600亿元，这说明广西政策性银行机构数虽比贵州少，但资产总量相对较高，而重庆显然在平均资产规模上居首，比广西和贵州表现更佳。

（三）股份制商业银行快速成长

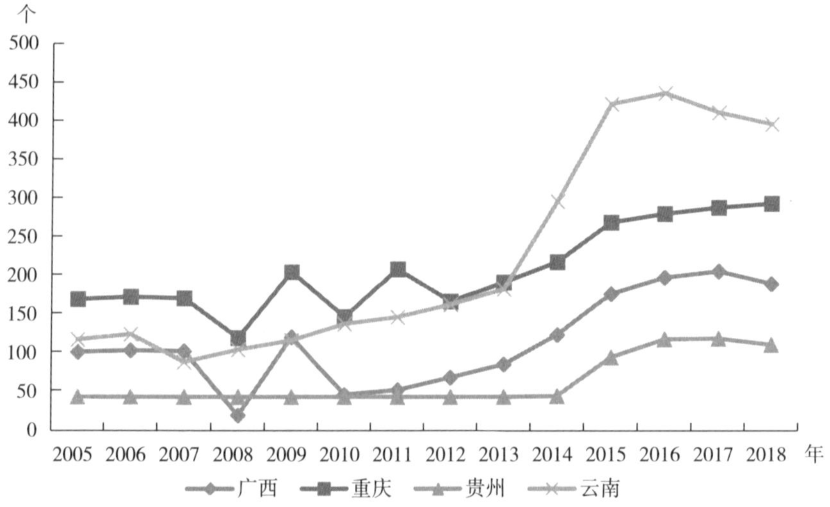

图1－5 广西与部分省区市股份制商业银行机构营业网点数

在股份制商业银行数量上，云南省一直相对占优，2018年机构网点数达到396个，比广西多出200余个，重庆亦比广西多100个左右，贵州发展水平相对较低，只有111个，在十多年间，广西的股份制商业银行网点数增长一倍左右，而云南则增长三倍，表现出更强的成长性。重庆机构数量增长相对缓慢，而贵州在2014年后呈井喷之势，五年间增长两倍多。

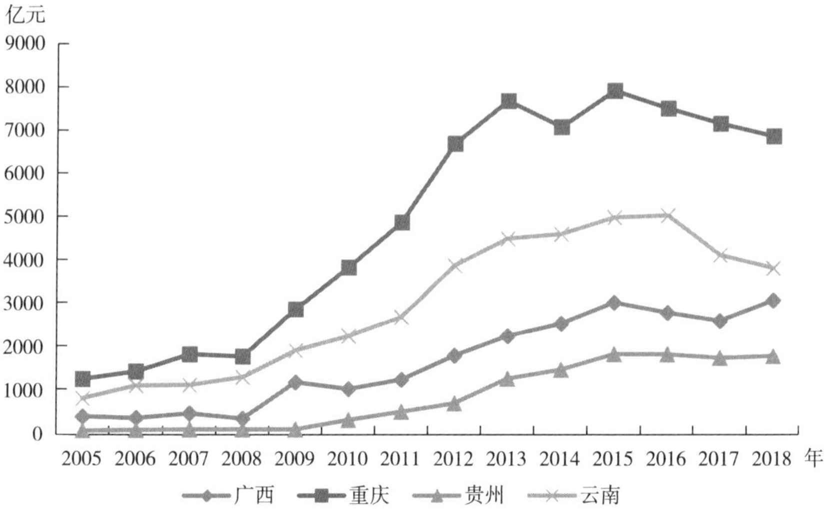

图1－6 广西与相关省区市股份制商业银行资产规模

从图1－6中可以看到，云南虽然机构数量占优，但股份制商业银行资产规模却比重庆少了3000多亿元，仅仅比广西多近800亿元，在机构平均资产规模上处于相对劣势，贵州一直处于相对较低的发展水平。在纵向发展过程中，从2006年到2018年，广西股份制商业银行资产一直呈快速增长态势，从387亿元增加到3092亿元，增长七倍多，在所有银行业金融机构中增速相对较快。由此，广西股份制商业银行在四个省区市中发展仅次于重庆，在面向东盟的金融开放门户建设中应有更多的作用空间。

（四）城市商业银行加快崛起

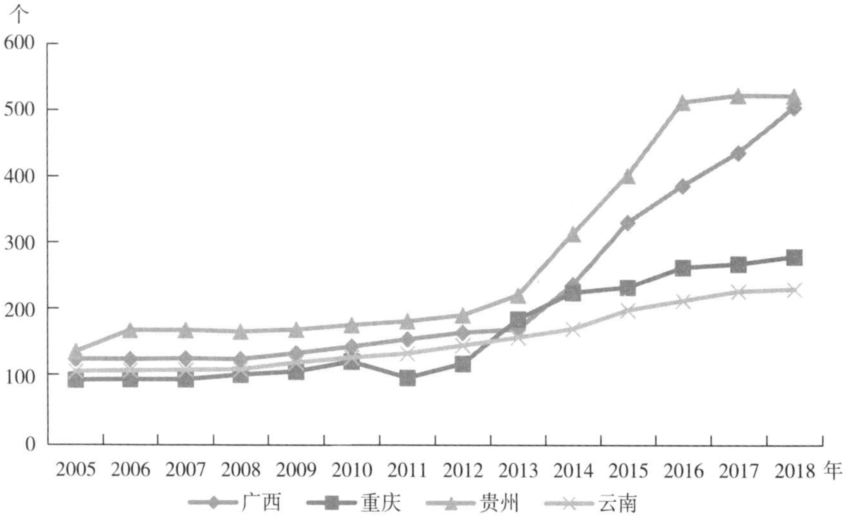

图1-7　广西与部分省区市城市商业银行机构营业网点数

从城商行机构网点数量来看，广西三家城市商业银行机构营业网点数在过去10年间增长了4倍多，达到505个，从机构总量上仅仅比贵州少十余个，比重庆和云南均高出一倍多，在区域布局上已经趋于完善。

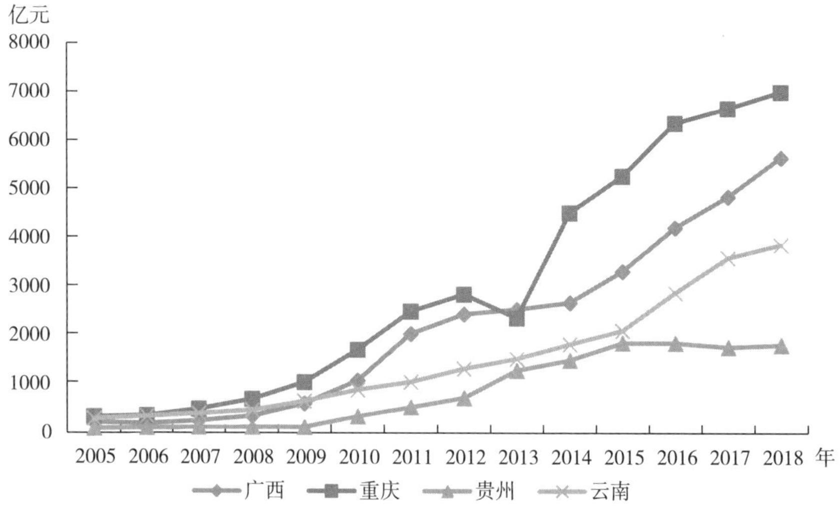

图1-8　广西与部分省区市城市商业银行资产规模

由图1-8发现，各省区市城市商业银行资产规模和机构网点数量相关性不大，拥有最多网点数的贵州资产规模总量却是最少的，只有1808亿元，而广西则达到5675亿元，以近乎相同的机构数拥有了三倍多的资产规模。云南城市商业银行机构网点数量少，资产规模也相对较小，但重庆以较少的机构网点数实现了最大的资产规模，达到7005亿元，说明在经济发达的地区城商行发展规模效益更为突出。从纵向角度看，广西城市商业银行资产规模在2006年后的13年间实现了28倍的增长，说明作为地方性金融机构，城市商业银行获得了最快的发展，对区域经济发展发挥了不可磨灭的作用。

（五）农村小型金融机构成长良好

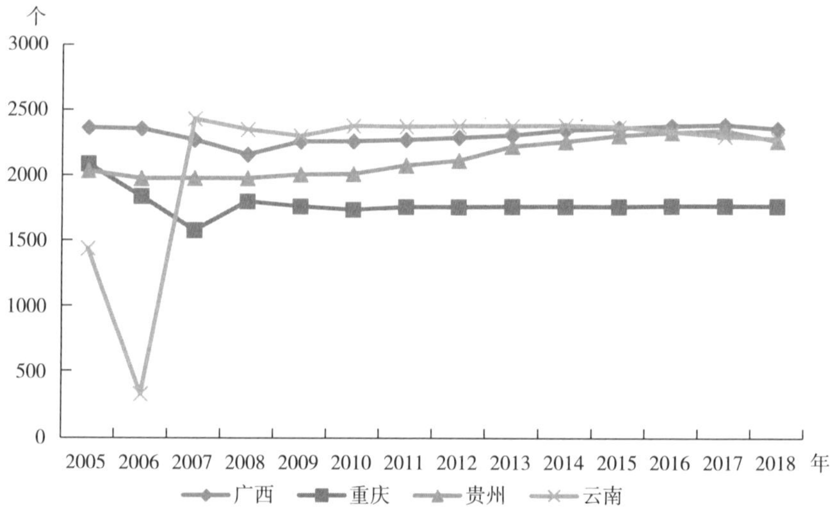

图1-9　广西与部分省区市农村小型金融机构营业网点数

在农村小型金融机构上，广西的机构数量一直稳定维持在2300多家，在相关省区市中居于首位，而重庆因为地域面积和行政区划原因拥有较少的机构数，贵州和云南的机构数量也和广西较为接近，但在近年的发展中整合发展力度也较大。

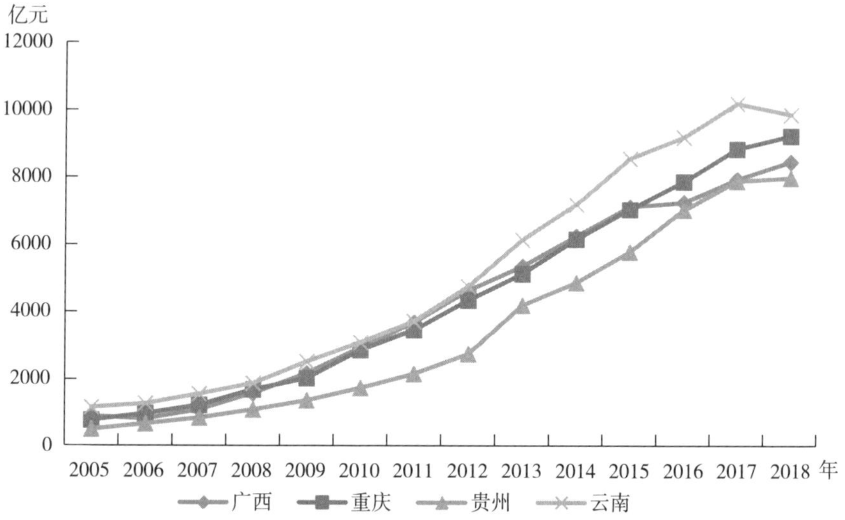

图1-10　广西与部分省区市农村小型金融机构资产规模

虽然机构数量变化不大，但广西农村小型金融机构资产规模从800亿元增长到8453亿元，实现了十倍多的增长，相比之下，重庆、贵州的增长相对较快，特别是贵州实现了16倍的增长，云南省也有9倍的增长。过去十一年间，中央政策密切关注“三农”领域，在城乡统筹发展过程中加大了金融资源的倾斜配置力度，因而有农村小型金融机构与其他金融机构一样较高的成长性。

（六）新型农村金融机构作用增强

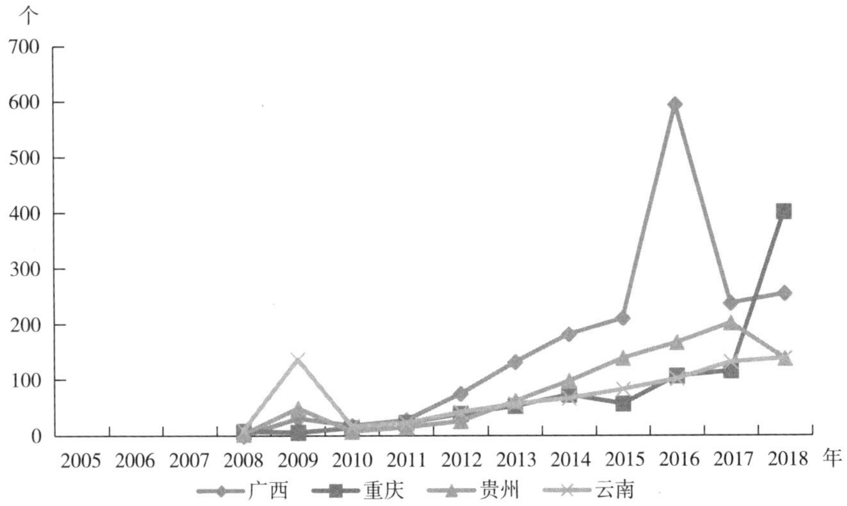

图1－11　广西与部分省区市新型农村金融机构营业网点数

从2007年开始试点后，新型农村金融机构呈快速增长态势，近年重庆机构数量猛增到400家以上，而广西有255家，比云南、贵州130余家要多很多，说明广西在农村金融改革上力度相对较大。

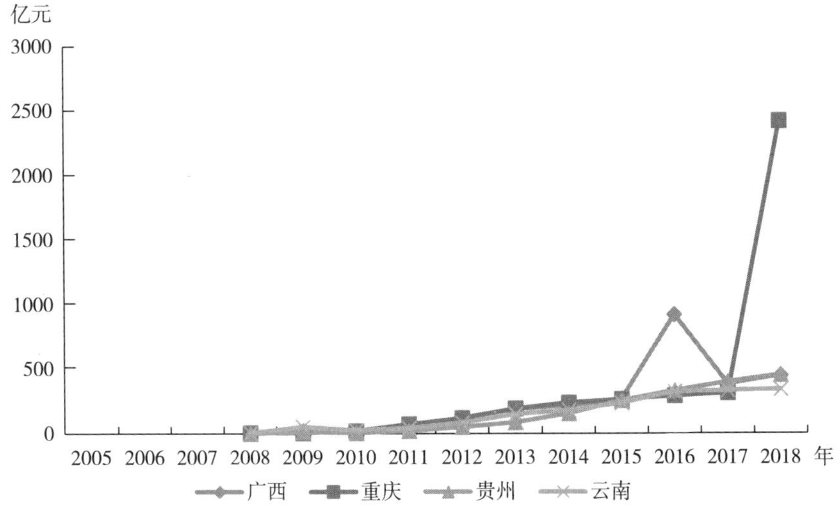

图1－12　广西与部分省区市新型农村金融机构资产规模

新型农村金融机构从无到有，在城乡统筹发展和乡村振兴中做出了重要贡献，广西新型农村金融机构资产规模达到450余亿元，和贵州相当，比云南高出100余亿元，但重庆因为机构整合，出现了较大增长，比各地常规数量高出较多，没有可比性。

（七）外资金融机构发展滞后

在外资金融机构数量上，重庆作为长江经济带的重要节点开放性最强，外资金融机构数量最多，而云南一直致力于打造面向东盟的门户，外资金融机构也有所增长，广西呈稳步增长的态势，贵州相对较少。

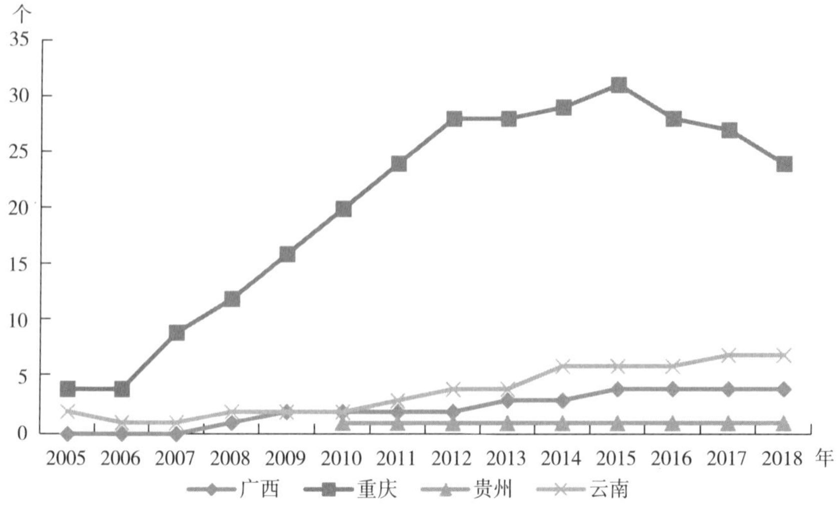

图1-13　广西与部分省区市外资金融机构营业网点数

从资产规模上看，云南因为外资法人机构优势，实现了较大资产规模，比重庆外资金融机构资产规模大了百余亿元。广西从无到有，但外资金融机构资产规模依然较小。

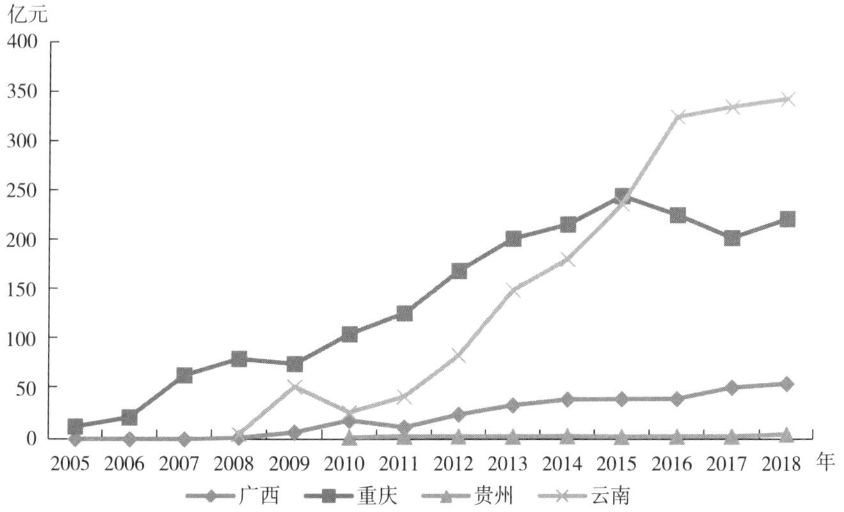

图1-14　广西与部分省区市外资金融机构资产规模

（八）银行信贷及其在社会融资中地位重大

广西与部分省区市社会融资规模增量比较发现，2019 年广西社会融资规模增量 5484 亿元，比云南多了 558 亿元，和贵州相差不大，比重庆少了近 500 亿元。其中，新增人民币贷款比云南多 700 余亿元，比贵州多 229 亿元，比重庆少了近 1000 亿元。综合来看，在面向东盟的金融门户建设中，广西银行业对社会融资的贡献占了多数，占比达到 68%，比同是西部地区的云南（61%）、贵州（65%）的贡献大，但比重庆（79%）低了 11 个百分点，由此也带来社会融资规模增量上相对增速过慢，未来还可继续挖潜，为经济社会发展做出更大贡献。从外币贷款看，2019 年广西、云南、重庆外币贷款分别为 －29 亿元、－39 亿元和 －2 亿元，只有贵州为 4 亿元，表明三个省区市年度偿还的外币贷款比新增的要多，没有正的增量，亦表明在开放发展中对外资利用的不足，后续积极引入外资的力度需要加大。

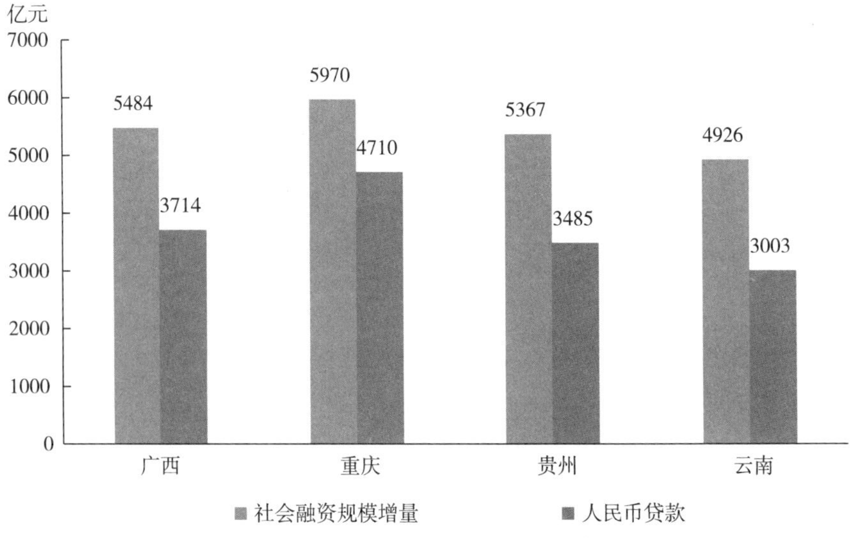

图 1－15　2019 年广西与部分省区市社会融资规模增量比较

（九）银行业存贷款结构有待优化

表 1－1　2019 年末广西金融机构存贷款情况

项目	本外币余额（亿元）	人民币余额（亿元）	外币金额（万美元）
一、各项存款	31646	31505	202159
（一）境内存款	31601	31466	194614
1. 住户存款	16989	16939	70923
（1）活期存款	8672	8642	42574
（2）定期及其他存款	8317	8297	28350

续表

项目	本外币余额（亿元）	人民币余额（亿元）	外币金额（万美元）
2. 非金融企业存款	8103	8039	91110
（1）活期存款	4596	4547	69740
（2）定期及其他存款	3507	3492	21370
3. 机关团体存款	5272	5250	31304
4. 财政性存款	521	521	
5. 非银行业金融机构存款	718	717	1276
（二）境外存款	45	39	7546
二、各项贷款	30497	29989	729445
（一）境内贷款	30107	29941	238013
1. 住户贷款	12233	12232	614
（1）短期贷款	1603	1603	505
消费贷款	973	973	605
经营贷款	630	630	
（2）中长期贷款	10630	10630	9
消费贷款	8676	8676	9
经营贷款	1953	1953	
2. 非金融企业及机关团体贷款	17874	17709	237399
（1）短期贷款	4106	3977	185168
（2）中长期贷款	12679	12643	51650
（3）票据融资	1030	1030	
（4）融资租赁	32	32	
（5）各项垫款	26	26	581
3. 非银行业金融机构贷款			
（二）境外贷款	390	47	491432

资料来源：中国人民银行南宁中心支行，包括中国人民银行、银行业存款类金融机构、银行业非存款类金融机构数据。

从2019年末金融机构存贷款数据来看，年末存款余额中境内存款占绝大多数，只有少量外币存款；境内存款中，居民户存款占一半以上，和全国平均水平趋近，但非金融企业存款只有8103亿元，仅占四分之一左右，比全国平均水平低了6个百分点，说明实体经济发展相对滞后，在住户存款中，定期及其他存款比重为49%，比全国平均水平64%低了15个百分点，表明居民的财富积累相对全国要低；外币存款比重为0.14%，而全国金融机构信贷收支中外币存款比重为1.4%，二者相差十倍之多，说明银行业在金融开放门户建设中发挥的作用还有待加强；住户贷款方面，广西住户贷款占境内贷款的40.6%，比全国高5个百分点，以住房消费贷款为主的中长期消费贷款占境内贷款的28.8%，比全国平均水平高7个百分点，可见广西银行业在实体经济相对落后的形势下更倚重于住户贷款，尤其是住房消费贷款；非金融企业贷款方面，广西银行业贷款比重为 59%，比全国低了近 5 个百分点，其中，短期贷款比重仅为 13.6%，较全国平均水平低了近 7 个百分点，中长期贷款则占到 42.1%，比全国水平高 4 个多百分点，说明广西银行业金融机构在企业贷款中比重相对偏小，较多投放于有保有押的中长期贷款中，而对企业短期流动资金贷款的支持相对较小，也表明了银行业对实体经济的支持仍有待提高，进一步可能涉及信贷条件的严苛及中小微企业的普惠支持不足等问题。2019 年末，广西银行业金融机构资产和负债总额同比分别增长 7.9% 和 7.8%，全年实现利润 444.8 亿元，同比增长 9.4%。渤海银行进驻广西，成为第 10 家全国性股份制银行。1 家农村信用合作联社和 1 家农村合作银行改制成农村商业银行；银行业各项存款余额 3.2 万亿元，同比增长 6.2%，增速同比回落 0.5 个百分点，年末住户存款同比增长 10.8%，增速平稳；各项贷款余额 3.1 万亿元，同比增长 14.3%，增速同比回落 0.6 个百分点。全年贷款新增 3691.2 亿元，同比多增 246 亿元，增量创历史新高。①

表 1-2　分市区域主要存贷款余额指标

地区	金融机构人民币存款余额 1~10 月累计				金融机构人民币贷款余额 1~10 月累计			
	总量（亿元）	排位	同比增长（%）	排位	总量（亿元）	排位	同比增长（%）	排位
全区总计	31453.76		5.5		29295.33		14.4	
南宁市	10783.48	1	5.0	10	13567.95	1	15.7	6
柳州市	3900.96	2	2.0	13	3195.70	2	10.1	13
桂林市	3614.29	3	6.0	8	2769.61	3	13.2	10
梧州市	1317.16	7	7.6	6	998.23	7	17.4	2
北海市	1210.39	9	14.0	1	831.33	9	11.6	11
防城港市	749.66	13	7.6	5	708.20	11	4.9	14
钦州市	1175.33	10	9.9	2	842.01	8	17.0	4
贵港市	1481.97	5	5.9	9	1091.30	6	16.5	5
玉林市	2210.80	4	7.6	4	1622.96	4	17.5	1
百色市	1363.44	6	7.3	7	1128.21	5	13.5	8
贺州市	792.40	12	2.2	11	578.91	14	15.4	7
河池市	1213.09	8	2.0	12	785.97	10	10.5	12
来宾市	736.95	14	0.1	14	594.29	12	13.3	9
崇左市	903.84	11	8.1	3	580.66	13	17.2	3
北部湾经济区（六市合计）	17033.49		6.5		18153.12		15.3	
西江经济带（七市合计）	14054.54		4.7		10851.01		13.7	
左右江革命老区（三市两县）	3691.67		5.6		2628.72		13.6	
北钦防一体化区域（三市合计）	3135.38		10.8		2381.54		11.3	

资料来源：中国人民银行南宁中心支行。

① 广西壮族自治区金融运行报告（2020）[R]，中国人民银行南宁中心支行。

从分市的结构比较来看，广西银行业发展表现出不均衡的内部结构特征，南宁一市独大格局较为突出，其存贷款余额的体量超过最小的崇左十倍以上，是第二名柳州的三倍以上，大约相当于第二至第四名之和。从增速的角度看，北海、玉林、梧州等东部靠近粤港澳大湾区城市及沿海地区呈现出较快增长势头，崇左市因基数小也增长较快。

（十）银行业积极参与金融开放门户建设

2019 年，广西银行业改革发展提速，以更积极的姿态参与面向东盟的金融开放门户建设。一是积极推动利率市场化改革，积极跟国际接轨。广西银行业首创并积极推广 LPR 动漫宣传视频。广西农村合作金融机构提前 5 个月让新增贷款 LPR 使用率提升到 80%的考核目标。经过市场化改革，2019 年底广西企业贷款加权平均利率为 5.2%，较上年高点下降 45 个基点。二是广西银行业积极进行扩张并合规经营。2019 年，广西北部湾银行、桂林银行、广西农村合作金融机构分别增资扩股 78 亿元、19.5 亿元和 18 亿元，而柳州银行、北部湾银行等机构民营、小微企业授信尽职免责机制进一步完善。三是各项改革发展快速推进。2019 年，广西面向东盟的金融开放门户推出 131 项改革举措，多数惠及银行业发展，中银香港等重要银行的区域性金融总部入驻运营。四是跨境人民币业务纵深推进。2019 年，广西跨境人民币结算量 1570 亿元，同比增长 20.5%，继续领跑西部 12 省区和全国 9 个边境省区。边境口岸互市贸易结算互联互通信息平台进一步完善，跨境金融区块链服务平台投入试点。

三、广西银行业发展竞争力评价

基于可比性要求及数据的可得性，拟对广西北部湾银行、桂林银行和柳州银行进行竞争力的比较评价，以期客观展示广西地方性商业银行的竞争力基本情况，为进一步提升银行业竞争力指明方向。

（一）拟评价对象基本情况

全球权威金融媒体英国《银行家》（*The Banker*）杂志“2019 全球银行 1000 强”显示，广西北部湾银行排名比 2018 年上升了 41 个位次，居全球银行业第 460 位，自 2008 年挂牌成立以来，共设立一级分支机构 19 家，成立营业网点 130 余家，资产超过 2000 亿元，其中净资产超过 170 亿元。北部湾银行积极参与面向东盟的金融开放门户建设，率先设立并投放首只县域产业发展基金——中国—东盟凭祥沿边开放开发产业基金；积极与周边各国银行进行合作，与多家越南银行开展沟通合作，与越南工商银行谅山分行、越南西贡商信银行谅山分行等签订边贸结算合作协议并互开账户；赴泰国参加“一带一路”在泰国和东盟的投资论坛。

桂林银行在广西全区共设有 92 家分支机构、190 家社区（小微）支行，在广西全区及广东省深圳市发起设立了 7 家村镇银行。桂林银行及其控股的村镇银行资产合计 2800

余亿元，是广西资产规模最大的地方法人机构。桂林银行在 2019 年上半年存款总额 2187.41 亿元，同比增幅 29.45%；贷款总额 1565.59 亿元，同比增幅 42.94%；上半年实现经营利润 23.18 亿元，同比增幅 6.82%；上缴各项税金 6.64 亿元；资产质量持续向好，不良贷款率低于全国和广西同业平均水平。

柳州银行是柳州市龙头企业，中国服务业企业 500 强，广西企业 100 强，已在广西主要城市设立 119 家分支机构，在广西区内和广东共发起设立 7 家村镇银行。2019 年，柳州银行及其控股村镇银行资产总额达 1368 亿元，比上年增加 135 亿元，增幅为 11%；实现拨备前利润 19.26 亿元，比上年增加 2.63 亿元，增幅为 16%。

（二）指标体系构建与权重确定

将城市商业银行的竞争力分为现实竞争力和潜在竞争力两个部分，构建城市商业银行竞争力指标体系如下。

现实竞争力指标首先从商业银行经营管理的“三性”指标加以考虑，并从规模和成长性进一步衡量，故而共有五个方面的指标。盈利性指标是商业银行经营活动的目标指向，是核心指标，综合反映商业银行将资本转化成利润的能力，是评价商业银行营业绩效的关键指标。安全性指标是商业银行经营管理的基础性指标，是对商业银行作为经营风险企业的重要考量，反映商业银行面对可能的风险损失时有足够的资金用以维持正常经营的能力，是对经营决策的容错能力的重要体现。流动能力指标是银行临时获得资金以满足支付资金的能力，流动性与盈利性互为矛盾，和安全性较为统一，形成三性指标的对立统一关系。规模实力指标是银行在发展过程中所具备的实力规模或所占有的市场份额，反映的是商业银行在市场竞争中业务创新与拓展的综合能力，衡量商业银行经营业绩总体变化。成长性指标是指银行各项重要指标较同期增长的比率，以此衡量商业银行的成长速度和发展潜力。

潜在竞争力指标是商业银行显性经营指标背后隐藏的竞争要素，是商业银行的竞争核心力量和后继资源，用于衡量商业银行获取竞争力的潜力，决定商业银行竞争力的发展和提升的程度，主要指标包括创新能力、公司治理等。创新是商业银行发展的重要动力，而商业银行的竞争归根结底是人才的竞争，人才的素质和储备直接决定商业银行未来发展的趋势。良好的公司治理是现代化企业（商业银行）的主要标志，良好的公司治理能够引导商业银行更好地发挥自身优势，规避风险，促进稳健经营，提升竞争力。

表 1－3　广西城市商业银行竞争力评价指标体系

	一级指标	二级指标	三级指标	变量
我国商业银行竞争力指标评价体系	现实竞争力 A1	盈利性指标 B1	资产收益率	C1
			净资产收益率	C2
			主营业务收益率	C3
			营业利润率	C4
			每股收益（元）	C5
		流动性指标 B2	每股净资产（元）	C6
			产权比率	C7
			资产负债率	C8
			存贷比	C9
		安全性指标 B3	资本充足率	C10
			核心资本充足率	C11
			不良贷款率	C12
			拨备覆盖率	C13
		规模实力指标 B4	资产总额（万元）	C14
			机构总数（个）	C15
			存款份额（万元）	C16
			贷款份额（万元）	C17
		成长性指标 B5	总资产增长率	C18
			存款增长率	C19
			贷款增长率	C20
			资本累积率	C21
			利润增长率	C22
	潜在竞争力 A2	创新能力指标 B6	本科及以上员工占比	C23
			非利息净收入占比	C24
		公司治理结构指标 B7	第一大股东持股比例	C25
			前两大股东持股比例	C26

采用层次分析法对指标权重加以确定，建立城市商业银行竞争力指标的两两判断矩阵。判断矩阵得分是根据德尔菲法并结合指标间逻辑关系和重要程度进行调整，经比较和计算获得。目标层、准则层和方案层各自的判断矩阵如表 1－4 所示。

表 1－4　目标层判断矩阵

评价指标	A1	A2	W1
A1	1	3/2	0.6
A2	2/3	1	0.4

根据判断矩阵，求得其特征向量为 $W=[0.6,0.4]^T$，CR 为 0。经检验，判断矩阵具有满意的一致性。因此，目标层的权重值分别为：0.6，0.4，运用相同方法可求得因子层的相关数据。

表 1-5　现实竞争力指标判断矩阵

A1	B1	B2	B3	B4	B5	W_i
B1	1	2	3	4	6	0.4171
B2	1/2	1	2	4	5	0.2816
B3	1/3	1/2	1	2	3	0.1525
B4	1/4	1/4	1/2	1	3	0.098
B5	1/6	1/5	1/3	1/3	1	0.00508

由表 1-5 可得，CI = 0.029，CR = 0.026 < 0.1，具有令人满意的一致性。

表 1-6　潜在竞争力指标判断矩阵

A2	B6	B7	W_i
B6	1	5	0.8333
B7	1/5	1	0.1667

由表 1-6 可得，CR = 0，具有令人满意的一致性。

表 1-7　盈利性指标 B1 指标判断矩阵

B1	C1	C2	C3	C4	C5	W_i
C1	1	2	1/2	1/2	3	0.1853
C2	1/2	1	1/2	1/3	2	0.1178
C3	2	2	1	1/2	3	0.246
C4	2	3	2	1	5	0.3824
C5	1/3	1/2	1/3	1/5	1	0.0685

由表 1-7 可得，CI = 0.0190，CR = 0.0169 < 0.1，具有令人满意的一致性。

表 1-8　流动性指标 B2 指标判断矩阵

B2	C6	C7	C8	C9	W_i
C6	1	5	2	3	0.4829
C7	1/5	1	1/3	1/2	0.0882
C8	1/2	3	1	2	0.272
C9	1/3	2	1/2	1	0.157

由表 1-8 可得，CI = 0.0048，CR = 0.0054 < 0.1，具有令人满意的一致性。

表 1－9　安全性指标 B3 指标判断矩阵

B3	C10	C11	C12	C13	W_i
C10	1	1/2	2	3	0. 2720
C11	2	1	3	5	0. 4829
C12	1/2	1/3	1	2	0. 1570
C13	1/3	1/5	1/2	1	0. 0882

由表 1－9 可得，CI＝0. 0048，CR＝0. 0054＜0. 1，具有令人满意的一致性。

表 1－10　规模实力指标 B4 指标判断矩阵

B4	C14	C15	C16	C17	W_i
C14	1	2	5	3	0. 4829
C15	1/2	1	3	2	0. 272
C16	1/5	1/3	1	1/2	0. 0882
C17	1/3	1/2	2	1	0. 157

由表 1－10 可得，CI＝0. 0048，CR＝0. 0054＜0. 1，具有令人满意的一致性。

表 1－11　成长性指标 B5 指标判断矩阵

B5	C18	C19	C20	C21	C22	W_i
C18	1	3	4	4	2	0. 4064
C19	1/3	1	2	3	1/2	0. 1646
C20	1/4	1/2	1	1/2	1/3	0. 1002
C21	1/4	1/2	1/2	1	1/3	0. 0759
C22	1/2	2	3	3	1	0. 253

由表 1－11 可得，CI＝0. 0482，CR＝0. 0431＜0. 1，具有令人满意的一致性。

表 1－12　创新能力指标 B6 指标判断矩阵

B6	C23	C24	W_i
C23	1	3	0. 7500
C24	1/3	1	0. 2500

由表 1－12 可得，CR＝0，具有令人满意的一致性。

表 1－13　公司治理结构指标 B7 指标判断矩阵

B7	C25	C26	W_i
C25	1	5	0. 8333
C26	1/5	1	0. 1667

由表1－13可得，CR＝0，具有令人满意的一致性。

经计算得城商行层次分析法指标权重如表1－14。

表1－14　城商行层次分析法指标权重

	一级指标	二级指标	权重	综合权重	三级指标	权重	综合权重
内部因素	现实竞争力A1	盈利性指标B1	0.4171	0.2503	资产收益率C1	0.1853	0.0464
					净资产收益率C2	0.1178	0.0295
					主营业务收益率C3	0.246	0.0616
					营业利润率C4	0.3824	0.0957
					每股收益（元）C5	0.0685	0.0171
		流动性指标B2	0.2816	0.1670	每股净资产（元）C6	0.4829	0.0816
					产权比率C7	0.0882	0.01490
					资产负债率C8	0.272	0.04596
					存贷比C9	0.157	0.0265
		安全性指标B3	0.1525	0.0915	资本充足率C10	0.272	0.0249
					核心资本充足率C11	0.4829	0.0442
					不良贷款率C12	0.157	0.0144
					拨备覆盖率C13	0.0882	0.0081
		规模实力指标B4	0.098	0.0588	资产总额（万元）C14	0.4829	0.0284
					机构总数（个）C15	0.272	0.0160
					存款份额（万元）C16	0.0882	0.0052
					贷款份额（万元）C17	0.157	0.0092
		成长性指标B5	0.0508	0.0305	总资产增长率C18	0.4064	0.0124
					存款增长率C19	0.1646	0.0050
					贷款增长率C20	0.1002	0.0031
					资本累积率C21	0.0759	0.0023
					利润增长率C22	0.253	0.0077
	潜在竞争力A2	创新能力指标B6	0.8333	0.3333	本科及以上员工占比C23	0.25	0.0833
					非利息净收入占比C24	0.75	0.2499
		公司治理结构指标B7	0.1677	0.0671	第一大股东持股比例C25	0.8333	0.0556
					前两大股东持股比例C26	0.1667	0.0111

计算过程表明，各判断矩阵都通过了一致性检验，权重数据可用。从表 1 – 14 城市商业银行竞争力指标体系的综合权重计算情况看，权重最大的依次是营业利润率 C4（权重系数为 0.0957）、流动性比率 C6（权重系数为 0.0816）、资产收益率 C1（权重系数为 0.0464）和核心资本充足率 C11（权重系数为 0.0442），基本符合城市商业银行竞争力因素重要性。

（三）广西城市商业银行竞争力评价

搜集 3 家城商行 2019 年相关竞争力指标，得表 1 – 15。

表 1 – 15　2019 年度广西城商行竞争力指标

指标	变量	柳州银行	北部湾银行	桂林银行
资产收益率（%）	C1	0.49	0.55	0.45
净资产收益率（%）	C2	4.14	7.25	6.66
主营业务收益率（%）	C3	18.74	26.57	24.24
营业利润率（%）	C4	18	24.23	16.98
每股收益（元）	C5	0.14	0.16	0.22
每股净资产（元）	C6	3.4	2.27	3.91
产权比率（%）	C7	820.34	1342.28	1494.77
资产负债率（%）	C8	87.81	92.55	93.31
存贷比（%）	C9	73.18	78.82	74.88
资本充足率（%）	C10	16.1	12.79	11.82
核心资本充足率（%）	C11	14.94	10.77	8.58
不良贷款率（%）	C12	2.34	1.47	1.72
拨备覆盖率（%）	C13	196.13	170.56	151.99
资产总额（万元）	C14	12770139.99	23150778.6	29223766
机构总数（个）	C15	127	160	324
存款份额（万元）	C16	8226205.87	15085158.5	19600455
贷款份额（万元）	C17	6019790.48	12153829.2	15217091
总资产增长率（%）	C18	–2.28	24.26	17.22
存款增长率（%）	C19	9.14	27.65	18.18
贷款增长率（%）	C20	8.72	29.54	22.22
资本累积率（%）	C21	4.61	20.99	14.57
利润增长率（%）	C22	34.26	23.12	–27.94
本科及以上员工占比（%）	C23	76.05	85.97	86.8
非利息净收入占比（%）	C24	3.99	10.21	29.98
第一大股东持股比例（%）	C25	10.65	18.41	18.14
前两大股东持股比例（%）	C26	21.3	26.76	28.14

进一步将竞争力指标进行负向指标正向化和标准化处理后，乘以指标得分权重，得到广西城市商业银行竞争力情况（表1－16）。

表1－16 广西城市商业银行竞争力评价结果

指标	变量	柳州银行	北部湾银行	桂林银行
资产收益率（%）	C1	4.13	4.64	3.80
净资产收益率（%）	C2	1.68	2.95	2.71
主营业务收益率（%）	C3	4.34	6.16	5.62
营业利润率（%）	C4	7.11	9.57	6.71
每股收益（元）	C5	1.09	1.24	1.71
每股净资产（元）	C6	7.10	4.74	8.16
产权比率（%）	C7	0.82	1.34	1.49
资产负债率（%）	C8	4.60	4.36	4.33
存贷比（%）	C9	2.65	2.46	2.59
资本充足率（%）	C10	2.49	1.98	1.83
核心资本充足率（%）	C11	4.42	3.19	2.54
不良贷款率（%）	C12	0.90	1.44	1.23
拨备覆盖率（%）	C13	0.81	0.70	0.63
资产总额（万元）	C14	1.24	2.25	2.84
机构总数（个）	C15	0.63	0.79	1.60
存款份额（万元）	C16	0.22	0.40	0.52
贷款份额（万元）	C17	0.36	0.73	0.92
总资产增长率（%）	C18	－0.12	1.24	0.88
存款增长率（%）	C19	0.17	0.50	0.33
贷款增长率（%）	C20	0.09	0.31	0.23
资本累积率（%）	C21	0.05	0.23	0.16
利润增长率（%）	C22	0.77	0.52	－0.63
本科及以上员工占比（%）	C23	7.30	8.25	8.33
非利息净收入占比（%）	C24	3.33	8.51	24.99
第一大股东持股比例（%）	C25	5.56	3.22	3.26
前两大股东持股比例（%）	C26	1.11	0.88	0.84
总得分	T	62.85	72.60	87.61

从评价结果看，桂林银行以87.61分高居榜首，成为最具竞争力的城商行，其后分别是北部湾银行和柳州银行。从分项得分情况看，北部湾银行在盈利性方面得分为24.56分，排第一名，桂林银行和柳州银行分别得分为20.54分和18.36分位居其后；桂林银行在流动性比率指标中获得16.56分，柳州银行和北部湾银行分别获得15.16分和12.90分；在安全性指标方面，柳州银行位居榜首（8.62），北部湾银行（7.31）和桂林银行

(6.22) 分列二、三名；规模指标方面是桂林银行 (5.88) 占优，其次是北部湾银行 (4.17)、柳州银行 (2.45)；成长性方面，北部湾银行 (2.8) 相对占优，桂林银行 (0.96) 和柳州银行 (0.97) 相对较低；起决定作用的创新能力方面，桂林银行获得 33.32 分，显著高于北部湾银行的 16.16 分和柳州银行的 10.62 分，成为决定竞争力高地的关键！在公司治理方面，柳州银行 (6.67) 相对较好，桂林银行 (4.1) 和北部湾银行 (4.1) 水平相当。

从评价结果看，三家银行盈利性并未能拉开差距，北部湾银行因为强首府战略和各种国家战略的密集叠加收益，表现相对较好；流动性指标更多是满足监管和文件经营需要，三家银行也表现得旗鼓相当，桂林银行稍占优势；安全性作为基础性指标三家银行也并未拉开差距，加之指标权重较低，得分均较小；规模方面桂林银行明显占优，但该类指标权重并不高；成长性指标中北部湾银行有上佳表现，但指标权重相对较低，限制了总分提高；创新能力在评价指标体系中权重最大，因此对结果的影响最大，于是桂林银行因为非利息收入占比高，经营创新性强拔得头筹，这也直接导致桂林银行在竞争力比较中脱颖而出；公司治理所占权重较小，而各家银行股权结构并没有较大差异，因此也没有重要影响。这个评价最富有价值的启示是，在当前宏观经济下行压力加大，“六保”工作亟待推进，宽松货币政策和低利率周期下，非利息收入的创新发展提高是决定商业银行竞争力的关键因素。

(四) 广西城市商业银行竞争力提高的瓶颈

1. 城市商业银行差异化战略不够清晰

在金融充分开放发展之前，城市商业银行一直在股份制商业银行和国有商业银行的夹缝中生存，只有差异化战略才能实现独特的市场细分和市场定位，获得发展上的突破。然而，城市商业银行多由城市信用合作社改革而来，成立时间相对较短，旧体制和落后观念的影响可能尚未消除，无法实现非常清晰的发展定位。在找准自身定位和结合自身特点进行创新发展，成为亟待解决的重要问题。通常，城商行因为市场空间局限，在相当长的一段时间之内通常都把自己定位为服务地方经济的中小商业银行，这为金融市场上相对弱势的中小微企业提供了金融服务，并让城商行作为银行业第三梯队而拥有狭小的生存空间，成为金融生态系统里独立存在的一类主体。当然，给予城市商业银行生存空间的同时，这也或多或少为城市商业银行的组织优化和战略发展埋下了羁绊，在体制机制创新和规模化集约化发展中显得滞后。

2. 城市商业银行创新发展能力不强

城商行在没有扎实的发展基础之前，创新发展通常是一种奢谈，结合自身优势和特点进行产品创新的结果通常是找不到创新点。其一，市场竞争的激烈性不允许城市商业银行随心所欲进行创新发展。作为银行业的第三梯队，城市商业银行面临着国有控股大行、全国性股份制商业银行及其他外资银行的激烈竞争，在业务开展过程中，乃至在产品创新的过程中就十分注意避免直接的竞争，尽量在细分的市场中创新出表现自己特征的产品。其二，发展的低水平和人才的瓶颈构成了城市商业银行创新发展的最大制约因素。城市商业银行实力弱，人才缺，发展后劲不足，而雄厚的实力是创新的重要基础，高层次的金融人才及技术人才是创新的重要力量。没有创新能力，就很难设计出别人难以复制的具有核心竞争力的城市商业银行独具特色的产品，即使设计出来也由于技术水平和发展实力的限制，也很难顺利推向市场并取得成功。其三，金融市场越成熟，就越是一个门槛很高的市场，监管通常较为严格，这就成为城市商业银行在创新发展过程中的硬约束。因为设计出来的产品和服务必须符合监管层的要求，而在推广中还涉及地域限制、市场准入、产品规模、销售策略等多方面的限制，导致创新产品在销售推广时通常面临很大风险，这些约束往往造成城市商业银行产品较为单一，产品科技含量较低，竞争力相对较弱。

3. 城市商业银行公司治理机构不够完善

大多数城商行从城市信用社转型而来，内部治理体系没有系统构建与完善。作为地方性银行，政府希望城市商业银行能够立足本地，为本地经济做出贡献，对本地中小企业进行扶持，而政府一般是城市商业银行的第一大股东或者是重要的大股东，甚至有的银行前十大股东中半数都是政府和政府下属机构，这就造成政府对城市商业银行经营管理干预影响巨大，无论是人员的任命权还是具体业务发展方面。同时，城市商业银行在内部治理体系建设方面相对比较落后，不能有效激励员工的工作热情。城市商业银行在人员素质尤其是高管素质方面与全国性股份制商业银行差距很大，这主要是城市商业银行内部治理体系不完善，人才进来之后做出的贡献也不能有效体现，导致缺乏对优秀高级人才的吸引力，不能够吸引高级人才进入城市商业银行工作。

4. 城市商业银行流动性不足

外部资金渠道缺失，导致城商行流动性不足；城市商业银行贷款结构过于集中，不利于分散经营风险。除了存款外，城市商业银行的外部资金渠道一般有四种：国家和地方拨款及人民银行再贷款、上市融资、引入境外战略投资者、发行次级债券补充附属资本。国有控股大行在政策上有较大优惠，股份制商业银行在市场地位上相对优越，而城市商业银行在改革过程中作为地方股份制商业银行无法享受到庞大的中央财政拨款和人民银行的再贷款，只能依靠地方政府和地方企业的支持。再者，我国国有控股银行和全国性股份制商业银行基本都已上市，可以通过资本市场再融资补充资本金，而广西城市商业银行都还未上市，所以在流动性管理上经常限于相对困难的境地，无力在创新发展或业务开拓上表现得更进取。城市商业银行在内部控制方面不完善和治理结构方面的严重缺陷，进一步制约其公开上市，短期内很难从资本市场渠道获得融资，同时在引进战略投资者时也处于不利地位，在发债过程中也不具有优势。一般来说，城市商业银行无法获取外部资金，留存利润就成为城市商业银行补充资本金的一个有效方法，但是广西城市商业银行本身的经营利润不是很多，2019 年还有银行出现利润下降的现象，如果大股东还要求分红，则无法留存很多的利润补充资本金，内部资金渠道也就此受限。

四、广西银行业参与金融开放门户建设分析

（一）银行业面向东盟开放发展情况

1. 中国与东盟国家银行互设机构步伐加快

2019 年 8 月底，中资商业银行在东盟国家共设立了 42 家分支机构，政策性银行中的国家开发银行设立了 2 个代表处，在两年内共增设 20 个分支机构。银行业分支机构多集中在新加坡和马来西亚两个国家，而在其他国家如文莱、菲律宾、老挝、缅甸的分支机构布局相对较少。中资商业银行目前分布最多的是在新加坡和越南，中国工商银行、中国银行、中国建设银行、交通银行、中国农业银行这五大国有商业银行均在两国设有分支机构。在东盟国家拥有最多分支机构的银行是中国银行，覆盖了东盟 10 国，共设有 25 个分支机构，而且在业务发展中除了国际结算、人民币汇款等基础性业务，还提供人民币信用贷款、银行间拆借、投资银行、个人理财和股票期货代理等新业务。2019 年 8 月底，东盟国家进入中国的银行业金融机构资产规模超过 2000 亿元人民币。新加坡、马来西亚和泰国的商业银行分支机构相对较多，其中，新加坡星展银行有 26 个分支机构，大华银行有 16 个分支机构，华侨永亨银行也有 25 个营业网点；泰国盘古银行、泰华农民银行、泰京银行等多家银行在中国总共设立了 11 家分行；马来西亚银行在中国也设有 4 家分行机构。机构互设的进一步开展，有利于广西银行业进一步走出去，并承接东盟国家的银行业，实现更多的机构互设和交融发展。

2. 广西金融集聚区规模初现

随着平安集团、北部湾银行、中银香港东南亚业务营运中心等区域性总部相继入驻，广西南宁市“中国—东盟金融城”正加快发展成为我国面向东盟的重要金融集聚区。2019 年末，入驻中国—东盟金融城的金融机构（企业）新增 32 家，累计达到 57 家，大部分银行业金融机构加快在中国（广西）自由贸易试验区南宁片区新设分支机构，并创新开展各项金融新业务 40 多种，金融机构集聚和创新发展的态势已经形成。除此之外，北海市也加快推进现代金融产业城建设，积极发展北海经济金融服务，围绕“金融商务区和金融科技城”的定位，设立 6 大高端服务业集聚区，吸引京东云、新奥南方总部、北部湾国际技术转移转化中心等 173 家现代高端服务业落户，与银行业协同发展。

3. 银行业跨境业务合作不断创新深化

国家外汇管理局广西分局已向外汇局总局争取政策支持，开展跨境金融区块链服务平台出口应收账款融资试点。2019 年 10 月，广西成为全国跨境金融区块链服务平台 17 个试点地区之一，全区已有 15 家商业银行 134 个网点可开展该项试点业务。通过完善跨境人民币和外币现钞调运机制，中国人民银行南宁中心支行可以支持全区商业银行采用“对开账户、对存双边本币”等账务处理模式开展越南盾外币现钞调运进出境业务。2019 年前 11 个月，广西全区银行业累计完成现钞调运 752 亿越南盾和 1.93 亿泰铢，其中越

南盾现钞调运规模较 2018 年全年规模增长了 2.23 倍，完成中越人民币现钞跨境累计调入较 2018 年增长近 24 倍。中国建设银行广西分行与建行马来西亚分行在南宁成功承办中马经贸对接会，为中马两国企业搭建了两国企业贸易与银企合作平台，积极推动银企合作共赢。2019 年，广西银行业机构为境外项目发放跨境人民币贷款超过 50 亿元，跨境人民币结算量超过 1500 亿元，继续在西部 12 省区和全国 9 个边境省区中排名第一，广西与东盟人民币跨境收付在全部本外币跨境收付总的比例达到 61%，高于前一年同期水平 16 个百分点。柳州银行加强与越南投资与发展银行、越南农业与农村发展银行等多家东盟国家银行开展业务合作，成功挂牌越南盾和柬埔寨瑞尔，特别是和越南投资与发展银行达成越南盾现钞跨境调运合作意向，将参与外币现钞跨境调运业务。同时，柳州银行在靖西市龙邦口岸设立龙邦支行，成为首家进驻龙邦口岸的金融机构，开展边贸跨境结算金额超过 13 亿元人民币。中国农业银行越南河内分行、新加坡分行也密切跟广西开展合作，为跨境金融客户提供全面的金融服务。

（二）广西银行业参与金融开放门户建设的有利条件分析

（1）资产经营状况良好。以广西北部湾银行为例，广西北部湾银行前身是南宁市商业银行，通过引进战略投资者组建而成，主要股东都是区内外的优质企业，资产质量良好。广西三家城市商业银行发展稳健，资产优良，具备在异地开设分支的条件，近年来加强在区内各地布局，总共设有分支机构超过 600 个，形成了跨区发展，跨境经营的基础条件。

（2）经营方式灵活、决策迅速。广西地方性银行业金融机构设立异地分支行的管理模式由原来的“总行—支行”模式变为“总行—分行—支行”三级管理架构，加强了机构的垂直管理，且不失组织结构扁平化特征，信息传递的真实性与及时性较高，对市场的反应迅速，决策环节少，相应地，决策的效率较高。

（3）定价机制灵活。一般而言，中小商业银行的贷款利率相对较高，主要因为其经营机制灵活，更易于为客户提供更为个性化的一揽子服务，定价经营机制灵活。

（4）战略定位准确。广西银行业的基本定位是立足广西、面向东盟的市场定位，与东盟国家银行具有良好的合作基础，合作成效明显，有利于主动开展金融跨境创新服务，积极开展试点工作。

（5）合作前景广阔。广西建设面向东盟的金融开放门户战略进一步释放了金融机构发展的空间和潜力。一方面，金融开放门户建设会引致旺盛的金融需求。广西建设面向东盟的金融开放门户将进一步推动广西与东盟国家深化政策沟通、设施联通、贸易畅通、资金融通，重点在对外经贸、产业投资、科教文化以及基础设施互联互通等领域开展项目合作，势必催生出大量项目流、资金流，为金融机构开拓东盟市场带来新需求、新契机；另一方面，金融门户建设将引领金融产品和服务创新。北部湾银行支持面向东盟的金融开放门户建设，需要统筹国内和国际市场，离不开创新驱动业务和模式发展，更好地适应跨境金融服务带来的新特征、新趋势，为金融机构拓展新市场、创造新要素、形成新业态、新动能带来广阔发展空间。

（三）广西银行业参与金融开放门户建设的不利条件分析

（1）资本及资金规模较小，业务受限。从资本规模来看，广西银行业长期积弱发展，各类银行业金融机构资产分布不均，地方性银行业金融机构实力较弱（图1－16），实力远逊于发达地区大型商业银行及其他全国性股份制商业银行，且缺乏有效的资本金补充渠道。由此，对单一客户提供贷款支持的额度受其资产规模的影响，这就使得广西银行业无法为大型集团客户提供充分的服务，造成优质客户的流失。更为不利的是，广西地方性银行业资本增长不够快，在中国银行业协会发布的2019年中国银行业100强榜单中，以核心一级资本净额排序的榜单中广西地方性银行排名靠后，增长乏力，这对于资金需求量大的项目，投资回报周期长且利率相对较低，在支持门户建设相关项目建设时还有些力不从心。

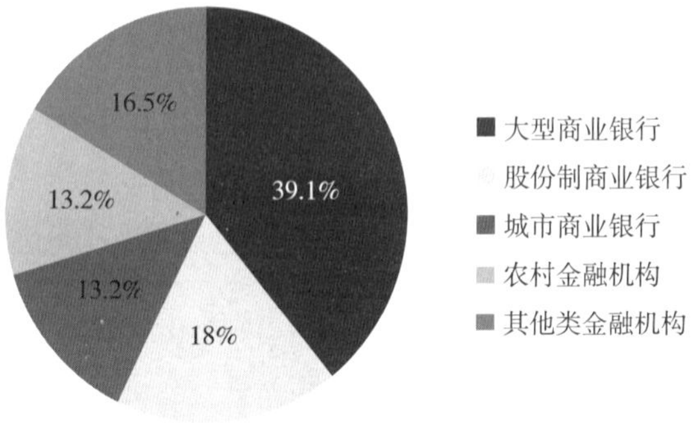

图1－16　2019年广西银行业金融机构资产分布

（2）金融产品单一，金融创新不足。广西银行业很多业务如国际业务刚刚起步，在技术、服务等方面都不完善，营业收入以传统的利息收入为主，虽然中间业务发展很快，收入有所增长，但占比整体偏小，说明创新能力整体不足，仍待提高。

（3）金融科技支撑不足。随着以5G为代表的高速互联网技术、区块链、大数据、云计算及人工智能技术的发展及其在金融领域的应用，现代金融科技创新正在改变着人类社会的金融活动方式及国际货币体系并推动全球金融治理体系的变革。广西开始致力于深化中国与东盟国家在经贸、数字经济等重点领域合作，但对于未来大数据及云计算为金融产品创新提供数据和算法支持，高速互联网与区块链技术为分布式金融交易及金融账务管理提供网络服务工具，人工智能及量子计算为超大规模金融市场制度设计创新和复杂金融产品设计创新提供智力支持和技术保障等金融创新技术仍然处于起步阶段。面向东盟的金融开放门户建设，要求管理模式发生相应调整变化，延长了管理链条，这将使得综合业务系统相应延长。另外，广西银行业市场风险及流动性风险的分析工具有限，对金融科技的应用能力不足，制约了更大的合作发展空间。

（4）异地市场和政府沟通合作难以开展。根据相关的研究，商业银行跨区域经营的路径具有同质性，对目标区域的选择具有一定的盲目性，一般只是出于满足监管要求的目的对目标区域或城市进行浅层次的分析，如果这种观念持续下去，会造成银行业务没有差异性，加剧同业竞争。东盟十国的营商便利指数差别较大（图1－17），在不同国家开拓广西银行业的国际市场，会存在不同程度的困难。由图1－17可得出，新加坡的营商便利指数较大，这就说明在新加坡的企业经营环境比较好，对其发展非常有利，适合开设银行分支机构，但是缅甸的营商便利指数为165与中国的31差别很大，这说明缅甸的企业经营环境差，不利于企业的生存发展，不利于对广西银行在缅甸设立分支机构。总的来说，东盟国家的营商便利指数差别较大，广西在这样的条件下实施面向东盟金融门户开放建设，帮助广西银行业走出去存在着一定的困难。

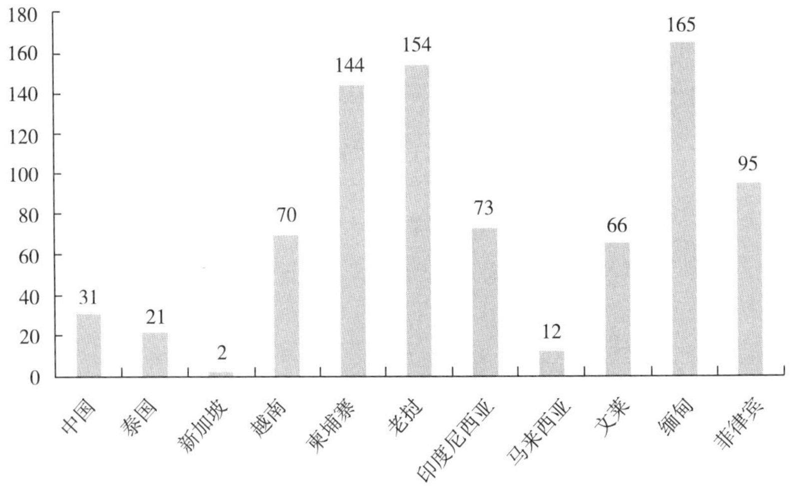

图1－17　中国与东盟国家营商环境便利指数状况

（5）银行同业竞争日益激烈。银行业的服务缺乏差异性，仍是以存贷利差为主要收入，中间业务创新不足，因此造成对客户的恶性争夺。

（6）国际化人才储备不足。随着面向东盟金融门户开放建设战略推进，广西银行业对金融人才的需求也日益增加。广西银行虽然每年从各种渠道招聘人才，但是本科学历的员工占比较大，其要具备国际化专业素养和丰富业务经验，需要花费一定的时间成本进行培训。因此广西银行业高学历金融人才的数量不足，对于国际化人才的需求仍远高于已有的人才储备。与发达地区和广西经济金融发展要求相比，广西金融人才队伍仍显数量不足，整体素质不高，特别是高层次人才、创新人才缺乏，能满足金融创新需求的风险管理、国际结算、金融科技、金融法律及外语等方面的人才很少，特别是既熟悉跨国金融业务，又了解海外经济、法律、税务以及文化的复合型人才相对稀缺，使金融服务难以适应新形势下的金融开放。

五、广西银行业全面参与金融门户建设的对策建议

（一）进一步务实推进广西与东盟国家经济与金融合作

首先，充分利用国家级东盟合作平台，发挥中国—东盟博览会、中国—东盟商务与投资峰会等平台作用，积极开辟广西与东盟金融多层次、宽领域、多渠道沟通合作的方式和途径，完善中国与东盟国家金融领域合作机制。其次，密切加强金融智力合作和信息共享。建立银行业合作培训基地，推动双方金融智力合作和金融人才培养。建好中国—东盟信息港，加强金融信息服务与共享。最后，加强跨境银行业监管沟通与协作。完善金融监管机构磋商协作机制和协调合作机制，为双方金融机构技术合作奠定基础，促进双方金融机构间在监管人员技术、管理交流与培训等工作服务。建立协同风险监测预警体系和应急处理合作机制，防范跨境资金流动和跨境经营机构风险。同时，要争取中央银行支持，能够在一定范围内授权广西金融监管机构与东盟国家中央银行或监管机构就金融监管和跨境风险防控进行信息和技术交流，扩大广西金融管理事权，解决双方地位不平等问题。

（二）大力推进银行国际业务创新开展

广西尚未有本土银行“走出去”，特别是没有到东盟国家设立分支机构和参股东盟国家银行的本土银行机构。如前所述，广西本地银行机构在经营管理、资金规模、人才队伍等方面均处于劣势，因而国际化发展还有很长的路要走，短期内的首要任务是发挥区域优势在广西—东盟区域内拓展国际化业务。

国际结算业务是商业银行国际化经营的基础性工作，广西银行业应利用其在中越边境的区域优势广泛开展边贸结算业务，同时，与东盟国家的银行开展人民币银行卡清算、票据结算合作，培养一批具有境内外业务资源的跨国公司客户，打好银行国际化的业务基础。进一步地，可以探索代理行制度。构建具有一定规模的代理行网络，是商业银行走出国门、进行国际化经营的前提条件。广西银行业应通过广泛设立代理行，与东盟区域内知名大银行建立并不断深化战略合作关系，在授信额度、业务委托、人员培训与交流等领域实现深度合作。同时，加强与东盟国家经济金融媒体、信用评估机构的接洽与协作，加强境外宣传，提高地区银行的区域国际认知度。

（三）适时推动在东盟国家设立分支机构

东盟国家中，与广西接壤的是越南。越南的经济金融较为落后，国内银行业并不发达。然而，随着近年来的经济改革，越南经济发展水平不断提高，世界各国的外资银行逐渐将触角向其伸延。广西本地银行到越南设立分支机构，一方面，有助于抢先开拓金融市场、拓宽利润空间、取代地摊银行的位置，使边贸结算业务不断正规化；另一方面，

有助于以越南为起点，逐步向东盟其他国家发展。因此，应及时捕捉市场信息，加强可行性研究分析，找准“走出去”的最佳时机和方式。加快建立商业银行彼此之间、与非银行金融机构大型企业集团之间的全面战略合作关系。新加坡营商指数便利度较高，也是世界著名国际金融中心，对南宁建设核心区有借鉴意义；马来西亚经济也发展较好，具有发展价值。应鼓励双方互设银行分支，支持彼此之间的金融往来合作，积极开拓这三国的金融市场，提高广西银行的境外市场占比。广西也要在条件成熟时，推动与其他国家开展合作，促进广西银行业走出去。

（四）提升广西城商行经营发展能力

一方面，推进城市商业银行内部治理结构改革完善。加强战略投资者引进，增强外部治理力量，逐步减少地方政府对城市商业银行的干预力度，不断改善城市商业银行治理结构。特别是在面向东盟的金融开放门户建设中发挥区位优势，引进东盟国家机构投资者，加强国际化发展能力，加快国际化发展步伐，尤其是吸收国际化战略投资者后，助力改善城市商业银行的经营管理模式，提升盈利水平和风险管理能力。此外，改进城市商业银行内部管理结构，用现代组织管理理论对城市商业银行的管理组织进行优化，强化管理层的同时也充实执行层的力量，逐步完善城市商业银行经营战略、业务计划、风险偏好等，修炼内功，提升内部发展能力。另一方面，拓展广西城市商业银行内外部资金补充渠道。随着区域经济一体化的不断加快，广西城商行可加快跨区域发展战略布局，吸收更大范围内更多的闲散资金，补充流动性，还可以努力寻求上市融资，提升品牌影响力，扩大融资能力。

（五）进一步提高人民币国际化水平

拓展人民币跨境投融资业务在宏观审慎和微观审慎原则框架下，争取将广西跨境人民币贷款业务的试点境外地域从东盟和南亚国家扩展到包括中国香港、中国澳门、中国台湾地区和韩国在内的周边区域，将广西试点地区从沿边金融综合改革试验区 6 市扩展到广西全区。广西应鼓励企业“走出去”到境外发行人民币债券，鼓励金融机构开展境内外联动的人民币融资产品创新，拓宽包括中小企业在内的进出口企业融资渠道，鼓励跨国企业集团开展跨境人民币资金集中运营业务，发展“总部经济”。其次，扩大人民币跨境双向贷款试点范围。可考虑在东兴国家重点开发开放试验区、中马钦州产业园、钦州保税港区、凭祥综合保税区、南宁保税物流中心、北海出口加工区等范围，开展人民币跨境双向贷款试点，将资金来源地由东盟国家扩大到更多国家，从境外引回的人民币资金用于试点区域的产业发展。

要加强与境外相关机构的合作，提升人民币产品的定价与交易能力。要利用境外金融机构熟悉当地市场和政治法律环境的优势来拓展业务，有效防范风险，同时加强与货币当局的沟通，主动提供更加全面的人民币业务清算服务，加快人民币环球清算网络建设，并积极与境外主要企业集团就人民币国际业务展开合作，夯实国际化经营的属地市场基础。人民银行、商务、银监、海关、税务等部门应加强沟通与协作，形成工作合力，搭建多形式的交流平台，加强与东盟国家中央银行的沟通和协调。依托中国—东盟博览会和中国—东盟金融合作与发展领袖论坛，定期举办本币结算交流座谈，推动中越两国央行适时启动修订《关于结算与合作协定》。扩大双边本币结算的范围，业务范围覆盖整个经常项目和直接投资等；推动货币直接挂牌交易的实施，为市场主体提供透明的官方汇率定价；加快推进与东盟国家签订双边本币结算协议的进程，从国家政策层面鼓励和支持双边贸易投资使用本币结算等。

同时，加强我国与东盟国家的经贸合作，通过开展经贸投资促进会、产品推介会等方式，促进双方的投资与经贸往来，为人民币国际化提供坚实的经济基础。进一步加强沿边口岸互联互通管理机制建设，推动人民银行、海关、商务、税务等相关部门业务系统互联互通，共享信息数据，协同职能管理，保障边民互市贸易及结算业务的健康有序发展。

（六）大力培养和引进国际化金融人才

广西陆续出台《广西建设面向东盟的金融开放门户五年实施规划（2019—2023）》等一揽子政策，推出重点改革创新事项清单，着力建设一批重要金融发展平台、推进一批重大金融工程、引进一批金融人才，打造面向东盟的金融开放门户南宁核心区。首先规划建设国际化人才项目，建议启动国际化人才培养计划，每年选拔高素质的人才进行国际化培训，项目计划十年内为银行提供一定数量的国际型人才。虽然项目起步较晚，实施成本较高，培养人才数量也有限，但仍然是当下国际化人才培养的重要途径，也是为了国际化人才储备的重要方法。其次，银行业应坚持项目计划，注重项目成效，提高培养效率，为日益增长的国际化人才需求提供保障。加强对境外专业条线人才保障，海外业务主要包括投资银行、资产管理、公司信贷、个人业务等，同时风险管理、财务管理及合规管理也尤为重要。因此，银行业应优化境内专业条线人才队伍，完善各条线人才比例，积极培养相关专业人才，为境外人才需求做储备。最后，进一步完善境外管理人才培养储备，高级管理层通常由境内分行派出，海外经营环境的复杂、监管环境的严格、本地员工的管理等挑战，对于当地分行的高管层素质要求极为严苛。好的管理者对于境外机构的发展尤为重要，因此应重点培养境外管理人才，通过精挑细选、国内培训、海外学习、机构实践等方式完善境外管理人才的培养和储备。

特别要把握中国—东盟职业教育联展暨论坛的机遇，通过开展中国—东盟政府、学校、企业等全方位职业教育交流，进一步深化与东盟国家在金融领域的合作，利用金融理论学习与机构实习等相结合的方式，培养熟悉东盟政治经济、法律法规、金融系统的综合型人才，为广西建设面向东盟的金融开放门户储备跨国金融人才库。把握金融开放门户建设的政策红利与广西自贸区建设机遇，制定金融机构引进与人才落户激励政策，吸引证券公司、信托公司等更多元的金融机构入驻广西自贸区，在行政审批、税收优惠和租房用地等方面给予政策支持；强化金融人才任用机制，优化金融人才晋升渠道，充分利用金融人才的人力资源，为广西自贸区发展的金融需求提供人力保障。

（七）着力提升金融创新技术

大数据、云计算、区块链等技术正在快速发展，中国金融行业领先企业纷纷布局信息科技，“金融 + 科技”将会是未来金融行业的重要趋势。银行业应顺应互联网及金融科技的新发展，加强与互联网企业的强强联合，充分结合各自的优势，在更加广泛的区域以互联网金融渗透当地市场，通过互联网推动标准化产品和服务的跨区域交付加快自身的国际化拓展。银行业可以积极借鉴国内先进金融机构的科技信息化改造案例，主动引入先进技术，加强与东部沿海金融科技创新机构的合作，加大在金融科技信息系统建设上的投入，努力提升自身金融科技水平，使自身金融系统运行效率更高，资金传输更有安全保障。由于信息技术以及电子技术的进步，当前金融管理不断朝着信息化与智能化发展，金融工具也逐渐纳入信息化之中去，同时在这个过程中能够有效对金融风险进行监控，并采取措施加以控制，保障能够将金融管理决策的水平不断提升，促使复杂的金融业务的处理与交易能够在信息技术的帮助下得以完成。

参考文献

[1] 孙立冰．基于 AHP 法的城市商业银行竞争力评价体系研究［D］．中国石油大学（华东），2013.

[2] 邹战钫．基于层次分析法的城市商业银行竞争力评价研究［D］．天津商业大学，2011.

[3] 范世祥．加快建设金融开放门户　谱写金融发展新篇章［N］．广西日报，2019－02－27（014）.

[4] 鹿心社，陈武．建设面向东盟的金融开放门户　谱写广西全方位开放发展新篇章［J］．当代广西，2019（14）：13.

[5] 李丹．面向东盟建设金融开放门户——访全国人大代表、人民银行南宁中心支行行长崔瑜［J］．中国金融家，2018（3）.

[6] 米萌．云南沿边金融开放下跨境金融合作研究［D］．云南财经大学，2016.

[7] 伍少金．论中国—东盟自由贸易区背景下广西银行业的发展［J］．广西社会科学，2013（06）：25－27.

[8] 金钢．广西银行业发展现状、存在的问题及对策［J］．现代商业，2015（34）：86－89.

[9] 熊良俊．中国—东盟自贸区建成对广西银行业的影响及对策［J］．区域金融研究，2010（01）：20－24.

[10] 马文．广西北部湾经济区金融发展研究［D］．广西大学，2013.

[11] 韦秀仙，王彩艳．广西北部湾经济区银行业现状及发展对策分析［J］．区域

金融研究，2010（10）：38－41.

［12］广西壮族自治区统计局．广西统计年鉴［EB/OL］．http：//www. gxtj. gov. cn/tjsj/tjnj/

［13］曾刚．中小银行国际化发展路径［J］．中国金融，2018（05）：26－28.

［14］鄂志寰．中国银行业国际化的外部约束条件与发展路径［J］．经济研究参考，2017（60）：41＋50.

［15］兰春华．我国银行业国际化经营公告的效应研究［J］．南方金融，2013（08）：33－37.

［16］卢珍菊．广西推进面向东盟金融开放门户建设的几点思考［J］．现代经济信息，2019（22）：479－480＋488.

［17］黄志勇，蒙飘飘，申韬．面向东盟金融开放门户：广西自贸区实现后发赶超跨越发展的关键点研究［J］．南宁师范大学学报（哲学社会科学版），2019（06）：9－18.

［18］云倩．"一带一路"倡议下中国—东盟金融合作的路径探析［J］．亚太经济，2019（05）：32－40＋150.

［19］尤宏兵，徐孟云，王恬恬．中国—东盟金融合作深化发展面临的障碍与路径选择［J］．经济研究参考，2019（05）：111－119.

［20］陈俊宏．"一带一路"下中国—东盟区域金融合作研究——以人民币东盟区域化为例［J］．区域金融研究，2018（12）：52－57.

（执笔人：陈修谦）

2. 广西证券业发展前沿报告

2018年12月28日，经国务院同意，中国人民银行、国家发展改革委等十三个部委联合印发《广西壮族自治区建设面向东盟的金融开放门户总体方案》（以下简称《总体方案》）。这是国家重大战略在广西的新布局，与北部湾经济区、国际陆海新通道、中国（广西）自由贸易试验区等国家战略一起，为广西金融业对外开放和高质量发展注入新动能。同时，证券业积极参与广西构建“南向、北联、东融、西合”全方位开放发展新格局，并在服务实体经济的过程中，不断加快自身发展。

一、广西证券业发展环境

（一）全国经济金融发展环境

1. 经济增长趋势

经济增长与金融业发展密切联系。一方面，“十二五”和“十三五”期间，中国经济增长速度远远超过全球经济增长速度，但是经济增长速度换挡期、结构调整阵痛期、前期刺激政策消化期“三期叠加”，使得中国GDP增长趋势正在逐渐放缓，从2011年的9.6%下行调整至2019年的6.1%，平均每年下降0.39个百分点，如表2-1所示。其中，在2014年以后，包括金融业在内的第三产业对中国经济增长率的拉动作用超过了第二产业。金融业对中国经济增长率的拉动作用日益明显。金融业的拉动作用与中国GDP增长率之比从2011年的5.21%（即0.50/9.6）提高至2019年的9.18%（即0.56/6.1）。另一方面，经济增长率能够影响企业的最终产品需求、投融资需求乃至企业利润等。2012—2018年中国经济增长率波动幅度收窄，直到2019年中国经济增长率的波动幅度有所扩大，如图2-1所示。这样的宏观经济波动能够传递到金融业。如图2-2所示，在剔除经济剧烈波动的情况（即异常值）之后，中国经济增长率与上证指数收益率之间存在明显的正相关关系。如果经济波动剧烈，那么中国经济增长率与上证指数收益率之间的联系将会变得不确定。

表2-1　2011—2019年全球及中国经济增长情况

年份	全球GDP增长率（%）	中国GDP增长率（%）	各产业对中国GDP增长率的拉动作用（%）			
			第一产业	第二产业	第三产业	其中：金融业
2011	3.1	9.6	0.40	5.00	4.20	0.50

续表

年份	全球 GDP 增长率（%）	中国 GDP 增长率（%）	各产业对中国 GDP 增长率的拉动作用（%）			
			第一产业	第二产业	第三产业	其中：金融业
2012	2.5	7.9	0.40	3.90	3.50	0.60
2013	2.7	7.8	0.30	3.80	3.70	0.70
2014	2.8	7.4	0.30	3.40	3.70	0.70
2015	2.8	7.0	0.30	2.80	3.90	1.20
2016	2.5	6.8	0.30	2.50	4.10	0.40
2017	3.1	6.9	0.30	2.40	4.20	0.40
2018	3.0	6.7	0.30	2.30	4.20	0.40
2019	2.6	6.1	0.23	2.24	3.62	0.56

资料来源：Wind 资讯。其中，全球 GDP 增长率为世界银行的预测值。

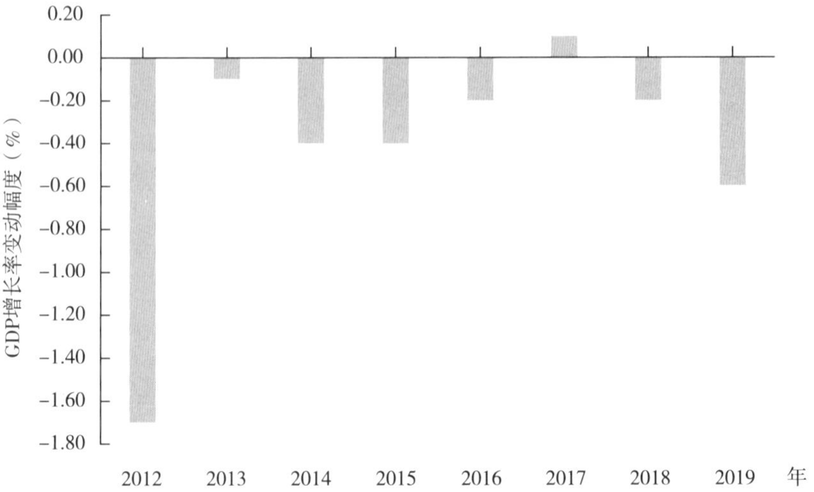

图 2-1　2012—2019 年中国 GDP 增长率的变动幅度

（资料来源：根据 Wind 资讯的数据计算）

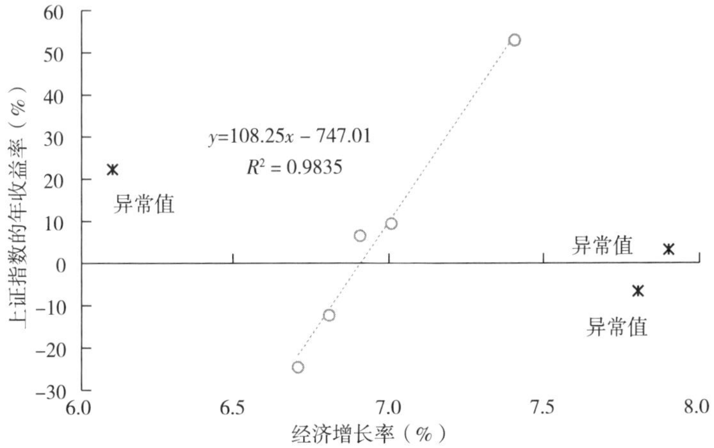

图 2-2　中国经济增长率与上证指数收益率的拟合效果（剔除异常值）

（资料来源：根据 Wind 资讯数据进行回归分析的结果）

2. 价格指数变动

物价水平与金融业发展密切联系。受到经济增长速度放缓的影响，2011—2019 年国内物价水平呈现下行趋势，尤其是 PPI、PPIRM 连续多年低于 100%，并且 PPI 与 PPIRM 之间的"剪刀差"连续多年大于零，PPI 与 CPI 之间的"剪刀差"连续多年低于零，如表 2-2 和图 2-3 所示。这意味着，虽然企业产品需求减少，但是由于价格在产业链传导上存在滞后性，原材料、燃料和动力购进价格下降得更多一些，所以企业经营状况将会有所改善。同时，虽然上、中、下游企业的产品需求减少，但是由于下游企业利润减少更多一些，所以中上游企业的经营状况将会比下游企业更好一些。如图 2-4 所示，在剔除 PPI 与 PPIRM 之间的"剪刀差"剧烈波动的情况（即异常值）之后，物价因素与上证指数收益率之间存在比较明显的正相关关系。如果 PPI 与 PPIRM 之间的"剪刀差"波动剧烈，那么物价因素与上证指数收益率之间的联系将会变得不确定。

表 2-2　2011—2019 年国内物价指数变动情况　　单位：%

年份	CPI	PPI	PPIRM	PPI-CPI	PPI-PPIRM
2011	105.4	106.0	109.1	0.6	-3.1
2012	102.6	98.3	98.2	-4.3	0.1
2013	102.6	98.1	98.0	-4.5	0.1
2014	102.0	98.1	97.8	-3.9	0.3
2015	101.4	94.8	93.9	-6.6	0.9
2016	102.0	98.6	98.0	-3.4	0.6
2017	101.6	106.3	108.1	4.7	-1.8
2018	102.1	103.5	104.1	1.4	-0.6
2019	102.9	99.7	99.3	-3.2	0.4

资料来源：Wind 资讯。

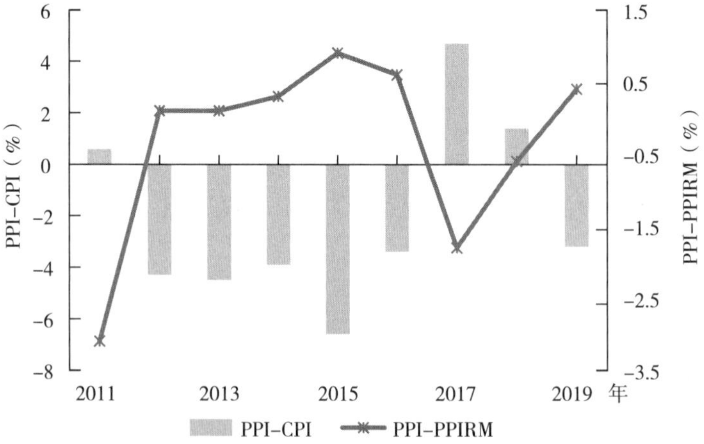

图 2-3　PPI、CPI 及 PPIRM 的差值

（资料来源：根据 Wind 资讯数据绘制）

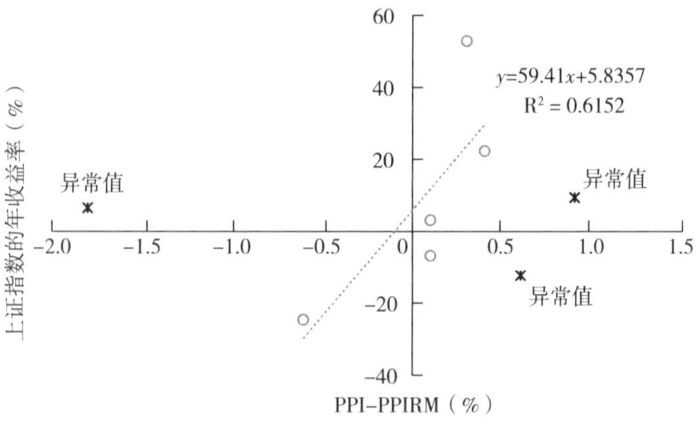

图 2－4　物价因素与上证指数收益率的拟合效果（剔除异常值）

（资料来源：根据 Wind 资讯数据进行回归分析的结果）

3. 国内资金供求状况

国内资金供求状况与金融业发展密切相关。2011—2019 年国内货币供应量增长率逐步放缓，如表 2－3 所示。货币供应量 M_1 增长率在波动中下降，从 2011 年的 7.9% 提高至 2016 年的 21.4%，然后又下降至 2019 年的 4.4%。与 M_1 增长率呈现较大波动不同，2011—2019 年货币供应量 M_2 增长率基本上都表现为下行调整，从 2011 年的 13.6% 下降至 2019 年的 8.7%。尽管 M_2 增长率已经放缓，但是国内市场的货币化程度（即 M_2 与 GDP 的比率）依然在波动之中上升，从 2011 年的 1.75 上升至 2016 年的 2.08，随后又下调至 2019 年的 2.00。另外，2011—2019 年 M_1 与 M_2 增长率的“剪刀差”在大多数年份小于零，意味着企业生产不够活跃，企业对未来经营状况的预期比较谨慎。这种预期将会反映到金融领域之中。由于货币政策传导机制存在时滞效应，所以滞后 2 阶的 M_1 与 M_2 增长率之差与上证指数收益率之间是正相关关系，如图 2－5 所示。如果滞后 2 阶的 M_1 与 M_2 增长率之差越大，那么上证指数收益率就越大；如果滞后 2 阶的 M_1 与 M_2 增长率之差越小，那么上证指数收益率就越小。

表 2－3　2011—2019 年国内货币供应状况

年份	M_1 增长率（%）	M_2 增长率（%）	M_1 与 M_2 增速差（%）	M_2/GDP
2011	7.9	13.6	−5.7	1.75
2012	6.5	13.8	−7.3	1.81
2013	9.3	13.6	−4.3	1.87
2014	3.2	12.2	−9.0	1.91
2015	15.2	13.3	1.9	2.02
2016	21.4	11.3	10.1	2.08
2017	11.8	8.1	3.7	2.03
2018	1.5	8.1	−6.6	1.99
2019	4.4	8.7	−4.3	2.00

资料来源：根据 Wind 资讯计算。

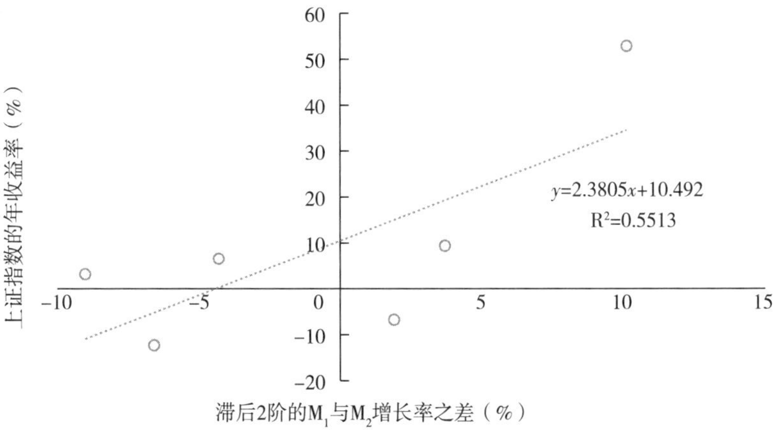

图2-5　货币供给结构调整与上证指数收益率的拟合效果

（资料来源：根据 Wind 资讯数据进行回归分析的结果）

就社会融资规模而言，虽然资本市场的作用有所增强，但是国内企业的大部分融资需求更多地依靠信贷市场，进而在一定程度上抑制了证券业的发展，如表2-4所示。2011—2019年国内社会融资规模从128286.00亿元增加至255800.00亿元，年均增长9.01%，高于年均GDP增速。其中，新增人民币贷款占比最大，从2011年的58.20%增加至2015年的73.14%，然后逐步下降至66.00%，始终有超过一半的资金（甚至最高七成多的资金）来源于信贷市场。这意味着信贷渠道仍然是国内企业融资的最主要渠道。另外，2011—2019年国内企业债券融资和股票融资的占比之和介于5.74%至24.01%，变异系数（即标准差除以均值）达到36.91%。同期，人民币贷款占比的变异系数仅有13.77%。因此，不仅企业债券融资和股票融资的占比依然较少，而且两者的融资占比波动较大，从而在一定程度上不利于国内证券业的发展。

表2-4　2011—2019年社会融资规模及结构

年份	社会融资规模（亿元）	其中：部分融资渠道及其所占比例		
		新增人民币贷款占比（%）	企业债券融资占比（%）	非金融企业境内股票融资占比（%）
2011	128286.00	58.20	10.60	3.40
2012	157630.81	52.10	14.30	1.60
2013	173169.00	51.35	10.46	1.28
2014	164571.00	59.44	14.74	2.64
2015	154086.00	73.14	19.08	4.93
2016	178022.00	69.86	16.85	6.97
2017	261535.84	52.93	2.39	3.35
2018	224920.20	69.67	11.70	1.60
2019	255800.00	66.00	12.70	1.40

资料来源：Wind 资讯。

4. 国际资本流动状况

国际资本流动与金融业发展密切相关。随着经济金融全球化发展以及中国经济实力的不断增强，中国资本市场有序开放。但是，国际金融危机之后，国际资本流动表现为一定程度的不稳定状态。如表 2－5 所示，QDII（Qualified Domestic Institutional Investor，即合格境内机构投资者）投资额度从 2011 年的 749.47 亿美元增加至 2019 年的 1039.83 亿美元，年均增长 4.18%。QFII（Qualified Foreign Institutional Investor，即合格境外机构投资者）投资额度从 2011 年的 216.40 亿美元增加至 2019 年的 1113.96 亿美元，年均增长 22.73%。RQFII（RMB Qualified Foreign Institutional Investor，即人民币合格境外机构投资者）投资额度从 2011 年的 107.00 亿元增加至 2019 年的 6941.02 亿元，年均增长 68.46%。2019 年 9 月 10 日，国家外汇管理局宣布取消 QFII 和 RQFII 的投资额度限制。外汇占款从 2011 年的 25.36 万亿元增加至 2017 年的 27.07 万亿元（年均增长 5.22%），然后又减少至 2019 年的 21.23 万亿元（年均减少 4.74%）。如图 2－6 所示，在剔除异常值之后，2011—2019 年外汇占款增长率与上证指数收益率之间存在正相关关系。在其他条件不变时，如果国际资本净输入增加，国内证券业的发展速度就会加快；如果国际资本净输入减少，国内证券业的发展速度就会放缓。

表 2－5　2011—2019 年国际资本流动情况

年份	QDII 投资额度（亿美元）	QFII 投资额度（亿美元）	RQFII 投资额度（亿元）	中央银行外汇占款（亿元）
2011	749.47	216.40	107.00	232388.73
2012	855.77	374.43	670.00	236669.93
2013	842.32	497.01	1575.00	264270.04
2014	833.23	669.23	2997.00	270681.33
2015	899.93	810.70	4443.25	248537.59
2016	899.93	873.10	5284.75	219425.26
2017	899.93	971.59	6050.62	214788.33
2018	1032.33	1010.56	6466.72	212556.68
2019	1039.83	1113.96	6941.02	212317.26

资料来源：Wind 资讯。

为贯彻落实党中央、国务院关于进一步扩大对外开放的决策部署，按照“宜快不宜慢、宜早不宜迟”的原则，国务院金融稳定发展委员会于 2019 年 7 月 20 日公布了进一步扩大金融开放的 11 条措施。主要内容包括：

第一，允许在中国开展信用评级业务的外资机构，对交易所债券市场和银行间债券市场的所有种类债券进行评级；

第二，境外金融机构可以参与设立，或者投资入股商业银行理财子公司；

第三，境外资产管理机构可以跟中资银行或保险公司的子公司合资设立由外方控股的理财公司；

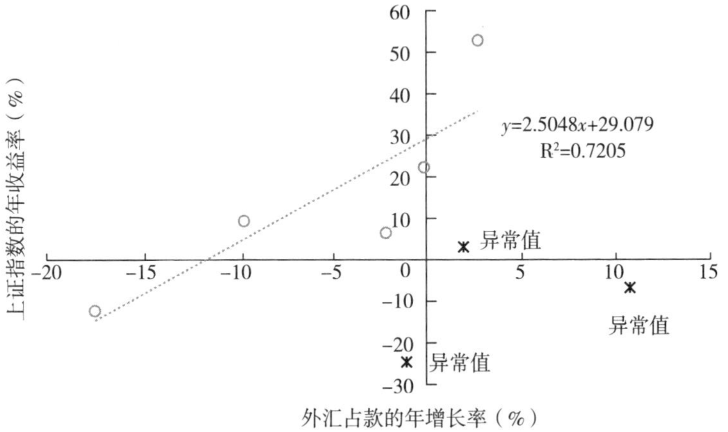

图2-6　外汇占款增长率与上证指数收益率的拟合效果（剔除异常值）

（资料来源：根据 Wind 资讯数据进行回归分析的结果）

第四，境外金融机构可以投资设立，或者参股养老金管理公司；

第五，货币经纪公司可以有外资参股，或者由外资全资设立；

第六，缩短人身险公司外资股比限制从 51% 提高至 100% 的过渡期，从原定的 2021 年提前至 2020 年；

第七，境内保险公司合计持有保险资产管理公司的股份可以低于 75%，境外投资者可以持有股份超过 25%；

第八，外资保险公司的准入条件进一步放宽，不再要求外资保险公司具备 30 年经营年限；

第九，缩短证券公司、基金公司和期货公司外资股比限制的过渡期，从原定的 2021 年提前至 2020 年；

第十，外资机构可以申请银行间债券市场 A 类主承销牌照；

第十一，为境外机构投资者投资银行间债券市场提供更多便利。

2019 年 11 月 7 日，国务院印发进一步做好利用外资工作的意见，全面取消外资银行、证券公司、基金公司等金融机构在中国的业务范围限制。主要内容包括：取消外国银行来华设立外资法人银行或者分行的总资产要求，取消外国保险经纪公司在华经营保险经纪业务的总资产要求和经营年限要求，减少外国投资者投资设立银行业、保险业机构和开展相关业务的数量型准入条件；取消中外合资银行中方唯一或主要股东必须是金融机构的要求，允许外国保险集团公司在华投资设立保险类机构，扩大投资入股外资银行和外资保险机构的股东范围；按照内外资一致的原则，办理外资保险公司及其分支机构设立及变更等行政许可事项；到 2020 年，证券公司、基金公司、期货公司以及寿险公司当中的外资持股比例可以超过 51%。

随着中国经济金融领域开放程度的不断提升，证券业将会获得更多发展机遇，并实现高水平开放发展。

（二）广西经济金融发展环境

1. 国家战略对广西金融业发展的影响

国家战略是广西金融业高质量发展的强大动力。党中央、国务院高度重视和关心广西经济社会发展。在 2015 年 3 月的全国“两会”期间，习近平总书记参加广西代表团审议时，明确赋予广西发展“三大定位”，即构建面向东盟的国际大通道、打造西南中南地区开放发展新的战略支点、形成“一带一路”有机衔接的重要门户。党的十八大以来，“一带一路”倡议（2013 年）、广西沿边金融综合改革试验区（2013 年）、珠江—西江经济带发展规划（2014 年）、左右江革命老区振兴规划（2015 年）、乡村振兴战略（2018 年）、西部陆海新通道（2018 年）、面向东盟的金融开放门户（2018 年）、中国（广西）自由贸易试验区（2019 年）等，持续地为广西经济金融的提速增效注入动力。如图 2 - 7 所示，1996—2011 年广西进出口总额的累计约 1100 亿美元。党的十八大以来，2012—2019 年广西进出口总额在八年间的累计值约为 3900 亿美元，是之前十六年进出口额的累计值的 3 倍多。广西跨境人民币结算量从 2010 年开始试点以来就一直位居全国前列，在西部 12 个省、自治区、直辖市和 9 个边境省区当中排名第一。如图 2 - 8 所示，2012—2019 年广西跨境人民币结算金额从 656 亿元增加至 1570 亿元，跨境人民币结算金额翻了一倍多。如图 2 - 9 所示，2012—2019 年广西本外币存款余额从大约 1. 60 万亿元增加至大约 3. 16 万亿元，本外币存款余额翻了一倍左右。同期，广西本外币贷款余额从大约 1. 24 万亿元增加至大约 3. 05 万亿元，本外币贷款余额翻了一倍多。

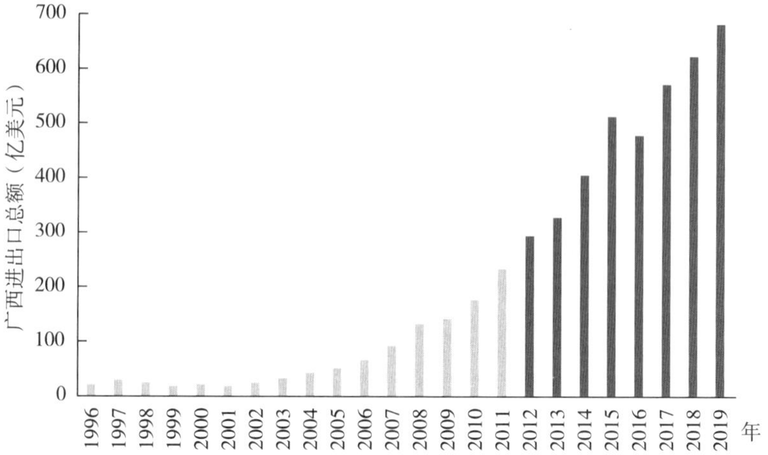

图 2 - 7　广西历年进出口总额的变化趋势

（资料来源：Wind 资讯）

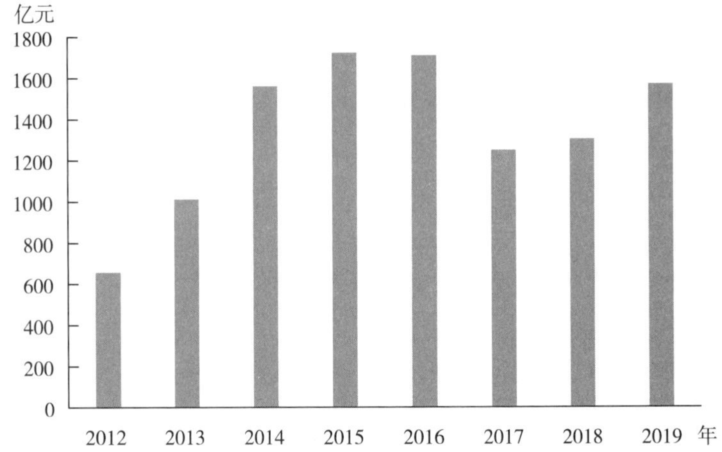

图 2－8　2012 年以来广西跨境人民币结算金额

（资料来源：根据 Wind 资讯与广西日报新闻进行整理）

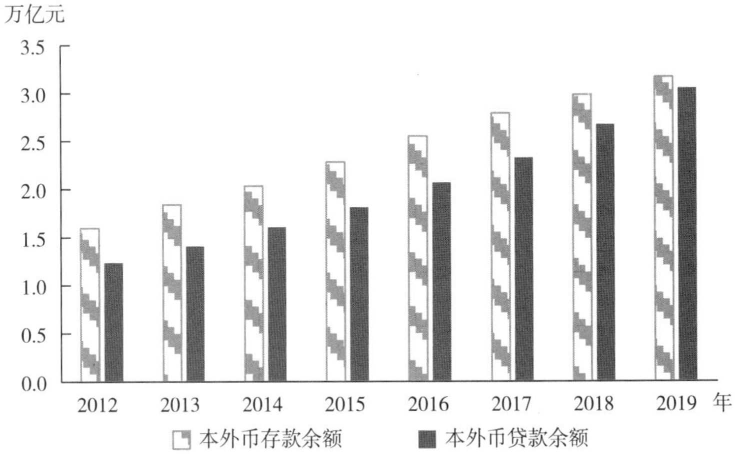

图 2－9　2012—2019 年广西本外币存贷款余额的变化趋势

（资料来源：Wind 资讯）

2. 经济波动对广西金融业发展的影响

首先，在“三期叠加”的持续影响下，广西经济不仅下行速度比全国平均速度快，而且波动程度更加明显。如表 2－6 所示，2011—2019 年广西地区生产总值增长率从 12.3% 下降至 6.0%，变异系数（即标准差除以均值）为 25.19%。同期，全国经济增长率从 9.6% 下降至 6.1%，变异系数为 13.75%。

表 2－6　2011—2019 年广西地区生产总值增长率及各产业产值增长率

年份	地区生产总值增长率（%）	第一产业产值增长率（%）	第二产业产值增长率（%）	第三产业产值增长率（%）	金融业产值增长率（%）
2011	12.3	4.8	16.4	10.5	5.3
2012	11.3	5.6	14.2	9.8	22.1

续表

年份	地区生产总值增长率（%）	第一产业产值增长率（%）	第二产业产值增长率（%）	第三产业产值增长率（%）	金融业产值增长率（%）
2013	10. 2	4. 1	11. 6	10. 9	21. 9
2014	8. 5	3. 9	10. 1	8. 1	14. 9
2015	8. 1	3. 9	8. 2	9. 6	14. 2
2016	7. 3	3. 4	7. 4	8. 6	10. 9
2017	7. 1	4. 2	5. 5	9. 6	8. 7
2018	6. 8	5. 6	4. 3	9. 4	6. 9
2019	6. 0	5. 6	5. 7	6. 2	6. 2
变异系数	25. 19	18. 56	44. 76	15. 34	51. 94

资料来源：根据 Wind 资讯数据计算。

其次，经济波动对广西金融业的冲击比较明显。2011—2019 年广西金融业产值增长率的平均数不仅超过了地区生产总值增长率的平均数，而且也分别超过了第一产业、第二产业和第三产业产值增长率的平均数。但是，与地区生产总值增长率、第一产业、第二产业和第三产业产值增长率的变异系数相比较，广西金融业产值增长率的变异系数（51. 94%）更大，意味着其波动程度也更加剧烈。如图 2 – 10 所示，在剔除异常值之后，广西经济增长率与金融业产值增长率之间存在着相当明显的正相关关系。在其他条件不变的情况下，如果广西地区生产总值增长率提高 1 个百分点，那么广西金融业产值增长率就会增加 3. 4 个百分点。相反地，如果广西地区生产总值增长率降低 1 个百分点，那么广西金融业产值增长率就会减少 3. 4 个百分点。

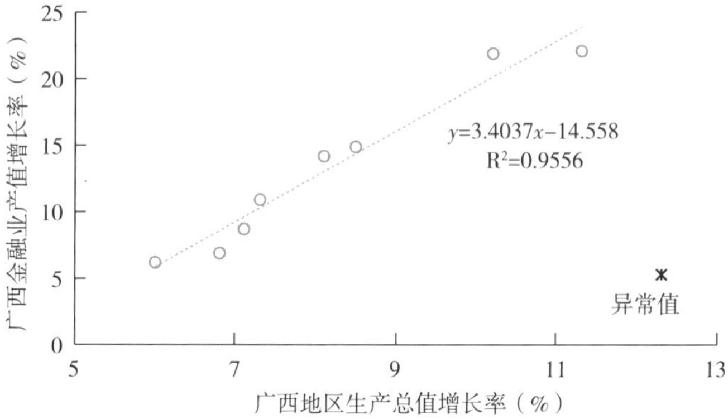

图 2 – 10　经济波动对广西金融业发展的影响（剔除异常值）

（资料来源：根据 Wind 资讯数据进行回归分析的结果）

最后，经济波动对广西证券业发展的冲击也是比较明显的。如图 2 – 11 所示，基于 2011—2019 年统计数据的实证分析表明，在剔除波动幅度较大的样本点之后，国内 A 股市场的广西板块指数收益率与广西地区生产总值增长率之间存在着相当明显的正相关关系。在其他条件不变的情况下，如果广西经济增长速度加快，那么在国内 A 股市场上的广西板块指数收益率就会增加。如果广西经济增长速度下降，那么在国内 A 股市场上的广西板块指数收益率就会相应地减少。

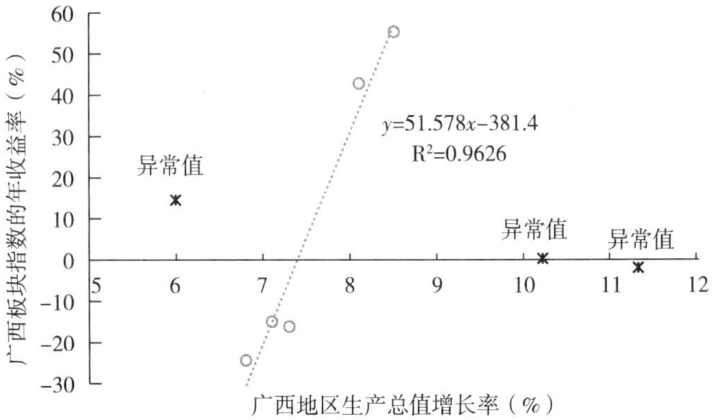

图 2-11　经济波动对广西板块指数收益率的影响（剔除异常值）

（资料来源：根据通达信软件及 Wind 资讯数据进行回归分析的结果）

3. 物价波动对广西金融业发展的影响

物价波动对广西金融业的影响也是比较重要的。如图 2-12 所示，2011 年 1 月至 2019 年 12 月广西 PPI 与 CPI 之差的波动性明显大于 PPI 与 PPIRM 之差的波动性。在其他条件不变的情况下，物价“剪刀差”不仅能够通过产业链在一定程度上影响企业经营利润，而且能够对上下游企业之间利润分割产生较大冲击。

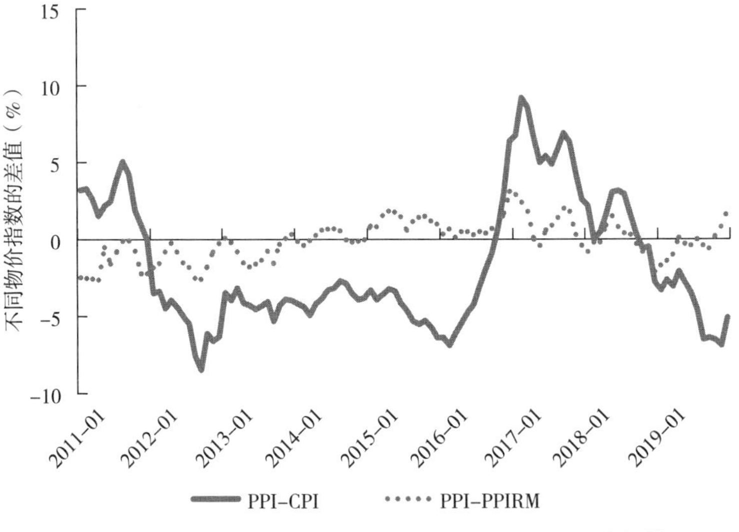

图 2-12　2011—2019 年广西各种物价指数之间的差值变化情况

（资料来源：根据 Wind 资讯数据计算）

如表 2-7 所示，无论是 LLC 检验方法还是 ADF-Fish、PP-Fish 检验方法，单位根检验的结果都表明，广西板块指数收益率 GXINDEX 以及物价“剪刀差”PPI-CPI、PPI-PPIRM 等时间序列在 1% 显著水平拒绝“存在单位根”的原假设。因此，时间序列 GXINDEX、PPI-CPI、PPI-PPIRM 是平稳的。

表 2-7　时间序列 GXINDEX、PPI-CPI、PPI-PPIRM 的单位根检验

检验方法	统计量的值	判断（Sig=1%）
LLC	-3.81663***	平稳
ADF-Fish	29.4312***	平稳
PP-Fish	20.5958***	平稳

注：检验方法不包含截距项和趋势项，并根据 SC 准则选择最优滞后阶数。*** 代表 1% 显著水平。

如表 2-8 所示，由于 AR 特征方程的逆特征根的模型都处在单位圆内，所以 AR 过程是平稳的，回归结果是可信赖的。回归结果表明，GXINDEX 与 PPI-CPI、PPI-PPIRM 之间存在正相关关系。与 PPI-CPI 相比较，PPI-PPIRM 对 GXINDEX 的影响更加显著。如果 PPI 与 PPI-CPI、PPIRM 之间的"剪刀差"波动剧烈，那么物价因素与广西板块指数收益率之间的联系将会变得不确定。

表 2-8　GXINDEX 与 PPI-CPI、PPI-PPIRM 的回归结果

GXINDEX 与 PPI-CPI 的回归模型		GXINDEX 与 PPI-PPIRM 的回归模型	
PPI-CPI	2.023578	PPI-PPIRM	7.378583**
AR（1）	0.934571***	AR（1）	—
AR（2）	—	AR（2）	0.772644***
SIGMASQ	206.6746***	SIGMASQ	507.4430***
R^2	0.866003	R^2	0.670999
调整 R^2	0.863121	调整 R^2	0.663924
特征方程的逆特征根	0.93	特征方程的逆特征根	0.88、-0.88

注：根据 SC 准则选择 AR 模型的最优滞后阶数。***、** 分别代表 1% 和 5% 显著水平。

4. 国际经贸对广西金融业的影响

2010 年中国—东盟自由贸易区（China and ASEAN Free Trade Area，CAFTA）正式建成以来，广西进一步加快了经济金融的开放发展步伐。如表 2-9 所示，2011—2018 年广西的外商投资企业数从 4650 户增加至 5333 户，年均增长 1.98%；外商投资企业投资额从 299.42 亿美元增加至 627.23 亿美元，年均增长 11.14%；非金融企业对外直接投资流量从 1.67 亿美元增加至 12.73 亿美元，年均增长 33.65%；对外承包工程合同金额从 5.51 亿美元增加至 10.54 亿美元，年均增长 9.72%。国际结算与投融资需求都迅速增加，有助于促进包括证券业在内的金融行业发展。

表 2-9　2011—2018 年广西经济的开放发展状况

年份	外商投资企业数（户）	外商投资企业投资总额（亿美元）	非金融企业对外直接投资流量（亿美元）	对外承包工程合同金额（亿美元）
2011	4650	299.42	1.67	5.51
2012	3773	311.43	2.72	2.97
2013	3756	319.27	0.81	3.20

续表

年份	外商投资企业数（户）	外商投资企业投资总额（亿美元）	非金融企业对外直接投资流量（亿美元）	对外承包工程合同金额（亿美元）
2014	3949	373.96	2.29	8.64
2015	4215	425.29	4.51	6.56
2016	4485	437.20	14.31	7.95
2017	4872	562.00	6.37	9.37
2018	5333	627.23	12.73	10.54
年均增速	1.98	11.14	33.65	9.72

资料来源：Wind 资讯。

二、广西证券业总体经营概况

（一）广西证券市场交易规模

广西证券交易规模随着国内资本市场波动而不断调整。泡沫兴起的速度比泡沫减退的速度更快。如表 2－10 和图 2－13 所示，2011—2019 年广西证券市场的场内交易规模增长较快，但是波动也比较明显，尤其是 2015 年前后交易规模呈现大幅调整，广西在沪深两市的场内交易规模从 2011 年的 1.14 万亿元增加至 2015 年的 6.24 万亿元，年均增长 52.96%，随后快速地减少至 2019 年的 4.38 万亿元，年均下降 8.47%。虽然广西证券市场的场内交易规模起伏变化非常大，但是它与国内资本市场的整体起伏波动态势基本符合，两者之间的正相关关系比较明显，如图 2－14 所示。

表 2－10　2011—2019 年广西证券市场的场内交易规模

年份	广西在上海证券交易所的交易金额（万亿元）	广西在深圳证券交易所的交易金额（万亿元）
2011	0.66	0.48
2012	0.68	0.33
2013	1.46	0.45
2014	1.99	0.71
2015	3.73	2.51
2016	2.97	0.89
2017	2.76	0.90
2018	2.76	0.78
2019	3.42	0.96

资料来源：根据 Wind 资讯数据计算。

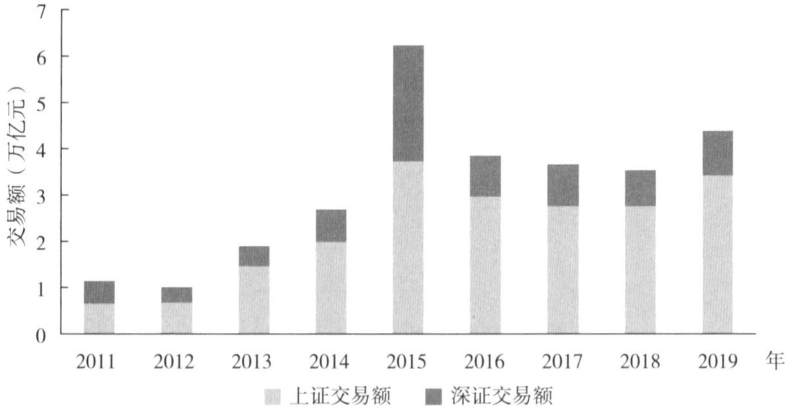

图 2－13　广西证券市场的场内交易规模的变动

（资料来源：根据 Wind 资讯计算）

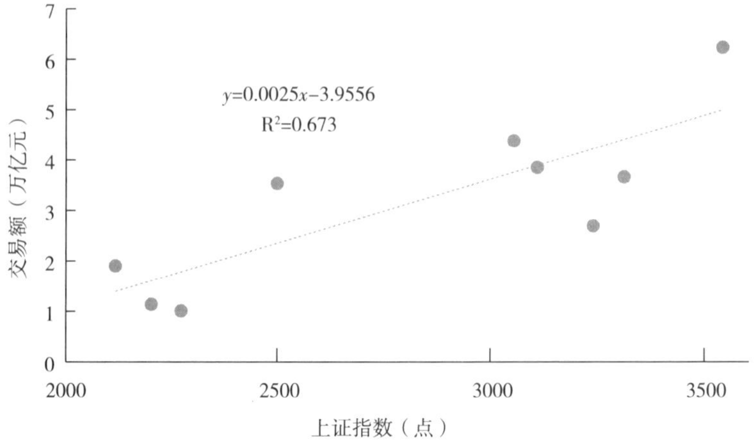

图 2－14　国内资本市场波动对广西证券市场的场内交易额的影响

（资料来源：根据 Wind 资讯绘制）

（二）广西证券市场交易结构

1. 股票、债券、基金的交易结构

广西基金交易额稳步增长，发展态势好于股票交易和债券交易。首先，如表 2－11 和图 2－15 所示，虽然 2011—2019 年广西证券市场的股票交易额的平均值高于基金交易额、债券交易额，但是股票市场波动剧烈，风险较大，尤其是 2015 年股票交易额达到峰值之后，呈现快速减少的趋势。2018—2019 年，股票交易额已经低于债券交易额。其次，债券的市场风险低于股票的市场风险。虽然收益率可能会低一些，但是收益率却是相对稳定的。在资本市场风险增大时，投资者有可能青睐债券交易，推动债券交易额明显增长，并超过了股票交易额。最后，虽然基金能够较好地发挥分散风险的作用，但是基金收益率也低于相对稳定的债券收益率，因而基金交易额的总体表现不及债券。

表 2-11 2011—2019 年广西证券市场的股票、债券、基金交易额

年份	股票交易额（万亿元）	债券交易额（万亿元）	基金交易额（万亿元）
2011	0.897	0.168	0.004
2012	0.685	0.372	0.005
2013	0.988	1.064	0.009
2014	1.495	1.309	0.057
2015	4.924	1.098	0.297
2016	2.358	1.346	0.968
2017	2.067	1.517	0.801
2018	1.805	2.094	0.499
2019	2.333	2.655	0.296
平均值	1.950	1.291	0.326

资料来源：根据 Wind 资讯计算。

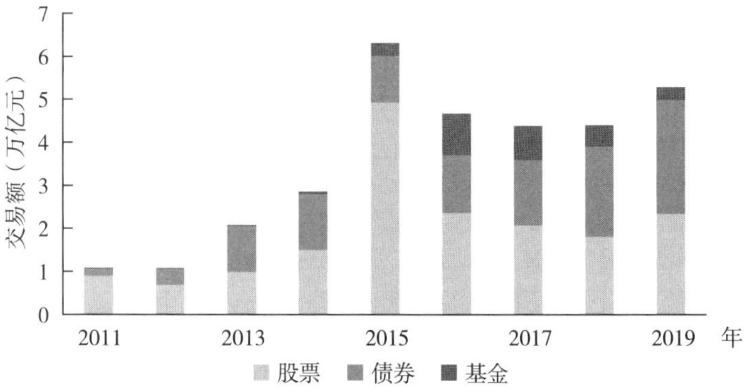

图 2-15 2011—2019 年广西证券市场的交易结构

（资料来源：根据 Wind 资讯计算）

2. 债券交易以国债回购交易为主

随着宏观调控的灵活性日益增强，国债回购交易已经成为广西参与债券交易的主要方式。2011—2019 年广西参与上海证券交易所债券交易概况如表 2-12 和图 2-16 所示。其中，国债回购交易额从 2011 年的 1601.77 亿元增加至 2019 年的 23075.69 亿元，增长了 13.41 倍。广西参与上交所国债回购占广西债券交易的比重从 2011 年的 97.09% 增加至 2019 年的 98.25%。

表 2-12 2011—2019 年广西参与上交所债券交易的概况

年份	国债交易额（亿元）	国债回购交易额（亿元）	金融债、企业债交易额（亿元）
2011	2.99	1601.77	45.08
2012	1.13	3358.51	72.41

续表

年份	国债交易额（亿元）	国债回购交易额（亿元）	金融债、企业债交易额（亿元）
2013	3.69	9871.55	214.09
2014	5.11	12114.08	271.56
2015	17.97	9548.84	324.22
2016	28.39	11392.77	343.12
2017	21.35	12869.99	211.16
2018	9.19	17951.36	261.48
2019	21.03	23075.69	390.73

资料来源：根据 Wind 资讯计算。

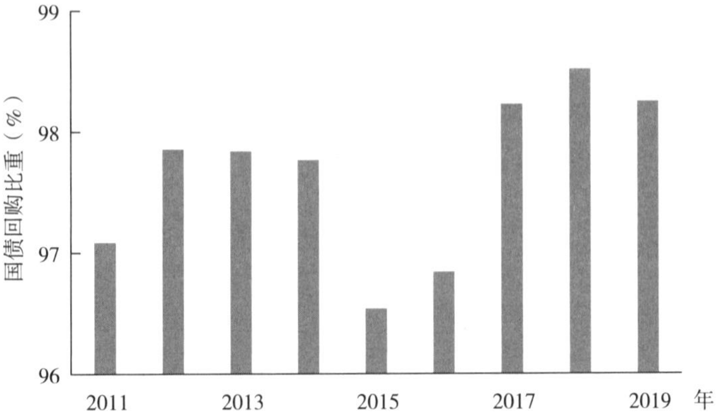

图 2-16　广西参与上交所国债回购占广西债券交易的比重

（资料来源：根据 Wind 资讯计算）

3. 金融债、企业债交易市场发展提速

投资者对金融债、企业债的热情正在提升。在表 2-12 当中，2011—2019 年广西参与上交所金融债、企业债交易额从 45.08 亿元增加至 390.73 亿元，年均增长率达到 31%。

三、广西上市公司发展概况

（一）广西上市公司数量

广西的上市公司数量比较少，但是近年来增加较快。一方面，在国内资本市场上，广西上市公司的数量占比较小。截至 2019 年末，广西的国内上市公司数量达到 38 家，占国内各地区板块上市公司总数量的 1%，广西板块在全国地区板块当中的降序排名是第 23 位，如图 2-17 所示。另一方面，1993 年 11 月，广西第一家上市公司“桂柳工”

在深交所挂牌交易。到 2006 年 12 月，广西上市公司数量已经达到 22 家。1993—2006 年广西企业上市历经 26 年，年均增加 0.85 家。相比较而言，2006—2019 年广西上市公司数量从 22 家增加至 38 家，年均增加 1.23 家，上市公司数量增加相对较快，如图 2-18 所示。

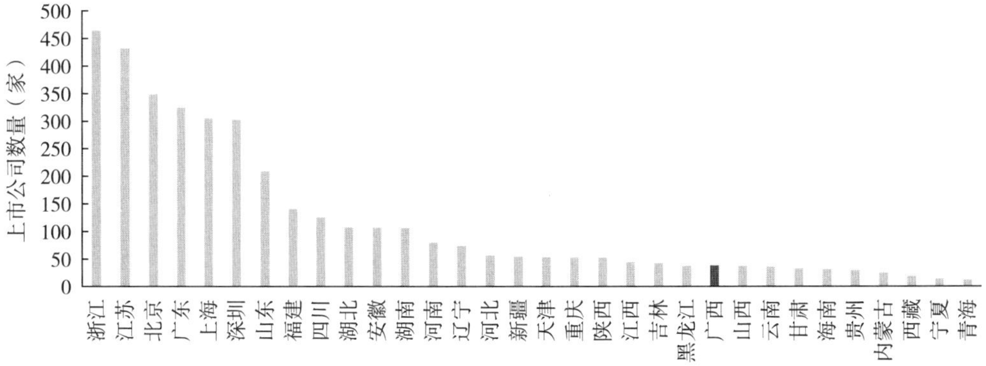

图 2-17　2019 年国内各地区板块的上市公司数量

（资料来源：根据通达信软件的数据进行整理）

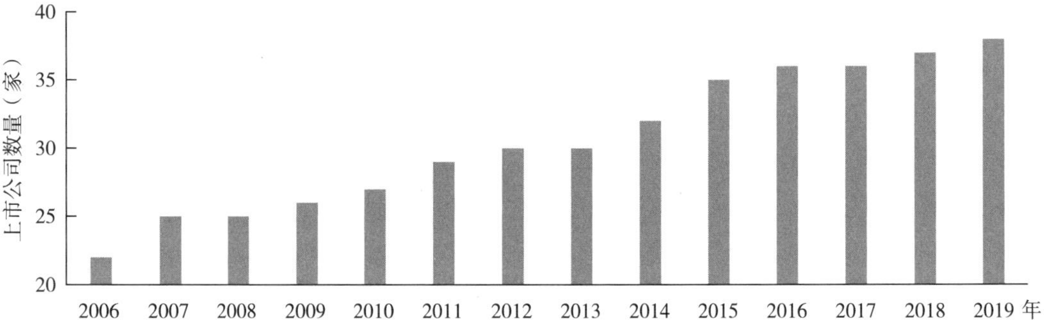

图 2-18　2006-2019 年广西上市公司的数量变动

（资料来源：Wind 资讯）

（二）广西上市公司结构

1. 地区结构

广西上市公司的地区分布相对集中。其中，南宁市是广西上市公司最集中的城市。如表 2-13 所示，截至 2019 年末，南宁市拥有 14 家上市公司，占广西上市公司总数的 36.8%，在广西各地市当中排名第 1 位；桂林市拥有 7 家上市公司，占广西上市公司总数的 18.4%，在广西各地市当中排名第 2 位；北海市拥有 6 家上市公司，占广西上市公司总数的 15.7%，在广西各地市当中排名第 3 位；柳州市拥有 5 家上市公司，占广西上市公司总数的 13.1%，在广西各地市当中排名第 4 位；梧州市拥有 2 家上市公司，占广西上市公司总数的 5.2%，在广西各地市当中排名第 5 位；玉林市、贵港市、河池市、贺州市 4 个地级市各自拥有 1 家上市公司，占比均为 2.6%；百色市、崇左市、来宾市、钦州市、防城港市 5 个地级市均没有上市公司。

表 2-13　广西上市公司概况

序号	股票名称	股票代码	公司名称	注册地	行业分类	注册资本（万元）	最大股东持股比例（%）	前十大股东持股比例（%）	证券类别	经济性质	上市日期	是否借壳	借壳日期
1	柳工	000528	广西柳工机械股份有限公司	广西壮族自治区柳州市柳太路1号	专用设备制造业	147592.14	34.66	43.60	A股-主板	国有控股	1993年11月18日	否	—
2	北部湾港	000582	北部湾港股份有限公司	广西壮族自治区北海市海城区海角路145号	水上运输业	163461.69	47.42	88.09	A股-主板	国有控股	1995年11月2日	是	2013年12月25日
3	阳光股份	000608	阳光新业地产股份有限公司	广西壮族自治区南宁市江南路230号南宁经济技术开发区	房地产业	74991.33	29.12	61.05	A股-主板	公众企业	1996年9月19日	否	—
4	天夏智慧	000662	天夏智慧城市科技股份有限公司	广西壮族自治区梧州市新兴二路137号	软件和信息技术服务业	109309.77	16.41	68.05	A股-主板	民营企业	1996年12月16日	否	—
5	恒逸石化	000703	恒逸石化股份有限公司	广西壮族自治区北海市北海大道西16号海富大厦第七层G号	化学纤维制造业	284172.55	41.06	65.10	A股-主板	民营企业	1997年3月28日	是	2011年5月17日
6	黑芝麻	000716	南方黑芝麻集团股份有限公司	广西壮族自治区玉林市容县容城南工业集中区黑五类产业园	食品制造业	74639.59	30.63	49.27	A股-主板	民营企业	1997年4月18日	否	—

续表

序号	股票名称	股票代码	公司名称	注册地	行业分类	注册资本（万元）	最大股东持股比例（%）	前十大股东持股比例（%）	证券类别	经济性质	上市日期	是否借壳	借壳日期
7	国海证券	000750	国海证券股份有限公司	广西壮族自治区桂林市辅星路13号	资本市场服务业	544452.55	22.49	46.94	A股－主板	国有控股	1997年7月9日	是	2011年8月23日
8	ST银河	000806	北海银河生物产业投资股份有限公司	广西壮族自治区北海市西藏路银河软件科技园专家创业区1号	电气机械和器材制造业	109991.18	46.98	48.98	A股－主板	民营企业	1998年4月16日	否	—
9	粤桂股份	000833	广西粤桂广业控股股份有限公司	广西壮族自治区贵港市幸福路100号	综合	66840.19	31.31	59.72	A股－主板	国有控股	1998年11月11日	是	2015年8月31日
10	*ST南糖	000911	南宁糖业股份有限公司	广西壮族自治区南宁市青秀区古城路10号	农副食品加工业	32408.09	23.70	47.95	A股－主板	国有控股	1999年5月27日	否	—
11	*ST河化	000953	广西河池化工股份有限公司	广西壮族自治区河池市六甲镇	化学原料和化学制品制造业	34026.01	25.57	49.21	A股－主板	中外合资	1999年12月2日	否	—
12	桂林旅游	000978	桂林旅游股份有限公司	广西壮族自治区桂林市翠竹路27－2号	公共设施管理业	36010.00	17.87	40.12	A股－主板	国有控股	2000年5月18日	否	—
13	莱茵生物	002166	桂林莱茵生物科技股份有限公司	广西壮族自治区桂林市临桂区人民南路19号	医药制造业	56521.47	18.74	50.62	A股－中小板	民营企业	2007年9月13日	否	—

续表

序号	股票名称	股票代码	公司名称	注册地	行业分类	注册资本（万元）	最大股东持股比例（%）	前十大股东持股比例（%）	证券类别	经济性质	上市日期	是否借壳	借壳日期
14	*ST 东网	002175	东方时代网络传媒股份有限公司	广西壮族自治区桂林市七星区临江路 234 号	互联网和相关服务业	75377.82	7.68	33.35	A 股 - 中小板	民营企业	2007 年 10 月 12 日	否	—
15	桂林三金	002275	桂林三金药业股份有限公司	广西壮族自治区桂林市七星区金星路 1 号	医药制造业	59020.00	61.79	78.74	A 股 - 中小板	民营企业	2009 年 7 月 10 日	否	—
16	皇氏集团	002329	皇氏集团股份有限公司	广西壮族自治区南宁市高新区丰达路 65 号	食品制造业	83764.00	31.40	48.12	A 股 - 中小板	民营企业	2010 年 1 月 6 日	否	—
17	八菱科技	002592	南宁八菱科技股份有限公司	广西壮族自治区南宁市高新区工业园区科德路 1 号	汽车制造业	28333.12	23.45	58.64	A 股 - 中小板	民营企业	2011 年 11 月 11 日	否	—
18	百洋股份	002696	百洋产业投资集团股份有限公司	广西壮族自治区南宁市高新技术开发区高新四路 9 号	渔业	34938.69	38.18	60.86	A 股 - 中小板	民营企业	2012 年 9 月 5 日	否	—
19	润建股份	002929	润建股份有限公司	广西壮族自治区南宁市西乡塘区总部路 1 号中国—东盟科技企业孵化基地一期 D7 栋 501 室	软件和信息技术服务业	22074.63	35.52	71.01	A 股 - 中小板	民营企业	2018 年 3 月 1 日	否	—
20	西麦食品	002956	桂林西麦食品股份有限公司	广西桂林市高新技术开发区九号小区	食品制造业	8000.00	21.10	74.37	A 股 - 中小板	中外合资	2019 年 6 月 19 日	否	—

续表

序号	股票名称	股票代码	公司名称	注册地	行业分类	注册资本（万元）	最大股东持股比例（%）	前十大股东持股比例（%）	证券类别	经济性质	上市日期	是否借壳	借壳日期
21	博世科	300422	广西博世科环保科技股份有限公司	广西壮族自治区南宁市高新区科兴路12号	生态保护和环境治理业	35583.53	21.28	40.65	A股-创业板	民营企业	2015年2月17日	否	—
22	桂冠电力	600236	广西桂冠电力股份有限公司	广西壮族自治区南宁市青秀区民族大道126号	电力、热力生产和供应业	788237.78	51.55	91.82	A股-主板	国有控股	2000年3月23日	否	—
23	两面针	600249	柳州两面针股份有限公司	广西壮族自治区柳州市东环大道282号	化学原料和化学制品制造业	55000.00	33.34	43.00	A股-主板	国有控股	2004年1月30日	否	—
24	中恒集团	600252	广西梧州中恒集团股份有限公司	广西壮族自治区梧州市工业园区工业大道1号第1幢	医药制造业	347510.71	25.52	38.18	A股-主板	国有控股	2000年11月30日	否	—
25	ST南化	600301	南宁化工股份有限公司	广西壮族自治区南宁市良庆区银海大道1223号南宁国际综合物流园7楼701-722室	化学原料和化学制品制造业	23514.81	32.00	42.29	A股-主板	国有控股	2000年7月12日	否	—
26	桂东电力	600310	广西桂东电力股份有限公司	广西壮族自治区贺州市平安西路12号	电力、热力生产和供应业	82777.50	50.03	55.40	A股-主板	国有控股	2001年2月28日	否	—

续表

序号	股票名称	股票代码	公司名称	注册地	行业分类	注册资本（万元）	最大股东持股比例（%）	前十大股东持股比例（%）	证券类别	经济性质	上市日期	是否借壳	借壳日期
27	五洲交通	600368	广西五洲交通股份有限公司	广西壮族自治区南宁市民族大道115－1号现代国际大厦27层	道路运输业	112563.21	36.45	52.23	A股－主板	国有控股	2000年12月21日	否	—
28	ST柳化	600423	柳州化工股份有限公司	广西壮族自治区柳州市北雀路67号	化学原料和化学制品制造业	79869.50	25.22	49.13	A股－主板	国有控股	2003年7月17日	否	—
29	国发股份	600538	北海国发海洋生物产业股份有限公司	广西壮族自治区北海市北部湾中路3号	批发业	46440.12	28.46	55.52	A股－主板	民营企业	2003年1月14日	否	—
30	ST慧球	600556	广西慧金科技股份有限公司	广西壮族自治区北海市北海大道168号	软件和信息技术服务业	168042.03	19.79	22.32	A股－主板	中外合资	2001年8月7日	是	2020年1月4日
31	南宁百货	600712	南宁百货大楼股份有限公司	广西壮族自治区南宁市朝阳路39号	零售业	54465.54	18.26	51.43	A股－主板	国有控股	1996年6月26日	否	—
32	广西广电	600936	广西广播电视信息网络股份有限公司	广西壮族自治区南宁市高新区科技园东五路8号好邦大厦525室	电信、广播电视和卫星传输服务	167102.62	27.81	52.23	A股－主板	国有控股	2016年8月15日	否	—
33	柳钢股份	601003	柳州钢铁股份有限公司	广西壮族自治区柳州市北雀路117号	黑色金属冶炼和压延加工业	256279.32	74.57	84.53	A股－主板	国有控股	2007年2月27日	否	—

续表

序号	股票名称	股票代码	公司名称	注册地	行业分类	注册资本（万元）	最大股东持股比例（%）	前十大股东持股比例（%）	证券类别	经济性质	上市日期	是否借壳	借壳日期
34	绿城水务	601368	广西绿城水务股份有限公司	广西南宁市江南区体育路4号	水的生产和供应业	88297.31	51.00	74.70	A股-主板	国有控股	2015年6月12日	否	—
35	丰林集团	601996	广西丰林木业集团股份有限公司	广西壮族自治区南宁市银海大道1233号	木材加工和木、竹、藤、棕、草制品业	114573.68	40.06	58.08	A股-主板	中外合资	2011年9月29日	否	—
36	福达股份	603166	桂林福达股份有限公司	广西壮族自治区桂林市西城经济开发区秧塘工业园秧十八路东侧	汽车制造业	59525.87	69.28	77.42	A股-主板	民营企业	2014年11月27日	否	—
37	柳药股份	603368	广西柳州医药股份有限公司	广西壮族自治区柳州市官塘大道68号	批发业	25907.34	27.86	45.67	A股-主板	民营企业	2014年12月4日	否	—
38	新智认知	603869	新智认知数字科技股份有限公司	广西壮族自治区北海市四川南路铁路桥以南新奥大厦	软件和信息技术服务业	50450.05	34.96	69.41	A股-主板	民营企业	2015年3月26日	否	—

资料来源：根据Wind资讯和通达信软件数据进行整理。

2. 行业结构

广西上市公司的行业结构与区域产业结构发展相匹配。虽然广西上市公司的行业结构比较分散，但是化工（4 家，在广西板块占比 10.5%）、信息技术服务业（4 家，在广西板块占比 10.5%）、食品制造业（3 家，在广西板块占比 7.9%）和医药制造业（3 家，在广西板块占比 7.9%）的上市公司相对较多，相关产业的区域市场地位也相对突出。

首先，在全国、全区产业结构优化和调整的大环境下，虽然传统重化工业的上市公司占比较大，但是整体经营表现却不佳。在表 2－13 当中，化学原料和化学制品制造业上市公司共有 4 家，其中 3 家上市公司被冠以“ST”和“＊ST”，占比 75%（即 3/4）。

其次，随着区域产业结构的优化升级，第三产业尤其是信息服务业发展迅速。在表 2－13 当中，软件和信息技术服务业上市公司共有 4 家，其中仅有 1 家上市公司被冠以“ST”，占比 25%（即 1/4）。

最后，食品制造业和医药制造业都是广西具有比较优势的行业。在表 2－13 当中，这两类上市公司共有 6 家，其中没有任何一家上市公司被冠以“ST”。

3. 所有制结构

多种所有制形式的上市公司协调发展。虽然广西上市公司的非公经济成分占比较大，但是在电力、供水、广播电视等关系国计民生的领域，国有控股上市公司的比重较大。在表 2－13 当中，国有控股的上市公司数量是 17 家，在广西板块当中占比 44.7%。民营和中外合资的上市公司数量是 21 家，在广西板块当中占比 55.3%。

4. 主板、中小板、创业板结构

大多数的广西上市公司都集中在主板。在表 2－13 当中，在主板的广西上市公司共有 29 家，占广西上市公司总数的 76.3%。在中小板的广西上市公司共有 8 家，占广西上市公司总数的 21.1%。在创业板的广西上市公司仅有 1 家，占广西上市公司总数的 2.6%。

5. 股权集中度

广西上市公司的股权集中度较高。在表 2－13 当中，第一大股东持股比例最高的上市公司是“柳钢股份”，比例为 74.57%；第一大股东持股比例最低的上市公司是“＊ST 东网”，比例为 7.68%。第一大股东持股比例超过 50% 的广西上市公司共有 6 家，占广西上市公司总数的 15.8%。前十大股东持股比例最高的上市公司是“桂冠电力”，比例为 91.82%；前十大股东持股比例最低的上市公司是“ST 慧球”，比例为 22.32%。前十大股东持股比例超过 50% 的广西上市公司共有 22 家，占广西上市公司总数的 57.9%。

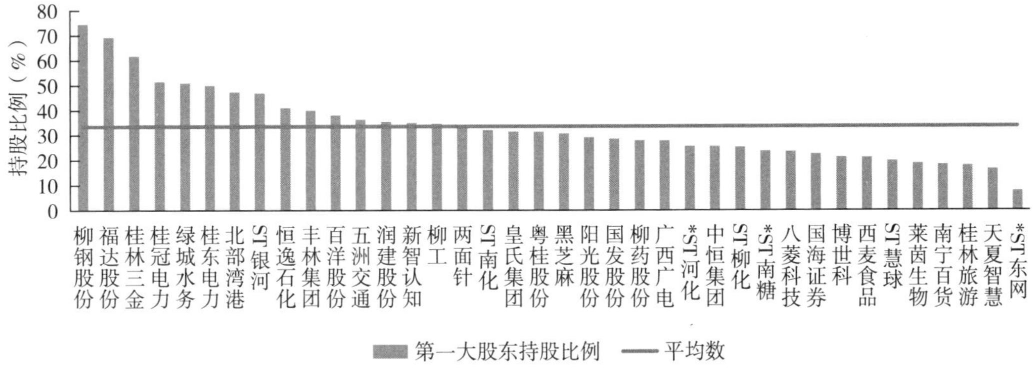

图2－19　2019年广西上市公司第一大股东持股比例

（资料来源：Wind资讯）

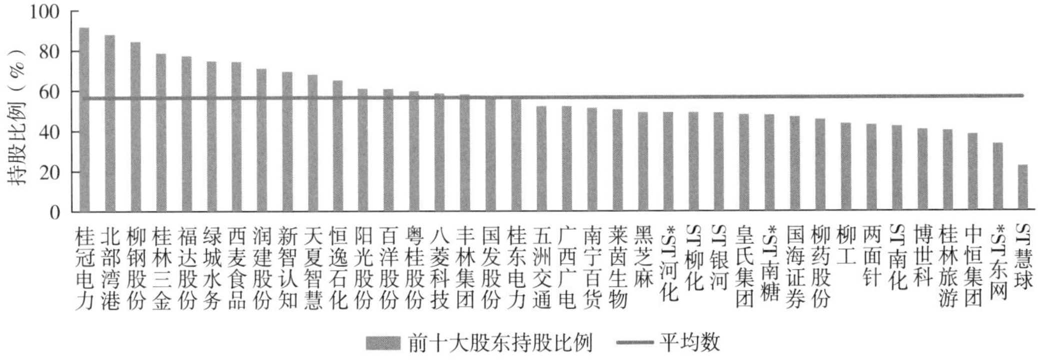

图2－20　2019年广西上市公司前十股东持股比例

（资料来源：Wind资讯）

6. 借壳上市

部分公司采用借壳方式实现上市。在表2－13当中，“恒逸石化”等借壳上市公司共有5家，占广西上市公司总数的13.2%。

（三）广西上市公司估值指标

1. 市值

广西上市公司市值呈现出日益分化的态势。如图2－21所示，2019年末恒逸石化和桂冠电力的市值分别是395.57亿元、385.45亿元，居广西上市公司市值的第一位、第二位，超过市值第三位国海证券（225.11亿元）和市值第四位ST慧球（204.00亿元）的71.23%（即385.45亿元/225.11亿元再减1）至93.90%（即395.57亿元/204.00亿元再减1）之间。ST河化的市值仅有12.76亿元，市值排名最后一位，相当于市值第一位的恒逸石化的3.23%。从总体上看，市值介于300亿~400亿元（不含300亿元）之间的上市公司共有2家，占广西上市公司总数的5.26%，处于市值规模的第一梯队；市值介于200亿~300亿元（不含200亿元）之间的上市公司共有2家，占广西上市公司总数的5.26%，处于市值规模的第二梯队；市值介于100亿~200亿元（不含100亿元）之间的上市公司共有4家，占广西上市公司总数的10.53%，处于市值规模的第三梯队；市值小于等于100亿元的上市公司共有30家，占广西上市公司总数的78.95%，处于市值规模的第四梯队。可见，广西上市公司市值的极差较大。

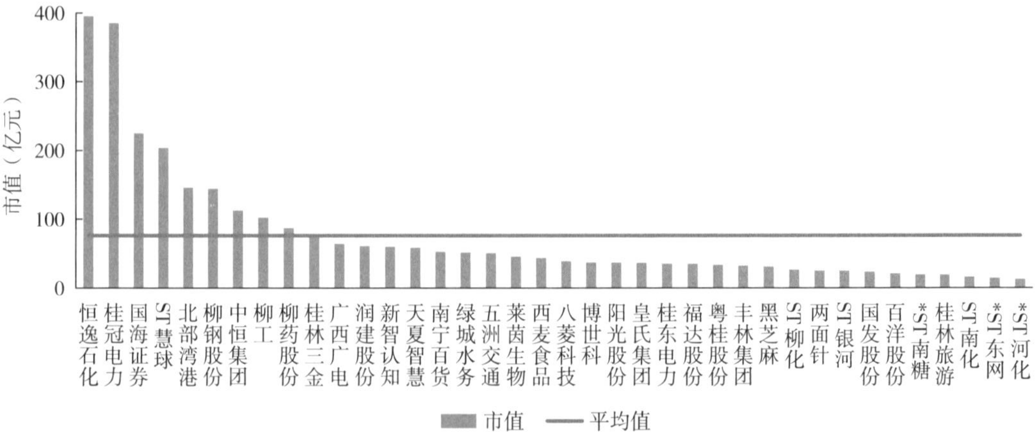

图2-21　2019年末广西上市公司市值

（资料来源：Wind资讯）

2. 市盈率①

广西上市公司的市盈率（Price Earnings Ratio，P/E或PER）数值差异较大。如表2-14所示，虽然根据多种指标计算的市盈率各不相同，但是广西上市公司市盈率日益明显的分化态势却是相似的。

① 由于一部分广西上市公司出现亏损，其市盈率为负数，所以此时的市盈率指标失真，不能作为上市公司股票估值的参考，而需要使用市净率（即每股市价/每股净资产）等其他指标作为上市公司股票估值的参考。下文将会就此展开进一步讨论。

表 2 - 14　2019 年广西上市公司的估值指标

序号	证券简称	市盈率 P/E（TTM，倍）	市盈率 P/E（TTM，扣除非经常性损益，倍）	市盈率 P/E（LYR，倍）	市净率 P/B（LF，倍）	市净率 P/B（MRQ，倍）	市销率 P/S（TTM，倍）	市销率 P/S（LYR，倍）	市现率 PCF（经营现金流 TTM，倍）	市现率 PCF（现金净流量 TTM，倍）	市现率 PCF（经营现金流 LYR，倍）	市现率 PCF（现金净流量 LYR，倍）	股息率（近 12 个月，%）
1	柳工	10.71	11.89	12.96	1.01	1.01	0.54	0.57	4.70	8.22	16.16	-113.97	2.16
2	北部湾港	16.92	16.48	22.65	1.52	1.52	3.21	3.47	7.74	10.36	7.99	7.18	1.27
3	阳光股份	-137.18	-67.45	322.49	1.27	1.27	15.98	12.80	9.02	-18.97	-393.01	-4.17	0.00
4	天夏智慧	68.72	42.23	38.91	1.02	1.02	6.23	5.38	56.44	-15.28	-8.34	-5.05	0.00
5	恒逸石化	20.07	28.29	20.16	1.78	1.78	0.46	0.47	18.85	-10.36	23.62	13.11	2.16
6	黑芝麻	77.92	283.14	51.83	1.13	1.13	0.66	0.78	9.59	-100.20	17.98	74.86	0.00
7	国海证券	42.68	43.39	307.77	1.60	1.60	6.62	10.61	13.50	27.17	-15.05	-11.55	0.37
8	ST 银河	-3.56	-3.38	-3.52	1.94	1.94	3.76	3.27	370.34	-82.72	-6.82	-12.69	0.00
9	粤桂股份	79.44	91.61	38.00	1.21	1.21	0.87	1.06	14.62	26.38	11.92	8.63	0.30
10	*ST 南糖	-1.55	-1.47	-1.43	-3.89	-3.89	0.59	0.54	-20.73	-4.09	4.92	-3.14	0.00
11	*ST 河化	-5.63	-5.67	-4.66	-4.28	-4.28	9.26	5.52	-82.81	-431.25	-24.33	-7.10	0.00
12	桂林旅游	34.01	35.99	23.83	1.20	1.20	3.14	3.34	12.72	123.40	11.69	59.55	1.50
13	莱茵生物	67.99	88.12	56.06	2.83	2.83	8.25	7.39	-26.71	13.47	-54.34	1458.44	0.62
14	*ST 东网	-1.82	-1.94	-1.78	10.78	10.78	6.08	5.85	19.07	-79.77	30.20	-33.06	0.00
15	桂林三金	20.53	21.91	18.73	2.81	2.81	4.84	4.89	13.87	46.53	14.03	16.00	2.63
16	皇氏集团	-6.68	-6.33	-5.98	1.71	1.71	1.60	1.58	35.83	141.72	39.08	-31.05	0.00
17	八菱科技	-250.03	-168.86	536.72	2.11	2.11	5.35	5.50	230.63	-9.06	41.51	8.76	0.00
18	百洋股份	-257.88	-14.55	36.69	1.06	1.06	0.68	0.67	7.93	37.88	22.80	-3.91	0.94
19	润建股份	28.88	33.96	29.70	2.22	2.22	1.74	1.89	14.32	-11.33	35.77	5.90	0.43
20	西麦食品	29.43	34.30	31.97	3.35	3.35	4.69	5.14	27.67	37.39	33.55	71.09	0.00

续表

序号	证券简称	市盈率 P/E (TTM,倍)	市盈率 P/E(TTM,扣除非经常性损益,倍)	市盈率 P/E (LYR,倍)	市净率 P/B (LF,倍)	市净率 P/B (MRQ,倍)	市销率 P/S (TTM,倍)	市销率 P/S (LYR,倍)	市现率 PCF(经营现金流 TTM,倍)	市现率 PCF(现金净流量 TTM,倍)	市现率 PCF(经营现金流 LYR,倍)	市现率 PCF(现金净流量 LYR,倍)	股息率(近12个月,%)
21	博世科	12.25	12.45	15.82	2.30	2.30	1.14	1.37	-171.52	-22.39	-93.52	23.50	0.65
22	桂冠电力	16.48	17.50	16.16	2.65	2.65	4.05	4.05	6.24	-81.61	5.92	-105.01	3.93
23	两面针	91.82	-24.41	115.72	1.39	1.39	2.04	2.02	41.22	49.34	132.99	-59.00	0.00
24	中恒集团	15.89	18.92	18.47	1.81	1.81	3.16	3.43	13.60	11.68	13.28	17.17	1.84
25	ST 南化	132.53	161.55	29.89	5.20	5.20	2.52	5.87	-100.05	-101.37	-13.75	-13.91	0.00
26	桂东电力	15.34	-215.12	51.84	1.75	1.75	0.16	0.30	9.04	-17.37	53.98	-10.50	0.58
27	五洲交通	5.16	9.98	12.00	1.18	1.18	2.34	2.80	4.18	73.26	3.39	17.68	2.52
28	ST 柳化	-296.25	-4.42	6.81	1.56	1.56	3.24	1.32	-7.44	-87.31	110.08	6.02	0.00
29	国发股份	-107.06	-91.22	-108.73	3.72	3.72	9.59	10.47	-103.41	16.08	-69.62	-35.29	0.00
30	ST 慧球	-39.01	-56.87	-113.97	-94.60	-94.60	107.88	63.32	-276.45	837.82	-135.33	-132.66	0.00
31	南宁百货	-4128.10	1736.74	-117.51	5.14	5.14	2.74	2.48	60.83	-74.87	-93.35	-196.55	0.00
32	广西广电	-483.26	-56.03	51.64	1.73	1.73	3.04	2.64	11.39	-36.20	13.45	12.92	0.00
33	柳钢股份	5.10	5.19	3.14	1.38	1.38	0.30	0.31	2.73	6.68	2.56	4.72	10.62
34	绿城水务	19.64	21.12	18.46	1.25	1.25	3.50	3.86	4.81	4.28	4.45	-89.32	1.63
35	丰林集团	20.11	21.78	23.39	1.20	1.20	1.68	2.03	18.42	-3.14	15.85	-17.71	2.12
36	福达股份	29.54	44.68	31.48	1.67	1.67	2.50	2.51	11.27	-15.96	11.23	259.35	2.54
37	柳药股份	12.72	12.83	16.50	2.07	2.07	0.62	0.74	46.61	10.27	390.81	117.66	1.82
38	新智认知	24.78	41.41	15.92	1.55	1.55	2.16	1.98	-28.59	2599.07	-9.38	-35.78	1.89

资料来源:Wind 资讯。

从理论上讲，市盈率等于每股价格除以每股收益，是公司股票估值的重要指标。在实际应用当中，市盈率可以使用当前总市值除以预估的当年全年净利润（即动态市盈率），也可以使用当前总市值除以一年的净利润（即静态市盈率），还可以使用当前总市值除以前四个季度的净利润（即滚动市盈率）。其中，由于计算动态市盈率时，预估当年的全年净利润可能不完全可靠，而且计算静态市盈率时，年度财务报告尚未公布，净利润只能采用以往最近一期的年度报告，所以动态市盈率或者静态市盈率都存在较大偏差，而滚动市盈率则能够较好地反映每股价值。当然，由于上市公司有可能面临非经常性损益（Extraordinary Item），导致市盈率数值波动较大，甚至有可能误导投资者决策，所以市盈率需要剔除非经常性损益等干扰因素。

2008 年 10 月 31 日中国证券监督管理委员会公告〔2008〕43 号文件，关于《公开发行证券的公司信息披露规范问答第 1 号——非经常性损益》中明确指出，“非经常性损益是指与公司正常经营业务无直接关系，以及虽与正常经营业务相关，但由于其性质特殊和偶发性，影响报表使用人对公司经营业绩和盈利能力做出正常判断的各项交易和事项产生的损益”。非经常性损益包含的主要项目如表 2－15 所示。

表 2－15　非经常性损益的主要项目

序号	项目
1	非流动性资产处置损益，包括已计提资产减值准备的冲销部分。
2	越权审批，或无正式批准文件，或偶发性的税收返还、减免。
3	计入当期损益的政府补助，但与公司正常经营业务密切相关，符合国家政策规定、按照一定标准定额或定量持续享受的政府补助除外。
4	计入当期损益的对非金融企业收取的资金占用费。
5	企业取得子公司、联营企业及合营企业的投资成本小于取得投资时应享有被投资单位可辨认净资产公允价值产生的收益。
6	非货币性资产交换损益。
7	委托他人投资或管理资产的损益。
8	因不可抗力因素，如遭受自然灾害而计提的各项资产减值准备。
9	债务重组损益。
10	企业重组费用，如安置职工的支出、整合费用等。
11	交易价格显失公允的交易产生的超过公允价值部分的损益。
12	同一控制下企业合并产生的子公司期初至合并日的当期净损益。
13	与公司正常经营业务无关的或有事项产生的损益。
14	除同公司正常经营业务相关的有效套期保值业务外，持有交易性金融资产、交易性金融负债产生的公允价值变动损益，以及处置交易性金融资产、交易性金融负债和可供出售金融资产取得的投资收益。
15	单独进行减值测试的应收款项减值准备转回。
16	对外委托贷款取得的损益。
17	采用公允价值模式进行后续计量的投资性房地产公允价值变动产生的损益。

续表

序号	项目
18	根据税收、会计等法律、法规的要求对当期损益进行一次性调整对当期损益的影响。
19	受托经营取得的托管费收入。
20	除上述各项之外的其他营业外收入和支出。
21	其他符合非经常性损益定义的损益项目。

资料来源：中国证券监督管理委员会公告〔2008〕43号。

如图2－22所示，2019年末广西上市公司的滚动市盈率介于［－4128.10，132.53］区间。此时，ST南华的滚动市盈率倍数最高，而南宁百货的滚动市盈率最低。如图2－23所示，在扣除非经常性损益之后，2019年末广西上市公司的滚动市盈率介于［－215.12，1736.74］区间。此时，南宁百货的滚动市盈率最高，而桂东电力的滚动市盈率最低。图2－23和图2－24的数据分析表明，非经常性损益已经显著地影响了广西上市公司的价值估计。与没有任何扣除的情形相比较，在扣除非经常性损益之后，2019年末广西8家上市公司的滚动市盈率变动小于10%（不含10%），占广西上市公司总数量的21%。广西30家上市公司的滚动市盈率变动超过10%（含10%），占广西上市公司总数量的79%。其中，广西11家上市公司的滚动市盈率变动超过50%（含50%），占广西上市公司总数量的29%；广西4家上市公司的滚动市盈率变动超过100%（含100%），占广西上市公司总数量的11%。

图2－22　2019年末广西上市公司的市盈率（TTM）

（资料来源：Wind资讯）

需要说明的是，由于一部分广西上市公司出现亏损，其市盈率为负数，所以此时的市盈率指标失真，不能作为上市公司股票估值的唯一参考指标，而是需要同时借助市净率（即每股市价/每股净资产）、市销率（即每股市价/每股销售额）、市现率（即每股市价/每股现金流量）、股息率（即每股股息/每股买入价）等其他指标，作为上市公司股票估值的参考。接下来，本文将会就此展开进一步讨论。

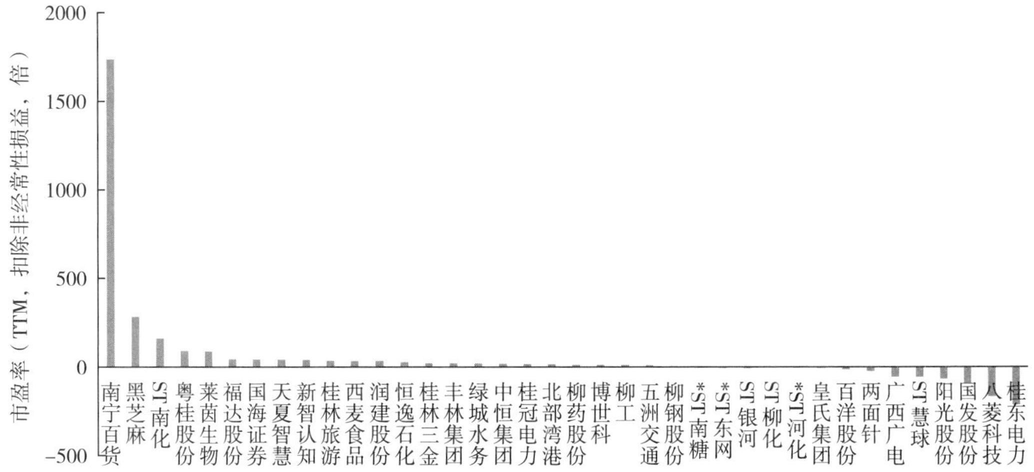

图 2－23　2019 年末广西上市公司的市盈率（TTM，扣除非经常性损益）

（资料来源：Wind 资讯）

3. 市净率

大多数广西上市公司的市净率数值比较接近。如图 2－24 所示，如果剔除市净率的极端数值，例如市净率最大的 5 家上市公司与市净率最小的 3 家上市公司，那么其余 30 家上市公司的市净率样本数值处于［1.01，2.83］区间，样本均值是 1.66，样本标准差是 0.52，并且相应的 Jarque－Bera 统计量是 3.26。换言之，剔除极端样本之后，广西上市公司市净率能够在 10% 显著水平接受“样本服从正态分布”的原假设。因此，笔者在 10% 显著水平可以判断［0.81，2.51］区间内的上市公司市净率数值是没有区别的。在剔除极端值之后的 30 个样本当中，符合条件的上市公司市净值样本共 27 个，它们无法显著地区别于样本均值 1.66。

图 2－24　2019 年末广西上市公司的市净率

（资料来源：Wind 资讯）

4. 市销率

大多数广西上市公司的市销率数值比较接近。如图 2－25 所示，如果剔除市销率

（TTM）的极端数值，例如市销率最大的 4 家上市公司，那么其余 34 家上市公司的市销率样本数值处于［0.16，8.25］区间，样本均值是 2.78，样本标准差是 2.05，并且相应的 Jarque – Bera 统计量是 3.52。换言之，剔除极端样本之后，广西上市公司市销率能够在 10% 显著水平接受“样本服从正态分布”的原假设。因此，笔者在 10% 显著水平可以判断［0.16，6.14］区间内的上市公司市销率数值是没有区别的。在剔除极端值之后的 34 个样本当中，符合条件的上市公司市销率样本共 31 个，它们无法显著地区别于样本均值 2.78。

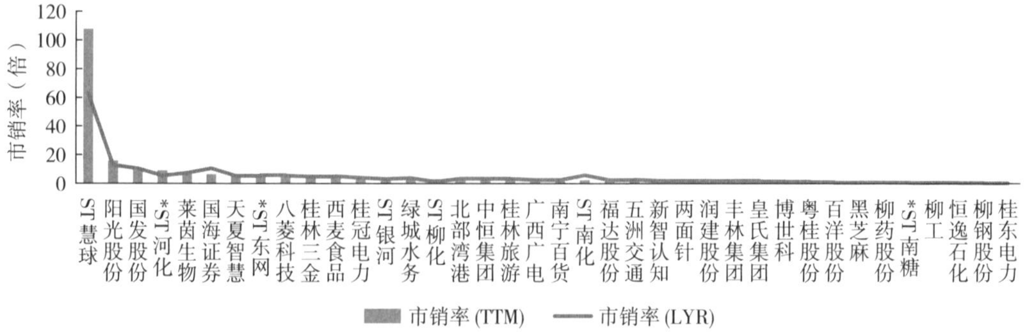

图 2 – 25　2019 年末广西上市公司的市销率

（资料来源：Wind 资讯）

5. 市现率

大多数广西上市公司的市现率数值比较接近。如图 2 – 26 所示，如果剔除市现率（现金净流量 TTM）的极端数值，例如市现率最大的 2 家上市公司和市现率最小的 1 家上市公司，那么其余 35 家上市公司的市现率样本数值处于［ – 101.37，141.72］区间，样本均值是 –3.65，样本标准差是 56.02，并且相应的 Jarque – Bera 统计量是 0.88。换言之，剔除极端样本之后，广西上市公司市现率能够在 10% 显著水平接受“样本服从正态分布”的原假设。因此，笔者在 10% 显著水平可以判断［ – 95.53，88.23］区间内的上市公司市现率数值是没有区别的。在剔除极端值之后的 35 个样本当中，符合条件的上市

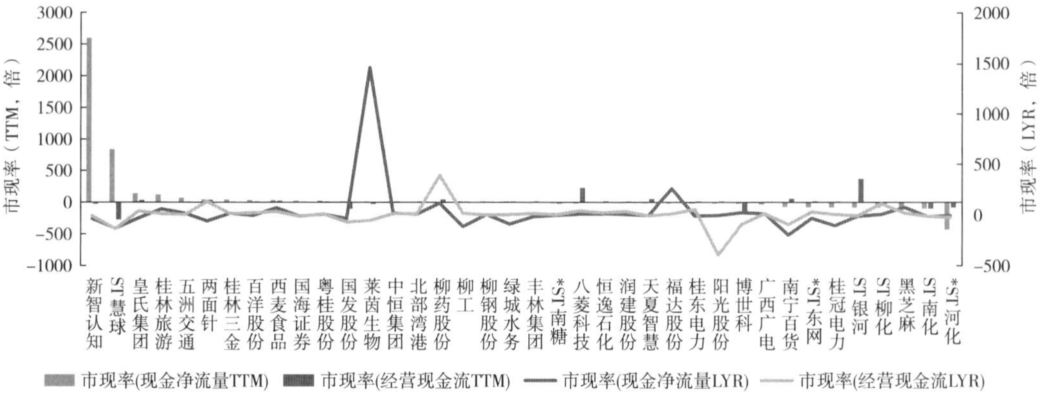

图 2 – 26　2019 年末广西上市公司的市现率

（资料来源：Wind 资讯）

公司市现率样本共31个，它们无法显著地区别于样本均值-3.65。①

6. 股息率

大多数广西上市公司的股息率数值比较低，甚至低于存款利率。如图2-27所示，2019年股息率（TTM）超过2%（不含2%）的广西上市公司共有8家，占广西上市公司总数量的21.1%；股息率（TTM）介于1.5%和2%之间（含1.5%和2%）的广西上市公司共有5家，占广西上市公司总数量的13.2%；股息率（TTM）介于0和1.5%之间（不含0和1.5%）的广西上市公司共有8家，占广西上市公司总数量的21.1%；零股息（TTM）的广西上市公司共有17家，占广西上市公司总数量的44.7%。从总体上看，股息率大于或者等于一年期存款利率（1.50%）的上市公司共有13家，占广西上市公司总数量的34.2%；股息率小于一年期存款利率（1.50%）的上市公司共有25家，占广西上市公司总数量的65.8%。

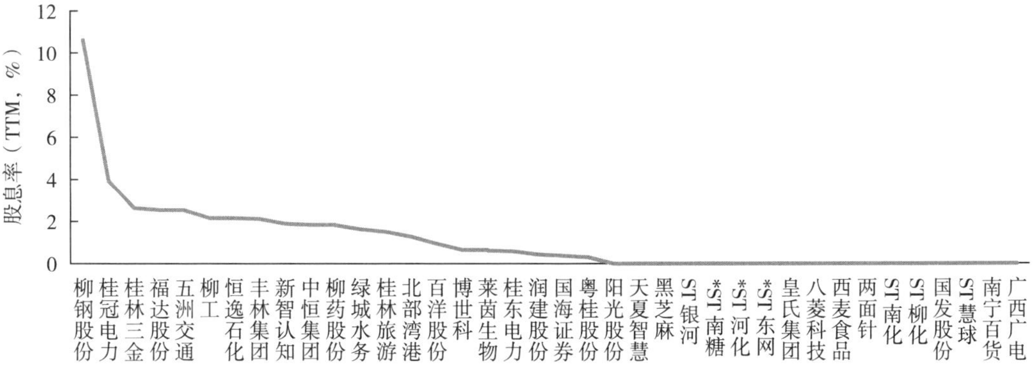

图2-27 2019年末广西上市公司的股息率

（资料来源：Wind资讯）

（四）广西上市公司风险分析

1. 年化收益率与波动率

随着波动率的增大，广西上市公司的股票收益率呈现出非线性上升趋势，而且期限越长，这种非线性趋势就越明显。如表2-16和图2-28、图2-29所示，剔除ST股票之后，以2019年末为时间节点，利用二次函数对广西上市公司股票前100周的年化收益率与年化波动率进行拟合，得到的拟合优度R^2是0.2833；利用二次函数对广西上市公司股票前60个月的年化收益率与年化波动率进行拟合，得到的拟合优度R^2是0.4114。与前100周的数据拟合结果相比较，前60个月的数据拟合效果更好一些。可见，如果投资股票的时间越长，那么收益率随着风险增大而非线性增长的关系就越强；如果投资股票的时间越短，那么收益率随着风险增大而非线性增长的关系就越弱。

---

① 由于样本数据的标准差56.02也很大，导致从绝对数值来看置信区间［-95.53，88.23］的距离比较大，但是事实上该置信区间始终处于正态分布的均值两侧±1.64倍标准差范围内。因此，90%置信度（或者说10%显著水平）可以判断该区间内的样本数据无法区别于均值-3.65，即它们作为随机样本在概率论意义上是没有差异的。

表 2－16　广西上市公司的股票收益率、波动率和贝塔值

序号	证券简称	年化收益率(%)			年化波动率(%)			贝塔值		
		最近 100 周	最近 24 月	最近 60 月	最近 100 周	最近 24 月	最近 60 月	最近 100 周	最近 24 月	最近 60 月
1	柳工	9.10	8.37	0.31	35.10	27.90	33.05	1.18	0.83	1.05
2	北部湾港	－0.89	2.46	0.06	35.79	29.47	42.84	1.22	1.00	1.09
3	阳光股份	－1.50	－4.32	9.90	55.61	40.67	44.77	1.26	1.09	1.12
4	天夏智慧	－21.78	－22.66	23.94	57.12	54.52	68.07	0.99	0.76	1.89
5	恒逸石化	－6.77	4.52	25.91	40.35	40.00	44.77	1.12	1.37	1.10
6	黑芝麻	－14.48	2.10	5.87	49.15	62.11	53.22	1.18	2.06	1.34
7	国海证券	14.41	12.15	－5.45	51.38	40.41	43.23	1.23	0.73	1.27
8	ST 银河	－58.01	－46.58	－4.38	65.09	78.57	64.88	1.05	2.47	1.53
9	粤桂股份	－12.45	－12.21	－1.37	31.34	22.86	43.11	1.15	0.93	1.28
10	＊ST 南糖	－10.66	－12.49	3.85	49.15	44.26	49.84	0.95	1.49	1.29
11	＊ST 河化	－18.20	－20.15	8.93	46.20	49.24	62.21	0.69	0.57	1.37
12	桂林旅游	－18.57	－18.05	－4.09	27.54	23.59	36.05	1.09	1.16	1.22
13	莱茵生物	0.04	0.92	13.05	48.37	35.76	44.72	1.58	1.26	1.22
14	＊ST 东网	－52.88	－42.49	6.48	72.03	75.04	83.69	0.96	2.45	2.52
15	桂林三金	－7.86	－6.54	0.95	18.64	17.49	32.49	0.75	0.68	1.13
16	皇氏集团	－20.21	－10.28	5.52	34.87	44.39	64.06	1.16	2.10	1.75
17	八菱科技	－2.78	0.50	19.94	65.46	75.31	75.92	0.98	0.85	0.97
18	百洋股份	－13.43	－21.19	8.69	50.35	38.99	46.69	1.34	0.74	0.90

续表

序号	证券简称	年化收益率(%)			年化波动率(%)			贝塔值		
		最近 100 周	最近 24 月	最近 60 月	最近 100 周	最近 24 月	最近 60 月	最近 100 周	最近 24 月	最近 60 月
19	润建股份	—	—	—	—	—	—	—	—	—
20	西麦食品	—	—	—	—	—	—	—	—	—
21	博世科	-15.99	-18.12	—	40.16	34.92	—	1.36	0.83	—
22	桂冠电力	12.12	11.30	15.62	18.48	17.38	34.83	0.43	0.14	0.94
23	两面针	-9.51	-13.09	2.79	49.16	36.27	48.87	1.15	1.17	1.62
24	中恒集团	-9.21	-10.18	-1.12	25.91	25.15	38.75	1.04	1.14	1.32
25	ST 南化	0.49	-4.31	4.26	34.75	23.33	37.82	1.03	0.50	1.04
26	桂东电力	-2.47	-1.87	5.65	43.82	38.82	47.60	0.93	1.40	1.48
27	五洲交通	14.21	14.36	9.78	35.20	30.77	36.59	1.07	0.79	1.12
28	ST 柳化	-12.61	-13.25	3.60	34.14	28.27	53.18	0.66	0.46	1.56
29	国发股份	2.18	0.19	3.21	37.07	33.08	44.83	0.44	0.86	0.94
30	ST 慧球	40.93	46.88	18.43	53.31	68.21	68.99	1.20	0.59	1.52

资料来源:Wind 资讯。

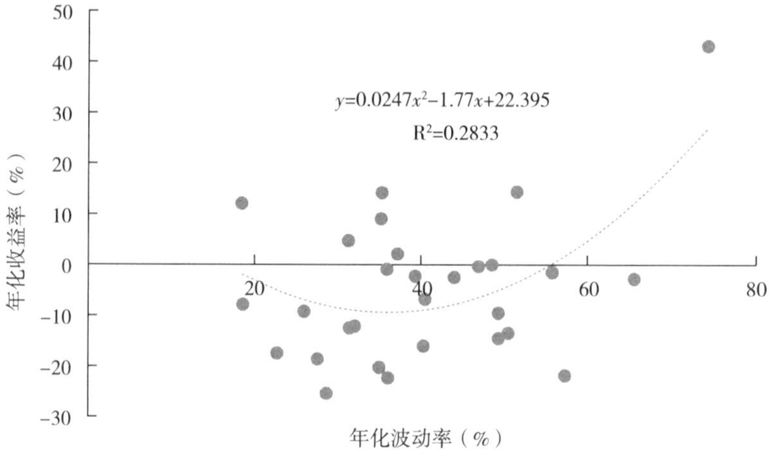

图 2－28　2019 年末广西上市公司股票前 100 周的年化收益率与波动率之间的关系

（资料来源：根据 Wind 资讯数据进行拟合的结果）

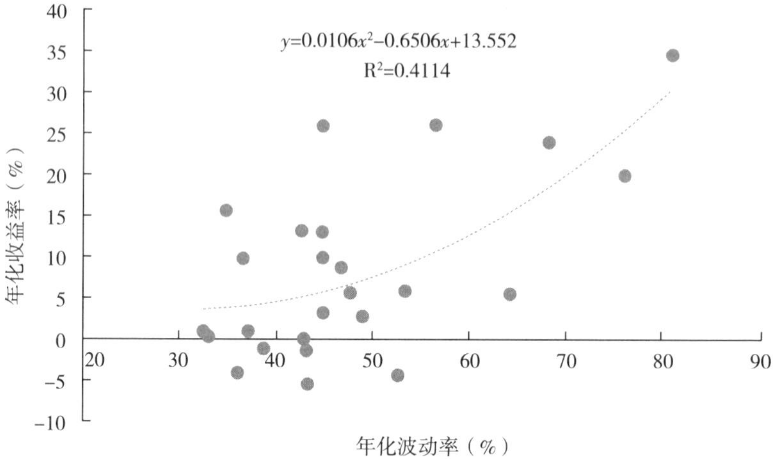

图 2－29　2019 年末广西上市公司股票前 60 个月的年化收益率与波动率之间的关系

（资料来源：根据 Wind 资讯数据进行拟合的结果）

2. 贝塔值

广西上市公司股票的风险收益率略大于国内股市的平均风险收益率。在表 2－16 和图 2－30 当中，以 2019 年末为时间节点，剔除数据缺失的一部分股票之后，无论是最近 100 周的数据还是最近 24 个月、60 个月的数据均表明，广西上市公司股票的贝塔值在大多数时候处于 1 的附近，全部贝塔值的平均数略大于 1。如果大盘上涨，那么广西上市公司股票上涨的幅度略大一些；如果大盘下跌，那么广西上市公司股票下跌的幅度也略大一些。

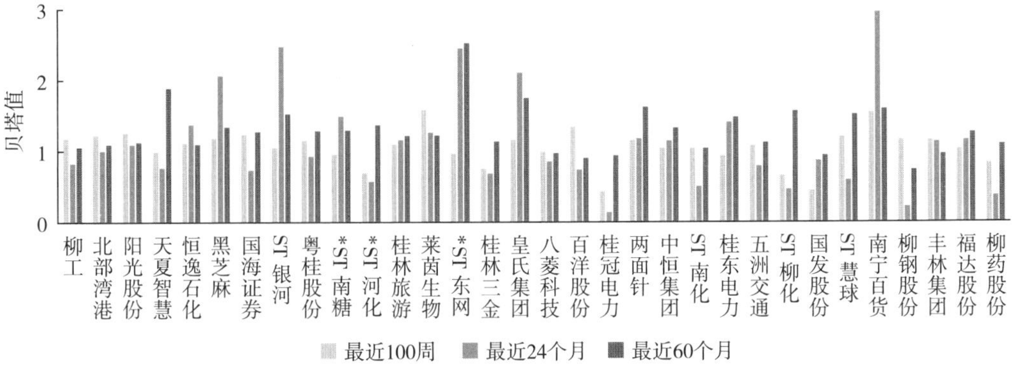

图 2－30　广西上市公司股票的贝塔值（剔除数据缺失的部分股票）

（资料来源：Wind 资讯）

（五）广西上市公司盈利能力指标

1. 每股收益

广西上市公司的每股收益呈现下降的趋势，但是总体波动性减小。在表 2－17 和图 2－31当中，2018 年末至2019 年上半年广西上市公司亏损面从 21.05% 增加至 23.68%；广西上市公司每股收益的平均值从 0.20 元/股减少至 0.15 元/股，标准差从 1.01 元/股减少至 0.44 元/股，变异系数（即标准差除以标准差）从 512% 减少至 291%。在半年时间内，每股收益发生了比较明显的变化。其中，＊ST 南糖的每股收益增幅最大，从 －4.21元/股增加至－1.54 元/股，提高 2.67 元/股。柳钢股份的每股收益降幅最大，从 1.80 元/股减少至 0.49 元/股，下降 1.31 元/股。有 17 家上市公司的每股收益变动的绝对值小于或者等于 0.10 元/股，占广西上市公司总数的 44.74%。

表 2－17　2018 年与 2019 年上半年广西上市公司的盈利能力指标

序号	公司名称	每股收益（元）		每股税息折旧及摊销前利润（元）		净资产收益率（%）	
		2018 年年报	2019 年半年报	2018 年年报	2019 年半年报	2018 年年报	2019 年半年报
1	柳工	0.5402	0.4518	0.9686	0.7003	8.4292	6.7576
2	北部湾港	0.4600	0.2900	1.0848	0.6276	8.0966	5.1055
3	阳光股份	0.0200	－0.0300	0.4156	0.1025	0.3847	－0.8721
4	天夏智慧	0.1380	0.0595	0.2153	0.0919	2.6872	1.1432
5	恒逸石化	0.8000	0.4500	1.5812	1.0636	13.1824	6.5743
6	黑芝麻	0.0840	0.0260	0.3130	0.1672	2.2535	0.7086
7	国海证券	0.0200	0.0900	—	—	0.5353	2.8290
8	ST 银河	－0.6418	－0.0934	－0.5311	－0.0574	－40.3835	－7.6657
9	粤桂股份	0.1324	0.0696	0.4335	0.1772	3.2483	1.6933
10	＊ST 南糖	－4.2100	－1.5400	－2.2589	－0.5897	－189.4383	—

续表

序号	公司名称	每股收益（元）		每股税息折旧及摊销前利润（元）		净资产收益率（%）	
		2018 年年报	2019 年半年报	2018 年年报	2019 年半年报	2018 年年报	2019 年半年报
11	*ST 河化	-0.9311	-0.1105	-0.6762	-0.0220	—	—
12	桂林旅游	0.2230	0.0280	0.6495	0.2164	5.2102	0.6359
13	莱茵生物	0.1900	0.0900	0.3124	0.1333	7.5452	3.3311
14	*ST 东网	-1.0776	-0.0650	-0.9237	-0.0012	-129.0364	-24.6414
15	桂林三金	0.7000	0.4700	0.9473	0.6094	15.1393	9.8658
16	皇氏集团	-0.7356	0.0177	-0.3673	0.1877	-25.2599	0.6943
17	八菱科技	0.0300	-0.0500	0.2669	0.1283	0.3640	-0.6905
18	百洋股份	0.1445	0.0750	0.4873	0.2659	2.6105	1.4163
19	润建股份	0.9700	0.3973	1.2100	0.4900	10.7794	3.2765
20	西麦食品	2.2800	1.2500	—	1.1401	30.1352	8.4194
21	博世科	0.6611	0.3971	1.1445	0.7427	17.4782	8.8901
22	桂冠电力	0.3933	0.2000	1.1543	0.5637	16.4666	8.8054
23	两面针	0.0400	0.0500	0.2289	0.1741	1.1875	1.5505
24	中恒集团	0.1800	0.1046	0.2133	0.1260	10.6491	6.0368
25	ST 南化	0.2300	0.0149	0.2667	0.0153	19.8652	1.1472
26	桂东电力	0.0827	0.1941	0.7472	0.5989	3.4932	8.2265
27	五洲交通	0.3768	0.6651	0.8495	0.9882	12.3933	19.2845
28	ST 柳化	0.9000	-0.3000	0.9602	-0.1895	35.0413	-11.6870
29	国发股份	-0.0500	-0.0100	-0.0237	0.0026	-3.3331	-0.7473
30	ST 慧球	-0.0900	-0.1137	-0.0973	-0.1157	-62.9114	-250.8886
31	南宁百货	-0.0824	0.0018	0.0759	0.0739	-4.3124	0.0969
32	广西广电	0.0700	0.0200	0.4579	0.1831	3.3820	0.9360
33	柳钢股份	1.7987	0.4937	2.5224	0.7708	52.0053	12.1714
34	绿城水务	0.3795	0.2249	0.9180	0.5385	8.8501	5.0406
35	丰林集团	0.1400	0.0800	0.2165	0.1277	6.1337	3.3830
36	福达股份	0.1900	0.1200	0.5006	0.2931	5.3199	3.4860
37	柳药股份	2.0400	1.3800	3.0045	2.1772	14.3955	9.0633
38	新智认知	1.0800	0.3270	1.7783	0.6909	9.9126	2.8513

资料来源：Wind 资讯。

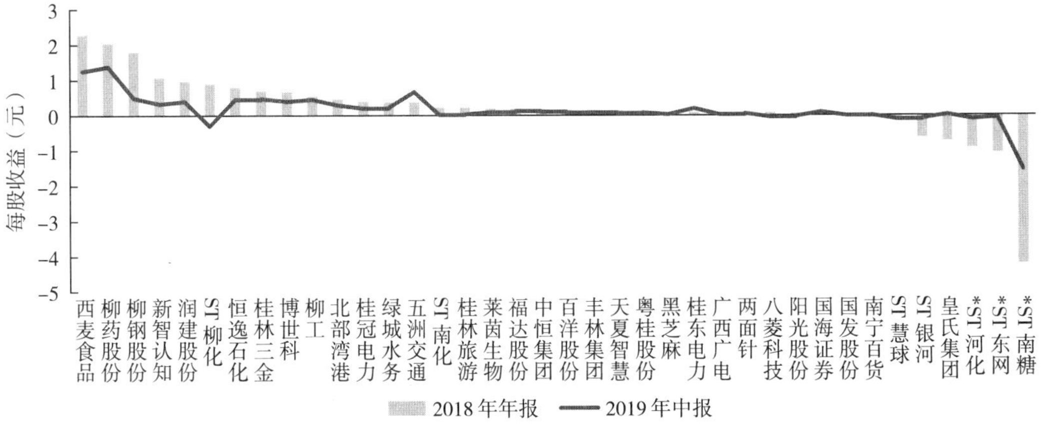

图2-31　2018年与2019年上半年广西上市公司的每股收益

（资料来源：Wind资讯）

2. 每股税息折旧及摊销前利润

广西上市公司每股税息折旧及摊销前利润（EBITDA）呈现减少的趋势，但是总体波动性减小。在表2-17和图2-32当中，剔除缺失数据的一部分公司之后，2018年末至2019年上半年广西上市公司亏损面从19.44%降低至16.67%，与根据每股收益分析的亏损面变动趋势相反；广西上市公司每股税息折旧及摊销前利润的平均值从0.53元/股减少至0.33元/股，标准差从0.93元/股减少至0.47元/股，变异系数（即标准差除以标准差）从175%减少至141%。在半年时间内，每股税息折旧及摊销前利润发生了比较明显的变化。其中，*ST南糖的每股税息折旧及摊销前利润增幅最大，从-2.26元/股增加至-0.59元/股，提高1.67元/股。柳钢股份的每股税息折旧及摊销前利润降幅最大，从2.52元/股减少至0.77元/股，下降1.75元/股。有6家上市公司的每股税息折旧及摊销前利润变动的绝对值小于或者等于0.10元/股，占广西上市公司样本数量（即剔除缺失数据的一部分上市公司之后的样本数量）的16.7%。

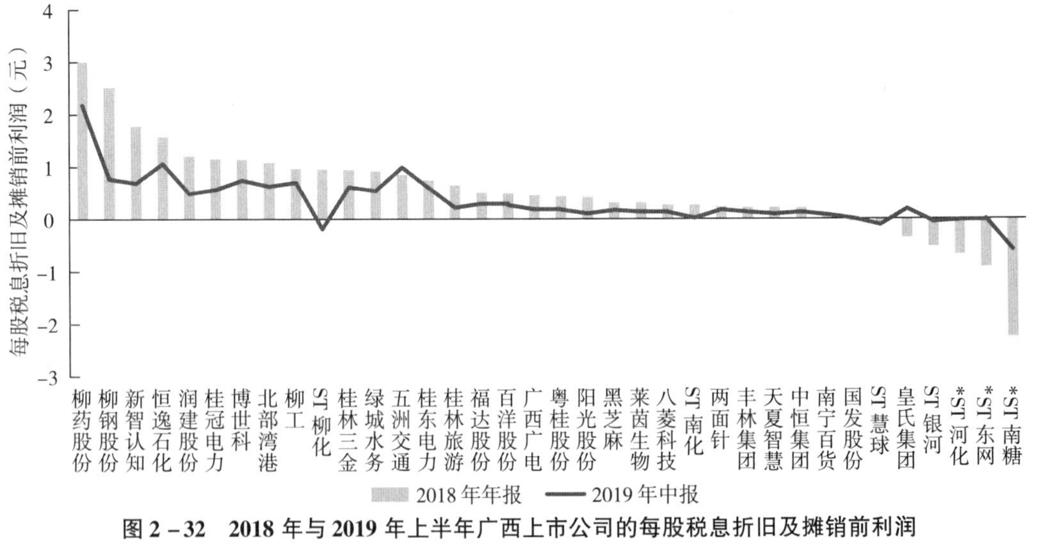

图2-32　2018年与2019年上半年广西上市公司的每股税息折旧及摊销前利润

（资料来源：Wind资讯。剔除缺失数据的一部分上市公司）

3. 每股净资产收益

广西上市公司每股净资产收益率呈现下降的趋势，而且总体波动性增大。在表2－17和图2－33当中，剔除缺失数据的一部分公司之后，2018年末至2019年上半年广西上市公司亏损面从13.89%增加至19.44%，与根据每股收益分析的亏损面变动趋势相似；广西上市公司每股净资产收益率的平均值从1.72%减少至－4.27%，标准差从29.34%增加至42.87%。在半年时间内，每股净资产收益率发生了比较明显的变化。其中，＊ST东网的每股净资产收益率增幅最大，从－129.04%增加至－24.64%，提高104.40个百分点。ST慧球的每股净资产收益率降幅最大，从－62.91%减少至－250.89%，下降187.98%。有28家上市公司的每股净资产收益率变动的绝对值小于或者等于10%，占广西上市公司总数的77.78%。有20家上市公司的每股净资产收益率变动的绝对值小于或者等于5%，占广西上市公司样本数量（即剔除缺失数据的一部分上市公司之后的样本数量）的55.56%。

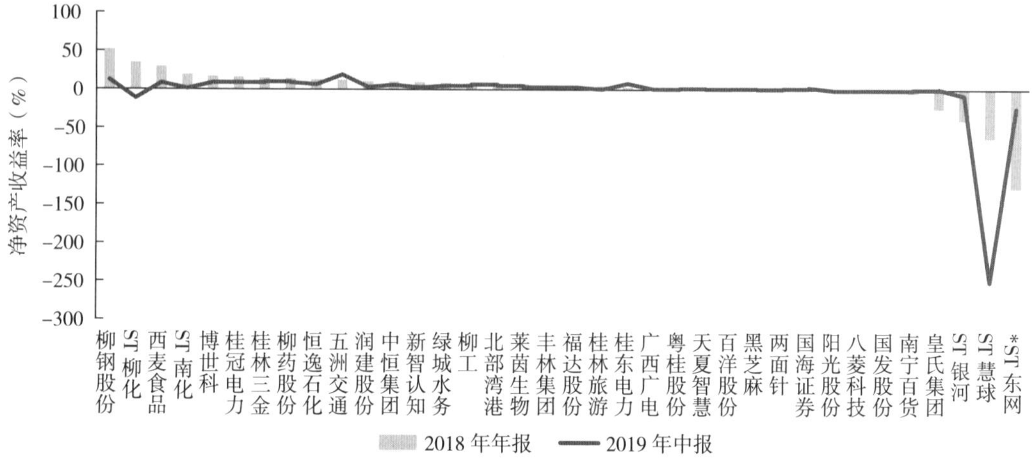

图2－33　2018年与2019年上半年广西上市公司的净资产收益率

（资料来源：Wind资讯。剔除缺失数据的一部分上市公司）

（六）广西上市公司成长能力指标

1. 研发支出与营业收入之比

广西上市公司比较重视研发投入，但是重视研发的程度却明显存在差异。如表2－18和图2－34所示，剔除数据缺失的一部分上市公司之后，2016－2018年广西上市公司研发支出与营业收入之比的平均值从2.08%增加至2.74%，标准差从1.65%增加至3.38%，变异系数（即标准差除以均值）从79.08%增加至123.29%。其中，ST银河的研发支出比率增加幅度最大，即增加10.59个百分点；中恒集团的研发支出比率减少幅度最大，即减少2.37个百分点。有19家上市公司的研发支出比率的变动幅度的绝对值小于或者等于1个百分点，占广西上市公司样本数量（即剔除缺失数据的一部分上市公司之后的样本数量）的76%。

表2-18 广西上市公司研发支出与营业收入之比

序号	证券简称	2016年年报数据（%）	2018年年报数据（%）
1	柳工	4.14	3.09
2	天夏智慧	0.73	1.95
3	黑芝麻	0.92	0.17
4	ST银河	3.16	13.75
5	粤桂股份	2.11	1.41
6	*ST南糖	1.01	0.17
7	莱茵生物	1.95	1.74
8	*ST东网	4.72	9.69
9	桂林三金	4.30	4.08
10	皇氏集团	0.83	1.55
11	八菱科技	2.72	2.79
12	百洋股份	0.06	0.66
13	润建股份	3.12	3.42
14	西麦食品	0.30	0.38
15	博世科	3.37	3.33
16	两面针	1.63	0.90
17	中恒集团	3.73	1.36
18	五洲交通	0.06	0.05
19	ST柳化	0.88	0.23
20	国发股份	0.42	0.11
21	广西广电	3.10	3.41
22	柳钢股份	0.20	0.56
23	丰林集团	0.25	0.39
24	福达股份	5.51	4.87
25	新智认知	2.83	8.50

资料来源：Wind资讯。剔除数据缺失的一部分上市公司。

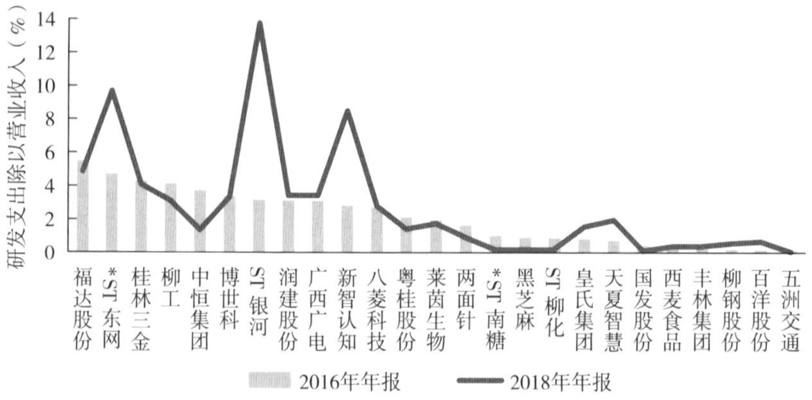

图 2－34　广西上市公司的研发支出与营业收入之比

（资料来源：Wind 资讯。剔除数据缺失的一部分上市公司）

2. 资本项目规模维持率

广西上市公司的资本项目规模维持率呈现。资本项目规模维持率等于固定资产与无形资产增加额之和，除以折旧费用与无形资产摊销额之和。该指标可以用来反映公司生产能力的维持程度。如果指标数值小于 1，那么说明公司的生产规模正在收缩。如果指标数值大于 1，那么说明公司的生产规模正在扩张。如表 2－19 和图 2－35 所示，剔除缺失数据的一部分上市公司之后，2018 年末至 2019 年上半年资本项目规模维持率小于 1 的广西上市公司从 26 家（占剔除缺失数据的一部分上市公司之后的样本数量的 74.29%）减少至 20 家（占剔除缺失数据的一部分上市公司之后的样本数量的 57.14%），资本项目规模维持率的平均数从 0.99 增加至 1.54。虽然标准差从 3.02 增加至 4.58，但是由于 2019 年上半年的资本项目规模维持率的平均数较大，导致变异系数（即标准差除以均值）从 306% 减少至 297%。这些意味着广西上市公司的生产规模总体上处于明显的扩张阶段，而且广西上市公司之间资本项目规模维持率的差距正在减小。其中，润建股份的资本项目规模维持率从 0.13 增加至 13.73，扩张幅度最大。国发股份的资本项目规模维持率从 0.28 减少至 －7.07，收缩幅度最大。

表 2－19　广西上市公司的资本项目规模维持率

序号	证券简称	2018 年年报数据	2019 年中报数据
1	柳工	1.28	0.91
2	北部湾港	4.39	0.06
3	阳光股份	－0.74	－1.55
4	天夏智慧	－0.99	－2.06
5	恒逸石化	4.93	7.85
6	黑芝麻	－0.05	4.05
7	国海证券	0.06	0.39
8	ST 银河	－1.14	－2.72

续表

序号	证券简称	2018 年年报数据	2019 年中报数据
9	粤桂股份	0. 10	-0. 74
10	*ST 南糖	-0. 34	-0. 34
11	桂林旅游	-0. 39	3. 01
12	莱茵生物	-0. 15	-0. 24
13	*ST 东网	-0. 57	-0. 80
14	桂林三金	1. 99	3. 57
15	皇氏集团	-0. 48	6. 78
16	八菱科技	-0. 29	-1. 92
17	百洋股份	-0. 40	3. 93
18	润建股份	0. 13	13. 73
19	博世科	13. 34	11. 04
20	桂冠电力	1. 43	-1. 94
21	两面针	-0. 68	-1. 58
22	中恒集团	0. 91	1. 20
23	桂东电力	-0. 23	1. 19
24	五洲交通	-2. 05	-3. 91
25	ST 柳化	-1. 96	-4. 71
26	国发股份	0. 28	-7. 07
27	ST 慧球	0. 90	6. 14
28	南宁百货	-0. 97	-1. 98
29	广西广电	0. 59	0. 66
30	柳钢股份	-0. 62	-1. 23
31	绿城水务	4. 13	8. 78
32	丰林集团	7. 33	7. 99
33	福达股份	-0. 48	-0. 99
34	柳药股份	5. 25	3. 95
35	新智认知	0. 02	2. 46

资料来源：Wind 资讯。

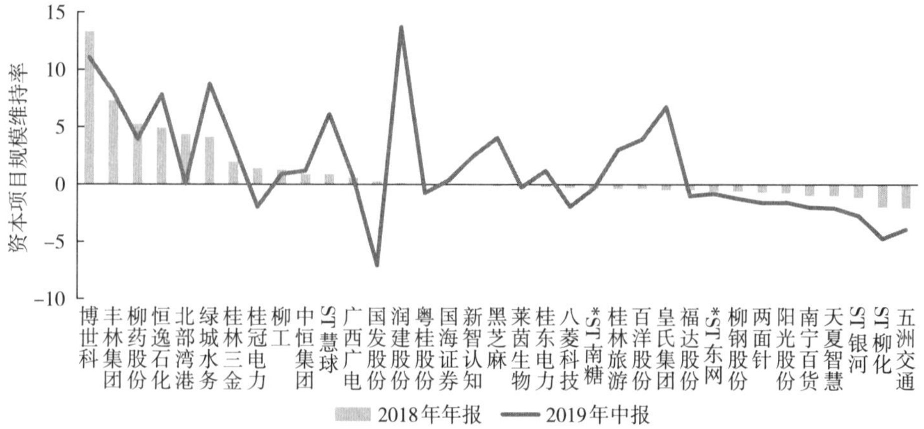

图 2-35　2018 年和 2019 年上半年广西上市公司的资本项目规模维持率

（资料来源：Wind 资讯。剔除数据缺失的一部分上市公司）

（七）广西上市公司的商誉价值

1. 商誉账面价值

广西上市公司日益重视商誉。作为重要的无形资产之一，商誉能够为上市公司带来超过正常盈利水平的收益。由于商誉有可能出现增值或者减值的情况，所以上市公司需要适时地对商誉的价值进行再确认、再计量。如表 2-20 和图 2-36 所示，剔除数据缺失的一部分上市公司之后，2017 年和 2019 年上半年广西上市公司的商誉价值基本保持稳定。其中，桂冠电力的商誉价值增加最多，从 15.84 千万元增加至 33.12 千万元，增加幅度是 17.28 千万元。皇氏集团的商誉价值减少最多，从 122.09 千万元减少至 92.12 千万元，减少幅度是 29.97 千万元。有 14 家上市公司的商誉价值变动幅度小于 0.05 千万元，占广西上市公司样本数量（即剔除数据缺失之后的广西上市公司数量）的 66.67%。

表 2-20　2017 年和 2019 年上半年广西上市公司的商誉价值

序号	证券简称	2017 年年报数据（千万元）	2019 年中报数据（千万元）
1	柳工	0.64	5.50
2	北部湾港	5.24	5.24
3	阳光股份	—	1.43
4	天夏智慧	342.21	342.21
5	恒逸石化	—	22.19
6	黑芝麻	55.92	55.92
7	国海证券	2.21	2.21
8	ST 银河	2.73	2.73
9	粤桂股份	0.51	0.51
10	*ST 南糖	20.88	20.88

续表

序号	证券简称	2017年年报数据（千万元）	2019年中报数据（千万元）
11	*ST河化	—	—
12	桂林旅游	3.30	3.30
13	莱茵生物	—	—
14	*ST东网	25.25	25.25
15	桂林三金	0.72	0.72
16	皇氏集团	122.09	92.12
17	八菱科技	—	62.19
18	百洋股份	84.57	88.91
19	润建股份	—	1.02
20	西麦食品	—	—
21	博世科	3.82	3.85
22	桂冠电力	15.84	33.12
23	两面针	0.34	0.34
24	中恒集团	—	—
25	ST南化	—	—
26	桂东电力	35.51	41.60
27	五洲交通	0.88	0.88
28	ST柳化	—	—
29	国发股份	—	—
30	ST慧球	—	—
31	南宁百货	—	—
32	广西广电	0.08	0.08
33	柳钢股份	—	—
34	绿城水务	—	—
35	丰林集团	1.72	7.52
36	福达股份	—	—
37	柳药股份	—	76.55
38	新智认知	81.37	76.26

资料来源：Wind资讯。

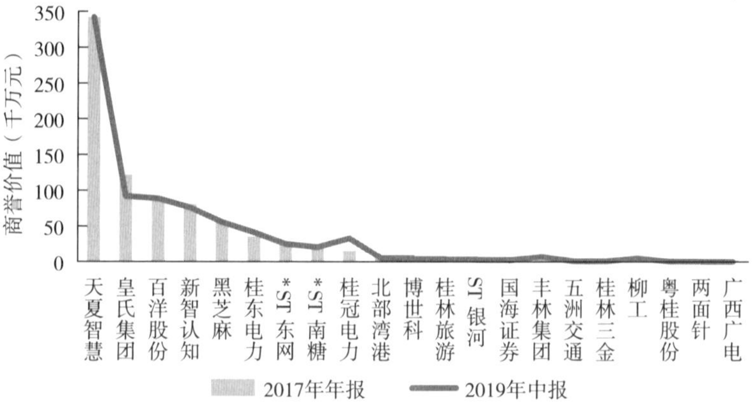

图 2-36　2017 年和 2019 年上半年广西上市公司的商誉

（资料来源：Wind 资讯。剔除数据缺失的一部分上市公司）

2. 商誉减值准备

广西上市公司按照谨慎性原则的要求计提商誉减值准备，但是各家上市公司计提的金额差异较大。如表 2-21 和图 2-37 所示，剔除数据缺失的一部分上市公司之后，有 15 家上市公司计提了商誉减值准备，平均每家上市公司计提 7.70 千万元，标准差为 14.65 千万元，变异系数 190.36%。其中，皇氏集团计提商誉减值准备 55.27 千万元，计提的金额最大。桂林三金计提商誉减值准备 0.15 千万元，计提的金额最小。有 7 家上市公司计提的商誉准备小于或等于 1 千万元，占广西上市公司样本数量（即剔除数据缺失之后的广西上市公司数量）的 46.67%。

表 2-21　2019 年上半年广西上市公司计提的商誉减值准备

序号	证券简称	2019 年中报数据（千万元）
1	柳工	0.46
2	北部湾港	—
3	阳光股份	1.43
4	天夏智慧	10.48
5	恒逸石化	—
6	黑芝麻	0.39
7	国海证券	—
8	ST 银河	2.73
9	粤桂股份	0.51
10	*ST 南糖	15.32
11	*ST 河化	—
12	桂林旅游	1.39
13	莱茵生物	—
14	*ST 东网	21.56
15	桂林三金	0.15

续表

序号	证券简称	2019 年中报数据（千万元）
16	皇氏集团	55.27
17	八菱科技	—
18	百洋股份	—
19	润建股份	—
20	西麦食品	—
21	博世科	—
22	桂冠电力	4.26
23	两面针	—
24	中恒集团	—
25	ST 南化	—
26	桂东电力	0.41
27	五洲交通	0.77
28	ST 柳化	—
29	国发股份	—
30	ST 慧球	—
31	南宁百货	—
32	广西广电	—
33	柳钢股份	—
34	绿城水务	—
35	丰林集团	0.34
36	福达股份	—
37	柳药股份	—
38	新智认知	—

资料来源：Wind 资讯。

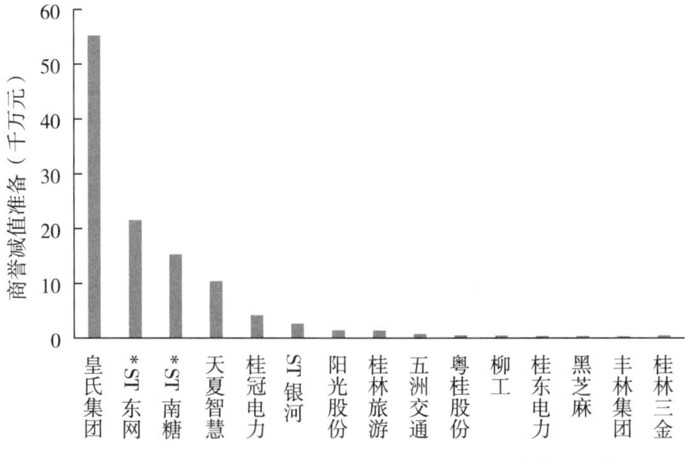

图 2－37　2019 年上半年广西上市公司的商誉减值准备

（资料来源：Wind 资讯。剔除数据缺失的一部分上市公司）

四、广西中小企业股权交易市场发展概况

（一）广西在全国中小企业股权交易系统的市场地位

1. 广西股权交易规模的占比

广西在全国中小企业股份转让系统（National Equities Exchange and Quotations，NEEQ）挂牌交易的企业数量少于全国各地的平均数。如表2-22所示，截至2019年底，在全国中小企业股份转让系统挂牌的企业数量达到8774家。每个地区的挂牌企业平均数是283.03家。国内有5个地区的挂牌企业数量超过500家，分别是广东、北京、江苏、浙江、上海、山东，其中广东、北京、江苏的挂牌企业数量都超过1000家。同期，广西在全国中小企业股份转让系统挂牌的企业数量是64家，占全国中小企业股份转让系统挂牌企业总数的0.73%，排名第24位。

表2-22 截至2019年底各地区在全国中小企业股份转让系统的挂牌企业数量

序号	地区	挂牌企业总数（家）	挂牌企业数占比（%）	做市转让企业数（家）	竞价转让企业数（家）	总股份（亿股）	可交易股份（亿股）
1	广东	1288	14.68	97	1191	689.15	380.19
2	北京	1157	13.19	101	1056	971.47	696.92
3	江苏	1043	11.89	72	971	588.43	328.40
4	浙江	774	8.82	40	734	436.57	260.75
5	上海	701	7.99	80	621	367.42	234.06
6	山东	543	6.19	41	501	328.71	195.50
7	湖北	310	3.53	26	284	154.70	87.31
8	安徽	309	3.52	23	286	247.40	134.21
9	福建	305	3.48	19	286	190.64	113.22
10	河南	305	3.48	27	278	205.26	117.10
11	四川	267	3.04	14	253	142.65	81.07
12	河北	213	2.43	18	195	140.66	75.55
13	辽宁	178	2.03	10	168	115.12	68.19
14	湖南	177	2.02	14	163	114.17	71.29
15	天津	154	1.76	3	151	64.02	32.03
16	陕西	141	1.61	5	136	91.87	47.21
17	江西	125	1.42	8	117	78.29	41.37
18	重庆	107	1.22	10	97	70.09	42.49
19	山西	83	0.95	5	78	46.89	23.43
20	云南	78	0.89	11	67	61.54	42.90

续表

序号	地区	挂牌企业总数（家）	挂牌企业数占比（%）	做市转让企业数（家）	竞价转让企业数（家）	总股份（亿股）	可交易股份（亿股）
21	黑龙江	74	0. 84	3	71	49. 44	27. 96
22	吉林	70	0. 80	4	66	40. 52	23. 42
23	新疆	68	0. 78	4	64	45. 53	31. 70
24	广西	64	0. 73	6	58	48. 03	28. 64
25	宁夏	54	0. 62	4	50	34. 00	22. 41
26	内蒙古	53	0. 60	7	46	44. 36	26. 12
27	贵州	50	0. 57	4	46	65. 16	34. 84
28	甘肃	32	0. 36	2	30	37. 17	29. 25
29	海南	30	0. 34	3	27	35. 56	30. 09
30	西藏	16	0. 18	1	15	11. 66	7. 54
31	青海	5	0. 06	0	5	5. 22	2. 11
合计		8774	100. 00	662	8111	5521. 68	3337. 27
平均数		283. 03	—	21. 35	261. 65	178. 12	107. 65

资料来源：Wind 资讯。

截至 2019 年底，在全国中小企业股份转让系统的做市转让企业数量达到 662 家。每个地区的做市转让企业平均数是 21. 35 家。国内有 4 个地区的做市转让企业数超过 50 家，分别是北京、广东、上海、江苏，其中北京的做市转让企业数量超过 100 家。同期，广西在全国中小企业股份转让系统的做市转让企业数量是 6 家，占全国中小企业股份转让系统竞价转让企业总数的 0. 91%，排名第 19 位。

截至 2019 年底，在全国中小企业股份转让系统的竞价转让企业数量达到 8111 家。每个地区的竞价转让企业平均数是 261. 65 家。国内有 6 个地区的竞价转让企业数超过 500 家，分别是广东、北京、江苏、浙江、上海、山东，其中广东、北京的竞价转让企业数量超过 1000 家。同期，广西在全国中小企业股份转让系统的竞价转让企业数量是 58 家，占全国中小企业股份转让系统竞价转让企业总数的 0. 72%，排名第 24 位。

截至 2019 年底，在全国中小企业股份转让系统的挂牌企业总股份达到 5521. 68 亿股，其中可交易股份是 3337. 27 亿股，占比 60. 44%。每个地区挂牌企业的股份平均数是 178. 12 亿股，可交易股份平均数是 107. 65 亿股。国内有 3 个地区的挂牌企业股份超过 500 亿股，分别是北京、广东、江苏。北京是国内挂牌企业可交易股份超过 500 亿股的唯一地区。同期，广西在全国中小企业股份转让系统的挂牌企业总股份是 48. 03 亿股，其中可交易股份数量是 28. 64 亿股，占比 59. 63%。总股份与可交易股份在全国中小企业股份转让系统当中的比重分别是 0. 87% 和 0. 86%，排名第 22 位和第 24 位。

2. 广西与全国其他地区挂牌企业的运行质量比较

在全国中小企业股份转让系统挂牌的各地区企业表现出比较明显的两极分化以及规模经济的特征。如表2-23所示，截至2019年底，各地区在全国中小企业股份转让系统挂牌企业的总资产、净资产、营业收入、净利润分别达到27101.22亿元、11283.78亿元、16740.90亿元、640.81亿元，以上各个指标的各地区平均值分别是874.23亿元、363.99亿元、540.03亿元、20.67亿元。

表2-23 截至2019年底各地区在全国中小企业股份转让系统的挂牌企业质量

序号	地区	总资产（亿元）	总资产均值（亿元）	净资产（亿元）	净资产均值（亿元）	营业收入（亿元）	营业收入均值（亿元）	净利润（亿元）	净利润均值（亿元）
1	广东	2826.56	2.19	1412.73	1.10	2154.34	1.67	64.73	0.050
2	北京	4110.79	3.55	1850.06	1.60	2147.94	1.86	50.58	0.044
3	江苏	3021.01	2.90	1213.70	1.16	1747.45	1.68	99.55	0.095
4	浙江	1954.75	2.53	881.33	1.14	1654.64	2.14	69.18	0.089
5	上海	1668.16	2.38	783.87	1.12	2284.81	3.26	28.34	0.040
6	山东	4280.97	7.88	843.82	1.55	1191.34	2.19	73.24	0.135
7	湖北	1020.01	3.30	457.47	1.48	548.05	1.77	26.35	0.085
8	安徽	950.72	3.12	342.58	1.12	510.54	1.67	30.11	0.099
9	福建	678.41	2.19	312.76	1.01	537.26	1.74	15.80	0.051
10	河南	769.01	2.52	411.88	1.35	439.51	1.44	20.79	0.068
11	四川	565.59	2.12	298.12	1.12	385.79	1.44	11.74	0.044
12	河北	624.96	2.93	276.13	1.30	366.05	1.72	24.82	0.117
13	辽宁	411.95	2.31	248.45	1.40	251.76	1.41	16.50	0.093
14	湖南	451.61	2.55	225.58	1.27	350.23	1.98	20.85	0.118
15	天津	241.31	1.57	133.50	0.87	196.61	1.28	9.54	0.062
16	陕西	427.51	3.03	242.16	1.72	266.33	1.89	30.04	0.213
17	江西	309.49	2.48	140.14	1.12	248.19	1.99	9.68	0.077
18	重庆	235.67	2.20	116.61	1.09	186.90	1.75	1.84	0.017
19	山西	161.88	1.95	87.49	1.05	90.15	1.09	6.87	0.083
20	云南	168.87	2.28	93.65	1.27	140.07	1.89	6.65	0.090
21	黑龙江	365.12	4.68	143.50	1.84	172.28	2.21	-0.08	-0.001
22	吉林	177.50	2.54	81.51	1.16	82.21	1.17	3.75	0.054
23	新疆	372.92	5.48	115.58	1.70	116.47	1.71	5.24	0.077
24	广西	143.43	2.24	74.56	1.17	114.95	1.80	0.93	0.015
25	宁夏	146.56	2.71	77.89	1.44	88.70	1.67	4.88	0.090
26	内蒙古	229.95	4.34	98.42	1.86	131.64	2.48	7.12	0.134

续表

序号	地区	总资产（亿元）	总资产均值（亿元）	净资产（亿元）	净资产均值（亿元）	营业收入（亿元）	营业收入均值（亿元）	净利润（亿元）	净利润均值（亿元）
27	贵州	280. 55	5. 61	91. 97	1. 84	102. 56	2. 05	0. 49	0. 010
28	甘肃	166. 65	5. 21	70. 70	2. 21	96. 66	3. 02	-10. 62	-0. 332
29	海南	245. 57	8. 19	101. 70	3. 39	83. 52	2. 78	6. 46	0. 215
30	西藏	69. 89	4. 37	46. 29	2. 89	47. 44	2. 96	5. 32	0. 333
31	青海	23. 88	4. 78	9. 61	1. 92	6. 51	1. 30	0. 12	0. 024
合计		27101. 22	—	11283. 78	—	16740. 90	—	640. 81	—

资料来源：Wind 资讯。

其中，截至2019 年底，在全国中小企业股份转让系统当中挂牌企业总资产超过1000 亿元的地区有7 个，分别是山东、北京、江苏、广东、浙江、上海、湖北，这些地区挂牌企业总资产达到18882. 25 亿元，占全国所有挂牌企业总资产的69. 67%。同期，广西的挂牌企业总资产是143. 43 亿元，占全国所有挂牌企业总资产的0. 53%，总资产排名第29 位。

截至2019 年底，在全国中小企业股份转让系统当中净资产超过1000 亿元的地区有3 个，分别是北京、广东、江苏，这些地区挂牌企业净资产合计4476. 49 亿元，占全国所有挂牌企业净资产总和的39. 68%；净资产超过500 亿元的地区有6 个，分别是北京、广东、江苏、浙江、山东、上海，这些地区挂牌企业净资产合计6985. 50 亿元，占全国所有挂牌企业净资产总和的61. 91%。同期，广西的挂牌企业净资产是74. 56 亿元，占全国所有挂牌企业净资产总和的0. 66%，净资产排名第28 位。

截至2019 年底，在全国中小企业股份转让系统当中营业收入超过1000 亿元的地区有6 个，分别是上海、广东、北京、江苏、浙江、山东，这些地区挂牌企业的营业收入合计11180. 52 亿元，占全国所有挂牌企业营业收入总和的66. 79%。同期，广西的挂牌企业净资产是114. 95 亿元，占全国所有挂牌企业营业收入总和的0. 69%，营业收入排名第23 位。

截至2019 年底，在全国中小企业股份转让系统当中净利润超过50 亿元的地区有5 个，分别是江苏、山东、浙江、广东、北京，这些地区挂牌企业的净利润合计357. 28 亿元，占全国所有挂牌企业净利润总和的55. 75%。同期，广西的挂牌企业净利润是0. 93 亿元，占全国所有挂牌企业净利润总和的0. 15%，净利润排名第27 位。

截至2019 年底，各地区挂牌企业的净利润与总资产、营业收入等指标之间存在着比较明显的非线性关系，并且随着总资产或者营业收入的增加，净利润先增加，后减少，从而表现出某种程度的边际递减特征，即规模经济特征，如图2 -38 和图2 -39 所示。

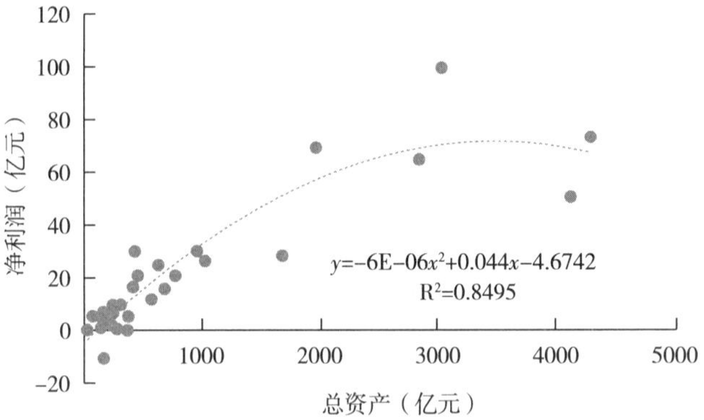

图 2-38　各地区挂牌企业资产规模与净利润之间的关系

（资料来源：根据 Wind 资讯数据绘制）

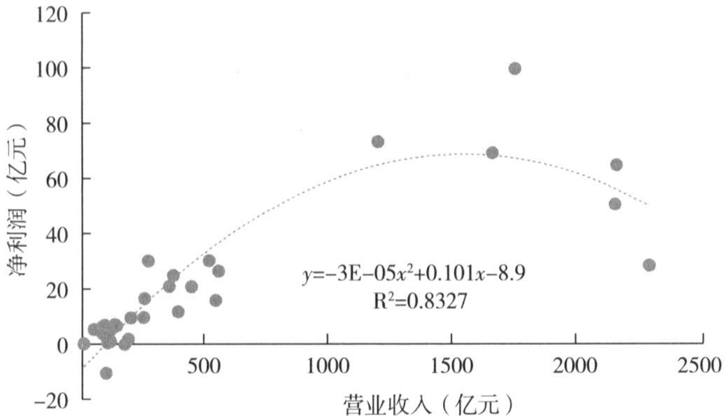

图 2-39　各地区挂牌企业营业收入与净利润的关系

（资料来源：根据 Wind 资讯数据绘制）

（二）广西中小企业股份转让交易的结构

1. 行业结构

参加全国中小企业股份转让系统的广西企业主要来自制造业。如表 2-24 和图 2-40 所示，截至 2019 年底广西共有 64 家企业在全国中小企业股份转让系统挂牌交易。广西第一产业、第二产业和第三产业参加全国中小企业股份转让系统的挂牌企业数量分别是 4 家、29 家和 31 家，其中 27 家挂牌企业来自第二产业当中的制造业。

表2-24 截至2019年底广西参加全国中小企业股份转让系统的概况

序号	证券代码	证券简称	证监会行业分类	挂牌日期	转让方式	总资产（万元）	净资产（万元）	营业收入（万元）	净利润（万元）
1	430463. OC	春茂股份	农、林、牧、渔业	2014年1月24日	做市转让	113651. 06	14522. 13	124129. 14	-3914. 23
2	430534. OC	天涌科技	科学研究和技术服务业	2014年1月24日	竞价转让	11341. 23	8744. 05	2276. 92	420. 71
3	430535. OC	柳爱科技	制造业	2014年1月24日	竞价转让	4706. 82	2777. 86	1767. 21	-187. 26
4	430761. OC	升禾环保	居民服务、修理和其他服务业	2014年5月30日	竞价转让	17460. 58	7303. 52	16784. 05	1895. 84
5	831266. OC	一铭软件	信息传输、软件和信息技术服务业	2014年11月6日	竞价转让	3257. 54	825. 46	816. 61	-1652. 94
6	831925. OC	政通股份	建筑业	2015年2月13日	做市转让	52675. 78	24143. 20	13056. 85	214. 10
7	831963. OC	ST明利	制造业	2015年2月16日	做市转让	239701. 19	123171. 46	10067. 96	-27252. 49
8	832023. OC	田野股份	制造业	2015年2月13日	做市转让	94651. 59	72320. 26	25843. 58	2394. 19
9	832366. OC	英伦信息	信息传输、软件和信息技术服务业	2015年4月21日	竞价转让	4291. 38	2147. 83	3821. 48	28. 26
10	832438. OC	ST润港	制造业	2015年5月11日	竞价转让	1443. 83	-2536. 40	3693. 97	-3667. 97
11	832885. OC	星辰科技	制造业	2015年7月22日	竞价转让	18133. 79	14967. 03	8563. 27	1961. 04
12	832907. OC	宏华股份	农、林、牧、渔业	2015年7月24日	竞价转让	13848. 90	4685. 05	21603. 12	135. 67
13	833176. OC	桂林五洲	批发和零售业	2015年9月7日	做市转让	39180. 28	23905. 57	15649. 96	1127. 89
14	833404. OC	飞日科技	制造业	2015年9月18日	竞价转让	11257. 11	4361. 47	5712. 20	-896. 96
15	833486. OC	前程人力	租赁和商务服务业	2015年9月1日	做市转让	9543. 00	5219. 61	130681. 61	773. 77
16	833515. OC	禾美农业	农、林、牧、渔业	2015年9月10日	竞价转让	23434. 86	5866. 02	20231. 17	891. 55
17	833782. OC	天锐医药	批发和零售业	2015年10月19日	竞价转让	15081. 57	3485. 83	10552. 00	-99. 13
18	833965. OC	科创股份	制造业	2015年11月4日	竞价转让	9246. 65	3696. 38	6185. 75	-882. 70
19	834385. OC	力港网络	信息传输、软件和信息技术服务业	2015年12月1日	竞价转让	31074. 70	27836. 21	29250. 82	10168. 61
20	834781. OC	新生活	租赁和商务服务业	2015年12月10日	竞价转让	6650. 25	5010. 91	15461. 96	1270. 69
21	835059. OC	桂牛乳业	制造业	2015年12月21日	竞价转让	7854. 72	1219. 13	3101. 97	-286. 18
22	835087. OC	桂林森农	农、林、牧、渔业	2015年12月23日	竞价转让	1258. 61	994. 49	800. 22	-99. 51

续表

序号	证券代码	证券简称	证监会行业分类	挂牌日期	转让方式	总资产（万元）	净资产（万元）	营业收入（万元）	净利润（万元）
23	835248. OC	越洋科技	制造业	2016 年 1 月 18 日	竞价转让	44733. 47	35329. 37	19924. 65	-2471. 69
24	836332. OC	千年传说	文化、体育和娱乐业	2016 年 4 月 26 日	竞价转让	1744. 52	1216. 55	215. 69	49. 56
25	836579. OC	蓝天股份	科学研究和技术服务业	2016 年 4 月 19 日	竞价转让	7806. 75	4799. 34	6286. 08	202. 88
26	837057. OC	创致股份	批发和零售业	2016 年 6 月 8 日	竞价转让	20068. 42	7605. 96	21923. 85	-212. 42
27	837106. OC	三鹤药业	制造业	2016 年 5 月 16 日	竞价转让	5437. 17	2667. 88	6076. 64	255. 57
28	837221. OC	金穗生态	制造业	2016 年 6 月 2 日	竞价转让	22324. 80	13637. 24	12808. 53	2404. 93
29	837331. OC	嘉德股份	制造业	2016 年 5 月 9 日	竞价转让	24443. 08	22191. 95	16659. 60	5093. 03
30	837773. OC	明富金属	制造业	2016 年 6 月 16 日	竞价转让	2698. 58	1871. 50	1450. 39	127. 30
31	838141. OC	中新正大	租赁和商务服务业	2016 年 7 月 27 日	竞价转让	12819. 13	7338. 75	25870. 50	-2158. 91
32	838298. OC	益江环保	水利、环境和公共设施管理业	2016 年 8 月 15 日	竞价转让	8454. 34	4955. 06	3146. 14	375. 39
33	838837. OC	华原股份	制造业	2016 年 8 月 31 日	竞价转让	46500. 19	32422. 07	34684. 63	2728. 83
34	839724. OC	汉和生物	制造业	2016 年 11 月 24 日	竞价转让	23094. 85	7369. 13	40740. 44	3157. 02
35	870021. OC	中投创新	科学研究和技术服务业	2016 年 12 月 15 日	竞价转让	3782. 38	2464. 08	1846. 45	-327. 49
36	870178. OC	旭平首饰	制造业	2016 年 12 月 9 日	竞价转让	24341. 64	20673. 84	28272. 04	853. 31
37	870396. OC	雅美资源	批发和零售业	2016 年 12 月 29 日	竞价转让	15484. 45	3072. 70	8432. 35	-2266. 53
38	870422. OC	品新检测	科学研究和技术服务业	2017 年 1 月 11 日	竞价转让	6281. 42	3603. 37	5314. 61	35. 54
39	870572. OC	鑫海药业	批发和零售业	2017 年 1 月 16 日	竞价转让	4370. 96	1111. 72	6209. 62	-140. 46
40	870799. OC	世纪风	信息传输、软件和信息技术服务业	2017 年 2 月 20 日	竞价转让	2270. 87	1177. 31	921. 26	-237. 10
41	870812. OC	赛富电力	科学研究和技术服务业	2017 年 3 月 2 日	竞价转让	9265. 64	5663. 96	15752. 52	2543. 91
42	870931. OC	侨虹新材	制造业	2017 年 3 月 27 日	竞价转让	35996. 84	26923. 22	13034. 71	-399. 89
43	870980. OC	盛业节能	科学研究和技术服务业	2017 年 3 月 10 日	竞价转让	4259. 07	2360. 09	2492. 81	35. 39
44	871264. OC	速丰木业	制造业	2017 年 5 月 8 日	竞价转让	12293. 09	4017. 03	12369. 66	1. 36

续表

序号	证券代码	证券简称	证监会行业分类	挂牌日期	转让方式	总资产（万元）	净资产（万元）	营业收入（万元）	净利润（万元）
45	871323. OC	千年工艺	制造业	2017年4月13日	竞价转让	1960. 42	1221. 12	2990. 76	158. 55
46	871433. OC	捷佳润	信息传输、软件和信息技术服务业	2017年5月31日	竞价转让	12131. 68	9081. 84	5947. 89	1185. 17
47	871450. OC	ST乐美	信息传输、软件和信息技术服务业	2017年6月20日	竞价转让	6445. 86	5486. 69	1941. 84	145. 00
48	871554. OC	兴创科技	制造业	2017年5月19日	竞价转让	1424. 28	1007. 09	1439. 73	-132. 67
49	871654. OC	商大科技	制造业	2017年6月23日	竞价转让	13127. 83	11349. 20	13285. 96	1834. 92
50	871822. OC	百色水务	电力、热力、燃气及水生产和供应业	2017年8月9日	竞价转让	38890. 15	25341. 63	10126. 82	395. 78
51	872072. OC	玉柴物流	交通运输、仓储和邮政业	2017年8月15日	竞价转让	93571. 10	25830. 66	101950. 11	4151. 88
52	872107. OC	昊华股份	信息传输、软件和信息技术服务业	2017年8月11日	竞价转让	5514. 08	1740. 60	6601. 94	291. 25
53	872300. OC	玉柴动力	制造业	2017年12月26日	竞价转让	62916. 34	23069. 06	81695. 66	2972. 98
54	872341. OC	同泽股份	科学研究和技术服务业	2017年11月9日	竞价转让	10501. 84	2949. 88	12890. 77	1047. 37
55	872415. OC	欧联股份	建筑业	2017年12月14日	竞价转让	5287. 76	2500. 99	5557. 24	219. 18
56	872558. OC	侨旺纸模	制造业	2018年1月30日	竞价转让	10873. 87	7844. 24	12573. 13	476. 46
57	872696. OC	绿友农	制造业	2018年2月27日	竞价转让	8084. 74	1527. 82	10574. 64	289. 35
58	872703. OC	诚钢矿业	制造业	2018年2月22日	竞价转让	38128. 09	21982. 71	15669. 97	1152. 75
59	872744. OC	华南通信	信息传输、软件和信息技术服务业	2018年3月28日	竞价转让	5889. 94	3704. 60	4118. 65	98. 35
60	872773. OC	华讯信息	信息传输、软件和信息技术服务业	2018年5月14日	竞价转让	1567. 85	865. 68	824. 36	-18. 18
61	872841. OC	百强股份	制造业	2018年6月21日	竞价转让	5521. 60	1925. 81	7973. 64	415. 25
62	873070. OC	华信设计	科学研究和技术服务业	2018年12月17日	竞价转让	3676. 12	1447. 22	6198. 81	327. 14
63	873101. OC	蓝天口腔	卫生和社会工作	2018年12月4日	竞价转让	8527. 03	5452. 69	7688. 12	877. 99
64	873293. OC	辽大股份	制造业	2019年8月7日	竞价转让	32066. 90	24158. 33	85005. 40	1442. 46
平均数		—	—	—	—	22411. 32	11650. 42	17961. 57	145. 68

资料来源：Wind资讯。

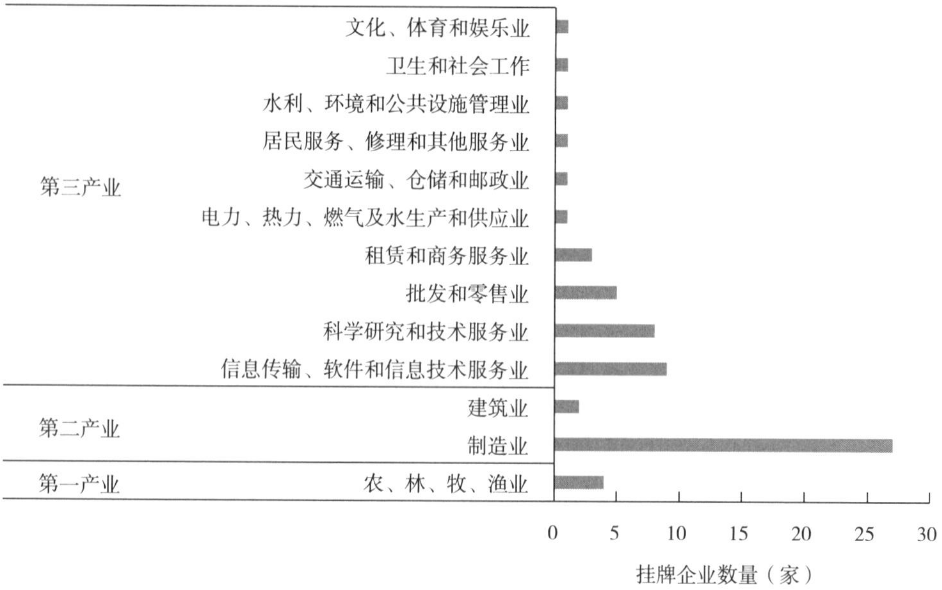

图 2-40　截至 2019 年底广西参加全国中小企业股份转让系统的行业结构

（资料来源：Wind 资讯数据整理）

2. 交易结构

在全国中小企业股份转让系统当中，广西挂牌企业主要采取竞价转让方式进行交易。如图 2-41 所示，截至 2019 年底，通过竞价方式完成股份转让交易的广西挂牌企业有 58 家，占广西挂牌企业数量的 90.63%；通过竞价方式完成股份转让交易的广西挂牌企业有 6 家，占广西挂牌企业数量的 9.37%。

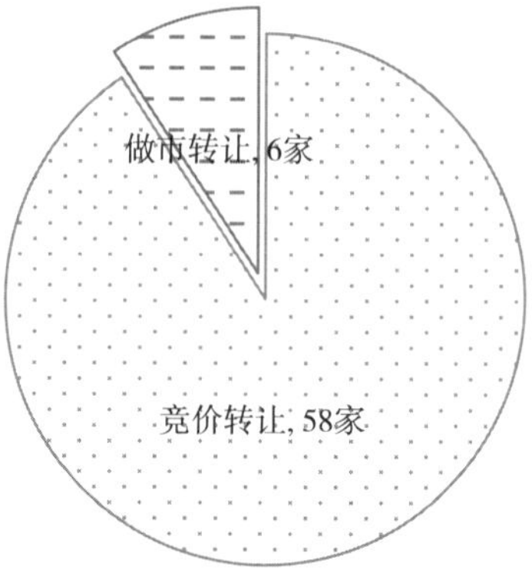

图 2-41　参加全国中小企业股份转让系统的广西企业交易结构

（资料来源：根据 Wind 资讯数据绘制）

（三）广西挂牌企业的经营效率

参加全国中小企业股份转让系统的广西挂牌企业大多数都表现出规模经济的特征。如图 2-42 和图 2-43 所示，剔除一部分异常值之后，大多数广西挂牌企业的净利润会随着总资产、营业收入等规模指标的增加而增加，处于规模经济的上升阶段。如果未来一段时间内适度扩大生产规模，那么企业净利润还将进一步增加。当然，规模经济并不意味着生产规模与净利润的正相关关系能够无条件地持续下去，规模经济效应也存在着边际递减的特征，规模太大并超过一定范围之后，企业生产效率反而下降。虽然少数挂牌企业规模远远超过其他规模较小的广西挂牌企业，但是前者的净利润金额却明显不及后者。

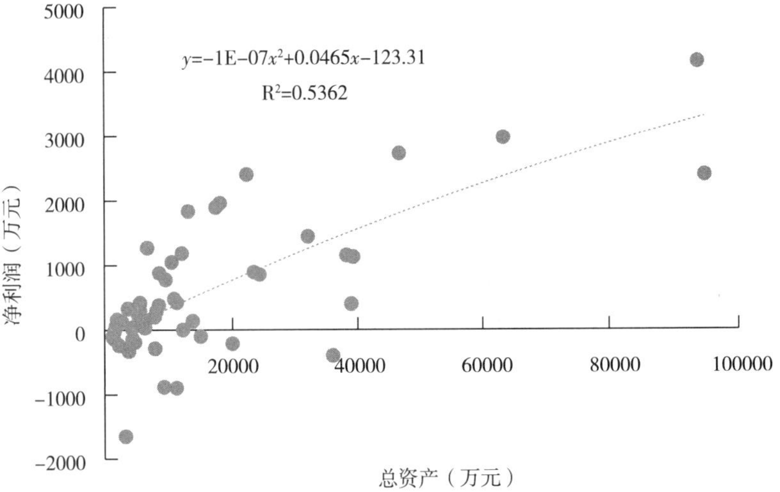

图 2-42　参加全国中小企业股份转让系统的广西企业总资产与净利润的关系

（资料来源：根据 Wind 资讯的数据绘制，剔除部分异常值）

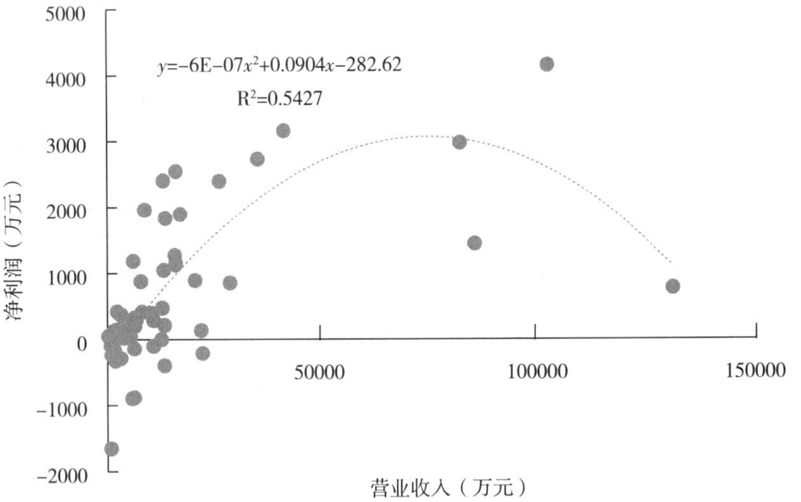

图 2-43　参加全国中小企业股份转让系统的广西企业营业收入与净利润的关系

（资料来源：根据 Wind 资讯的数据绘制，剔除部分异常值）

五、广西债券市场发展概况

（一）广西债券市场总体发展概况

1. 广西占全国债券市场的比重

中国各地区债券市场发展差异很大，而广西债券市场的规模相对较小，无论是债券数量还是债券余额都小于全国平均数。如表 2 – 25 和图 2 – 44 所示，2019 年末中国各地区未到期的债券数量共有 49406 只，余额共计 97.1 万亿元。各地区债券余额的平均数是 2.94 亿元，标准差是 5.73 亿元，变异系数是 194.69%。其中，北京债券市场的存量规模最大，6161 只债券的合计余额是 30.2 万亿元，数量占比 12.47%，余额占比 31.14%；西藏债券市场的存量规模最小，59 只债券的合计余额是 0.05 万亿元，数量占比 0.12%，余额占比 0.05%。在 2019 年末的广西债券市场上，1012 只债券合计 9802.92 万亿元，数量占比 2.05%（排名第 19 位），余额占比 1.01%（排名第 23 位）。

表 2 – 25　2019 年末中国各地区债券市场存量

序号	地区	数量（只）	数量比重（%）	余额（亿元）	余额比重（%）
1	北京	6161	12.47	302429.97	31.14
2	天津	1742	3.53	16733.36	1.72
3	河北	1213	2.46	14505.15	1.49
4	山西	1301	2.63	10385.59	1.07
5	内蒙古	616	1.25	9000.09	0.93
6	辽宁	1102	2.23	14996.30	1.54
7	吉林	453	0.92	6282.02	0.65
8	黑龙江	399	0.81	6164.39	0.63
9	上海	3161	6.40	46912.30	4.83
10	江苏	4370	8.85	45712.23	4.71
11	浙江	3612	7.31	33733.32	3.47
12	安徽	1078	2.18	15515.31	1.60
13	福建	2006	4.06	25162.63	2.59
14	江西	908	1.84	10726.55	1.10
15	山东	2828	5.72	28688.30	2.95
16	河南	1489	3.01	15436.05	1.59
17	湖北	1251	2.53	15989.98	1.65
18	湖南	1346	2.72	19144.78	1.97
19	广东	4457	9.02	57030.60	5.87
20	广西	1012	2.05	9802.95	1.01

续表

序号	地区	数量（只）	数量比重（%）	余额（亿元）	余额比重（%）
21	海南	245	0.50	3133.74	0.32
22	重庆	1648	3.34	16757.15	1.73
23	四川	2009	4.07	19566.92	2.01
24	贵州	1154	2.34	15012.97	1.55
25	云南	851	1.72	12457.49	1.28
26	西藏	59	0.12	513.16	0.05
27	陕西	791	1.60	12241.61	1.26
28	甘肃	335	0.68	4611.95	0.47
29	青海	215	0.44	2572.67	0.26
30	宁夏	352	0.71	2246.90	0.23
31	新疆	724	1.47	7908.45	0.81
32	香港	63	0.13	1143.61	0.12
33	其他	455	0.92	168550.77	17.36
合计		49406	100	971069.25	100

资料来源：Wind 资讯。

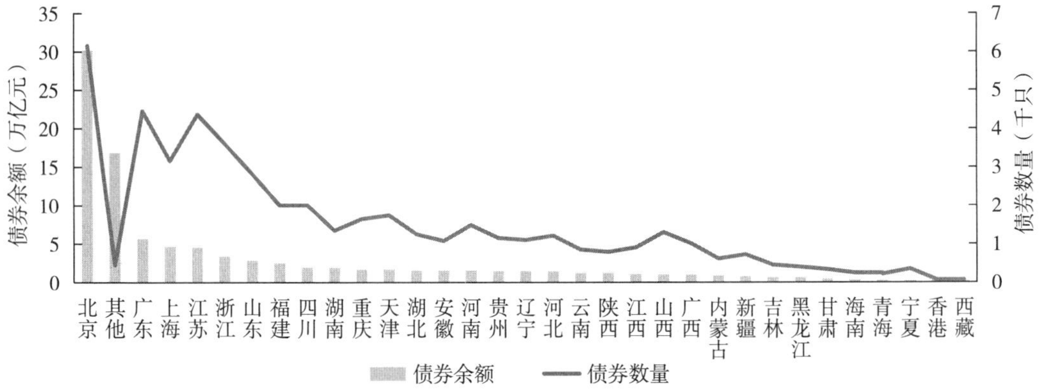

图 2－44　2019 年末中国各地区债券数量及余额

（资料来源：Wind 资讯）

2. 广西债券市场的结构

（1）债券类型结构

在广西债券市场上，地方政府债券的余额比重最大。如表 2－26 和图 2－45 所示，截至 2019 年底，广西未到期的地方政府债券有 149 只，余额为 6190.74 亿元，数量占比 14.72%，余额占比 63.15%；公司债券有 109 只，余额为 855.19 亿元，数量占比 10.77%，余额占比 8.72%；企业债券有 56 只，余额为 370.67 亿元，数量占比 5.53%，余额占比 3.78%；金融债券有 14 只，余额为 258.27 亿元，数量占比 1.38%，余额占比 2.63%；同业存单有 469 只，余额为 859.10 亿元，数量占比 46.34%，余额占比 8.76%；

定向工具有41只，余额为200亿元，数量占比4.05%，余额占比2.04%；短期融资券有37只，余额为273.50亿元，数量占比3.66%，余额占比2.79%；中期票据有92只，余额为743.15亿元，数量占比9.09%，余额占比7.58%；可转债券有2只，余额为4.40亿元，数量占比0.20%，余额占比0.04%；资产支持证券有43只，余额为47.93亿元，数量占比4.25%，余额占比0.49%。

表2-26　2019年广西债券市场结构

序号	类型	数量（只）	余额（亿元）	数量比重（%）	余额比重（%）
1	地方政府债券	149	6190.74	14.72	63.15
2	公司债券	109	855.19	10.77	8.72
3	企业债券	56	370.67	5.53	3.78
4	金融债券	14	258.27	1.38	2.63
5	同业存单	469	859.10	46.34	8.76
6	定向工具	41	200.00	4.05	2.04
7	短期融资券	37	273.50	3.66	2.79
8	中期票据	92	743.15	9.09	7.58
9	可转债券	2	4.40	0.20	0.04
10	资产支持证券	43	47.93	4.25	0.49
合计		1012	9802.95	100.00	100.00

资料来源：Wind资讯。

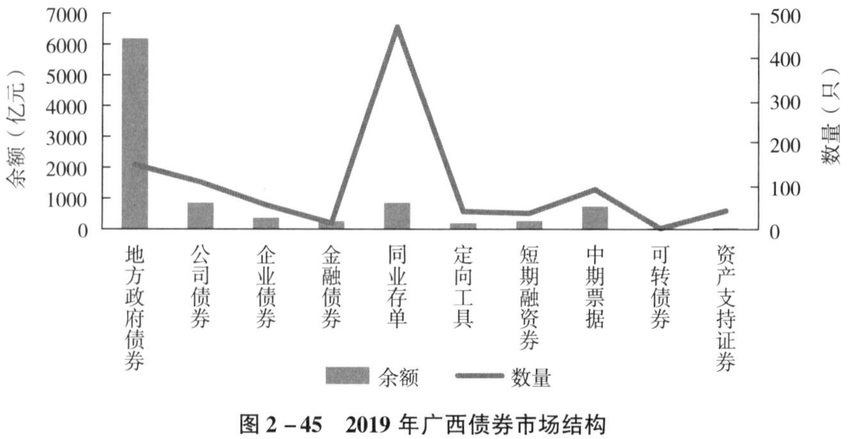

图2-45　2019年广西债券市场结构

（资料来源：Wind资讯）

（2）利率品种结构

在广西债券市场上，固定利率是最重要的利率品种。如表2-27和图2-46所示，截至2019年底，广西未到期的固定利率债券有892只，余额为8864.96亿元，数量占比88.14%，余额占比90.43%；未到期的累进利率债券有118只，余额为924.31亿元，数量占比11.66%，余额占比9.43%；未到期的浮动利率债券有2只，余额为13.68亿元，数量占比0.20%，余额占比0.14%。

表2-27 2019年广西债券市场的利率品种结构

序号	利率品种	数量（只）	余额（亿元）	数量比重（%）	余额比重（%）
1	固定利率	892	8864.96	88.14	90.43
2	累进利率	118	924.31	11.66	9.43
3	浮动利率	2	13.68	0.20	0.14
合计		1012	9802.95	100.00	100.00

资料来源：Wind资讯。

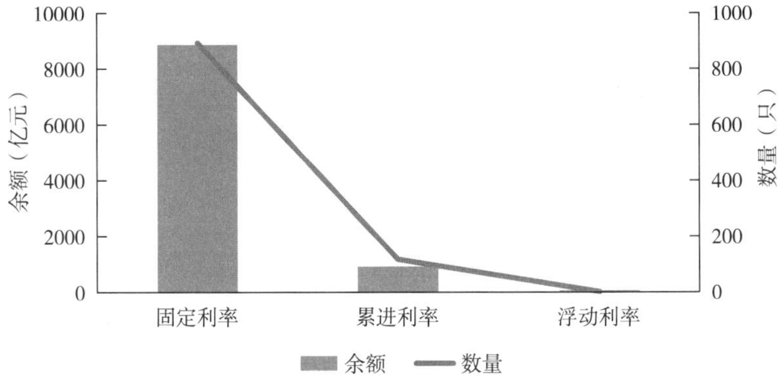

图2-46 2019年广西债券市场的利率品种

（资料来源：Wind资讯）

（3）债券兑付的期限结构

在2019年末的广西债券市场上，债券的兑付期限结构不尽合理，一部分余额较大的债券即将到期，未来1~5年可能存在着较大的债券兑付压力。如图2-47所示，以2019年末为时间节点，未来1年内（含1年）到期兑付的债券数量是613只，占全部未到期债券数量的60.57%，余额合计为2327.40亿元，占全部未到期债券余额的23.74%。未来3年内（含3年）到期兑付的债券数量是820只，占全部未到期债券数量的81.03%，余额合计为5025.10亿元，占全部未到期债券余额的51.26%。未来5年内（含5年）到期兑付的债券数量是927只，占全部未到期债券数量的91.60%，余额合计为7566.93亿元，占全部未到期债券余额的77.19%。如果再加上未来每年利率2.5%至8.5%不等的利息支出，那么未来兑付债券的压力就会更大。

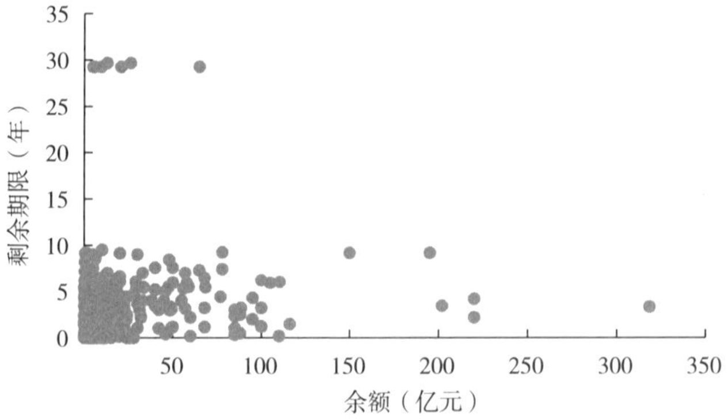

图 2-47　2019 年末广西债券兑付的期限结构

（资料来源：根据 Wind 资讯数据绘制）

（二）广西地方政府债券市场发展概况

1. 广西地方政府债券的规模

广西地方政府债券的发行额表现出一定程度的波动性，并且与广西地区生产总值的增长率有关联。一方面，如表 2-28 所示，2016-2018 年是广西地方政府债券发行额波动较大的年份。专项债务对地方政府债券发行额的影响最为明显。在广西地方政府债券发行额当中，一般性债务与专项债务之比从 2015 年的 27.81：1 调整至 2019 年的 0.87：1。另一方面，如图 2-48 所示，广西经济增长速度与广西地方政府债券发行额的增长速度之间保持着比较明显的正相关关系。如果广西经济增长加速，那么广西地方政府债券发行额的增速也会相应地加快。如果广西经济增长放缓，那么广西地方政府债券发行额的增速也会相应地放缓。

表 2-28　近年来广西地方政府债券的发行规模

年份	地方政府债券发行额（亿元）	其中：一般性债务（亿元）	专项债务（亿元）
2015	922.00	890.00	32.00
2016	1439.57	766.57	673.00
2017	491.60	459.60	32.00
2018	1403.08	849.87	553.20
2019	1033.39	481.39	552.00

资料来源：Wind 资讯。

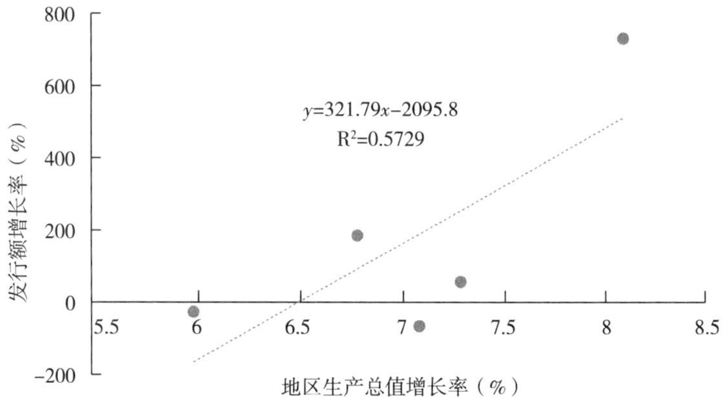

图2-48　2015-2019年广西经济增长率与地方政府债券规模增长率的关联性

（资料来源：根据Wind资讯数据绘制）

如表2-29所示，截至2019年底，未到期的广西地方政府债券有149只，余额合计为6190.74亿元。其中，地方政府定向债券有33只，余额为653.31亿元，数量占比22.15%，余额占比10.55%；地方政府非定向债券有116只，余额为5537.43亿元，数量占比77.85%，余额占比89.45%。地方政府债券余额与地区生产总值、地方政府债务余额之比分别等于29.15%和97.42%。

表2-29　2019年底未到期的广西地方政府债券数量及余额

序号	类型	数量（只）	余额（亿元）	数量占比（%）	余额占比（%）
1	定向债券	33	653.31	22.15	10.55
2	非定向债券	116	5537.43	77.85	89.45
合计		149	6190.74	100.00	100.00

资料来源：根据Wind资讯数据整理。

2. 广西地方政府债券的兑付期限结构

与广西债券市场的兑付期限结构相似，在2019年末的广西地方政府债券市场上，地方政府债券的兑付期限结构不尽合理，一部分余额较大的地方政府债券即将到期，未来3~5年可能存在着较大的债券兑付压力。如图2-49所示，以2019年末为时间节点，未来1年内（含1年）到期兑付的地方政府债券数量是14只，占全部未到期地方政府债券数量的9.40%，余额合计为555.64亿元，占全部未到期地方政府债券余额的8.98%。未来3年内（含3年）到期兑付的地方政府债券数量是56只，占全部未到期地方政府债券数量的37.58%，余额合计为2120.80亿元，占全部未到期地方政府债券余额的34.26%。未来5年内（含5年）到期兑付的地方政府债券数量是94只，占全部未到期地方政府债券数量的63.09%，余额合计为4125.22亿元，占全部未到期地方政府债券余额的66.64%。如果再加上未来每年利率2.5%至4.6%不等的利息支出，那么未来兑付债券的压力就会更大。

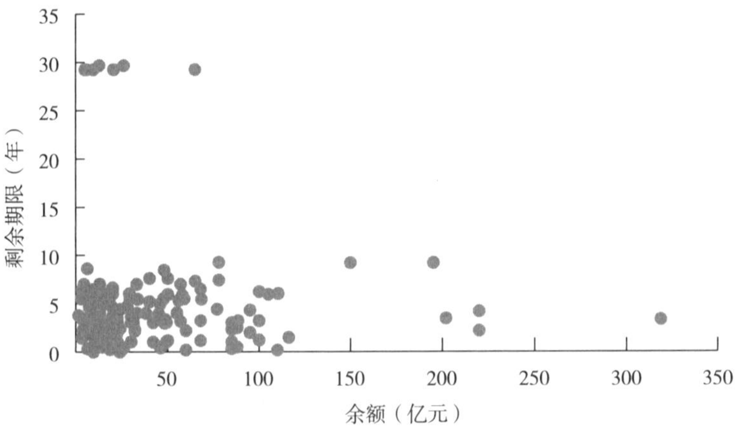

图 2－49　2019 年底未到期的广西地方政府债券的兑付期限结构

（资料来源：根据 Wind 资讯数据绘制）

（三）广西信用债券发展概况

1. 广西占全国信用债券市场的比重

信用债券发行的地区集中度非常高，广西市场比重较小。如表 2－30 和图 2－50 所示，2019 年中国各地区发行信用债券 13858 只，金额合计 147847.39 亿元，平均每个地区发行信用债券的数量是 433 只，平均发行金额是 4620.23 亿元。2019 年，北京发行信用债券 2011 只，总金额是 44025.67 亿元。无论是数量还是金额，北京在中国信用债券市场的比重都是最大的。就发行金额而言，北京、广东、上海分别排名前三位，并且它们的发行总金额占 2019 年中国信用债券市场发行总额的 53.20%。广西发行信用债券 195 只，发行金额 1233.03 亿元，数量占比 1.41%，金额占比 0.83%。无论是数量还是金额，广西发行信用债券的规模都低于全国平均水平。就发行金额而言，广西在全国各地区排名第 20 位，仅相当于各地区平均发行金额的 26.69%。

表 2－30　2019 年中国各地区发行信用债券的规模

序号	地区	发行数量（只）	数量占比（%）	发行金额（亿元）	金额占比（%）
1	北京	2011	14.51	44025.67	29.78
2	河北	227	1.64	2047.30	1.38
3	福建	516	3.72	4528.35	3.06
4	山东	684	4.94	6048.54	4.09
5	江苏	1712	12.35	11936.73	8.07
6	重庆	493	3.56	3392.84	2.29
7	江西	260	1.88	2137.08	1.45
8	湖北	323	2.33	2596.86	1.76
9	浙江	972	7.01	7437.65	5.03

续表

序号	地区	发行数量（只）	数量占比（%）	发行金额（亿元）	金额占比（%）
10	上海	1428	10.30	16170.13	10.94
11	湖南	320	2.31	2446.18	1.65
12	云南	259	1.87	2160.93	1.46
13	天津	488	3.52	3932.15	2.66
14	四川	454	3.28	3460.71	2.34
15	广东	1766	12.74	18460.37	12.49
16	安徽	279	2.01	2383.15	1.61
17	河南	253	1.83	2116.97	1.43
18	山西	262	1.89	2681.64	1.81
19	宁夏	20	0.14	77.32	0.05
20	陕西	214	1.54	2593.23	1.75
21	广西	195	1.41	1233.03	0.83
22	西藏	9	0.06	103.27	0.07
23	贵州	191	1.38	1228.53	0.83
24	黑龙江	45	0.32	350.48	0.24
25	新疆	146	1.05	975.54	0.66
26	甘肃	56	0.40	510.90	0.35
27	内蒙古	69	0.50	591.23	0.40
28	辽宁	88	0.64	972.41	0.66
29	吉林	72	0.52	774.79	0.52
30	海南	26	0.19	273.89	0.19
31	青海	16	0.12	131.52	0.09
32	香港	4	0.03	68.00	0.05
合计		13858	100.00	147847.39	100.00

资料来源：Wind资讯。

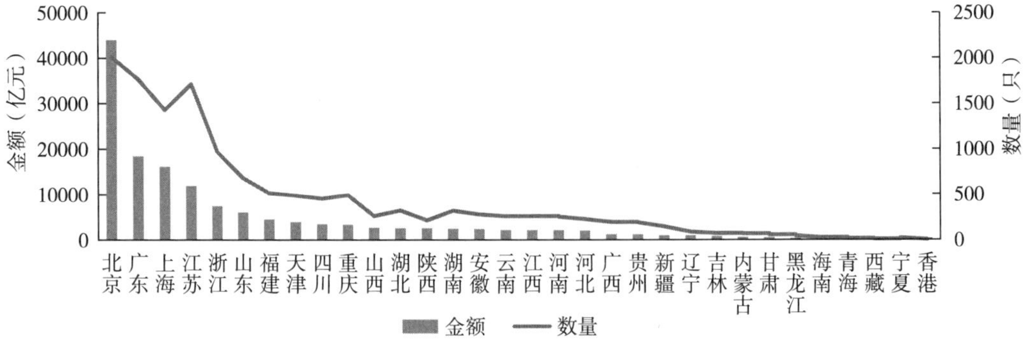

图2-50　2019年中国各地区发行信用债券的规模

（资料来源：Wind资讯）

2. 广西发行信用债券的结构

（1）区域结构

南宁市是广西辖区内发行信用债券最多的地级市。如表 2－31 所示，2019 年广西有 11 个地级市发行信用债券 195 只，发行金额合计 1233.03 亿元。其中，南宁市发行信用债券的数量是 111 只，发行金额是 803.99 亿元，数量占比是 56.92%，金额占比是 65.20%。无论是数量还是金额，南宁市发行信用债券的规模都遥遥领先于广西其他地级市。2019 年，广西有 3 个地级市没有发行信用债券。

表 2－31　2019 年广西各个地级市发行信用债券的概况

序号	地级市	数量（只）	金额（亿元）	数量占比（%）	金额占比（%）
1	南宁	111	803.99	56.92	65.20
2	柳州	33	251.60	16.92	20.41
3	桂林	19	72.09	9.74	5.85
4	贺州	13	26.80	6.67	2.17
5	钦州	6	23.65	3.08	1.92
6	百色	6	17.60	3.08	1.43
7	贵港	2	15.00	1.03	1.22
8	北海	2	10.00	1.03	0.81
9	崇左	1	5.70	0.51	0.46
10	梧州	1	4.50	0.51	0.36
11	玉林	1	2.10	0.51	0.17
合计		195	1233.03	100.00	100.00

资料来源：根据 Wind 资讯数据整理。

（2）类型结构

超短期融资券是广西信用债券市场的最主要类型。如表 2－32 所示，2019 年广西发行 11 种类型的信用债券 195 只，发行金额合计 1233.03 亿元。其中，超短期融资券的发行数量是 53 只，发行金额是 379.50 亿元，数量占比是 27.18%，金额占比是 30.78%。超短期融资券的发行数量和发行金额都排名第 1 位。私募债券的发行规模紧随其后，发行数量是 35 只，发行金额是 241.55 亿元，私募债券的发行数量与发行金额都排名第 2 位。就发行金额而言，超短期融资券和私募债券的占比达到 50.37%。另外，在 2019 年广西信用债券的发行市场上，银保监会主管资产支持证券的发行数量与发行金额都是最少的。

表 2－32　2019 年广西发行信用债券的主要类型

序号	债券类型	数量（只）	金额（亿元）	数量占比（%）	金额占比（%）
1	超短期融资券	53	379.50	27.18	30.78
2	一般短期融资券	7	60.00	3.59	4.87

续表

序号	债券类型	数量（只）	金额（亿元）	数量占比（%）	金额占比（%）
3	一般中期票据	25	173.95	12.82	14.11
4	定向工具	11	49.20	5.64	3.99
5	商业银行债券	4	50.00	2.05	4.06
6	商业银行次级债券	3	60.00	1.54	4.87
7	一般公司债券	9	76.10	4.62	6.17
8	一般企业债券	11	96.00	5.64	7.79
9	私募债券	35	241.55	17.95	19.59
10	银保监会主管资产支持证券	3	16.95	1.54	1.37
11	证监会主管资产支持证券	34	29.78	17.44	2.42
	合计	195	1233.03	100.00	100.00

资料来源：根据 Wind 资讯数据整理。

（3）期限结构

广西信用债的偿付期限比较短，大多数的信用债需要在 1 至 3 年内偿付。以 2019 年为时间节点，未来 1 年内（含 1 年）需要兑付的信用债券有 69 只，本金总额为 470.13 亿元，占 2019 年发行信用债券数量的 35.38%，占 2019 年发行信用债券金额的 38.13%。未来 3 年内（含 3 年）需要兑付的信用债券有 144 只，本金总额为 882.44 亿元，占 2019 年发行信用债券数量的 73.85%，占 2019 年发行信用债券金额的 71.57%。未来 5 年内（含 5 年）需要兑付的信用债券有 179 只，本金总额为 1148.64 亿元，占 2019 年发行信用债券数量的 91.79%，占 2019 年发行信用债券金额的 93.16%。

（4）评级结构

广西信用债的发行主体是政府融资平台、国有企业、金融机构等，主体信用评级都是比较高的。如图 2－51 所示，2019 年广西发行且获得 AAA 评级的信用债券有 61 只，发行金额是 513.95 亿元，数量占比是 31.28%，金额占比是 41.68%；广西发行且获得 AA+ 评级的信用债券有 51 只，发行金额是 459.20 亿元，数量占比是 26.15%，金额占比是 37.24%；广西发行且获得 AA 评级的信用债券有 44 只，发行金额是 203.45 亿元，数量占比是 22.56%，金额占比是 16.50%；广西发行且获得 AA－ 评级的信用债券有 1 只，发行金额是 5.70 亿元，数量占比是 0.51%，金额占比是 0.46%；广西发行且没有获得评级的信用债券有 38 只，发行金额是 50.73 亿元，数量占比是 19.49%，金额占比是 16.50%。

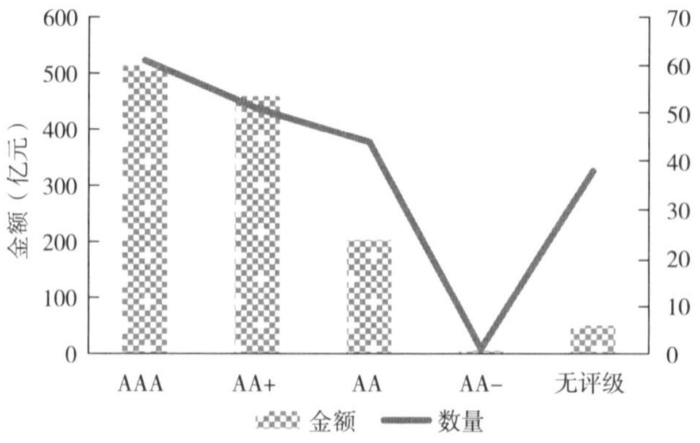

图 2－51　2019 年广西发行的信用债评级情况

（资料来源：根据 Wind 数据绘制）

六、广西衍生品市场发展概况

（一）资产证券化发展概况

1. 广西辖区机构发行资产支持证券的概况

广西辖区机构发行资产支持证券的规模较小。如表 2－33 所示，截至 2019 年底未到期的资产支持证券共有 43 只，涉及广西 10 家企业和金融机构，余额合计 47.93 亿元。其中，2019 年底百色市通商小额贷款有限责任公司发行的未到期资产支持证券有 2 只，余额为 1.80 亿元，余额占比 3.76%；广西北部湾银行股份有限公司发行的未到期资产支持证券有 1 只，余额为 0.93 亿元，余额占比 1.94%；广西柳州市东城投资开发集团有限公司发行的未到期资产支持证券有 4 只，余额为 5.92 亿元，余额占比 12.35%；广西融资租赁有限公司发行的未到期资产支持证券有 6 只，余额为 8.85 亿元，余额占比 18.46%；广西西江集团投资股份有限公司发行的未到期资产支持证券有 6 只，余额为 6.12 亿元，余额占比 12.77%；广西玉柴融资租赁有限公司发行的未到期资产支持证券有 1 只，余额为 0.16 亿元，余额占比 0.33%；桂林市交通投资控股集团有限公司发行的未到期资产支持证券有 11 只，余额为 4.92 亿元，余额占比 10.26%；桂林银行股份有限公司发行的未到期资产支持证券有 3 只，余额为 16.95 亿元，余额占比 35.36%；贺州公共交通有限公司未到期资产支持证券有 7 只，余额为 0.58 亿元，余额占比 1.21%；南宁市新发展小额贷款有限公司发行的未到期资产支持证券有 2 只，余额为 1.70 亿元，余额占比 3.55%。

资产支持证券的利率类型主要是固定利率。在 2019 年底未到期的 43 只资产支持证券当中，41 只资产支持证券采用固定利率，证券数量占比 95.35%，相应余额是 34.25 亿元，余额占比 71.46%；仅 2 只资产支持证券采用浮动利率，证券数量占比 4.65%，相应余额是 13.68 亿元，余额占比 28.54%。

表2－33　2019年底未到期的以广西机构为发行人的资产支持证券

序号	债券简称	债券全称	余额（亿元）	发行日期	利率类型	发行人
1	19金聚1A	金聚2019年第一期信贷优先A级资产支持证券	12.00	2019年12月19日	浮动利率	桂林银行股份有限公司
2	19金聚1C	金聚2019年第一期信贷次级资产支持证券	3.27	2019年12月19日	固定利率	桂林银行股份有限公司
3	19广租02	国海证券——广西租赁第二期资产支持专项计划优先级02类资产支持证券	3.09	2019年8月8日	固定利率	广西融资租赁有限公司
4	PR广租	国开证券——广西租赁资产支持专项计划优先级资产支持证券	2.88	2018年6月29日	固定利率	广西融资租赁有限公司
5	19柳东03	柳州市柳东新区保障房信托受益权资产支持专项计划优先03资产支持证券	2.55	2019年6月25日	固定利率	广西柳州市东城投资开发集团有限公司
6	19柳东02	柳州市柳东新区保障房信托受益权资产支持专项计划优先02资产支持证券	2.02	2019年6月25日	固定利率	广西柳州市东城投资开发集团有限公司
7	19广租03	国海证券——广西租赁第二期资产支持专项计划优先级03类资产支持证券	1.88	2019年8月8日	固定利率	广西融资租赁有限公司
8	19金聚1B	金聚2019年第一期信贷优先B级资产支持证券	1.68	2019年12月19日	浮动利率	桂林银行股份有限公司
9	新发展A	兴银——华金新发展小贷扶贫资产支持专项计划优先级资产支持证券	1.65	2019年12月10日	固定利率	南宁市新发展小额贷款有限公司
10	18通商优	润银——华西通商小贷一期（扶贫）资产支持专项计划优先级资产支持证券	1.60	2018年12月21日	固定利率	百色市通商小额贷款有限责任公司
11	G西江E5	西江股份电力上网收费权绿色资产支持专项计划优先级资产支持证券05	1.52	2019年2月27日	固定利率	广西西江集团投资股份有限公司
12	G西江E4	西江股份电力上网收费权绿色资产支持专项计划优先级资产支持证券04	1.42	2019年2月27日	固定利率	广西西江集团投资股份有限公司
13	G西江E3	西江股份电力上网收费权绿色资产支持专项计划优先级资产支持证券03	1.33	2019年2月27日	固定利率	广西西江集团投资股份有限公司

续表

序号	债券简称	债券全称	余额（亿元）	发行日期	利率类型	发行人
14	G 西江 E2	西江股份电力上网收费权绿色资产支持专项计划优先级资产支持证券 02	1.22	2019 年 2 月 27 日	固定利率	广西西江集团投资股份有限公司
15	桂公交次	农银穗盈．申万宏源．桂林交投公交票款资产支持专项计划次级资产支持证券	1.00	2019 年 8 月 20 日	固定利率	桂林市交通投资控股集团有限公司
16	PR 柳东 01	柳州市柳东新区保障房信托受益权资产支持专项计划优先 01 资产支持证券	0.99	2019 年 6 月 25 日	固定利率	广西柳州市东城投资开发集团有限公司
17	18 富桂 1C	富桂 2018 年第一期信贷资产支持证券次级资产支持证券	0.93	2018 年 11 月 22 日	固定利率	广西北部湾银行股份有限公司
18	桂公交 10	农银穗盈．申万宏源．桂林交投公交票款资产支持专项计划优先级资产支持证券 10	0.60	2019 年 8 月 20 日	固定利率	桂林市交通投资控股集团有限公司
19	桂公交 04	农银穗盈．申万宏源．桂林交投公交票款资产支持专项计划优先级资产支持证券 04	0.51	2019 年 8 月 20 日	固定利率	桂林市交通投资控股集团有限公司
20	桂公交 09	农银穗盈．申万宏源．桂林交投公交票款资产支持专项计划优先级资产支持证券 09	0.50	2019 年 8 月 20 日	固定利率	桂林市交通投资控股集团有限公司
21	19 广租次	国海证券——广西租赁第二期资产支持专项计划次级资产支持证券	0.41	2019 年 8 月 8 日	固定利率	广西融资租赁有限公司
22	桂公交 03	农银穗盈．申万宏源．桂林交投公交票款资产支持专项计划优先级资产支持证券 03	0.40	2019 年 8 月 20 日	固定利率	桂林市交通投资控股集团有限公司
23	桂公交 02	农银穗盈．申万宏源．桂林交投公交票款资产支持专项计划优先级资产支持证券 02	0.40	2019 年 8 月 20 日	固定利率	桂林市交通投资控股集团有限公司
24	广租次级	国开证券——广西租赁资产支持专项计划次级资产支持证券	0.40	2018 年 6 月 29 日	固定利率	广西融资租赁有限公司

续表

序号	债券简称	债券全称	余额（亿元）	发行日期	利率类型	发行人
25	G 西江 E 次	西江股份电力上网收费权绿色资产支持专项计划次级资产支持证券	0.37	2019 年 2 月 27 日	固定利率	广西西江集团投资股份有限公司
26	桂公交 08	农银穗盈．申万宏源．桂林交投公交票款资产支持专项计划优先级资产支持证券 08	0.37	2019 年 8 月 20 日	固定利率	桂林市交通投资控股集团有限公司
27	19 柳东次	柳州市柳东新区保障房信托受益权资产支持专项计划次级资产支持证券	0.36	2019 年 6 月 25 日	固定利率	广西柳州市东城投资开发集团有限公司
28	桂公交 07	农银穗盈．申万宏源．桂林交投公交票款资产支持专项计划优先级资产支持证券 07	0.34	2019 年 8 月 20 日	固定利率	桂林市交通投资控股集团有限公司
29	桂公交 06	农银穗盈．申万宏源．桂林交投公交票款资产支持专项计划优先级资产支持证券 06	0.31	2019 年 8 月 20 日	固定利率	桂林市交通投资控股集团有限公司
30	桂公交 05	农银穗盈．申万宏源．桂林交投公交票款资产支持专项计划优先级资产支持证券 05	0.29	2019 年 8 月 20 日	固定利率	桂林市交通投资控股集团有限公司
31	PRG 西江 1	西江股份电力上网收费权绿色资产支持专项计划优先级资产支持证券 01	0.26	2019 年 2 月 27 日	固定利率	广西西江集团投资股份有限公司
32	桂公交 01	农银穗盈．申万宏源．桂林交投公交票款资产支持专项计划优先级资产支持证券 01	0.22	2019 年 8 月 20 日	固定利率	桂林市交通投资控股集团有限公司
33	18 通商次	润银——华西通商小贷一期（扶贫）资产支持专项计划次级资产支持证券	0.20	2018 年 12 月 21 日	固定利率	百色市通商小额贷款有限责任公司
34	19 广租 01	国海证券——广西租赁第二期资产支持专项计划优先级 01 类资产支持证券	0.20	2019 年 8 月 8 日	固定利率	广西融资租赁有限公司
35	18 玉柴次	长江资管——玉柴租赁一期资产支持专项计划次级资产支持证券	0.16	2018 年 3 月 28 日	固定利率	广西玉柴融资租赁有限公司

续表

序号	债券简称	债券全称	余额（亿元）	发行日期	利率类型	发行人
36	G 贺交 06	联储证券——贺州公共交通收费收益权绿色资产支持专项计划优先级资产支持证券 06	0. 12	2019 年 8 月 20 日	固定利率	贺州公共交通有限公司
37	G 贺交 05	联储证券——贺州公共交通收费收益权绿色资产支持专项计划优先级资产支持证券 05	0. 11	2019 年 8 月 20 日	固定利率	贺州公共交通有限公司
38	G 贺交 04	联储证券——贺州公共交通收费收益权绿色资产支持专项计划优先级资产支持证券 04	0. 09	2019 年 8 月 20 日	固定利率	贺州公共交通有限公司
39	G 贺交 03	联储证券——贺州公共交通收费收益权绿色资产支持专项计划优先级资产支持证券 03	0. 08	2019 年 8 月 20 日	固定利率	贺州公共交通有限公司
40	G 贺交 02	联储证券——贺州公共交通收费收益权绿色资产支持专项计划优先级资产支持证券 02	0. 08	2019 年 8 月 20 日	固定利率	贺州公共交通有限公司
41	G 贺交 01	联储证券——贺州公共交通收费收益权绿色资产支持专项计划优先级资产支持证券 01	0. 05	2019 年 8 月 20 日	固定利率	贺州公共交通有限公司
42	新发展次	兴银——华金新发展小贷扶贫资产支持专项计划次级资产支持证券	0. 05	2019 年 12 月 10 日	固定利率	南宁市新发展小额贷款有限公司
43	G 贺交次	联储证券——贺州公共交通收费收益权绿色资产支持专项计划次级资产支持证券	0. 05	2019 年 8 月 20 日	固定利率	贺州公共交通有限公司

资料来源：Wind 资讯。

2. 广西辖区证券公司承销资产支持证券的概况

广西金融机构承销资产支持证券化项目在全国的比重较小，发展空间仍然有待拓展。如表 2 – 34 所示，2019 年全国 109 家金融机构承销资产支持证券化项目 2300 只，总金额是 22520. 80 亿元。其中，49 家金融机构承销由银保监会监管的资产支持证券化项目 559 只，承销金额是 9639. 18 亿元；77 家金融机构承销由银保监会监管的资产支持证券化项目 1346 只，承销金额是 10015. 91 亿元；35 家金融机构承销由银保监会监管的资产支持证券化项目 395 只，承销金额是 2865. 71 亿元。

2019 年国海证券股份有限公司承销资产支持证券化项目 4 只，分别是“厦门英才 2019 – 1”“集通铁路 2019 – 1”“航洋城一 2019 – 1”“国海广租 – 2”。它们全部都是证监会监管的资产支持证券化项目。国海证券股份有限公司承销的总金额是 48. 04 亿元，占全国各金融机构承销总金额的 0. 21%，承销金额的全国排名是第 54 位。

2019 年国海证券股份有限公司承销资产支持证券化项目 30 只，如表 2 – 35 和图 2 – 52 所示。其中，承销“厦门英才 2019 – 1”资产支持债券 6 只，总金额是 6. 40 亿元，占国海证券股份有限公司承销总金额的 13%；承销“集通铁路 2019 – 1”资产支持债券 9 只，总金额是 9. 00 亿元，占国海证券股份有限公司承销总金额的 19%；承销“航洋城一 2019 – 1”资产支持债券 11 只，总金额是 24. 50 亿元，占国海证券股份有限公司承销总金额的 51%；承销“国海广租 – 2”资产支持债券 4 只，总金额是 8. 14 亿元，占国海证券股份有限公司承销总金额的 17%。

2019 年国海证券股份有限公司承销资产支持证券化项目的基础资产结构如表 2 – 35 所示。其中，“厦门英才 2019 – 1”和“航洋城一 2019 – 1”是以信托受益权作为证券化的基础资产；“集通铁路 2019 – 1”是以基础设施收费作为证券化的基础资产；“国海广租 – 2”是以租赁租金作为证券化的基础资产。

表 2 – 34　2019 年国内资产支持证券的承销概况及国海证券所占份额

承销类型		全国各承销机构		其中：国海证券股份有限公司				
		金额（亿元）	项目数量（只）	机构总数（家）	金额（亿元）	项目数量（只）	金额占比（%）	承销排名
资产支持证券总承销		22520. 80	2300	109	48. 04	4	0. 21	54
其中：	银保监会监管 ABS	9639. 18	559	49	0	0	0	—
	证监会监管 ABS	10015. 91	1346	77	48. 04	4	0. 48	—
	交易商协会 ABN	2865. 71	395	35	0	0	0	—

资料来源：根据 Wind 资讯数据整理。其中，银保监会监管 ABS、证监会监管 ABS、交易商协会 ABN 等资产支持证券化项目存在部分重合。

表 2-35 2019 年国海证券有限公司承销的资产支持证券化项目

序号	代码	债券简称	发行起始日	项目全称	项目简称	基础资产类型	承销金额（亿元）	期限（年）
1	165331. SH	19 英才次	2019 年 12 月 4 日	国海证券——厦门英才学校信托受益权资产支持专项计划	厦门英才 2019-1	信托受益权	1. 40	4. 8219
2	165330. SH	19 英才 05	2019 年 12 月 4 日	国海证券——厦门英才学校信托受益权资产支持专项计划	厦门英才 2019-1	信托受益权	1. 20	4. 8219
3	165326. SH	19 英才 01	2019 年 12 月 4 日	国海证券——厦门英才学校信托受益权资产支持专项计划	厦门英才 2019-1	信托受益权	0. 80	0. 8192
4	165328. SH	19 英才 03	2019 年 12 月 4 日	国海证券——厦门英才学校信托受益权资产支持专项计划	厦门英才 2019-1	信托受益权	1. 00	2. 8192
5	165329. SH	19 英才 04	2019 年 12 月 4 日	国海证券——厦门英才学校信托受益权资产支持专项计划	厦门英才 2019-1	信托受益权	1. 10	3. 8192
6	165327. SH	19 英才 02	2019 年 12 月 4 日	国海证券——厦门英才学校信托受益权资产支持专项计划	厦门英才 2019-1	信托受益权	0. 90	1. 8192
7	138079. SZ	集铁路 05	2019 年 10 月 30 日	集通铁路客运收费收益权绿色资产支持专项计划	集通铁路 2019-1	基础设施收费	1. 05	4. 9863
8	138078. SZ	集铁路 04	2019 年 10 月 30 日	集通铁路客运收费收益权绿色资产支持专项计划	集通铁路 2019-1	基础设施收费	0. 99	3. 9863
9	138083. SZ	集铁路次	2019 年 10 月 30 日	集通铁路客运收费收益权绿色资产支持专项计划	集通铁路 2019-1	基础设施收费	0. 70	8. 4795
10	138082. SZ	集铁路 08	2019 年 10 月 30 日	集通铁路客运收费收益权绿色资产支持专项计划	集通铁路 2019-1	基础设施收费	1. 26	7. 9918
11	138080. SZ	集铁路 06	2019 年 10 月 30 日	集通铁路客运收费收益权绿色资产支持专项计划	集通铁路 2019-1	基础设施收费	1. 11	5. 9863
12	138077. SZ	集铁路 03	2019 年 10 月 30 日	集通铁路客运收费收益权绿色资产支持专项计划	集通铁路 2019-1	基础设施收费	0. 95	2. 9890
13	138076. SZ	集铁路 02	2019 年 10 月 30 日	集通铁路客运收费收益权绿色资产支持专项计划	集通铁路 2019-1	基础设施收费	0. 89	1. 9890
14	138075. SZ	集铁路 01	2019 年 10 月 30 日	集通铁路客运收费收益权绿色资产支持专项计划	集通铁路 2019-1	基础设施收费	0. 84	0. 9836
15	138081. SZ	集铁路 07	2019 年 10 月 30 日	集通铁路客运收费收益权绿色资产支持专项计划	集通铁路 2019-1	基础设施收费	1. 21	6. 9863

续表

序号	代码	债券简称	发行起始日	项目全称	项目简称	基础资产类型	承销金额（亿元）	期限（年）
16	138055.SZ	19 航洋次	2019 年 10 月 22 日	国海证券——航洋城信托受益权资产支持专项计划	航洋城一 2019－1	信托受益权	2.50	10.0082
17	138051.SZ	19 航洋 A7	2019 年 10 月 22 日	国海证券——航洋城信托受益权资产支持专项计划	航洋城一 2019－1	信托受益权	2.50	7.0055
18	138047.SZ	19 航洋 A3	2019 年 10 月 22 日	国海证券——航洋城信托受益权资产支持专项计划	航洋城一 2019－1	信托受益权	1.70	3.0027
19	138054.SZ	19 航洋 10	2019 年 10 月 22 日	国海证券——航洋城信托受益权资产支持专项计划	航洋城一 2019－1	信托受益权	3.20	10.0082
20	138046.SZ	19 航洋 A2	2019 年 10 月 22 日	国海证券——航洋城信托受益权资产支持专项计划	航洋城一 2019－1	信托受益权	1.50	2.0027
21	138052.SZ	19 航洋 A8	2019 年 10 月 22 日	国海证券——航洋城信托受益权资产支持专项计划	航洋城一 2019－1	信托受益权	2.70	8.0055
22	138050.SZ	19 航洋 A6	2019 年 10 月 22 日	国海证券——航洋城信托受益权资产支持专项计划	航洋城一 2019－1	信托受益权	2.20	6.0055
23	138049.SZ	19 航洋 A5	2019 年 10 月 22 日	国海证券——航洋城信托受益权资产支持专项计划	航洋城一 2019－1	信托受益权	2.10	5.0055
24	138048.SZ	19 航洋 A4	2019 年 10 月 22 日	国海证券——航洋城信托受益权资产支持专项计划	航洋城一 2019－1	信托受益权	1.90	4.0027
25	138045.SZ	19 航洋 A1	2019 年 10 月 22 日	国海证券——航洋城信托受益权资产支持专项计划	航洋城一 2019－1	信托受益权	1.30	1.0027
26	138053.SZ	19 航洋 A9	2019 年 10 月 22 日	国海证券——航洋城信托受益权资产支持专项计划	航洋城一 2019－1	信托受益权	2.90	9.0082
27	159628.SH	19 广租次	2019 年 8 月 8 日	国海证券——广西租赁第二期资产支持专项计划	国海广租 2019－2	租赁租金	0.41	4.8630
28	159627.SH	19 广租 03	2019 年 8 月 8 日	国海证券——广西租赁第二期资产支持专项计划	国海广租 2019－2	租赁租金	1.88	2.6082
29	159625.SH	19 广租 01	2019 年 8 月 8 日	国海证券——广西租赁第二期资产支持专项计划	国海广租 2019－2	租赁租金	2.76	0.6082
30	159626.SH	19 广租 02	2019 年 8 月 8 日	国海证券——广西租赁第二期资产支持专项计划	国海广租 2019－2	租赁租金	3.09	1.6082

资料来源：Wind 资讯。

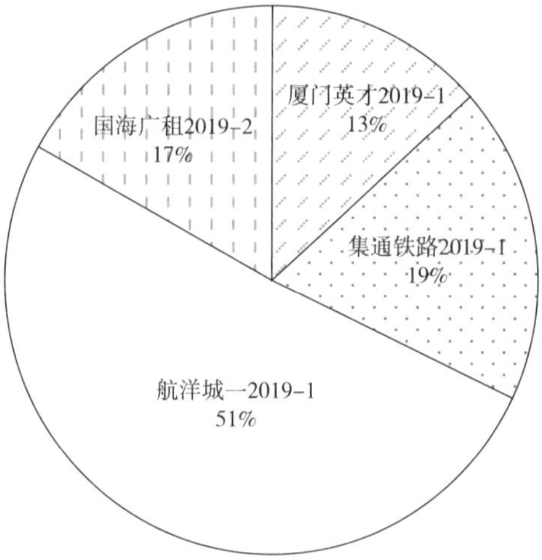

图 2－52　2019 年国海证券有限公司承销资产支持证券化项目的规模结构

（资料来源：根据 Wind 资讯绘制）

3. 其他机构发行或承销广西资产支持证券的概况

2019 年国海证券以外的其他机构承销广西 6 家机构、总发行金额 38.5863 亿元的资产支持证券，如表 2－36 所示。其中，桂林银行股份有限公司发行金聚 2019 年第一期信贷资产支持证券，发行金额是 16.9463 亿元，在 6 家机构当中排名第一；贺州公共交通有限公司发行联储证券——贺州公共交通收费收益权绿色资产支持专项计划，发行金额是 0.6 亿元，在 6 家机构当中排名最后。广西这 6 家机构发行资产支持证券的金额平均数是 6.4311 亿元，标准差是 5.8230 亿元，变异系数是 90.54%。

2019 年广西机构主要通过证券交易所发行资产支持证券。2019 年国海证券以外的 6 家广西机构当中，有 4 家机构通过上海证券交易所发行资产支持证券，占比 66.67%；有 1 家机构通过深圳证券交易所发行资产支持证券，占比 16.67%；有 1 家机构通过银行间债券市场发行资产支持证券，占比 16.67%。

企业贷款是 2019 年广西资产支持证券的主要基础资产。2019 年国海证券以外的 6 家广西机构当中，桂林银行股份有限公司以企业贷款为基础资产，发行金额为 16.9463 亿元的资产支持证券，占比 43.92%；南宁市新发展小额贷款有限公司等 3 家机构以企业债权为基础资产，发行金额为 7.44 亿元的资产支持证券，占比 19.28%；广西柳州市东城投资开发集团有限公司与柳州东城安居置业开发有限公司以信托受益权为基础资产，发行金额为 7.2 亿元的资产支持证券，占比 18.66%；广西西江集团投资股份有限公司以应收账款为基础资产，发行金额为 7 亿元的资产支持证券，占比 18.14%。

2019 年广西机构发行资产支持证券普遍采用内部信用增级，而较少采用外部信用增级。2019 年国海证券以外的 6 家广西机构全都使用内部信用增级，但是仅有柳州市柳东新区保障房信托受益权资产支持专项计划采用了外部信用增级，它是广西辖区第一例保障房资产支持专项计划。

表2－36　2019年国海证券以外的其他机构发行或者承销广西资产支持证券的概况

序号	子债券代码	项目名称	发行截止日期	发行金额（亿元）	市场分类	基础资产类型	流通场所	是否有内部信用增级	是否有外部信用增级	发起机构/原始权益人	发行机构/计划管理人	主承销商
1	1989557. IB	金聚2019年第一期信贷资产支持证券	2019年12月19日	16.9463	信贷CLO	企业贷款	银行间债券市场	是	否	桂林银行股份有限公司	交银国际信托有限公司	国泰君安证券股份有限公司、交通银行股份有限公司、华泰证券股份有限公司
2	138238. SZ	兴银——华金新发展小贷扶贫资产支持专项计划	2019年12月10日	1.7	企业ABS	企业债权	深圳证券交易所	是	—	南宁市新发展小额贷款有限公司	华金证券股份有限公司	华金证券股份有限公司
3	159691. SH	联储证券——贺州公共交通收费收益权绿色资产支持专项计划	2019年8月20日	0.6	企业ABS	企业债权	上海证券交易所	是	—	贺州公共交通有限公司	联储证券有限责任公司	联储证券有限责任公司
4	159679. SH	农银穗盈．申万宏源．桂林交投公交票款资产支持专项计划	2019年8月20日	5.14	企业ABS	企业债权	上海证券交易所	是	—	桂林市交通投资控股集团有限公司	申万宏源证券有限公司	申万宏源证券有限公司
5	159453. SH	柳州市柳东新区保障房信托受益权资产支持专项计划	2019年6月28日	7.2	企业ABS	信托受益权	上海证券交易所	是	是	广西柳州市东城投资开发集团有限公司、柳州东城安居置业开发有限公司	申港证券股份有限公司	申港证券股份有限公司
6	156815. SH	西江股份电力上网收费权绿色资产支持专项计划	2019年2月27日	7	企业ABS	应收账款	上海证券交易所	是	否	广西西江集团投资股份有限公司	长江证券（上海）资产管理有限公司	长江证券股份有限公司

资料来源：Wind资讯。

（二）可转债市场发展概况

广西辖区发行可转债的企业数量很少，而且发行规模也较小。2019 年底未到期的可转债券仅有 2 只，余额总计为 4.4 亿元。它们分别是在深圳证券交易所挂牌交易的“2018 年广西博世科环保科技股份有限公司可转换公司债券”（简称“博世转债”）和在广西北部湾产权交易所挂牌交易的“广西新胜利国际贸易有限公司 2018 年可转换债券”（简称“胜利转债”）。“博世转债”的余额是 4.3 亿元，采用累进利率计息，利率变动区间为 0.4% 至 2%，每年付息一次。“胜利转债”的余额是 0.1 亿元，采用固定利率计息，利率为 8.1%，每年付息 4 次。

七、广西证券公司发展概况

（一）广西辖区内证券公司总部

1. 辖区内证券公司总部的发展概况①

广西辖区内的证券公司总部数量非常少。截至 2019 年末，总部设在广西的证券公司只有国海证券股份有限公司。其前身是 1988 年成立的广西证券公司。2001 年，该公司增资扩股，并改名为国海证券有限责任公司。2011 年 8 月，国海证券有限责任公司借壳桂林集琦药业股份有限公司，完成在 A 股市场上市。股票代码为 000750。至此，国海证券有限责任公司不仅成为广西唯一的本土上市金融机构，而且也成为国内第 16 家上市证券公司。

国海证券有限责任公司成功借壳上市之后发展迅速。截至 2018 年末，国海证券有限责任公司的总股本达到 42.16 亿元，总资产、净资产和净资本分别达到 631.67 亿元、140.42 亿元和 159.33 亿元。国海证券有限责任公司共有 3 家控股子公司、16 家分公司、129 家证券营业部，分布在广西、广东、浙江等全国 20 个省级行政区。国海证券有限责任公司不仅在 2004 年 11 月控股国海富兰克林基金管理有限公司，在 2009 年 2 月控股国海良时期货有限公司，而且在 2012 年 1 月全资设立国海创新资本投资管理有限公司。其中，国海证券有限责任公司的控股子公司国海良时期货有限公司在 2018 年末总共拥有 31 家期货分支机构，证券期货分支机构分布于浙江、广西、广东等全国 21 个省级行政区。

表 2-37　国海证券有限责任公司控股的子公司

序号	公司名称	公司地址	公司主页
1	国海富兰克林基金管理有限公司	上海市浦东世纪大道 8 号上海国金中心二期 9 层	http：//www.ftsfund.com/

① 资料来源：国海证券公司网站，http：//www.ghzq.com.cn/views/list.html？tab1 = 181122000004&tab2 = 190102004413。

续表

序号	公司名称	公司地址	公司主页
2	国海良时期货有限公司	杭州市河东路91号	http：//www. ghlsqh. com. cn/
3	国海创新资本投资管理有限公司	深圳市福田区竹子林四路光大银行大厦3楼	http：//www. ghcxzb. com/

资料来源：国海证券公司网站，http：//www. ghzq. com. cn/views/company. html。

国海证券有限责任公司的经营范围比较广。截至2018年末，国海证券有限责任公司的经营范围包括：证券经纪、证券自营、融资融券、证券资产管理、证券承销与保荐、证券投资基金代销、金融产品供销、证券投资咨询、为期货公司提供中间介绍业务以及与证券交易、证券投资活动有关的财务顾问等。

国海证券有限责任公司的业务资格比较全面。截至2018年末，国海证券有限责任公司已经取得的业务资格包括：证券业务外汇经营资格、网上证券委托业务资格、全国银行间同业拆借市场成员资格、国债承销业务资格、中国证券登记结算有限责任公司参与人资格、增值电信业务资格、全国中小企业股份转让系统主办券商业务资格、保险兼业代理业务资格、代理证券质押登记业务资格、约定购回式证券交易业务资格、股票质押式回购交易资格、私募基金综合托管资格、港股通资格、期权结算业务资格、客户资金消费支付服务、上海证券交易所股票期权交易参与人、互联网证券业务试点、受托保险业务资格、银行间债券市场尝试做市业务权限、上海证券交易所股票期权自营交易权限、深港通下港股通业务交易权限等。

在“十三五”期间，国海证券有限责任公司着力打造零售财富管理、机构和企业综合金融服务两大业务板块，加快培育资产管理、销售交易、网络金融和研究业务四个平台，努力将战略管理、合规风控、财务管理、人力资源四个方面统一起来。

2. 辖区证券公司总部旗下控股子公司的发展概况①

国海证券是总部设在广西辖区的唯一证券公司。国海证券旗下控股子公司共有3家，分别是国海富兰克林基金管理有限公司、国海良时期货有限公司、国海创新资本投资管理有限公司。

子公司1：国海富兰克林基金管理有限公司成立于2004年，是由国海证券和富兰克林邓普顿投资集团的全资子公司邓普顿国际股份有限公司共同出资组建的中外合资基金公司，注册资本2.2亿元人民币，公司和外方分别持股51%和49%。公司主营业务为基金募集、基金销售、资产管理等，拥有基金管理资格、从事特定客户资产管理业务资格、作为合格境内投资者从事境外证券投资管理业务资格、受托管理保险资金资格，是获得中国证监会全牌照的31家基金公司之一。富兰克林邓普顿投资集团是世界知名的基金管理公司，在全球市场上有超过70年的投资管理经验。基金公司引进富兰克林邓普顿投资集团享誉全球的投资机制、研究平台和风险控制体系，借助国海证券综合业务优势，融

① 资料来源：国海证券公司网站，http：//www. ghzq. com. cn/views/company. html。

合中外股东双方先进的经营管理模式，融汇全球视野和本土经验，力争成为国内一流的基金管理公司。近年来，公司投资管理能力不断提升，2018 年荣获中国证券报主办第十五届中国基金业金牛奖评选的“金牛进取奖”“最受信赖金牛基金管理公司”，上海证券报主办的第十五届金基金奖评选“金基金·成长基金管理公司”奖。

子公司 2：国海良时期货成立于 1996 年，注册资本 5 亿元人民币，前身为浙江良时期货经纪有限公司，2009 年增资扩股更名为国海良时期货有限公司。公司具备券商和现货双重背景，控股股东为国海证券股份有限公司（持有 83.84% 股权），第二大股东为浙江省粮食集团有限公司。公司主营业务为商品期货经纪、金融期货经纪、期货投资咨询、资产管理，分类监管评级为 A 类 A 级。公司是中国期货业协会首届理事单位，郑州商品交易所第一、三、四、五届理事单位；是郑州商品交易所、大连商品交易所、上海期货交易所会员、上海国际能源交易中心会员、中国金融期货交易所交易结算会员，可代理国内所有上市期货品种的交易、结算及交割。2009 年增资扩股以来，公司业务规模快速增长，代理成交金额增长了 12 倍；市场份额增长了近 1 倍；日均客户权益增长 3 倍；网点规模增加 3 倍，在上海、广西、广东、江苏等 12 个省级区域设立 31 家分支机构。在期货经纪业务规模快速增长的同时，近年来公司相继取得期货投资咨询、资产管理、股票期权经纪、自有资金进入银行间债券市场交易等业务资格，全资设立 1 家风险管理子公司国海良时资本管理有限公司，主要从事仓单服务、合作套保、定价服务、基差交易和做市业务等与风险管理服务相关的业务，为现货企业、金融机构、投资机构以及高净值客户提供风险管理相关的业务，初步实现了期货向期权、场内向场外、线下向线上三大突破，由单一的期货经纪业务服务商向综合金融服务提供商转型。

子公司 3：国海创新资本投资管理有限公司成立于 2012 年，注册资本 10 亿元人民币，是经中国证监会批准专业从事私募股权投资业务的金融投资管理机构，主营业务是通过发起设立私募投资基金进行股权投资，并为客户提供相关的财务顾问、资产管理等服务。国海创新资本投资管理有限公司致力于成为以股权投资为核心的一流私募资产管理机构，为基金客户提供全方位的资产配置服务，同时为所投资企业提供管理、财务、法律、资本运作等综合一体化增值服务。国海创新资本围绕“健康生活、科技创新”两条主线，聚焦信息技术、先进制造、大消费、健康医疗、节能环保等国家重点鼓励发展领域，以成长期及成熟期项目投资为主、早期项目投资为辅进行整体资产配置，投资方式包括 VC、PE、夹层融资、上市公司大宗交易等。截至 2018 年末，国海创新资本发起设立并管理包括成长期股权投资基金、行业主题投资基金、夹层并购基金等不同类型的 11 只投资基金，合计管理资产规模已突破 150 亿元，累计投资 50 余家优秀企业，培养了一批行业领导品牌。其中，投资的“独角兽”企业极光大数据、行业龙头企业康龙化成分别于 2018 年 7 月和 2019 年 1 月在美国纳斯达克和 A 股市场上市，实现投资项目境内外上市零的突破。

（二）广西辖区证券公司总部在国内的市场地位

1. 净资本

国海证券的净资本规模在国内上市证券公司的排名比较靠后，并且调整速度相对较慢。2016 年 6 月和 2019 年 6 月，在剔除缺失数据的东兴证券、华西证券、天风证券之后，国内 31 家上市证券公司的净资本及其年均增长率如表 2－38 和图 2－53 所示。其中，中信证券是净资本规模最大的国内上市证券公司。2019 年 6 月，该公司的净资本为 951.60 亿元。第一创业是净资本规模最小的国内上市证券公司。2019 年 6 月，该公司的净资本为 64.77 亿元。华泰证券是净资本增幅最大的国内上市证券公司，从 2016 年 6 月的 437.55 亿元增加至 2019 年 6 月的 694.59 亿元，增幅为 257.04 亿元。浙商证券是净资本增长速度最快的国内上市证券公司，2016 年 6 月至 2019 年 6 月净资本年均增速为 30.00%。太平洋证券是净资本增长速度最慢的国内上市证券公司，2016 年 6 月至 2019 年 6 月净资本年均增速为－3.07%。2019 年 6 月，国海证券的净资本规模是 134.88 亿元，在国内上市证券公司的排名是第 22 位，净资本规模相当于中信证券净资本规模的 14.17%，或者相当于第一创业净资本规模的 208.26%。从 2016 年 6 月至 2019 年 6 月，国海证券的净资本规模增幅从 134.64 亿元调整至 134.88 亿元，净资本规模增幅只有 0.24 亿元，增幅在国内上市证券公司的排名是第 26 位。同期，国海证券的净资本规模年均增长率是 0.06%，年均增长率在国内上市证券公司的排名是第 26 位。

表 2－38　国内上市证券公司的净资本及其增长率

序号	上市证券公司	净资本（亿元）		年均增长率（%）
		2016 年 6 月	2019 年 6 月	
1	长江证券	120.81	229.57	23.86
2	财通证券	99.32	153.64	15.65
3	第一创业	64.28	64.77	0.25
4	东北证券	107.61	127.93	5.93
5	东方证券	224.36	444.17	25.57
6	东吴证券	159.82	151.85	－1.69
7	方正证券	177.49	174.44	－0.58
8	光大证券	330.48	361.63	3.05
9	广发证券	528.93	639.23	6.52
10	国海证券	134.64	134.88	0.06
11	国金证券	152.17	169.83	3.73
12	国泰君安	671.05	804.24	6.22
13	国信证券	350.51	402.79	4.74
14	国元证券	106.15	159.65	14.57
15	海通证券	772.72	715.81	－2.52

续表

序号	上市证券公司	净资本（亿元）		年均增长率（%）
		2016年6月	2019年6月	
16	华安证券	48.68	104.70	29.08
17	华泰证券	437.55	694.59	16.65
18	南京证券	72.08	84.46	5.43
19	山西证券	77.70	91.99	5.79
20	申万宏源	388.67	606.40	15.98
21	太平洋	107.22	97.64	-3.07
22	西部证券	113.49	158.21	11.71
23	西南证券	137.81	129.01	-2.18
24	兴业证券	198.29	279.52	12.13
25	长城证券	107.76	125.99	5.35
26	招商证券	339.01	481.73	12.43
27	浙商证券	62.37	137.04	30.00
28	中国银河	464.34	676.25	13.35
29	中信建投	281.33	482.89	19.73
30	中信证券	879.14	951.60	2.68
31	中原证券	63.22	67.75	2.33

资料来源：Wind资讯。剔除缺失数据的一部分上市证券公司。

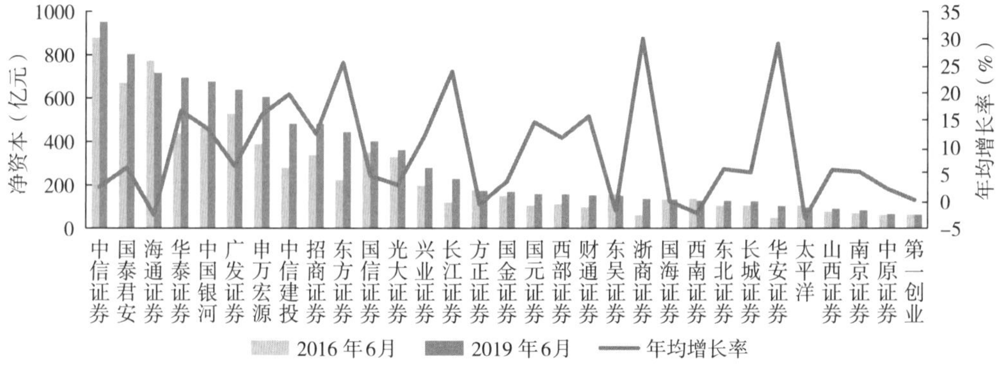

图2-53 国内上市证券公司的净资本

（资料来源：Wind资讯。剔除数据缺失的一部分上市证券公司）

2. 净资本负债率

国海证券的净资本负债率在国内上市证券公司的排名比较靠后，并且调整速度相对较慢。2017年12月至2019年6月，在剔除缺失数据的东兴证券、华西证券、天风证券之后，国内31家上市证券公司的净资本负债率及其增加幅度如表2-39和图2-54所示。其中，国金证券是净资本负债率最高的国内上市证券公司。2019年6月，该公司的净资本负债率达到93.36%。招商证券是净资本负债率最低的国内上市证券公司。2019年6月，该公司的净资本负债率仅有25.06%。西部证券是净资本负债率增加幅度最大的国内上市证券公司，从2017年12月的76.33%增加至2019年6月的82.76%，增加幅度是6.43个百分点。国金证券是净资本负债率增加幅度最小的国内上市证券公司，从2017年12月的142.04%减少至2019年6月的93.36%，减少幅度是48.68个百分点。2019年6月，国海证券的净资本负债率是31.41%，在国内上市证券公司的排名是第25位，比国金证券的净资本负债率低61.95个百分点，比招商证券的净资本负债率高6.35个百分点。从2017年12月至2019年6月，国海证券的净资本负债率从36.55%调整至31.41%，净资本负债率减少5.14个百分点，降幅在国内上市证券公司的排名是第18位。

表2-39　国内上市证券公司的净资本负债率

序号	上市证券公司	净资本负债率（%）		增加幅度（%）
		2017年12月	2019年6月	
1	长江证券	40.02	44.75	4.73
2	财通证券	66.44	59.66	-6.78
3	第一创业	41.43	36.91	-4.52
4	东北证券	43.63	31.39	-12.24
5	东方证券	32.90	31.23	-1.67
6	东吴证券	45.56	33.44	-12.12
7	方正证券	43.03	26.25	-16.78
8	光大证券	37.47	42.88	5.41
9	广发证券	38.95	31.92	-7.03
10	国海证券	36.55	31.41	-5.14
11	国金证券	142.04	93.36	-48.68
12	国泰君安	63.04	38.61	-24.43
13	国信证券	47.09	34.36	-12.73
14	国元证券	70.63	52.42	-18.21
15	海通证券	50.16	42.58	-7.58
16	华安证券	65.40	55.82	-9.58
17	华泰证券	29.75	34.33	4.58
18	南京证券	110.97	70.93	-40.04
19	山西证券	31.32	26.39	-4.93
20	申万宏源	34.39	33.40	-0.99
21	太平洋	48.23	51.02	2.79
22	西部证券	76.33	82.76	6.43
23	西南证券	52.24	34.41	-17.83
24	兴业证券	42.32	39.43	-2.89

续表

序号	上市证券公司	净资本负债率（%）		增加幅度（%）
		2017年12月	2019年6月	
25	长城证券	61.19	48.48	-12.71
26	招商证券	38.10	25.06	-13.04
27	浙商证券	49.73	39.65	-10.08
28	中国银河	43.74	47.80	4.06
29	中信建投	34.71	35.96	1.25
30	中信证券	29.49	26.95	-2.54
31	中原证券	42.27	31.65	-10.62

资料来源：Wind资讯。剔除缺失数据的一部分上市证券公司。

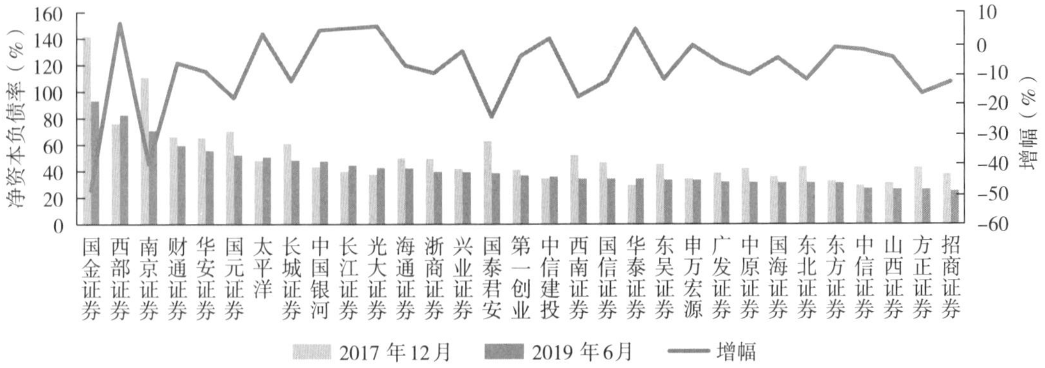

图2-54 国内上市证券公司的净资本负债率的变动

（资料来源：Wind资讯。剔除数据缺失的一部分上市证券公司）

3. 净资本/各项风险准备

国海证券的净资本/各项风险准备的比率数值在国内上市证券公司的排名比较靠后，并且调整速度相对较快。2017年12月至2019年6月，在剔除缺失数据的东兴证券、华西证券、天风证券之后，国内31家上市证券公司的净资本/各项风险准备的比率数值及其增加幅度如表2-40和图2-55所示。其中，南京证券是净资本/各项风险准备的比率数值最高的国内上市证券公司。2019年6月，该公司的净资本/各项风险准备的比率数值达到378.82%。东北证券是净资本/各项风险准备的比率数值最低的国内上市证券公司。2019年6月，该公司的净资本/各项风险准备的比率数值达到168.44%。中国银河是净资本/各项风险准备的比率数值增加幅度最大的国内上市证券公司，从2017年12月的242.39%增加至2019年6月的376.42%，增加幅度是134.03个百分点。中原证券是净资本/各项风险准备的比率数值增加幅度最小的国内上市证券公司，从2017年12月的369.95%减少至2019年6月的249.43%，减少幅度是120.52个百分点。2019年6月，国海证券的净资本/各项风险准备的比率数值是247.05%，在国内上市证券公司的排名是第22位，比南京证券的净资本/各项风险准备的比率数值低156.21个百分点，比东北证券的净资本/各项风险准备的比率数值高 54.17 个百分点。从 2017 年 12 月至 2019 年 6 月，国海证券的净资本/各项风险准备的比率数值从 247.05% 调整至 222.61%，净资本/各项风险准备的比率数值减少 24.44 个百分点，降幅在国内上市证券公司的排名是第 12 位。

表 2-40　国内上市证券公司的净资本/各项风险准备

序号	上市证券公司	净资本/各项风险准备（%）		增加幅度（%）
		2017 年 12 月	2019 年 6 月	
1	长江证券	242.61	215.90	-26.71
2	财通证券	293.70	343.61	49.91
3	第一创业	147.04	174.80	27.76
4	东北证券	200.09	168.44	-31.65
5	东方证券	290.25	292.57	2.32
6	东吴证券	225.09	176.79	-48.30
7	方正证券	177.89	190.93	13.04
8	光大证券	267.89	283.70	15.81
9	广发证券	248.78	257.20	8.42
10	国海证券	247.05	222.61	-24.44
11	国金证券	397.27	341.77	-55.50
12	国泰君安	312.79	272.37	-40.42
13	国信证券	232.81	215.58	-17.23
14	国元证券	367.30	255.52	-111.78
15	海通证券	249.31	236.07	-13.24
16	华安证券	311.87	336.40	24.53
17	华泰证券	193.75	257.56	63.81
18	南京证券	442.58	378.82	-63.76
19	山西证券	214.37	221.50	7.13
20	申万宏源	215.06	251.66	36.60
21	太平洋	278.04	232.78	-45.26
22	西部证券	290.12	334.23	44.11
23	西南证券	211.53	239.61	28.08
24	兴业证券	206.30	244.84	38.54
25	长城证券	182.59	200.45	17.86
26	招商证券	300.01	252.39	-47.62
27	浙商证券	329.96	289.08	-40.88
28	中国银河	242.39	376.42	134.03
29	中信建投	217.63	260.88	43.25

续表

序号	上市证券公司	净资本/各项风险准备（%）		增加幅度（%）
		2017 年 12 月	2019 年 6 月	
30	中信证券	166.31	174.79	8.48
31	中原证券	369.95	249.43	-120.52

资料来源：Wind 资讯。剔除缺失数据的一部分上市证券公司。

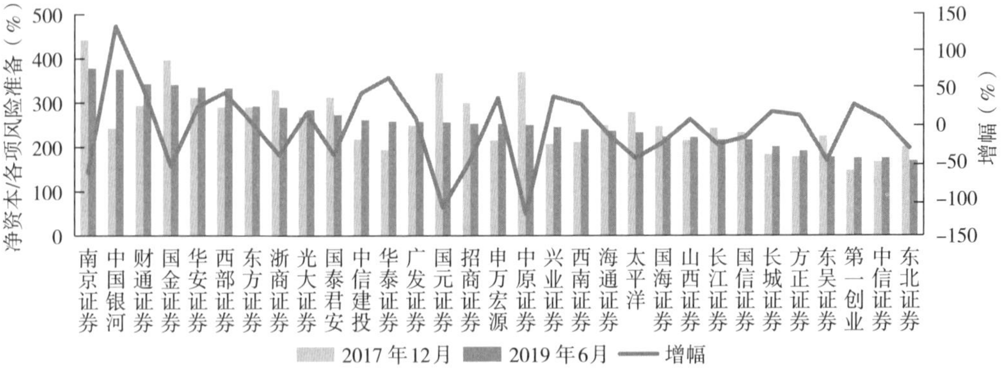

图 2-55　国内上市证券公司的净资本与各项风险准备比率

（资料来源：Wind 资讯。剔除数据缺失的一部分上市证券公司）

4. 净资本/净资产

国海证券的净资本/净资产的比率数值在国内上市证券公司的排名比较靠前，并且调整速度相对较慢。2017 年 12 月至 2019 年 6 月，在剔除缺失数据的东兴证券、华西证券、天风证券之后，国内 31 家上市证券公司的净资本/净资产的比率数值及其增加幅度如表 2-41和图 2-56 所示。其中，浙商证券是净资本/净资产的比率数值最高的国内上市证券公司。2019 年 6 月，该公司的净资本/净资产的比率数值达到 106.68%。方正证券是净资本/净资产的比率数值最低的国内上市证券公司。2019 年 6 月，该公司的净资本/净资产的比率数值仅有 46.00%。中国银河是净资本/净资产的比率数值增加幅度最大的国内上市证券公司，从 2017 年 12 月的 80.30% 增加至 2019 年 6 月的 102.02%，增加幅度是 21.72 个百分点。兴业证券是净资本/净资产的比率数值增加幅度最小的国内上市证券公司，从 2017 年 12 月的 111.72% 减少至 2019 年 6 月的 88.43%，减少幅度是 23.29 个百分点。2019 年 6 月，国海证券的净资本/净资产的比率数值是 100.44%，在国内上市证券公司的排名是第 4 位，比浙商证券的净资本/净资产的比率数值低 6.24 个百分点，比招商证券的净资本/净资产的比率数值高 54.44 个百分点。从 2017 年 12 月至 2019 年 6 月，国海证券的净资本/净资产的比率数值从 109.39% 调整至 100.44%，净资本/净资产的比率数值减少 8.95 个百分点，降幅在国内上市证券公司的排名是第 9 位。

表2-41　国内上市证券公司的净资本/净资产

序号	上市证券公司	净资本/净资产（%）		增加幅度（%）
		2017年12月	2019年6月	
1	长江证券	93.74	86.45	-7.29
2	财通证券	84.10	80.15	-3.95
3	第一创业	78.02	74.96	-3.06
4	东北证券	90.95	89.13	-1.82
5	东方证券	87.49	90.83	3.34
6	东吴证券	93.66	75.53	-18.13
7	方正证券	65.95	46.00	-19.95
8	光大证券	67.50	74.03	6.53
9	广发证券	83.79	80.57	-3.22
10	国海证券	109.39	100.44	-8.95
11	国金证券	86.12	85.88	-0.24
12	国泰君安	86.23	68.63	-17.60
13	国信证券	87.70	76.13	-11.57
14	国元证券	72.54	68.54	-4.00
15	海通证券	70.46	64.43	-6.03
16	华安证券	75.32	84.83	9.51
17	华泰证券	59.41	64.71	5.30
18	南京证券	79.57	79.28	-0.29
19	山西证券	62.49	74.54	12.05
20	申万宏源	102.53	89.08	-13.45
21	太平洋	118.45	95.45	-23.00
22	西部证券	89.17	88.57	-0.60
23	西南证券	75.06	69.00	-6.06
24	兴业证券	111.72	88.43	-23.29
25	长城证券	77.94	77.41	-0.53
26	招商证券	72.07	63.23	-8.84
27	浙商证券	99.75	106.68	6.93
28	中国银河	80.30	102.02	21.72
29	中信建投	87.18	102.37	15.19
30	中信证券	70.37	75.21	4.84
31	中原证券	77.86	68.78	-9.08

资料来源：Wind资讯。剔除缺失数据的一部分上市证券公司。

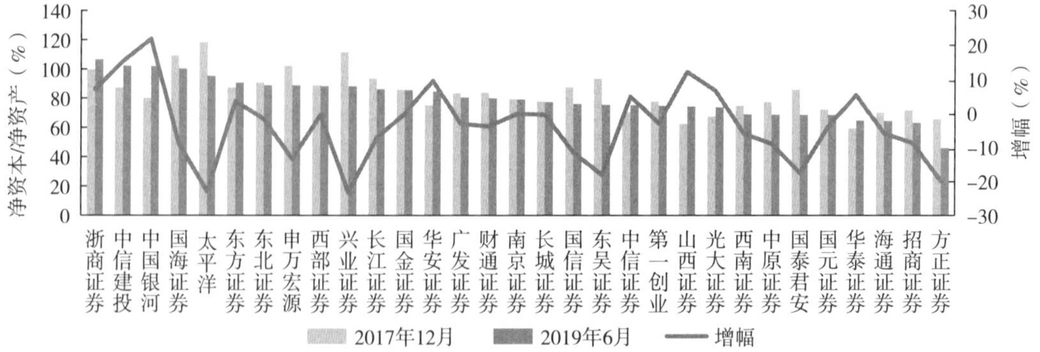

图 2-56 国内上市证券公司的净资本与净资产比率

（资料来源：Wind 资讯。剔除数据缺失的一部分上市证券公司）

5. 自营权益类证券及证券衍生品/净资本

国海证券的自营权益类证券及证券衍生品/净资本的比率数值在国内上市证券公司的排名比较靠后，并且调整速度相对较慢。2017 年 12 月至 2019 年 6 月，在剔除缺失数据的东兴证券、华西证券、天风证券之后，国内 31 家上市证券公司的自营权益类证券及证券衍生品/净资本的比率数值及其增加幅度如表 2-42 和图 2-57 所示。其中，国泰君安是自营权益类证券及证券衍生品/净资本的比率数值最高的国内上市证券公司。2019 年 6 月，该公司的自营权益类证券及证券衍生品/净资本的比率数值达到 45.48%。国海证券是净资本负债率最低的国内上市证券公司。2019 年 6 月，该公司的自营权益类证券及证券衍生品/净资本的比率数值仅有 2.27%。国泰君安是自营权益类证券及证券衍生品/净资本的比率数值增加幅度最大的国内上市证券公司，从 2017 年 12 月的 27.92% 增加至 2019 年 6 月的 45.48%，增加幅度是 17.56 个百分点。华泰证券是自营权益类证券及证券衍生品/净资本的比率数值增加幅度最小的国内上市证券公司，从 2017 年 12 月的 60.50% 减少至 2019 年 6 月的 36.75%，减少幅度是 23.75 个百分点。2019 年 6 月，国海证券的自营权益类证券及证券衍生品/净资本的比率数值是 2.27%，在国内上市证券公司的排名是第 31 位，比国泰君安的自营权益类证券及证券衍生品/净资本的比率数值低 43.21 个百分点。从 2017 年 12 月至 2019 年 6 月，国海证券的自营权益类证券及证券衍生品/净资本的比率数值从 7.72% 调整至 2.27%，自营权益类证券及证券衍生品/净资本的比率数值减少 5.45 个百分点，降幅在国内上市证券公司的排名是第 8 位。

表 2-42 国内上市证券公司的自营权益类证券及证券衍生品/净资本

序号	上市证券公司	自营权益类证券及证券衍生品/净资本（%）		增加幅度（%）
		2017 年 12 月	2019 年 6 月	
1	长江证券	25.98	21.96	-4.02
2	财通证券	8.75	5.11	-3.64
3	第一创业	5.93	5.54	-0.39
4	东北证券	26.33	21.56	-4.77

续表

序号	上市证券公司	自营权益类证券及证券衍生品/净资本（%）		增加幅度（%）
		2017 年 12 月	2019 年 6 月	
5	东方证券	39.97	25.34	-14.63
6	东吴证券	23.16	36.56	13.40
7	方正证券	35.10	39.37	4.27
8	光大证券	28.90	25.32	-3.58
9	广发证券	35.07	25.11	-9.96
10	国海证券	7.72	2.27	-5.45
11	国金证券	18.89	20.73	1.84
12	国泰君安	27.92	45.48	17.56
13	国信证券	40.93	33.22	-7.71
14	国元证券	8.77	2.79	-5.98
15	海通证券	30.78	32.06	1.28
16	华安证券	7.71	7.80	0.09
17	华泰证券	60.50	36.75	-23.75
18	南京证券	4.11	3.99	-0.12
19	山西证券	13.63	16.60	2.97
20	申万宏源	28.17	25.61	-2.56
21	太平洋	12.86	3.19	-9.67
22	西部证券	6.73	4.72	-2.01
23	西南证券	50.84	45.43	-5.41
24	兴业证券	22.11	24.35	2.24
25	长城证券	13.39	10.84	-2.55
26	招商证券	30.77	27.49	-3.28
27	浙商证券	2.48	3.31	0.83
28	中国银河	32.94	20.91	-12.03
29	中信建投	12.64	11.08	-1.56
30	中信证券	33.23	34.34	1.11
31	中原证券	7.75	4.83	-2.92

资料来源：Wind 资讯。剔除缺失数据的一部分上市证券公司。

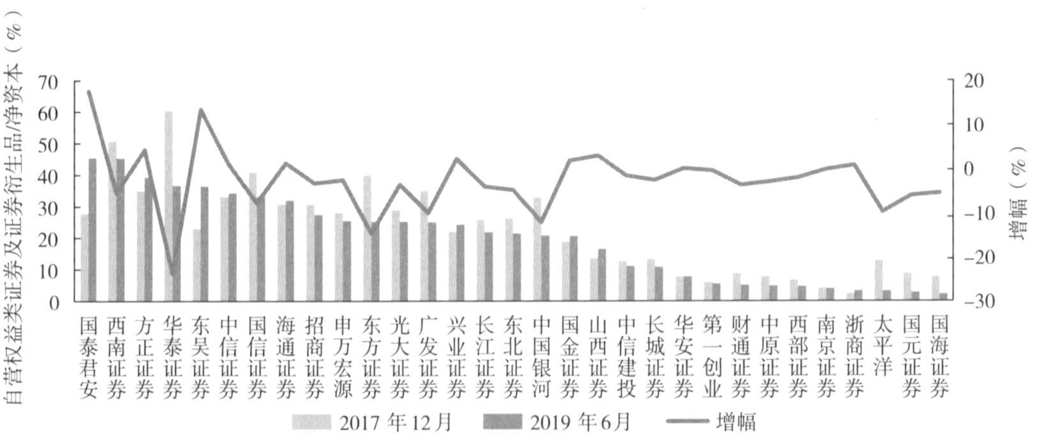

图 2－57　国内上市证券公司的自营权益类证券及证券衍生品与净资本比率

（资料来源：Wind 资讯。剔除数据缺失的一部分上市证券公司）

6. 自营固定收益证券/净资本

国海证券的自营固定收益证券/净资本的比率数值在国内上市证券公司的排名比较靠前，并且调整速度相对较慢。2017 年 12 月至 2018 年 12 月，在剔除缺失数据的东兴证券、华西证券、天风证券之后，国内 31 家上市证券公司的自营固定收益证券/净资本的比率数值及其增加幅度如表 2－43 和图 2－58 所示。其中，山西证券是自营固定收益证券/净资本的比率数值最高的国内上市证券公司。2018 年 12 月，该公司的净资本负债率达到 282.11%。国金证券是自营固定收益证券/净资本的比率数值最低的国内上市证券公司。2018 年 12 月，该公司的净资本负债率仅有 85.53%。山西证券是自营固定收益证券/净资本的比率数值增加幅度最大的国内上市证券公司，从 2017 年 12 月的 143.18% 增加至 2018 年 12 月的 282.11%，增加幅度是 138.93 个百分点。东吴证券是自营固定收益证券/净资本的比率数值增加幅度最小的国内上市证券公司，从 2017 年 12 月的 142.31% 减少至 2018 年 12 月的 129.89%，减少幅度是 12.42 个百分点。2018 年 12 月，国海证券的自营固定收益证券/净资本的比率数值是 231.17%，在国内上市证券公司的排名是第 8 位，比山西证券的自营固定收益证券/净资本的比率数值低 58.23 个百分点，比国金证券的自营固定收益证券/净资本的比率数值高 138.35 个百分点。从 2017 年 12 月至 2018 年 12 月，国海证券的自营固定收益证券/净资本的比率数值从 231.17% 调整至 223.88%，自营固定收益证券/净资本的比率数值减少 7.29 个百分点，降幅在国内上市证券公司中排第 2 位。

表 2－43　国内上市证券公司的自营固定收益证券/净资本

序号	上市证券公司	自营固定收益证券/净资本（%）		增加幅度（%）
		2017 年 12 月	2018 年 12 月	
1	长江证券	116.29	139.53	23.24
2	财通证券	123.32	144.43	21.11

续表

序号	上市证券公司	自营固定收益证券/净资本（%）		增加幅度（%）
		2017 年 12 月	2018 年 12 月	
3	第一创业	167.48	216.63	49.15
4	东北证券	126.19	231.70	105.51
5	东方证券	189.18	254.41	65.23
6	东吴证券	142.31	129.89	-12.42
7	方正证券	119.64	258.44	138.80
8	光大证券	158.82	167.99	9.17
9	广发证券	155.11	240.67	85.56
10	国海证券	231.17	223.88	-7.29
11	国金证券	52.38	85.53	33.15
12	国泰君安	82.27	133.40	51.13
13	国信证券	69.16	175.97	106.81
14	国元证券	67.10	117.18	50.08
15	海通证券	57.72	117.20	59.48
16	华安证券	77.31	166.49	89.18
17	华泰证券	108.16	139.03	30.87
18	南京证券	57.84	94.18	36.34
19	山西证券	143.18	282.11	138.93
20	申万宏源	134.08	172.09	38.01
21	太平洋	111.60	199.83	88.23
22	西部证券	137.81	181.69	43.88
23	西南证券	130.78	208.75	77.97
24	兴业证券	131.05	171.06	40.01
25	长城证券	120.20	178.43	58.23
26	招商证券	148.89	246.47	97.58
27	浙商证券	123.95	146.43	22.48
28	中国银河	96.53	110.94	14.41
29	中信建投	145.12	182.35	37.23
30	中信证券	124.35	230.75	106.40
31	中原证券	127.46	200.75	73.29

资料来源：Wind 资讯。剔除缺失数据的一部分上市证券公司。

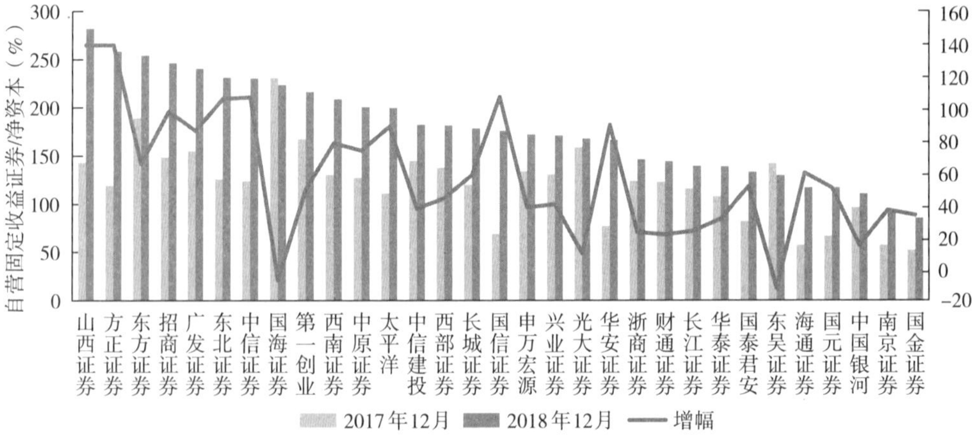

图 2－58　国内上市证券公司的自营固定收益证券/净资本比率

（资料来源：Wind 资讯。剔除数据缺失的一部分上市证券公司）

7. 营业收入

国海证券的营业收入在国内上市证券公司的排名比较靠后。2019 年，国内 34 家上市证券公司的营业收入及占比如表 2－44 和图 2－59 所示。其中，中信证券是营业收入最多的国内上市证券公司。2019 年，该公司营业收入达到 255.77 亿元，占全部上市证券公司营业收入的 10.88%。山西证券是营业收入最少的国内上市证券公司。2019 年，该公司营业收入仅为 16.69 亿元，占全部上市证券公司营业收入的 0.71%。2019 年，国海证券的营业收入是 23.29 亿元，占全部上市证券公司营业收入的 0.99%，在全部上市证券公司当中排名第 29 位。

表 2－44　2019 年国内上市证券公司营业收入及占比

序号	上市证券公司	营业收入（亿元）	占比（%）
1	长江证券	60.9714	2.59
2	财通证券	32.8684	1.40
3	第一创业	17.0455	0.73
4	东北证券	28.5925	1.22
5	东方证券	66.3664	2.82
6	东吴证券	32.6825	1.39
7	东兴证券	34.2447	1.46
8	方正证券	52.8389	2.25
9	光大证券	78.6254	3.35
10	广发证券	136.7595	5.82
11	国海证券	23.2931	0.99
12	国金证券	39.8793	1.70
13	国泰君安	200.5256	8.53

续表

序号	上市证券公司	营业收入（亿元）	占比（%）
14	国信证券	122.3145	5.21
15	国元证券	25.8823	1.10
16	海通证券	149.9479	6.38
17	华安证券	25.8233	1.10
18	华泰证券	142.0205	6.04
19	华西证券	37.0477	1.58
20	南京证券	18.2952	0.78
21	山西证券	16.6884	0.71
22	申万宏源	118.7054	5.05
23	太平洋	17.5827	0.75
24	天风证券	26.9919	1.15
25	西部证券	29.5038	1.26
26	西南证券	31.1674	1.33
27	兴业证券	70.0397	2.98
28	长城证券	30.6264	1.30
29	招商证券	135.5346	5.77
30	浙商证券	28.1613	1.20
31	中国银河	118.4984	5.04
32	中信建投	127.4026	5.42
33	中信证券	255.7687	10.88
34	中原证券	17.1850	0.73
均值		69.11	2.94
标准差		60.07	2.56
变异系数		86.91	86.91

资料来源：Wind 资讯。

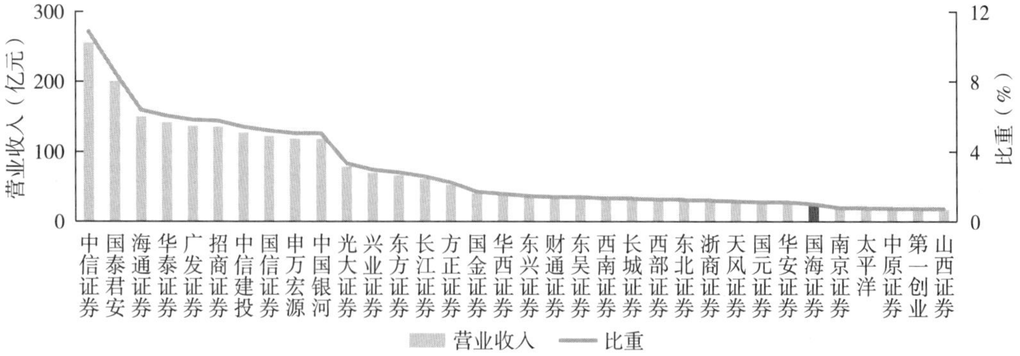

图 2－59　2019 年国内上市证券公司的营业收入及比重

（资料来源：根据 Wind 资讯计算）

8. 净利润

国海证券的净利润在国内上市证券公司的排名比较靠后。2019 年，国内 34 家上市证券公司的净利润及占比如表 2 – 45 和图 2 – 60 所示。其中，中信证券是净利润最多的国内上市证券公司。2019 年，该公司净利润达到 117. 01 亿元，占全部上市证券公司净利润的 12. 78%。中原证券是净利润最少的国内上市证券公司。2019 年，该公司营业收入仅为 3. 24 亿元，占全部上市证券公司净利润的 0. 71%。2019 年，国海证券的净利润是 3. 93 亿元，占全部上市证券公司营业收入的 0. 43%，在全部上市证券公司当中排名第 31 位。另外，与营业收入相比较，国内上市证券公司的净利润波动更大一些。除了营业规模之外，其他因素对净利润的影响也很显著。国海证券的营业收入占比低于净利润占比，意味着国海证券的规模效应低于上市证券公司的平均水平。

表 2 – 45　2019 年国内上市证券公司净利润及其占比

序号	上市证券公司	净利润（亿元）	占比（%）
1	长江证券	22. 3909	2. 45
2	财通证券	13. 0733	1. 43
3	第一创业	3. 8575	0. 42
4	东北证券	7. 7992	0. 85
5	东方证券	24. 7847	2. 71
6	东吴证券	10. 6108	1. 16
7	东兴证券	12. 3296	1. 35
8	方正证券	13. 7273	1. 50
9	光大证券	27. 8073	3. 04
10	广发证券	57. 4869	6. 28
11	国海证券	3. 9329	0. 43
12	国金证券	12. 4905	1. 36
13	国泰君安	89. 1794	9. 74
14	国信证券	48. 6846	5. 32
15	国元证券	5. 8098	0. 63
16	海通证券	69. 4652	7. 59
17	华安证券	10. 0527	1. 10
18	华泰证券	62. 5367	6. 83
19	华西证券	13. 2796	1. 45
20	南京证券	6. 1207	0. 67
21	山西证券	5. 6365	0. 62
22	申万宏源	49. 2956	5. 39
23	太平洋	5. 2379	0. 57
24	天风证券	3. 6911	0. 40

续表

序号	上市证券公司	净利润（亿元）	占比（%）
25	西部证券	7.3885	0.81
26	西南证券	12.6325	1.38
27	兴业证券	18.0951	1.98
28	长城证券	9.0026	0.98
29	招商证券	57.1902	6.25
30	浙商证券	10.3420	1.13
31	中国银河	47.2143	5.16
32	中信建投	53.9721	5.90
33	中信证券	117.0120	12.78
34	中原证券	3.2439	0.35
均值		26.92	2.94
标准差		28.16	3.08
变异系数		104.61	104.61

资料来源：Wind资讯。

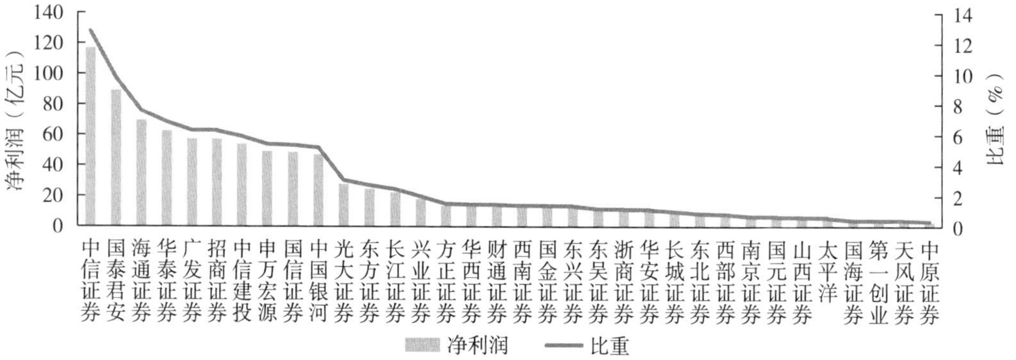

图2-60　2019年国内上市证券公司的净利润及比重

（资料来源：根据Wind资讯计算）

（三）国海富兰克林基金公司发展概况

1. 基金产品与类型

国海富兰克林基金公司的基金产品以中风险的、契约型开放式基金为主，并且偏股混合型基金与灵活配置型基金占比较多。如表2-46和图2-61、图2-62、图2-63所示。截至2019年末，国海富兰克林基金公司在售的公募基金一共有53只。其中，51只基金属于契约型开放式基金，占比96.2%；2只基金属于契约型封闭式基金，占比3.8%。

5只基金属于低风险基金，占比9.4%；9只基金属于中低风险基金，占比17.0%；

38 只基金属于中风险基金，占比 71.7%；1 只基金属于高风险基金，占比 1.9%。

9 只基金属于灵活配置型基金，占比 17.0%；9 只基金属于偏股混合型基金，占比 17.0%；5 只基金属于货币市场型基金，占比 9.4%；5 只基金属于中长期纯债型基金，占比 9.4%；4 只基金属于混合债券型二级基金，占比 7.5%；4 只基金属于增强指数型基金，占比 7.5%；4 只基金属于国际（QDII）混合型基金，占比 7.5%；3 只基金属于普通股票型基金，占比 5.7%；2 只基金属于偏债混合型基金，占比 3.8%；2 只基金属于短期纯债型基金，占比 3.8%；2 只基金属于混合债券型一级基金，占比 3.8%；2 只基金属于国际（QDII）债券型基金，占比 3.8%；1 只基金属于平衡混合型基金，占比 1.9%；1 只基金属于国际（QDII）股票型基金，占比 1.9%。

表 2-46 国海富兰克林基金公司的主要基金产品与类型

序号	基金代码	基金简称	基金风险等级	基金类型	投资类型
1	000065. OF	国富焦点驱动灵活配置	R3-中风险	契约型开放式	灵活配置型基金
2	000203. OF	国富日日收益 A	R1-低风险	契约型开放式	货币市场型基金
3	000204. OF	国富日日收益 B	R1-低风险	契约型开放式	货币市场型基金
4	000351. OF	国富岁岁恒丰 A	R3-中风险	契约型开放式	混合债券型一级基金
5	000352. OF	国富岁岁恒丰 C	R3-中风险	契约型开放式	混合债券型一级基金
6	000761. OF	国富健康优质生活	R3-中风险	契约型开放式	普通股票型基金
7	000934. OF	国富大中华精选人民币	R3-中风险	契约型开放式	国际（QDII）混合型基金
8	001392. OF	国富金融地产 A	R3-中风险	契约型开放式	灵活配置型基金
9	001393. OF	国富金融地产 C	R3-中风险	契约型开放式	灵活配置型基金
10	001605. OF	国富沪港深成长精选	R3-中风险	契约型开放式	普通股票型基金
11	002087. OF	国富新机遇 A	R3-中风险	契约型开放式	灵活配置型基金
12	002088. OF	国富新机遇 C	R3-中风险	契约型开放式	灵活配置型基金
13	002361. OF	国富恒瑞 A	R3-中风险	契约型开放式	混合债券型二级基金
14	002362. OF	国富恒瑞 C	R3-中风险	契约型开放式	混合债券型二级基金
15	003972. OF	国富美元债人民币	R2-中低风险	契约型开放式	国际（QDII）债券型基金
16	003973. OF	国富美元债美元现汇	R2-中低风险	契约型开放式	国际（QDII）债券型基金
17	004120. OF	国富安享	R1-低风险	契约型开放式	货币市场型基金
18	004663. OF	国富日鑫月益 30 天 A	R1-低风险	契约型开放式	货币市场型基金
19	004664. OF	国富日鑫月益 30 天 B	R1-低风险	契约型开放式	货币市场型基金
20	005552. OF	国富新趋势 A	R3-中风险	契约型开放式	灵活配置型基金
21	005553. OF	国富新趋势 C	R3-中风险	契约型开放式	灵活配置型基金
22	005652. OF	国富天颐 A	R3-中风险	契约型开放式	偏债混合型基金
23	005653. OF	国富天颐 C	R3-中风险	契约型开放式	偏债混合型基金

续表

序号	基金代码	基金简称	基金风险等级	基金类型	投资类型
24	005822. OF	国富恒裕6个月	R2-中低风险	契约型开放式	中长期纯债型基金
25	006039. OF	国富估值优势	R3-中风险	契约型开放式	灵活配置型基金
26	006370. OF	国富大中华精选美元	R3-中风险	契约型开放式	国际（QDII）混合型基金
27	006373. OF	国富全球科技互联人民币	R3-中风险	契约型开放式	国际（QDII）混合型基金
28	006374. OF	国富全球科技互联美元现汇	R3-中风险	契约型开放式	国际（QDII）混合型基金
29	006702. OF	国富恒嘉短债A	R2-中低风险	契约型开放式	短期纯债型基金
30	006703. OF	国富恒嘉短债C	R2-中低风险	契约型开放式	短期纯债型基金
31	008515. OF	富兰克林国海基本面优选	R3-中风险	契约型开放式	偏股混合型基金
32	150135. OF	国富中证100指数增强A	R3-中风险	契约型封闭式	增强指数型基金
33	150136. OF	国富中证100指数增强B	R5-高风险	契约型封闭式	增强指数型基金
34	164508. OF	国富中证100指数增强	R3-中风险	契约型开放式	增强指数型基金
35	164509. OF	国富恒利A	R2-中低风险	契约型开放式	中长期纯债型基金
36	164510. OF	国富恒利C	R2-中低风险	契约型开放式	中长期纯债型基金
37	450001. OF	国富中国收益	R3-中风险	契约型开放式	平衡混合型基金
38	450002. OF	国富弹性市值	R3-中风险	契约型开放式	偏股混合型基金
39	450003. OF	国富潜力组合A人民币	R3-中风险	契约型开放式	偏股混合型基金
40	450004. OF	国富深化价值	R3-中风险	契约型开放式	偏股混合型基金
41	450005. OF	国富强化收益A	R3-中风险	契约型开放式	混合债券型二级基金
42	450006. OF	国富强化收益C	R3-中风险	契约型开放式	混合债券型二级基金
43	450007. OF	国富成长动力	R3-中风险	契约型开放式	偏股混合型基金
44	450008. OF	国富沪深300指数增强	R3-中风险	契约型开放式	增强指数型基金
45	450009. OF	国富中小盘	R3-中风险	契约型开放式	普通股票型基金
46	450010. OF	国富策略回报	R3-中风险	契约型开放式	灵活配置型基金
47	450011. OF	国富研究精选	R3-中风险	契约型开放式	偏股混合型基金
48	450018. OF	国富恒久信用A	R2-中低风险	契约型开放式	中长期纯债型基金
49	450019. OF	国富恒久信用C	R2-中低风险	契约型开放式	中长期纯债型基金
50	457001. OF	国富亚洲机会	R3-中风险	契约型开放式	国际（QDII）股票型基金
51	960021. OF	国富潜力组合H人民币	R3-中风险	契约型开放式	偏股混合型基金
52	F450004. OF	国富潜力组合H美元	R3-中风险	契约型开放式	偏股混合型基金
53	F450005. OF	国富潜力组合H港元	R3-中风险	契约型开放式	偏股混合型基金

资料来源：Wind资讯。

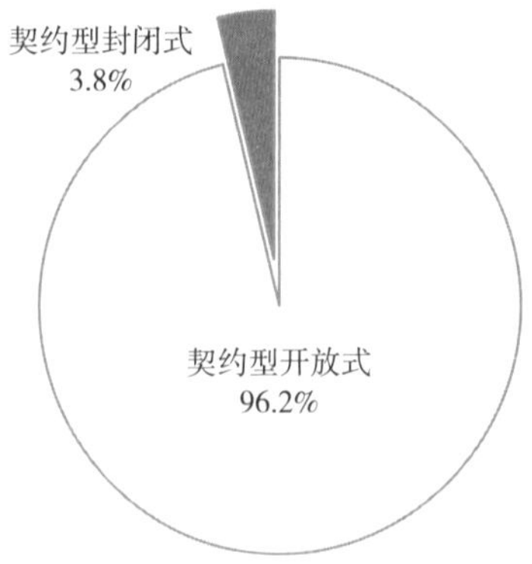

图 2-61　国海富兰克林基金公司的主要基金产品类型

（资料来源：根据 Wind 资讯数据绘制）

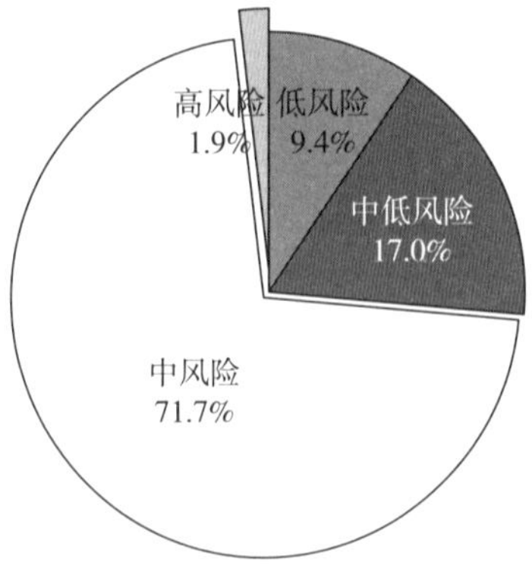

图 2-62　国海富兰克林基金公司发行基金的风险类型

（资料来源：根据 Wind 资讯数据绘制）

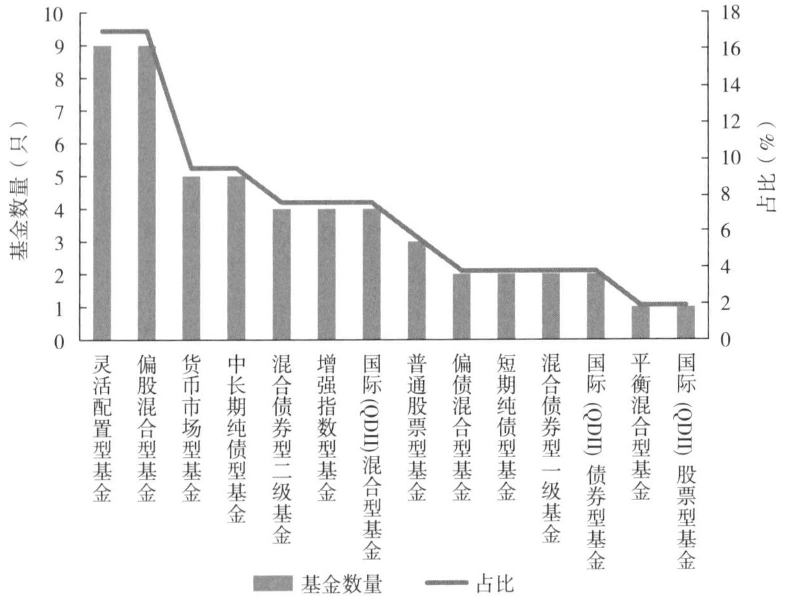

图 2-63　国海富兰克林基金公司的主要基金产品类型

（资料来源：根据 Wind 资讯数据绘制）

2. 基金规模与净利润

国海富兰克林基金公司的主要基金产品在规模与净利润方面呈现出显著的分化态势。在剔除缺失数据的富兰克林国海基本面优选基金之后，其余 52 只基金的规模与净利润如表 2-47 和图 2-64、图 2-65 所示。其中，2019 年末国富安享基金是规模最大的基金，总金额是 73.94 亿元；国富恒嘉短债 C 基金是规模最小的基金，总金额是 0.06 亿元；52 只基金规模的均值是 7.62 亿元，标准差是 12.97 亿元，变异系数是 170.14%。

2019 年中报显示，国富弹性市值基金是净利润最多的基金，总金额是 8.68 亿元；国富全球科技互联人民币基金、国富全球科技互联美元现汇基金、国富天颐 A 基金、国富天颐 C 基金、国富恒利 A 基金、国富恒利 C 基金 6 只基金的净利润最少，每只基金的净利润金额均少于 0.01 亿元；52 只基金净利润的均值是 0.80 亿元，标准差是 1.72 亿元，变异系数是 214.56%。

表 2 –47　国海富兰克林基金公司主要基金产品的规模及净利润

序号	基金代码	基金简称	2019 年末基金规模（亿元）	2018 年年报净利润（亿元）	2019 年中报净利润（亿元）
1	000065. OF	国富焦点驱动灵活配置	13. 0504	-0. 4128	1. 0842
2	000203. OF	国富日日收益 A	3. 0402	0. 5031	0. 0672
3	000204. OF	国富日日收益 B	3. 0402	0. 5031	0. 0672
4	000351. OF	国富岁岁恒丰 A	0. 9320	0. 1334	0. 0136
5	000352. OF	国富岁岁恒丰 C	0. 9320	0. 1334	0. 0136
6	000761. OF	国富健康优质生活	4. 5184	-0. 0671	0. 0112
7	000934. OF	国富大中华精选人民币	5. 5919	—	0. 5122
8	001392. OF	国富金融地产 A	0. 2983	-0. 0332	0. 0605
9	001393. OF	国富金融地产 C	0. 2983	-0. 0332	0. 0605
10	001605. OF	国富沪港深成长精选	7. 5682	-0. 3344	0. 4152
11	002087. OF	国富新机遇 A	3. 7222	0. 1072	0. 1645
12	002088. OF	国富新机遇 C	3. 7222	0. 1072	0. 1645
13	002361. OF	国富恒瑞 A	8. 6399	0. 2042	0. 4039
14	002362. OF	国富恒瑞 C	8. 6399	0. 2042	0. 4039
15	003972. OF	国富美元债人民币	1. 8854	0. 0159	0. 0862
16	003973. OF	国富美元债美元现汇	1. 8854	0. 0159	0. 0862
17	004120. OF	国富安享	73. 9382	3. 2896	1. 3967
18	004663. OF	国富日鑫月益 30 天 A	17. 6152	1. 8384	0. 5182
19	004664. OF	国富日鑫月益 30 天 B	17. 6152	1. 8384	0. 5182
20	005552. OF	国富新趋势 A	0. 9086	0. 0534	0. 0479
21	005553. OF	国富新趋势 C	0. 9086	0. 0534	0. 0479
22	005652. OF	国富天颐 A	3. 5984	0. 0245	0. 0014
23	005653. OF	国富天颐 C	3. 5984	0. 0245	0. 0014
24	005822. OF	国富恒裕 6 个月	10. 9442	0. 8828	0. 2048
25	006039. OF	国富估值优势	0. 4676	-0. 2099	0. 3237
26	006370. OF	国富大中华精选美元	5. 5919	—	0. 5122
27	006373. OF	国富全球科技互联人民币	0. 1291	0. 0000	0. 0062

续表

序号	基金代码	基金简称	2019 年末基金规模（亿元）	2018 年年报净利润（亿元）	2019 年中报净利润（亿元）
28	006374. OF	国富全球科技互联美元现汇	0. 1291	0. 0000	0. 0062
29	006702. OF	国富恒嘉短债 A	0. 0592	0. 0000	0. 0134
30	006703. OF	国富恒嘉短债 C	0. 0592	0. 0000	0. 0134
31	008515. OF	富兰克林国海基本面优选	—	—	—
32	150135. OF	国富中证 100 指数增强 A	1. 5294	-0. 1171	0. 1585
33	150136. OF	国富中证 100 指数增强 B	1. 5294	-0. 1171	0. 1585
34	164508. OF	国富中证 100 指数增强	1. 5294	-0. 1171	0. 1585
35	164509. OF	国富恒利 A	1. 5620	0. 0000	0. 0000
36	164510. OF	国富恒利 C	1. 5620	0. 0000	0. 0000
37	450001. OF	国富中国收益	3. 3063	-0. 2585	0. 4791
38	450002. OF	国富弹性市值	45. 6375	-6. 3711	8. 6824
39	450003. OF	国富潜力组合 A 人民币	20. 6248	-2. 4927	3. 9652
40	450004. OF	国富深化价值	2. 3232	-0. 3681	0. 2432
41	450005. OF	国富强化收益 A	5. 5476	0. 3124	0. 5019
42	450006. OF	国富强化收益 C	5. 5476	0. 3124	0. 5019
43	450007. OF	国富成长动力	0. 8548	-0. 2348	0. 1623
44	450008. OF	国富沪深 300 指数增强	2. 4419	-0. 4316	0. 3571
45	450009. OF	国富中小盘	30. 7900	-2. 6623	6. 2877
46	450010. OF	国富策略回报	1. 4558	-0. 1154	0. 0794
47	450011. OF	国富研究精选	0. 5838	-0. 1032	0. 1825
48	450018. OF	国富恒久信用 A	0. 1632	0. 0918	0. 0489
49	450019. OF	国富恒久信用 C	0. 1632	0. 0918	0. 0489
50	457001. OF	国富亚洲机会	3. 9774	-0. 6552	0. 5229
51	960021. OF	国富潜力组合 H 人民币	20. 6248	-2. 4927	3. 9652
52	F450004. OF	国富潜力组合 H 美元	20. 6248	-2. 4927	3. 9652
53	F450005. OF	国富潜力组合 H 港元	20. 6248	-2. 4927	3. 9652

资料来源：Wind 资讯。

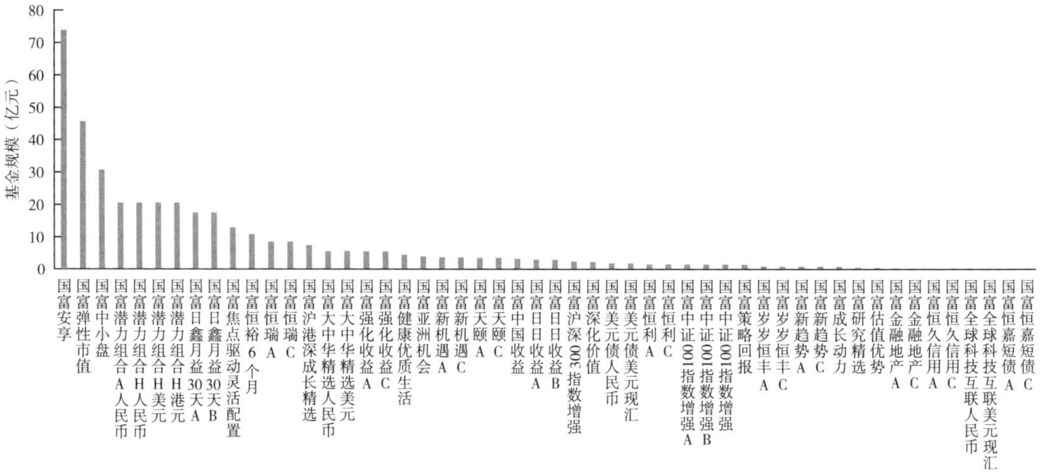

图2-64　2019年末国海富兰克林基金公司发行基金的规模

（资料来源：Wind资讯。剔除数据缺失的一部分基金）

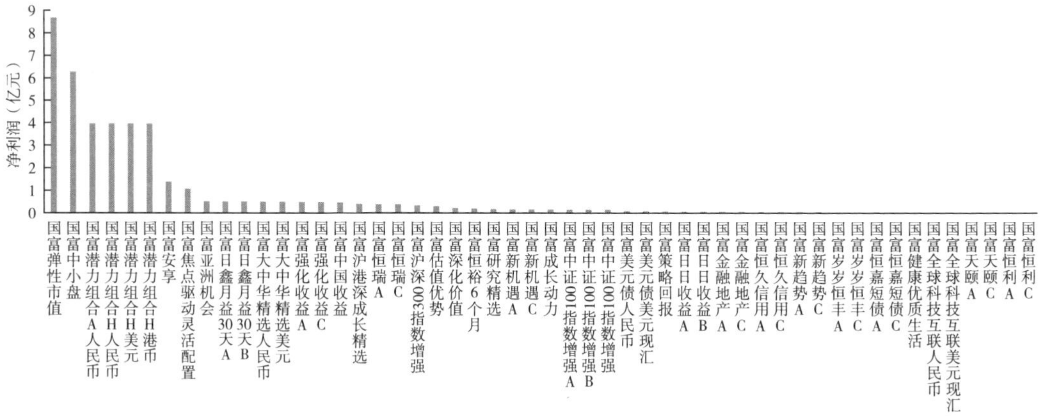

图2-65　2019年中报国海富兰克林基金公司发行基金的净利润

（资料来源：Wind资讯。剔除数据缺失的一部分基金）

八、广西证券业参与建设面向东盟金融开放门户的概况

（一）广西证券业面向东盟开放的新机遇

2018年12月28日，广西获批建设面向东盟的金融开放门户，成为国家战略在广西的重要布局之一。根据《总体方案》，① 广西证券业迎来重大发展机遇。

（1）除了银行和保险机构之外，国家还大力支持符合条件的证券机构和资产管理机

① 资料来源：中国人民银行等13部委联合发布《广西壮族自治区建设面向东盟的金融开放门户总体方案》，https：//www. pkulaw. com/chl/96b5b6eb0bbfc669bdfb. html。

构在广西组建面向东盟的离岸业务、跨境产品研发、跨境结算、票据保理、灾备、数据、小语种呼叫等中后台运营基地。

（2）国际支持广西期货经营机构依法合规代理东盟投资者参与中国特定品种期货交易，支持期货交易所在广西或东盟设立交割仓库，在综合保税区等海关特殊监管区域推动期货保税交割业务。支持符合条件的东盟金融机构到广西设立合资证券公司、基金公司、期货公司，面向东盟开展跨境投融资、资产管理和财富管理业务。推动境内外交易所市场连接，推进与东盟地区证券交易所品种互认。

（3）国家鼓励通过国内外债券市场融资服务国际陆海贸易新通道等项目建设，允许符合条件的东盟发行人到境内债券市场发行人民币债券（熊猫债），允许符合条件的境内金融机构和企业到新加坡发行人民币债券（狮城债），鼓励东盟企业和投资者购买中国政府债券。

（4）国家鼓励更多基金进入广西，支持在现行政策框架下开展人民币跨境投融资业务。鼓励开展人民币海外基金业务，纳入人民币海外基金企业务框架管理。研究引入保险资金合规设立“振兴边疆”等政府引导基金或发展基金，加大对边境经济合作区支持力度。

（5）国家鼓励企业按照环境、社会和公司治理（ESG）行为准则“走出去”与东盟开展投资合作，设立合资绿色发展基金。

（6）国家允许符合条件的广西地方金融控股公司与东盟金融机构合作，按规定发起设立或参股各类型金融机构。支持和鼓励境内金融机构与东盟金融机构之间以互设机构、股权合作、债权合作等多种形式，实现共同发展。

（7）国家允许符合法律法规及相关部门规定条件的机构在广西设立与东盟合资的金融机构，鼓励合格境外战略投资者与广西地方法人金融机构开展股权合作，支持符合条件的外资金融机构入股广西地区城市商业银行，实施内外一致的股权投资比例规则。

（二）广西证券业面向东盟开放的概况

与贸易领域的活跃程度相比，广西与东盟在证券领域合作的广度、深度仍有较大的发展空间。2016—2019 年广西地方政府融资平台、金融机构、地方企业等较少通过证券市场与东盟开展投融资活动。根据 Wind 资讯的统计数据，广西证券业主要通过香港市场走出去。如表 2 -48 所示，2016—2019 年国内各个地方政府融资平台在海外债券市场融资金额达到 746 亿美元。其中，广西地方政府融资平台在海外债券市场融资 17.8 亿元，占比 2.4%，而且全部通过香港联交所完成融资。同期，广西地方金融机构在海外债券市场的融资金额为零。如表 2 -49 所示，2015—2019 年广西企业发起海外并购活动 7 项，其中 1 项并购计划终止。广西企业分别收购各自在文莱、印度尼西亚、老挝等东盟国家的控股子公司股份，并且分别属于食品加工与肉类、机动车零配件与设备类、农产品类。

表 2-48　2016—2019 年广西地方政府融资平台在海外债券市场的融资情况

序号	交易所	债券代码	债券全称	债券类型	发行日期	发行金额（亿美元）	债券期限（年）	发行价格（美元）	付息频率（月）
1	香港联交所	5921. HK	广西交通投资集团有限公司 3% 票据 20191103	企业债	2016 年 11 月 3 日	3. 00	3	99. 8060	6
2	香港联交所	5098. HK	广西金融投资集团有限公司 5. 75% 债券 20210123	企业债	2018 年 1 月 23 日	5. 00	3	99. 4580	6
3	香港联交所	4407. HK	中港投资有限公司 3. 875% 有担保债券 20210125	企业债	2018 年 1 月 25 日	2. 00	3	99. 6690	6
4	香港联交所	4329. HK	柳州东通投资发展有限公司 7% 债券 20220522	企业债	2019 年 5 月 22 日	1. 40	3	100. 0000	6
5	香港联交所	4329x. HK	柳州东通投资发展有限公司 7% 债券 20220522(重开)	企业债	2019 年 6 月 26 日	0. 40	3	100. 0000	6
6	香港联交所	5880. HK	广西交通投资集团有限公司 3. 5% 债券 20220917	企业债	2019 年 9 月 17 日	3. 00	3	100. 0000	6
7	香港联交所	40013. HK	广西柳州市东城投资开发集团有限公司 7% 债券 20220930	企业债	2019 年 9 月 30 日	3. 00	3	100. 0000	6

资料来源：Wind 资讯。

表 2-49　2015—2019 年广西企业实施海外并购的基本情况

序号	首次披露日	交易标的	标的方所在国家	交易买方	标的方所属行业	交易总价值	进展情况
1	2015 年 1 月 28 日	Inovytec Medical Solutions Ltd. 10% 股权	以色列	中恒集团（600252. SHN， 600252. SH）	医疗保健设备	1227. 28 万元	签署转让协议
2	2015 年 7 月 3 日	Oramed Pharmaceuticals Inc. 10% 股权；口服胰岛素相关许可及知识产权授权	以色列	中恒集团（600252. SHN， 600252. SH）	西药	5200 万美元	失败
3	2017 年 1 月 13 日	RemedX Remediation Service Inc. 100% 股权	加拿大	博世科（300422. SZ）	复合型公用事业	1300 万加元	完成
4	2017 年 3 月 21 日	海世通渔业（文莱）有限公司 100% 股权	文莱	广西海世通食品股份有限公司	食品加工与肉类	2. 71 万元	完成
5	2017 年 9 月 13 日	双英国际印度尼西亚有限公司 3. 24% 股权	印度尼西亚	柳州双英股份有限公司	机动车零配件与设备	461 万美元	董事会预案
6	2018 年 10 月 30 日	柳工英国（最终名称以实际注册为准）100% 股权	英国	柳工（000528. SZ）	多领域控股	200 万英镑	董事会预案
7	2019 年 9 月 13 日	老挝金穗生物科技有限公司部分股权	老挝	金穗生态（837221. OC）；南宁绿忠燕农业科技有限公司	农产品	100 万美元	董事会预案

资料来源：Wind 资讯。

九、广西证券业发展的经验和存在的问题

（一）取得的经验

1. 强化风险意识，实施逆周期调节

防范和化解重大风险是“三大攻坚战”的首要任务。其中，有效防范系统性金融风险是金融工作的重中之重。在国家政策的统一部署下，包括中国证券监督管理委员会广西监管局（简称广西证监局）在内的广西各个金融监管部门及时传导监管压力，推动广西证券业不断增强风险防控意识，加强相关企业的内控建设，维护证券市场秩序。例如，2019 年，广西证监局持续加强与地方政府的沟通协作，通过召开债券业务专题培训会、解读政策法规、分析证券市场发展形势、通报现场检查与日常监管当中发现的突出问题、剖析典型案例等形式，切实做好辖区证券监管工作，防控证券违约风险，提升证券发行人规范运作意识，维护广大投资者权益，推动广西辖区证券市场平稳、健康发展。

同时，根据《证券公司风险控制指标管理办法》相关规定，结合市场情况和证券公司发展需要，2019 年 8 月中国证券监督管理委员会针对《证券公司风险控制指标计算标准（修订稿）》公开征求意见。其主要内容包括：鼓励证券公司权益类投资，加大对权益类资产的长期配置力度；放松融资融券风控指标，同时加强股票质押监管；明确新业务、新产品的风险指标计算标准，确保对各类业务风险全覆盖，在鼓励创新业务发展的同时，全面提升券商风险管理水平；强化差异化监管，对连续三年分类评价为 A 类 AA 级及以上的证券公司，风险资本准备调整系数设为 0.5 等。

2. 改善金融生态，深化供给侧改革

广西金融生态环境日益改善。为了贯彻落实《国务院办公厅关于加快推进社会信用体系建设　构建以信用为基础的新型监管机制的指导意见》（国办发〔2019〕35 号）精神，广西制定了《关于广西加快推进社会信用体系建设　构建以信用为基础的新型监管机制的实施意见》。广西信用环境不断优化。根据国家信息中心中经网的数据，在全国 36 个省会及副省级以上城市综合信用指数排名当中，2018—2019 年南宁市作为广西首善之区连续两年排名第 14 位，综合指数从 85.43 上升至 87.72。在 2019 年全国区域金融中心指数排名当中，南宁市的排名比 2018 年上升了六位。在全国 262 个地级市综合信用指数排名当中，2018—2019 年柳州市排名从第 37 位上升至第 36 位，稳居全国前 50 位排名城市。广西证券业信用体系建设得到进一步加强。2018 年 8 月至 2019 年 9 月共有 20 个单位或者个人被广西证监局列入广西上市公司相关责任主体违法失信名单，并通过网络公开发布相关信息。2019 年广西证券业继续严厉打击和防范非法证券活动。在广西证监局和中国证券业协会的指导下，广西证券业协会充分发挥会员单位和广西辖区实体投资者教育基地的正面引导作用，重点围绕场外配资、非法证券投资咨询等问题开展宣传活动，提高广西辖区投资者对非法证券活动的识别能力和风险防范意识，以实际行动保护

广大投资者的权益。

同时，广西证券业正在加快供给侧改革步伐。以国海证券为例，2019 年该公司为广西地方政府和企业融资 75 亿元，较 2018 年增长 270%，使用自有资金投资本地企业并发行债券 4.8 亿元，期货风险管理服务金额 3 亿元，推进中的投行储备项目 49 个，其中拟首次公开募股（IPO）企业 4 家，通过全国中小企业股份转让系统挂牌及融资项目 6 家，债券、资产支持证券、财务顾问等项目 39 家，合计拟融资规模超 500 亿元，其中既有广西投资集团、广西建工集团等大型国有企业，也有森合高科、航洋城等民营企业，为广西各类型企业提供全方位的金融服务。国海证券还将围绕广西建设面向东盟的金融开放门户、中国（广西）自由贸易试验区、产业园区建设、绿色产业等主题，努力为广西重大战略、重大工程、重大项目和重大改革举措等提供全方位投融资服务。该公司不仅在股债融资、专项债券、资产证券化等领域加大服务创新力度，降低广西企业融资成本，而且加快推进香港子公司筹建，积极探索公司的国际化布局，为有实力的广西企业扩展包括东盟在内的市场提供投融资、财务顾问等中介服务，助力广西企业“走出去”。①

3. 创新体制机制，优化证券业结构

2019 年广西制定出台《广西建设面向东盟的金融开放门户五年实施规划（2019—2023 年）》《广西建设面向东盟金融开放门户三年行动计划（2019—2021 年）》《广西建设面向东盟的金融开放门户重点改革创新事项清单》《关于加快建设广西面向东盟的金融开放门户南宁核心区的若干措施》等，重点打造“四个示范区”“四个中心”“四个基地”和“四个市场”。其中，《广西建设面向东盟的金融开放门户重点改革创新事项清单》包含“政策创新”4 项、“体制机制建设”23 项、“产品服务创新”22 项、“产业发展”26 项、“平台建设”17 项。② 2019 年广西还起草了《广西壮族自治区地方金融条例》，出台了《广西区域性股权市场监督管理实施细则（暂行）》等制度，从企业治理、合规经营、经营能力、风险控制和资产质量等多个方面规范七类地方金融机构监管。

2019 年广西聚焦融资短板，积极利用多层次资本市场。广西不仅与上海证券交易所、深圳证券交易所签订战略合作协议，启动人才交流挂职工作，而且与大连商品交易所和郑州商品交易所对接，推动 2000 万元资本市场培训基金落地。深入实施企业上市（挂牌）“三大工程”，广西上市后备企业资源库的在库企业数量已经达到 308 家，第二批重点拟上市企业有 19 家。2019 年 1～10 月，广西辖区企业通过区域性股权市场发行可转债的总金额达到 23.10 亿元。

---

① 资料来源：《国海证券：深扎广西，精耕细作，助力广西实体经济高质量发展》，载于深圳证券时报社有限公司旗下新媒体“券商中国”网站，https：//www.chinanews.com/articles/791256436300.htm。

② 资料来源：广西壮族自治区地方金融监督管理局．扎实推进金融开放门户建设 重点金融改革创新不断突破［EB/OL］．2020 年 1 月 21 日，http：//www.gxjrb.gov.cn/html/2020/yw_0121/2782.html.

（二）存在的问题

1. 全面打赢“三大攻坚战”的任务艰巨

2017 年 12 月，防范化解重大风险、精准脱贫、污染防治等被一同列为 2018 – 2020 年中国重点抓好决胜全面建成小康社会的“三大攻坚战”。其中，防范化解重大风险是“三大攻坚战”的首要任务，而且重点在于防控金融风险。在全球经济金融市场发展存在诸多不确定因素的情况下，广西证券业在坚持法制化、市场化、国际化发展的过程当中，必须同时面临多个方面的任务与挑战。例如，在优化资源配置方面发挥更大作用，引导金融资源回归实体经济本源，推动广西产业结构优化调整；发展绿色证券业务，以及探索面向东盟的跨境证券业务，强化金融科技应用；积极化解民营企业股票、债券融资风险，降低融资成本；科学评估广西证券市场系统风险，健全风险防控机制，监测信用风险、流动性风险、回购风险、道德风险、操作风险等，既要警惕“黑天鹅”事件，又要防范“灰犀牛”事件；引导证券机构履行社会责任，打好脱贫攻坚战。

金融风险是金融市场的内在属性。虽然脆弱性、杠杆性和危机传染性经常伴随资本市场发展，但是在经济金融市场高涨时，脆弱性、杠杆性和危机传染性等问题容易被人们忽视，在经济金融市场不景气时，脆弱性、杠杆性和危机传染性等问题则容易被人们放大。对于广西证券业而言，防控系统性风险并保持市场稳定是相当艰巨的任务。

2. 构建现代金融体系的任务尚未完成

政府信息公开工作有待加强。虽然广西辖区的监管信息已经被动态公开，但是相关信息相对零散，缺乏必要的汇总统计，尤其是因为证券期货统计指标标准及统计口径等相关问题没有得到解决，所以证券市场统计信息的时效性不足。例如，2017 年 2 月至 2019 年 12 月连续两年多的时间里没有公布广西辖区的证券业统计数据，而且公开信息的内容、公开信息的方式等与市场参与者的需求还存在差距。①

金融科技与创新应用有待深化。在证券科技应用、传统业务转型、创新模式发展等方面，广西证券业还难以适应以大数据、云计算、人工智能以及区块链为代表的新一轮信息技术变革，创新驱动发展的新格局尚未形成。另外，科技创新本身就包含了巨大的不确定性，加上资本市场自身的各类风险，使得广西证券业在加快金融科技应用的同时，也要注意防范科技创新与资本市场形成叠加共振风险。

3. 面向东盟的证券业开放步伐需要加快

2018 年 12 月 28 日，广西获批建设面向东盟的金融开放门户。广西证券业需要进一步加快对内对外开放步伐，提高自身在国内以及在东盟市场的影响力。但是，与国内许多省区市相比，广西证券业目前的竞争力还比较弱，国际市场参与度也不算太高，在专业化经营、差异化竞争、精细化管理、高质量发展、核心竞争力提升等方面仍然需要付

① 资料来源：广西证监局．广西证监局 2019 年政府信息公开工作年度报告［EB/OL］．2020 年 1 月 28 日，http：//www. csrc. gov. cn/pub/guangxi/gxndbg/202001/t20200128_370459. htm.

出很大的努力。

十、对策建议

（一）深化证券业体制改革

1. 充分利用证监会“深改 12 条”

（1）充分发挥科创板的试验田作用。鼓励和支持广西辖区内在关键领域已经取得阶段性成果或者已经突破核心技术，拥有良好发展前景，但财务表现不一的各类科创企业上市融资。

（2）大力推动上市公司提高质量，优化重组上市、再融资等制度，支持分拆上市试点。鼓励广西上市公司加大创新力度，将创新作为其自身发展的第一要务。鼓励广西上市公司重组，通过并购或者分拆，优化资源配置，提升企业集团经营效率。

（3）补齐多层次资本市场体系短板，加快新三板改革。推动广西企业的横向整合和产业链整合，强化股权激励和员工持股计划，降低融资成本。

（4）狠抓广西辖区中介机构能力建设，支持优质证券公司创新提质，鼓励辖区内证券公司分支机构走特色化、精品化发展道路。

（5）加快推进资本市场高水平开放。根据 2019 年国务院《关于进一步做好利用外资工作的意见》，取消金融机构外资持股比例不超过 51% 的限制，吸引外资金融机构落户广西。实施《广西建设面向东盟的金融开放门户三年行动计划（2019—2021 年）》《广西建设面向东盟的金融开放门户五年实施规划（2019—2023 年）》，深化广西与东盟企业、金融机构（尤其是证券业机构）之间的合作。

（6）推动更多中长期资金入市。大力发展广西机构投资者，吸引更多公募基金、保险资金等中长期资金投资广西证券市场。

（7）切实化解股票质押、债券违约、私募基金等重点领域投资。

（8）加大法治供给，尽快推出《广西壮族自治区地方金融条例》，推动出台《广西区域性股权市场监督管理实施细则（暂行）》等监管制度，从企业治理、合规经营、经营能力、风险控制和资产质量等方面规范 7 类地方金融机构监管。

（9）加强投资者保护。加大宣传力度，增强投资者风险意识，理性投资，合法理财，自觉抵制非法集资、非法配资、非法投资等活动。

（10）提升稽查执法效能。强化证券市场案件分层、分类、分级管理，集中力量查办欺诈造假等大案要案，提升案件查办效率。

（11）推进简政放权。加快落实 2019 年广西公布的《重要金融改革创新事项清单》与《若干措施》等。

（12）提升科技监管能力。充分利用大数据、区块链、人工智能等信息技术支撑证券业监管手段、模式等发展，积极寻找广西证券业防范创新风险、稳定区域资本市场的技术与手段。

2. 充分利用金融开放门户建设机遇

（1）加快广西证券业走向东盟市场的步伐。充分利用广西建设面向东盟的金融开放门户、中国（广西）自由贸易试验区等重大机遇，推动上市公司、证券业经营机构积极寻求与东盟国家企业、证券业经营机构的务实合作，共享市场开放的红利。

（2）通过“南宁渠道”促进证券业对外交流合作。借助中国—东盟博览会、中国—东盟商务与投资峰会博会等高层对话平台、专业合作平台，夯实中国—东盟政治互信、政策沟通、设施联通、贸易畅通、资金融通的基础，为面向东盟的证券业合作提供良好的条件。

（3）聚焦“两带三区”建设项目，发挥证券业在广西与粤港澳大湾区产融合作当中的作用。借力深圳证券交易所、香港联合交易所等，扩大广西企业融资规模，优化融资结构，降低融资成本，为有实力的广西企业“走出去”提供并购交易、境外发行债券、境外股票上市等金融服务，促进广西企业与境外资本市场的直接对接。

（二）优化证券业治理体系

1. 优化证券业结构

（1）着力解决广西社会投融资需求与证券市场发展不平衡不充分的矛盾。深化广西证券业供给侧结构性改革，提升直接融资在社会融资规模当中的比重，降低间接融资在社会融资规模当中的比重，扩大生产与消费，适当降低储蓄率。

（2）协调发展公募融资与私募融资、场内市场与场外市场，促进中小企业股权融资发展。

（3）营造包容开放的环境。保护公平竞争，优化证券行业生态环境，突出主业，鼓励广西辖区内证券机构在发展中形成差异化和特色化，增强证券行业整体实力。

（4）在实践中探索全面放开证券行业五大基础功能，丰富证券公司融资渠道，改革证券交易结算资金三方存管制度，鼓励不同行业相互融入，鼓励账户与保证金业务的创新，放宽证券公司在银行间市场承销债券等准入限制。

2. 引导证券业回归本源

（1）完善顶层设计。推动区域资本市场向国际化、市场化、法制化方向发展。实施差异化监管，优化证券业资源配置。努力改变区域资本市场“大市场、小行业”的格局以及“重场内、轻场外”的结构。抓住科创板并试点注册制的契机，激发证券业机构自身活力，提升其对国家战略和实体经济的服务能力。

（2）在服务实体经济、服务人民生活的过程中推进证券业高质量发展。鼓励和引导广西辖区证券公司为企业与公众提供基于交易、融资、投资、托管等基础功能的、涵盖客户全生命周期的全产业链服务。

（3）推动广西辖区证券公司的国际化发展。满足广西企业与公众日益增长的多品种、跨区域的全球综合金融服务需求，增强证券业在东盟市场的影响力，提升国际定价权。

（三）强化证券业风险控制

1. 改善资本市场生态环境

（1）落实监管责任。中央驻桂金融监管部门、广西地方金融监管局等多部门齐抓共管，通力协作，牢牢守住不发生系统性金融风险底线。优化监管机制，紧盯监管目标，努力提升监管针对性和有效性，维护区域资本市场稳定。加强行业自律，引导上市公司稳健经营与规范运作，切实保护投资者合法权益。

（2）落实证监会《推动提高上市公司质量行动计划》。扎实推进信息披露有效性、公司治理规范化、市场基础制度改革、退市常态化、化解风险隐患、提升监管有效性、优化生态等7个方面的46项任务，力争在3～5年内使广西上市公司整体面貌有较大改观。

2. 提升综合金融服务能力

（1）鼓励和引导证券公司培养以专业能力、定价及销售能力、合规风控能力为核心的综合金融服务能力，充分发挥证券公司的价值发现功能，严把项目风险关，作为总协调人推动督促发行人、其他中介机构、战略配售者、一般投资人等参与各方切实尽责，提高信息披露质量，促进市场健康发展。

（2）强化证券公司内控机制与风险管理。加强流动性风险管理，明确流动性限额，强化产品开放前和开放期管理，建立流动性储备，完善流动性应急机制。构建并完善证券市场舆情监控系统、信用风险分类管理系统、内部评级体系等，建立广西证券业红名单、黑名单库，切实推进信用风险管理。强化人员招聘背景调查、执业道德教育、客户回访、异常交易行为监控等工作，防范员工道德风险。

（四）鼓励证券业创新发展

1. 提升金融科技应用水平

（1）强化广西证券业对金融科技的运用与融合，提升行业监管的效率与精准度，推动证券公司转型发展，重塑投资银行业务模式，加快财富管理业务发展，服务国家绿色发展、创新驱动发展、脱贫攻坚战略、粤港澳大湾区规划和“一带一路”建设。

（2）推进《金融科技发展规划（2019—2021）》。建设并完善数据治理体系，强化高质量的数据治理。形成高层共识并完成顶层设计，在组织架构和制度体系层面确立数据治理体系框架。形成全面统一的企业级数据标准管理体系，建立全方位、全流程监测的数据质量管理体系。

2. 规划和实施全面创新发展战略

（1）科学制定证券业的中长期发展战略。推动行业分化整合、客户机构化、业务资本化、全面数字化、运营智能化发展。鼓励和支持证券公司明确差异化战略方向、打造有特色的业务模式、拥抱数字化和金融科技、精细化运营、管理和经营风险、重塑组织和文化，积极转型谋求发展。

（2）加快市场创新、产品创新和服务创新。推动证券市场机构化，围绕机构客户的需求，在机构销售交易业务、主券商业务等方面寻求创新突破。增强自营业务与投资业务的核心竞争力。

（五）培养证券业高端人才

1. 完善人才培养的保障机制

（1）推动出台广西版本的《关于支持金融人才发展的十条措施》。加强包括证券业在内的各个金融行业人才统筹管理，构建区域金融人才工作大格局，形成具有竞争力、凝聚力、辐射力的区域性金融人才高地。

（2）完善人才发展激励机制。完善市场化的绩效管理和薪酬激励机制，优化绩效考核机制，通过股权激励、员工持股等方法，稳定核心人才队伍。

（3）加强国际化高端人才培养和储备。通过内部培养和外部引进相结合的方式，加强跨境交流合作，建设一支具备国际化视野和海外经历、业务技能基础扎实、熟悉境外环境的人才队伍。

2. 重点培养面向东盟开放的高端人才

（1）构建了合作开放、“双向互通”的中国—东盟金融人才培养体系。引进熟悉东盟金融市场（尤其是东盟证券市场）的高端人才，同时立足广西，依托区内高校建设中国—东盟金融人才培养基地，将新加坡、泰国等东南亚国家及欧美国家的优质教育资源引入广西，探索建立“中国—东盟联合大学”。

（2）强化研究型、实操型和创新型人才培养。通过建立政产学研用合作模式，加强广西与东盟国家金融监管机构、证券公司、证券行业协会等在专业人才培养方面的务实合作，不断提高面向东盟的国际化金融人才培养质量。

参考文献

[1] 葛红亮．为建设更高水平开放型经济提供人才支撑［N］．广西日报，2020-01-09（12）．

[2] 中国证券监督管理委员会广西监管局．广西证监局2019年政府信息公开工作年度报告［EB/OL］．2020年1月28日，http：//www.csrc.gov.cn/pub/guangxi/gxndbg/202001/t20200128_370459.htm.

[3] 广西壮族自治区地方金融监督管理局．广西壮族自治区地方金融监督管理局2019年绩效工作报告［EB/OL］．2019年12月24日，http：//www.gxjrb.gov.cn/html/2019/gzdt_1224/2708.html.

[4] 新华社．广西紧抓叠加机遇打造对外开放“升级版”［EB/OL］．2020年1月21日，http：//www.gov.cn/xinwen/2020-01/21/content_5471343.htm.

[5] 杨秋，谭卓雯．聚焦重点　强力推进　广西加快建设面向东盟金融开放门户

[N]．广西日报，2019－06－24（001）．

[6] 袁元．提高上市公司质量需要“三板斧”[N]．证券日报，2019－06－06（001）．

[7] 中国人民银行金融稳定分析小组．中国金融稳定报告（2019）[EB/OL]．http：//www.gov.cn/xinwen/2019－11/26/5455673/files/8d8e5b3e9ffd40cc934f585c1fc1de8a.pdf.

[8] 中国人民银行货币政策分析小组．中国区域金融运行报告（2019）[EB/OL]．http：//www.pbc.gov.cn/goutongjiaoliu/113456/113469/3862882/2019071920152546984.pdf.

[9] 中国人民银行南宁中心支行货币政策分析小组．广西壮族自治区金融运行报告（2019）[EB/OL]．http：//nanning.pbc.gov.cn/nanning/133342/3862486/2019071917011092898.pdf.

[10] 中国人民银行南宁中心支行货币政策分析小组．2018年广西壮族自治区金融运行报告[J]．区域金融研究，2019（9）．

[11] 中国证券业协会．中国证券业发展报告（2019）[M]．北京：中国财经出版传媒集团，中国财政经济出版社，2019.

（执笔人：黄荣哲）

3. 广西保险业发展前沿报告

广西是我国面向东盟的前沿地区，而中国与东盟地区的合作以及中国—东盟区域稳定是关系到“一带一路”倡议推进和保障西部陆海新通道畅通的国家战略问题。为此，2018 年 12 月 28 日，经国务院同意，由国家发展改革委、财政部、人民银行等 13 部委联合发布了《广西壮族自治区建设面向东盟的金融开放门户总体方案》（以下简称《总体方案》），该方案推动了广西形成全面开放新格局，目前该方案已上升为国家战略。该方案中“保险”一词共计出现 10 次，且专门为保险业制定了一大任务，即其中在“九大任务”第四条中明确指出要加强面向东盟的跨境保险合作。该任务下具体又包括两条关于保险的专项任务，而在文件的其他专项任务及保障措施中，保险亦有诸多可直接参与之处。广西与东盟国家经济交流合作紧密，在保险业方面，尽管发展程度有所差别，但有较多的合作交流基础，且互补性强。因此，研究广西保险业与东盟国际保险业的发展情况，促进区域保险业交流与合作，是具有突出现实意义的论题。

一、广西与东盟各国保险业发展的比较分析

笔者将从发展潜力、业务规模、保险密度、保险深度四个方面对广西与东盟各国近十年来保险业的发展情况进行分析与比较。

（一）整体发展情况比较

1. 十年平均的整体发展情况

2009—2018 年广西与东盟各国的保险业整体发展情况可以用气泡图直观地表现出来，如图 3－1 所示。气泡面积的大小表示保费收入规模，即圆形面积越大表示该国家及地区的保费收入量越大；X 轴表示保费收入增速，即越往右边的国家及地区，增速越快；Y 轴表示保险密度（人均保费），即各个圆的圆心点位置越高，表示人均保费水平越高。图中保费收入增速、保险密度、保费收入规模都是 2009—2018 年的算术平均值，以平均值能有效排除各年度波动带来的干扰。

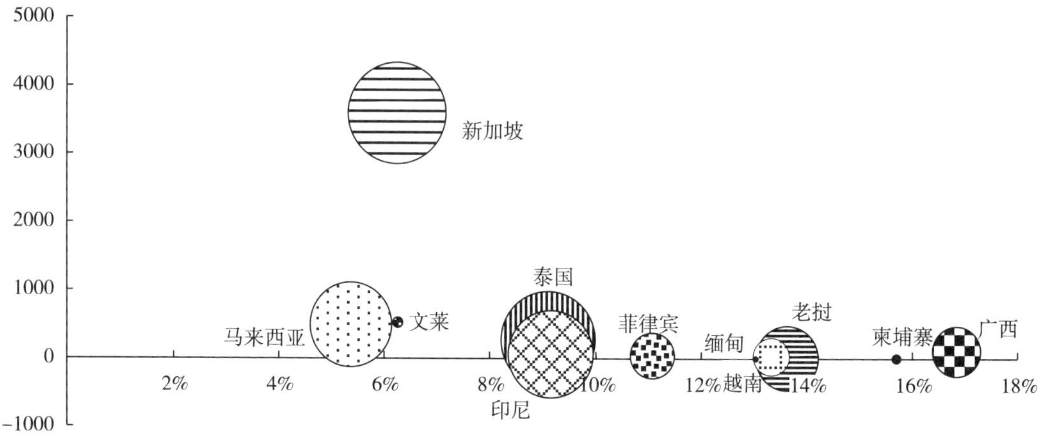

注：横轴表示保费收入增速，纵轴表示保险密度，气泡大小表示保费收入规模。广西数据依据瑞士再保险集团各年度 *simga* 研究报告中所提供的汇率换算成美元。

图 3－1　广西与东盟各国保险业 2009—2018 年年均的整体发展情况气泡图

（资料来源：东盟国家数据来源于瑞士再保险集团 sigma－explorer 数据库；广西资料来源于中国保险年鉴）

通过图 3－1 可以看到：第一，新加坡保险业远比其他国家及地区发达。新加坡的保险密度水平独自处于第一梯队，远远高于其他任何国家及地区，其优势非常巨大，以至于让马来西亚、文莱、泰国这三国组成的第二梯队都无法直观显现，并且新加坡保费规模总量也非常大，新加坡的劣势在于增长速度较为缓慢，增速远不及马来西亚、文莱以外的其他国家和地区；第二，缅甸和柬埔寨保险业极为落后。从圆形区域的面积来看，缅甸和柬埔寨非常小，尤其是缅甸，圆形区域过小，可以说已不是“圆形”而是“一个点”，在图中难以查找到；第三，老挝拥有一定的保费规模。实质上老挝的经济水平是较为落后的，但是与比对同为中南半岛的缅甸与柬埔寨不同，老挝在保费规模上有一定的规模，所以老挝并不同缅甸、越南一样只是“一个点”，而且老挝保费规模水平比越南、菲律宾还要更大；第四，广西的增速比所有东盟国家更快。广西的保费规模尽管只处于中游，但 10 年年均增速是最快的，这得益于中国稳定良好的保险业发展环境，增速最快说明广西保险业在区域中是最具有前景的。

2. 最新年度的整体发展情况

同理，用气泡图 3－2 的形式直观表现出广西与东盟各国保险业最新的整体发展情况，同样的用气泡面积的大小表示保费收入规模，横轴表示保费收入增速，纵轴（圆心点高度）表示保险密度（人均保费），最新的年度选取为 2018 年。将最新年度与十年平均水平相对比，有相同之处也有不同之处：第一，新加坡保险业水平依然很高，在保费规模和人均保费上依然保持着较大的优势；第二，印度尼西亚的保费规模已开始超过马来西亚；第三，老挝依然保持着一定的保费规模以及较快的增长；第四，广西保费收入的增速呈现明显的放缓趋势。

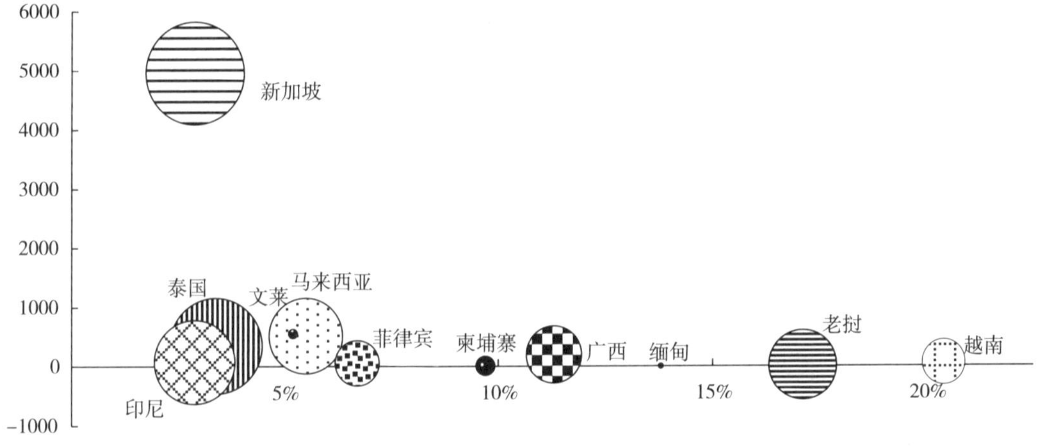

注：横轴表示保费收入增速，纵轴表示保险密度，气泡大小表示保费收入规模。广西数据依据瑞士再保险集团各年度 *simga* 研究报告中所提供的汇率换算成美元。由于数据获取原因，泰国保险密度、柬埔寨保费增速、缅甸保费增速与保费规模为 2017 年数值。

图 3-2　广西与东盟各国 2018 年保险业整体发展情况气泡图

（资料来源：东盟国家数据来源于瑞士再保险集团 sigma - explorer 数据库；广西资料来源于中国保险年鉴）

（二）分项发展情况比较

1. 业务规模比较

保费收入是最能体现保险业务规模的指标，广西与东盟各国近十年的保费收入情况，如表 3-1 所示。

表 3-1　2009—2018 年广西与东盟各国保费收入规模情况　　单位：十亿美元

地区	指标	2009 年	2010 年	2011 年	2012 年	2013 年	2014 年	2015 年	2016 年	2017 年	2018 年	十年均值
广西	财产险保费收入	0.72	0.97	1.22	1.46	1.92	2.12	2.34	2.50	2.90	3.31	1.95
	人身险保费收入	1.45	1.67	2.07	2.31	2.53	2.97	3.80	4.57	5.46	6.20	3.30
	总保费收入	2.18	2.64	3.29	3.78	4.44	5.08	6.14	7.07	8.36	9.52	5.25
新加坡	财产险保费收入	3.64	4.50	5.46	6.00	6.68	7.06	7.06	7.20	7.52	8.15	6.33
	人身险保费收入	8.57	9.80	12.06	12.39	14.24	16.20	16.32	17.55	21.41	22.46	15.10
	总保费收入	12.21	14.30	17.52	18.39	20.92	23.26	23.38	24.75	28.93	30.61	21.43
马来西亚	财产险保费收入	3.64	4.44	4.96	5.31	5.51	5.62	4.79	4.67	4.75	5.05	4.87
	人身险保费收入	7.18	8.84	9.39	10.44	10.74	11.01	9.63	9.88	10.66	11.58	9.94
	总保费收入	10.82	13.28	14.35	15.75	16.25	16.63	14.42	14.55	15.41	16.63	14.81
泰国	财产险保费收入	3.66	4.50	5.20	6.49	7.43	7.23	7.07	7.01	7.58	8.49	6.47
	人身险保费收入	7.09	8.79	10.14	11.84	13.54	14.61	14.73	15.09	16.35	18.14	13.03
	总保费收入	10.75	13.29	15.34	18.33	20.97	21.84	21.80	22.10	23.93	26.63	19.50

续表

地区	指标	2009年	2010年	2011年	2012年	2013年	2014年	2015年	2016年	2017年	2018年	十年均值
印度尼西亚	财产险保费收入	2.44	3.09	3.74	3.98	4.23	3.97	4.22	4.29	4.53	4.86	3.94
	人身险保费收入	6.00	8.61	11.83	11.95	11.12	11.64	11.99	14.69	15.88	15.52	11.92
	总保费收入	8.44	11.70	15.57	15.93	15.35	15.61	16.21	18.98	20.41	20.38	15.86
菲律宾	财产险保费收入	0.70	0.86	1.03	1.23	1.31	1.35	1.51	1.61	1.73	1.85	1.32
	人身险保费收入	1.15	1.50	1.91	2.76	3.93	3.46	4.04	3.72	3.87	4.17	3.05
	总保费收入	1.85	2.36	2.94	3.99	5.24	4.81	5.55	5.33	5.60	6.02	4.37
越南	财产险保费收入	0.77	0.89	1.00	1.10	1.17	1.30	1.46	1.65	1.83	2.04	1.32
	人身险保费收入	0.67	0.72	0.78	0.88	1.11	1.34	1.75	2.26	2.92	3.80	1.62
	总保费收入	1.44	1.61	1.78	1.98	2.28	2.64	3.21	3.91	4.75	5.84	2.94
文莱	财产险保费收入	0.08	0.11	0.13	0.14	0.15	0.15	0.14	0.13	0.14	0.15	0.13
	人身险保费收入	0.05	0.07	0.08	0.08	0.10	0.10	0.09	0.09	0.09	0.09	0.08
	总保费收入	0.13	0.18	0.21	0.22	0.25	0.25	0.23	0.22	0.23	0.24	0.22
柬埔寨	财产险保费收入	0.02	0.03	0.03	0.04	0.04	0.06	0.07	0.07	0.08	0.09	0.05
	人身险保费收入	—	—	—	—	—	0.01	0.02	0.01	0.02	1.02	0.22
	总保费收入	0.02	0.03	0.03	0.04	0.04	0.07	0.09	0.08	0.10	1.11	0.16
老挝	财产险保费收入	3.00	4.00	6.00	10.00	12.00	8.00	8.00	10.00	12.00	13.00	8.60
	人身险保费收入	—	—	—	—	—	—	—	—	—	1.00	—
	总保费收入	3.00	4.00	6.00	10.00	12.00	8.00	8.00	10.00	12.00	14.00	8.70
缅甸	财产险保费收入	0.010	0.020	0.030	0.030	0.030	0.040	0.030	0.040	0.040	—	0.030
	人身险保费收入	0.001	0.002	0.002	0.002	0.002	0.002	0.002	0.003	0.003	—	0.002
	总保费收入	0.011	0.022	0.032	0.032	0.032	0.042	0.032	0.043	0.043	—	0.032

注：广西数据依据瑞士再保险集团各年度 *simga* 研究报告中所提供的汇率换算成美元。

资料来源：东盟国家数据来源于瑞士再保险集团 sigma - explorer 数据库；广西资料来源于中国保险年鉴。

东盟区域各国保费规模差距很大。发达国家如新加坡，若将广西与东盟十国依据 10 年的平均值进行排名，新加坡土地面积排名最后 1 位、人口数量排名倒数第 2 位，但其总保费收入的规模却是第 1，足见新加坡保险业的发达；再如印度尼西亚土地面积在区域内排名第 1，是泰国的 3.55 倍，人口数量也将近比泰国多 4 倍，然而泰国的总保费规模却比印度尼西亚稍大；不发达的国家如缅甸，其土地面积是新加坡的 933 倍，人口数量也是新加坡的 10 多倍，但是总保费收入还不到新加坡的 0.2%，量级上的巨大差距甚至导致两者都无法进行比较。另外，老挝总保费规模并不低，以十年均值来看排名第 5 位，仅次于新加坡、马来西亚、印度尼西亚、泰国，比广西还要排名更靠前，说明老挝国内对保险业需求旺盛、并且有一定的供给能力。

广西土地面积排名第 7、人口数量排名第 6，最终保费收入规模排名第 6，甚至不如经济较为落后的老挝。说明广西保险业与东盟区域各国相比较为普通，只是中规中矩的发展，并没有很好地依托祖国的坚实后盾将保险业做大做强。

在广西经营的财产险只有 30 家，其中资财险主体 29 家，外资财险主体 1 家，而且有7家是以虚拟公司口径计入广西财产险市场的互联网类保险公司，目前广西也只有北部湾财险这一家全国性财产险法人保险机构。广西寿险市场保险主体共有18家，中资人身险主体共16家，外资人身险主体共2家，也只有国富人寿这一家全国性人身险法人保险机构，况且国富人寿在2018年6月才获准开业，实力较弱。

2. 保费增速比较

从增速来看，部分国家因为其寿险业在近十年内是处在“从无到有”的阶段，因此各年度间的增长波动性较大。在某些年度有爆发性增长，如柬埔寨2015年人身险保险增长率为192.60%，如老挝2016年人身险保险增长率为98.40%，同时也出现过百分之几十的负增长。

从总保费增长率来看，广西各年度保持平稳高速的发展，且都是正向增长。广西总保费增长率10年均值为16.84%，高于所有的东盟国家。这得益于中国经济高速发展的大环境趋势，也说明了良好的保险业发展环境以及稳步的发展方式，是保险业最佳的发展状态。但广西保费增长同样存在隐患与瓶颈，可以看出从近五年开始，广西保费收入增速均出现了逐年下降的趋势，主要原因可能一方面在于全球经济增速放缓，另一方面是具有同功能性质金融产品带来替代效应，如网络互助对寿险市场的冲击。

表3-2 2009—2018年广西与东盟各国保费收入增速情况

单位：%

地区	指标	2009年	2010年	2011年	2012年	2013年	2014年	2015年	2016年	2017年	2018年	十年均值
广西	财产险保费增长率	24.12	31.10	20.28	16.84	22.65	16.43	12.65	12.62	18.26	11.80	18.68
	人身险保费增长率	5.80	14.70	17.90	8.97	10.80	11.84	30.62	27.18	21.64	11.05	16.05
	总保费增长率	11.30	20.48	18.77	12.04	15.62	13.71	23.12	21.63	20.45	11.31	16.84
新加坡	财产险保费增长率	10.70	12.80	6.40	4.40	9.00	5.90	9.10	3.00	3.80	5.50	7.06
	人身险保费增长率	-16.40	4.20	7.90	-2.40	12.40	14.00	9.90	8.60	21.20	2.00	6.14
	总保费增长率	-9.80	6.70	7.40	-0.30	11.30	11.50	9.70	6.90	16.20	2.90	6.25
马来西亚	财产险保费增长率	6.90	8.40	5.90	6.60	4.60	4.30	0.10	-0.90	-2.40	4.00	3.75
	人身险保费增长率	16.10	9.40	0.50	10.70	3.80	4.80	2.80	4.20	3.60	6.20	6.21
	总保费增长率	12.80	9.10	2.30	9.30	4.10	4.60	1.90	2.50	1.60	5.50	5.37
泰国	财产险保费增长率	5.40	9.90	7.00	23.70	10.70	0.90	4.10	1.90	3.30	5.50	7.24
	人身险保费增长率	18.00	11.00	6.90	15.60	10.60	11.90	7.30	5.40	3.50	—	10.02
	总保费增长率	13.40	10.60	7.00	18.30	10.60	8.00	6.30	4.30	3.40	—	9.10
印度尼西亚	财产险保费增长率	2.40	5.20	10.90	9.30	11.20	0.20	13.10	-2.40	2.30	10.50	6.27
	人身险保费增长率	13.50	19.30	25.90	3.80	-2.70	11.90	9.50	17.50	4.70	0.70	10.41
	总保费增长率	10.00	15.20	21.90	5.10	0.80	8.70	10.40	12.30	4.20	2.90	9.15
菲律宾	财产险保费增长率	2.70	11.80	10.00	12.10	4.90	4.20	13.70	9.80	10.90	5.90	8.60
	人身险保费增长率	-3.40	18.90	17.10	36.30	39.50	-10.90	18.70	-4.90	7.30	7.00	12.56
	总保费增长率	-1.20	16.20	14.60	27.80	28.90	-7.10	17.30	-0.90	8.40	6.70	11.07

续表

地区	指标	2009年	2010年	2011年	2012年	2013年	2014年	2015年	2016年	2017年	2018年	十年均值
越南	财产险保费增长率	17.70	13.60	1.50	1.90	0.70	7.80	15.10	12.60	9.00	9.00	8.89
	人身险保费增长率	7.60	6.60	-2.10	5.40	18.60	17.10	34.10	28.50	26.70	27.50	17.00
	总保费增长率	12.80	10.40	-0.10	3.40	8.70	12.40	24.80	21.30	19.20	20.40	13.33
文莱	财产险保费增长率	-5.10	41.70	4.90	9.60	0.90	4.20	4.00	-6.30	5.20	7.30	6.64
	人身险保费增长率	8.30	28.60	-0.60	4.20	19.20	1.60	1.10	-5.90	0.10	1.80	5.84
	总保费增长率	0.00	36.30	2.80	7.60	7.50	3.10	3.00	-6.10	3.20	5.20	6.26
柬埔寨	财产险保费增长率	2.80	17.40	12.20	14.90	12.30	22.00	15.90	11.30	3.90	—	12.52
	人身险保费增长率	—	—	—	—	—	—	192.60	-46.20	44.80	—	63.73
	总保费增长率	2.80	17.40	12.20	14.90	12.30	38.40	36.90	-3.30	9.70	—	15.70
老挝	财产险保费增长率	-19.50	15.40	34.00	73.40	10.80	-35.40	5.70	27.80	16.60	17.10	14.59
	人身险保费增长率	3.50	10.10	7.10	6.40	-14.60	8.10	34.70	98.40	19.80	17.00	19.05
	总保费增长率	-18.90	15.20	33.20	71.80	10.40	-34.90	6.20	19.50	16.70	17.10	13.63
缅甸	财产险保费增长率	7.10	31.40	19.30	23.20	4.40	4.80	6.10	9.90	13.70	—	13.32
	人身险保费增长率	10.10	7.00	7.60	11.40	7.10	7.60	9.40	12.30	15.30	—	9.76
	总保费增长率	7.40	29.40	18.50	22.50	4.50	4.90	6.30	10.00	13.80	—	13.03

注：广西数据依据瑞士再保险集团各年度 *simga* 研究报告中所提供的汇率换算成美元。若某年度缺失，则在平均值计算中自动扣除。

资料来源：东盟国家数据来源于瑞士再保险集团 sigma - explorer 数据库；广西资料来源于中国保险年鉴。

3. 保险密度比较

保险密度是指一个地区的人均保费，即是保费收入除以人口总数或常住人口，这一指标反映了一个地区民众所获得保障程度的大小，同时也标志着该地区保险业的发展程度。

表 3-3　2009—2018 年广西与东盟各国保险密度情况　　单位：美元

地区	指标	2009年	2010年	2011年	2012年	2013年	2014年	2015年	2016年	2017年	2018年	十年均值
广西	财产险保险密度	15	21	26	31	41	45	49	52	60	67	40.65
	人身险保险密度	30	36	45	49	54	63	79	94	112	126	68.83
	总保险密度	45	57	71	81	94	107	128	146	172	193	109.48
新加坡	财产险保险密度	591	692	802	843	903	926	890	599	952	1014	821.20
	人身险保险密度	1719	1930	2326	2333	2637	2961	2949	3131	3816	3944	2774.60
	总保险密度	2310	2622	3128	3176	3540	3887	3839	3730	4768	4958	3595.80
马来西亚	财产险保险密度	131	157	173	182	185	186	155	149	150	157	162.50
	人身险保险密度	259	314	327	357	361	364	313	316	337	361	330.90
	总保险密度	390	471	500	539	546	550	468	465	487	518	493.40

续表

地区	指标	2009年	2010年	2011年	2012年	2013年	2014年	2015年	2016年	2017年	2018年	十年均值
泰国	财产险保险密度	55	67	77	96	109	106	103	102	110	123	94.80
	人身险保险密度	106	131	150	174	199	213	214	219	237	—	182.56
	总保险密度	161	198	227	270	308	319	317	321	347	—	274.22
印度尼西亚	财产险保险密度	10	13	15	16	17	16	16	16	17	18	15.40
	人身险保险密度	25	35	48	48	44	46	46	56	60	58	46.60
	总保险密度	35	48	63	64	61	62	62	72	77	76	62.00
菲律宾	财产险保险密度	8	9	11	13	13	13	15	16	16	17	13.10
	人身险保险密度	12	16	20	28	40	35	40	36	37	39	30.30
	总保险密度	20	25	31	41	53	48	55	52	53	56	43.40
越南	财产险保险密度	9	10	11	12	13	14	16	17	19	21	14.20
	人身险保险密度	8	8	9	10	12	14	19	24	31	39	17.40
	总保险密度	17	18	20	22	25	28	35	41	50	60	31.60
文莱	财产险保险密度	197	294	330	360	358	363	342	312	324	352	323.20
	人身险保险密度	137	187	199	206	242	239	219	201	199	205	203.40
	总保险密度	334	481	529	566	600	602	561	513	523	557	526.60
柬埔寨	财产险保险密度	2	2	2	3	3	4	4	5	5	—	3.33
	人身险保险密度	—	—	—	—	—	—	1	1	1	—	1.00
	总保险密度	2	2	2	3	3	4	5	6	6	—	3.67
老挝	财产险保险密度	3	4	6	10	12	8	8	10	12	13	8.60
	人身险保险密度	—	—	—	—	—	—	—	—	—	1	1.00
	总保险密度	3	4	6	10	12	8	8	10	12	14	8.70
缅甸	财产险保险密度	—	—	1	1	1	1	1	1	1	—	1.00
	人身险保险密度	—	—	—	—	—	—	—	—	—	—	—
	总保险密度	—	—	1	1	1	1	1	1	1	—	1.00

注：广西数据依据瑞士再保险集团各年度 *simga* 研究报告中所提供的汇率换算成美元。若某年度缺失，则在平均值计算中自动扣除。

资料来源：东盟国家数据来源于瑞士再保险集团 sigma - explorer 数据库；广西资料来源于中国保险年鉴。

保险密度是各国家或地区间保险业发展水平的最直观指标，从广西与东盟各国的十年均值来看，唯一达到四位数的只有新加坡，三位数的有文莱、马来西亚、泰国、广西，两位数的有印度尼西亚、菲律宾、越南，一位数的是柬埔寨、老挝、缅甸。各个市场主体之间差距很大，例如新加坡是缅甸的3500多倍。柬埔寨、老挝、缅甸人身保险的发展在近几年才刚刚开始，保险密度不到人均1美元。

4. 保险深度比较

保险深度是指一个地区保费收入占该地区 GDP 之比，反映了该地区保险业在整个国民经济中的地位。

表 3-4　2009—2018 年广西与东盟各国保险深度情况　　单位：百分比

地区	指标	2009年	2010年	2011年	2012年	2013年	2014年	2015年	2016年	2017年	2018年	十年均值
广西	财产险保险深度	0.65	0.69	0.68	0.71	0.83	0.83	0.88	0.91	0.96	1.08	0.82
	人身险保险深度	1.28	1.19	1.14	1.13	1.09	1.17	1.42	1.66	1.81	2.01	1.39
	总保险深度	1.93	1.88	1.82	1.84	1.92	2.00	2.30	2.57	2.77	3.09	2.21
新加坡	财产险保险深度	1.50	1.50	1.50	1.50	1.60	1.60	1.60	1.60	1.60	1.60	1.56
	人身险保险深度	4.50	4.10	4.40	4.30	4.70	5.20	5.30	5.50	6.40	6.20	5.06
	总保险深度	6.00	5.60	5.90	5.80	6.30	6.80	6.90	7.10	8.00	7.80	6.62
马来西亚	财产险保险深度	1.70	1.70	1.60	1.70	1.70	1.70	1.70	1.60	1.50	1.40	1.63
	人身险保险深度	3.30	3.30	3.10	3.30	3.30	3.30	3.40	3.40	3.30	3.30	3.30
	总保险深度	5.00	5.00	4.70	5.00	5.00	5.00	5.10	5.00	4.80	4.70	4.93
泰国	财产险保险深度	1.30	1.30	1.40	1.60	1.80	1.80	1.80	1.70	1.70	1.70	1.61
	人身险保险深度	2.50	2.60	2.70	3.00	3.20	3.60	3.70	3.70	3.60	—	3.18
	总保险深度	3.80	3.90	4.10	4.60	5.00	5.40	5.50	5.40	5.30	—	4.78
印度尼西亚	财产险保险深度	0.40	0.40	0.40	0.40	0.50	0.40	0.50	0.50	0.40	0.50	0.44
	人身险保险深度	1.00	1.10	1.30	1.30	1.20	1.30	1.40	1.60	1.60	1.50	1.33
	总保险深度	1.40	1.50	1.70	1.70	1.70	1.70	1.90	2.10	2.00	2.00	1.77
菲律宾	财产险保险深度	0.40	0.40	0.50	0.50	0.50	0.50	0.50	0.50	0.60	0.60	0.50
	人身险保险深度	0.70	0.80	0.90	1.10	1.40	1.20	1.40	1.20	1.20	1.30	1.12
	总保险深度	1.10	1.20	1.40	1.60	1.90	1.70	1.90	1.70	1.80	1.90	1.62
越南	财产险保险深度	0.80	0.80	0.70	0.70	0.70	0.70	0.80	0.80	0.80	0.80	0.76
	人身险保险深度	0.70	0.60	0.60	0.60	0.60	0.70	0.90	1.10	1.30	1.60	0.87
	总保险深度	1.50	1.40	1.30	1.30	1.30	1.40	1.70	1.90	2.10	2.40	1.63
文莱	财产险保险深度	0.60	0.80	0.70	0.70	0.80	0.80	1.10	1.10	1.10	1.10	0.88
	人身险保险深度	0.40	0.50	0.40	0.40	0.50	0.60	0.70	0.70	0.70	0.60	0.55
	总保险深度	1.00	1.30	1.10	1.10	1.30	1.40	1.80	1.80	1.80	1.70	1.43
柬埔寨	财产险保险深度	0.20	0.20	0.20	0.30	0.30	0.30	0.40	0.40	0.10	—	0.27
	人身险保险深度	—	—	—	—	—	—	0.10	0.10	0.10	—	0.10
	总保险深度	0.20	0.20	0.20	0.30	0.30	0.30	0.50	0.50	0.20	—	0.30
老挝	财产险保险深度	0.30	0.30	0.40	0.60	0.60	0.40	0.40	0.40	0.50	0.50	0.44
	人身险保险深度	—	—	—	—	—	—	—	—	—	—	—
	总保险深度	0.30	0.30	0.40	0.60	0.60	0.40	0.40	0.40	0.50	0.50	0.44
缅甸	财产险保险深度	—	—	—	0.10	0.10	0.10	0.10	0.10	0.10	—	0.07
	人身险保险深度	—	—	—	—	—	—	—	—	—	—	—
	总保险深度	—	—	—	0.10	0.10	0.10	0.10	0.10	0.10	—	0.07

注：广西数据依据瑞士再保险集团各年度 *simga* 研究报告中所提供的汇率换算成美元。若某年度缺失，则在平均值计算中自动扣除。

资料来源：东盟国家数据来源于瑞士再保险集团 sigma - explorer 数据库；广西资料来源于中国保险年鉴。

以十年均值整体来看，各国家及地区的保险深度排名情况与保险密度排名基本相同，新加坡依旧排名第一，较落后的柬埔寨、老挝、缅甸人身保险的发展在近几年才刚刚开始，保险深度很低，在总保险深度上甚至可以忽略不计。保险业发达程度仅次于新加坡的文莱，其保险深度却并不大。

广西保险深度在区域内排名第4，说明保险业在广西经济体系中地位较高，广西是重视保险业发展的。

5. 保险服务贸易比较

除新加坡以外，东盟其他国家的保险服务贸易在各个年度均为逆差，说明这些国家保险业并不发达，需要依赖国际市场获得保险服务。即便作为区域金融中心的新加坡，也并不能在每个年度中都保持保险服务贸易的顺差。

表3-5　2009—2018年东盟各国保险服务贸易情况　　单位：百万美元

国家	项目	2009年	2010年	2011年	2012年	2013年	2014年	2015年	2016年	2017年	2018年
新加坡	进口额	2802	4041	4532	4796	4809	4076	5575	7176	5870	6592
	出口额	2635	3536	3864	3631	4096	4960	6289	5882	6402	7001
	进出口总额	5437	7577	8396	8427	8905	9036	11864	13058	12272	13593
	差额（负数为逆差）	-167	-505	-668	-1165	-713	884	714	-1294	532	409
马来西亚	进口额	734	2186	2530	2881	2764	2763	2369	2237	2361	2463
	出口额	379	332	440	538	448	462	372	321	293	314
	进出口总额	1113	2518	2970	3419	3212	3225	2741	2558	2654	2777
	差额（负数为逆差）	-355	-1854	-2090	-2343	-2316	-2301	-1997	-1916	-2068	-2149
泰国	进口额	1546	1835	2106	2118	2035	1818	1572	1441	1817	2307
	出口额	76	67	156	384	231	82	58	68	81	124
	进出口总额	1622	1902	2262	2502	2266	1900	1630	1509	1898	2431
	差额（负数为逆差）	-1470	-1768	-1950	-1734	-1804	-1736	-1514	-1373	-1736	-2183
印度尼西亚	进口额	1318	1153	1290	1096	1054	964	942	741	653	728
	出口额	21	22	23	24	25	26	54	80	83	86
	进出口总额	1339	1175	1313	1120	1079	990	996	821	736	814
	差额（负数为逆差）	-1297	-1131	-1267	-1072	-1029	-938	-888	-661	-570	-642
菲律宾	进口额	695	880	939	881	805	815	897	1345	1502	1545
	出口额	63	67	74	74	101	129	119	77	85	85
	进出口总额	758	947	1013	955	906	944	1016	1422	1587	1630
	差额（负数为逆差）	-632	-813	-865	-807	-704	-686	-778	-1268	-1417	-1460

续表

国家	项目	2009年	2010年	2011年	2012年	2013年	2014年	2015年	2016年	2017年	2018年
越南	进口额	406	481	567	874	911	1020	1015	800	660	679
	出口额	65	70	81	64	60	58	55	56	57	62
	进出口总额	471	551	648	938	971	1078	1070	856	717	741
	差额（负数为逆差）	-341	-411	-486	-810	-851	-962	-960	-744	-603	-617
文莱	进口额	14	—	—	—	—	—	11	13	8	—
	出口额	13	—	—	—	—	—	2	3	2	—
	进出口总额	27	—	—	—	—	—	13	16	10	—
	差额（负数为逆差）	-1	—	—	—	—	—	-9	-10	-6	—
柬埔寨	进口额	41	69	81	103	113	132	138	143	166	188
	出口额	7	1	5	1	1	—	—	—	2	3
	进出口总额	48	70	86	104	114	—	—	—	168	191
	差额（负数为逆差）	-34	-68	-76	-102	-112	—	—	—	-164	-185
老挝	进口额	11	13	32	33	53	12	15	11	23	—
	出口额	10	11	24	4	44	12	11	1	2	—
	进出口总额	21	24	56	37	97	24	26	12	25	—
	差额（负数为逆差）	-1	-2	-8	-29	-9	0	-4	-10	-21	—
缅甸	进口额	—	—	—	85	104	40	42	40	52	54
	出口额	—	—	—	4	—	—	—	—	—	—
	进出口总额	—	—	—	89	—	—	—	—	—	—
	差额（负数为逆差）	—	—	—	-81	—	—	—	—	—	—

资料来源：WTO 服务贸易数据库。

6. 保险业未来发展潜力比较

（1）整体保险业未来发展潜力比较

保险业的发展是依托于实体经济发展而发展的，实体经济是保险业发展的基础环境，保险行业发展与经济增长之间有着长效稳定的关系，资源越多、经济越发达，一个地区的保险业也往往发展越好。选取衡量整体保险业未来发展潜力的指标分别是：土地面积、人口数量、GDP、GDP 增长率、人均 GDP，共计 5 个。指标的单位分别为：十亿美元、百分比、美元、万平方千米、百万人。

选取的原因在于：第一，土地面积。土地面积决定了一个地区整体资源的体量，尤其是对财产险可保资产的体现；第二，人口数量。人口是一个地区整体人身保险市场空间的体量，没有“人”，就没有经济活动，也不会有保险行为；第三，GDP。GDP 决定了一个地区的经济体量；第四，GDP 增长率。该指标反映出一个国家或地区未来经济发展的趋势与潜力；第五，人均 GDP。人均 GDP 是一个地区去除了量纲因素的经济发达程度的真实体现。

各指标的数据来源及相关说明如下：第一，土地面积。广西数据来源于中国统计年鉴，东盟各国来源于世界银行数据库；第二，人口数量。广西来源于广西统计年鉴，东盟各国来源于瑞士再保险集团 sigma - explorer 数据库；第三，GDP。广西来源于广西统计年鉴，东盟各国来源于瑞士再保险集团 sigma - explorer 数据库；第四，GDP 增长率。广西来源于广西统计年鉴，东盟各国来源于瑞士再保险集团 sigma - explorer 数据库；第五，人均 GDP。广西来源于广西统计年鉴，东盟各国来源于瑞士再保险集团 sigma - explorer 数据库；第六，广西 2018 年数据来自广西统计公报，人均 GDP 为估算值；第七（其他说明），广西数据依据瑞士再保险集团各年度 *simga* 研究报告中所提供的汇率换算成美元，具体各年度汇率是：2009 年为 6.83、2010 年为 6.77、2011 年为 6.46、2012 年为 6.31、2013 年为 6.20、2014 年为 6.16、2015 年为 6.28、2016 年为 6.64、2017 年为 6.76、2018 年为 6.61。

表 3－6　2009—2018 年广西与东盟各国整体保险业未来发展潜力指标情况

地区	指标	2009年	2010年	2011年	2012年	2013年	2014年	2015年	2016年	2017年	2018年
广西	GDP（十亿美元）	112.74	140.36	181.34	206.51	231.90	254.43	267.57	274.78	301.72	307.90
	GDP 增长率（%）	13.90	14.20	12.30	11.30	10.20	8.50	8.10	7.30	7.30	6.80
	人均 GDP（美元）	2349.19	2986.56	3920.43	4429.79	4958.23	5371.75	5603.50	5726.96	5636.39	6276.70
	土地面积（万平方千米）	23.60	23.60	23.60	23.60	23.60	23.60	23.60	23.60	23.60	23.60
	人口数量（百万人）	48.56	46.03	46.45	46.82	47.19	47.54	47.96	48.38	48.85	49.26
新加坡	GDP（十亿美元）	192	236	277	292	305	313	306	317	337	361
	GDP 增长率（%）	-0.5	15.3	6.6	4.3	4.9	4.1	2.5	2.8	3.9	3.3
	人均 GDP（美元）	38577	46569	53357	54892	56519	57272	55331	56455	59990	643421
	土地面积（万平方千米）	0.07	0.07	0.07	0.07	0.07	0.07	0.07	0.07	0.07	0.07
	人口数量（百万人）	5.0	5.1	5.2	5.3	5.4	5.5	5.5	5.6	5.6	5.7
马来西亚	GDP（十亿美元）	220	269	303	316	325	334	286	292	325	349
	GDP 增长率（%）	-1.5	7.6	5.3	5.5	4.7	6.0	5.1	4.2	5.9	4.7
	人均 GDP（美元）	7957	9529	10560	10814	10928	11009	9289	6362	10249	10874
	土地面积（万平方千米）	32.86	32.86	32.86	32.86	32.86	32.86	32.86	32.86	32.86	32.86
	人口数量（百万人）	27.7	28.2	28.7	29.2	29.8	30.3	30.8	31.2	31.7	32.1
泰国	GDP（十亿美元）	282	341	371	398	420	407	401	412	455	505
	GDP 增长率（%）	-0.7	7.6	0.9	7.3	2.7	1.0	3.1	3.4	4.0	4.1
	人均 GDP（美元）	4209	5072	5488	5856	6165	5951	5843	5986	6594	7298
	土地面积（万平方千米）	51.09	51.09	51.09	51.09	51.09	51.09	51.09	51.09	51.09	51.09
	人口数量（百万人）	66.9	67.2	67.6	67.9	68.2	68.4	68.7	68.9	69.1	69.2

续表

地区	指标	2009年	2010年	2011年	2012年	2013年	2014年	2015年	2016年	2017年	2018年
印度尼西亚	GDP（十亿美元）	579	756	893	919	916	892	861	932	1016	1043
	GDP增长率（%）	4.7	6.4	6.2	6.0	5.6	5.0	4.9	5.0	5.1	5.2
	人均GDP（美元）	3415	3111	3630	3688	3630	3491	3329	3565	3842	3903
	土地面积（万平方千米）	181.16	181.16	181.16	181.16	181.16	181.16	181.16	181.16	181.16	181.16
	人口数量（百万人）	239.8	242.9	246.1	249.3	252.4	255.5	258.5	261.5	264.3	267.1
菲律宾	GDP（十亿美元）	169	200	224	250	272	285	293	305	314	331
	GDP增长率（%）	1.1	7.7	3.7	6.7	7.1	6.1	6.0	6.9	6.7	6.2
	人均GDP（美元）	1823	2125	2347	2576	2755	2837	2873	2945	2983	3100
	土地面积（万平方千米）	29.82	29.82	29.82	29.82	29.82	29.82	29.82	29.82	29.82	29.82
	人口数量（百万人）	92.4	93.9	95.5	97.1	98.7	100.3	101.9	103.5	105.1	106.7
越南	GDP（十亿美元）	102	113	135	156	171	186	191	201	221	241
	GDP增长率（%）	5.4	6.4	6.2	5.2	5.4	6.0	6.7	6.2	6.8	7.1
	人均GDP（美元）	1160	1275	1504	1719	1863	2008	2045	2131	2309	2498
	土地面积（万平方千米）	31.01	31.01	31.01	31.01	31.01	31.01	31.01	31.01	31.01	31.01
	人口数量（百万人）	87.6	88.4	89.5	90.5	91.5	92.6	93.6	94.5	95.5	96.4
文莱	GDP（十亿美元）	12	14	19	20	19	18	13	12	12	14
	GDP增长率（%）	-1.8	2.6	3.7	0.9	-2.1	-2.5	-0.4	-2.5	1.3	2.2
	人均GDP（美元）	31867	36286	48322	48970	45855	42722	31862	27733	28287	31932
	土地面积（万平方千米）	0.53	0.53	0.53	0.53	0.53	0.53	0.53	0.53	0.53	0.53
	人口数量（百万人）	0.4	0.4	0.4	0.4	0.4	0.4	0.4	0.4	0.4	0.4
柬埔寨	GDP（十亿美元）	10	11	13	14	15	17	18	20	22	24
	GDP增长率（%）	0.1	6.0	7.1	7.3	7.5	7.1	7.0	6.9	7.0	7.3
	人均GDP（美元）	738	786	882	949	1028	1098	1163	1270	1383	1498
	土地面积（万平方千米）	17.65	17.65	17.65	17.65	17.65	17.65	17.65	17.65	17.65	17.65
	人口数量（百万人）	14.1	14.3	14.6	14.8	15	15.3	15.5	15.8	16	16.2
老挝	GDP（十亿美元）	6	7	9	10	12	13	14	13	17	18
	GDP增长率（%）	7.5	8.5	8.0	8.0	8.0	7.6	7.3	7.0	6.9	6.7
	人均GDP（美元）	949	1141	1382	1589	1838	2016	2159	2337	2455	2622
	土地面积（万平方千米）	23.08	23.08	23.08	23.08	23.08	23.08	23.08	23.08	23.08	23.08
	人口数量（百万人）	6.1	6.2	6.3	6.4	6.5	6.6	6.7	6.8	6.9	7.0

续表

地区	指标	2009年	2010年	2011年	2012年	2013年	2014年	2015年	2016年	2017年	2018年
缅甸	GDP（十亿美元）	37	50	60	60	60	66	60	63	67	76
	GDP增长率（%）	10.6	10.2	5.6	7.3	8.4	8.0	7.0	5.9	6.8	6.7
	人均GDP（美元）	741	988	1185	1174	1168	1262	1135	1196	1261	1407
	土地面积（万平方千米）	65.31	65.31	65.31	65.31	65.31	65.31	65.31	65.31	65.31	65.31
	人口数量（百万人）	49.8	50.2	50.6	51.1	51.5	52.0	52.4	52.9	53.4	53.8

资料来源：各年度广西统计年鉴、广西统计公报、世界银行数据库、WTO数据库、瑞士再保险集团sigma－explorer数据库。

（2）财产险业的未来发展潜力

选取衡量财产险业未来发展潜力的指标分别是：国际旅游收入、港口集装箱吞吐量、飞机起降架次、铁路运营里程、铁路货运周转量、货物贸易出口额、货物贸易进口额、服务贸易出口额、服务贸易进口额、农业增加值、工业增加值、服务业增加值、税收占GDP比重，共计13个。指标的单位分别为：亿美元、万TEU（标准集装箱）、百架次、公里、百万吨/公里、亿美元、亿美元、亿美元、亿美元、亿美元、亿美元、亿美元、百分比。

选取的原因在于：第一，国际旅游收入。国际旅游收入代表着一个国家或地区的旅游业发展水平，旅游业不仅与人身意外险有关，同时也涉及旅游场所的财产损失险、责任保险等；第二，港口集装箱吞吐量。该指标代表一个国家或地区水路（海港）航运水平，是衡量货物运输保险、船舶保险、运费保险、船东责任保险等海上保险险种的依据；第三，飞机起降架次。该指标代表一个国家或地区航空业的发展水平，不仅与航空意外险有关，同时也涉及机场及飞机（运输工具）的财产损失险、责任险等；第四，铁路运营里程。该指标代表一个国家或地区铁路运输的发展水平；第五，铁路货运周转量。一方面，该指标代表一个国家或地区铁路运输的效率，另一方面，若该指标过大，也能说明该国家或地区的铁路运载负荷过重，可能存在风险隐患；第六，货物贸易出口额。该指标一方面反映出一个国家或地区货物贸易水平，另一方面也是该地区货物国际竞争力的体现；第七，货物贸易进口额。该指标一方面反映出一个国家或地区货物贸易水平，另一方面也是该地区对国外商品需求程度的体现；第八，服务贸易出口额。该指标一方面反映出一个国家或地区货物服务水平，另一方面也是该地区服务贸易国际竞争力的体现；第九，服务贸易进口额。该指标一方面反映出一个国家或地区服务贸易水平，另一方面也是该地区对国外服务需求程度的体现。总的来说，第六、七、八、九四个指标都反映出一国的经济外向程度，在国际贸易中，不论是商品贸易或者服务贸易，都离不开各类保险的保驾护航，各种国际贸易业务都蕴含着巨大的财产保险市场；第十，农业增加值。该指标是对一个国家或地区第一产业（农业）总量的直接衡量，主要与农业保险相关；第十一，工业增加值。该指标是对一个国家或地区第二产业（工业）总量的直接衡量，主要与企业财产险、责任险、工程保险相关；第十二，工业增加值。该指标是对一个国家或地区第三产业（服务业）总量的直接衡量，主要与责任险、人身保险相关；第十三，税收占 GDP 比重。一方面，如果税收占 GDP 比重较大，说明政府的税收能力较强，政府方面更有购买相关保险的能力，若税收占 GDP 比重较小，则说明公众的负担较少，可能更有能力购买提升自身保障能力的保险。

各指标的数据来源及相关说明如下：第一，国际旅游收入。广西数据来源于各年度广西统计年鉴，东盟各国数据来源于世界银行数据库；第二，港口集装箱吞吐量。广西数据来源于各年度广西统计年鉴，东盟各国数据来源于世界银行数据库。广西与东盟各国数据均为沿海港口航运，不包括内河港口航运；第三，飞机起降架次。广西数据来源于中国交通运输部数据库，东盟各国数据来源于世界银行数据库。广西为民用航空的飞机起降架次，不包括军用航空，主要为南宁、柳州、桂林、梧州、北海、百色六个机场的加总数据；第四，铁路运营里程。广西数据来源于各年度广西统计年鉴，东盟各国数据来源于世界银行数据库；第五，铁路货运周转量。广西数据来源于各年度广西统计年鉴，东盟各国数据来源于世界银行数据库；第六，货物贸易出口额。广西数据来源于各年度广西统计公报，东盟各国数据来源于 WTO 数据库；第七，货物贸易进口额。广西数据来源于各年度广西统计公报，东盟各国数据来源于 WTO 数据库；第八，服务贸易出口额。广西数据来源于各年度广西统计公报，东盟各国数据来源于 WTO 数据库；第九，服务贸易进口额。广西数据来源于各年度广西统计公报，东盟各国数据来源于 WTO 数据库；第十，农业增加值。广西数据来源于各年度广西统计年鉴，东盟各国数据来源于世界银行数据库，其中广西数据是年鉴中的“第一产业总值”；第十一，工业增加值。广西数据来源于各年度广西统计年鉴，东盟各国数据来源于世界银行数据库，其中广西数据是年鉴中的“第二产业总值”；第十二，工业增加值。广西数据来源于各年度广西统计年鉴，东盟各国数据来源于世界银行数据库，其中广西数据是年鉴中的“第三产业总值”；第十三，税收占 GDP 比重。广西数据来源于各年度广西统计公报，东盟各国数据来源于世界银行数据库。第十四（其他说明），广西数据依据瑞士再保险集团各年度 *simga* 研究报告中所提供的汇率换算成美元，具体各年度汇率是：2009 年为 6.83、2010 年为 6.77、2011 年为 6.46、2012 年为 6.31、2013 年为 6.20、2014 年为 6.16、2015 年为 6.28、2016 年为 6.64、2017 年为 6.76、2018 年为 6.61。

表 3-7　2009—2018 年广西与东盟各国财产险业未来发展潜力指标情况

国家或地区	项目	2009年	2010年	2011年	2012年	2013年	2014年	2015年	2016年	2017年	2018年
广西	国际旅游收入（亿美元）	—	8.07	10.52	12.79	15.57	17.28	19.17	21.64	23.96	—
	港口集装箱吞吐量（万 TEU）	—	56.00	74.00	82.00	100.00	112.00	142.00	—	—	290.14
	飞机起降架次（百架次）	—	—	—	—	1640.79	2119.99	2479.52	—	3000.49	3256.88
	铁路运营里程（公里）	—	3174.00	3163.00	3164.00	3982.00	4711.00	5086.00	5141.00	5140.00	1771.00
	铁路货运周转量（百万吨/公里）	82525.00	89133.00	89538.00	86001.00	80943.00	77085.00	67453.00	67903.00	70968.00	—
	货物贸易出口额（亿美元）	12.26	14.19	19.29	24.51	30.15	39.50	44.63	229.49	274.44	329.22
	货物贸易进口额（亿美元）	8.54	11.96	16.83	22.20	22.81	26.34	37.00	247.98	297.51	292.07
	服务贸易出口额（亿美元）	—	—	—	—	—	—	—	—	—	—
	服务贸易进口额（亿美元）	—	—	—	—	—	—	—	—	—	—
	农业增加值（亿美元）	213.54	247.42	316.91	344.27	369.46	391.79	408.51	421.20	430.01	455.70
	工业增加值（亿美元）	497.87	670.11	883.52	996.39	1093.30	1197.75	1236.68	1246.03	1375.42	1222.38
	服务业增加值（亿美元）	428.41	501.08	620.77	733.83	877.84	966.08	1041.12	1091.44	1211.77	1400.97
	税收占 GDP 比重（百分比）	5.42	5.62	5.50	5.85	6.09	6.24	6.14	5.68	5.19	5.51
新加坡	国际旅游收入（亿美元）	92.25	141.78	179.29	187.95	192.31	191.61	166.17	189.45	197.07	—
	港口集装箱吞吐量（万 TEU）	2659.28	2914.70	3064.70	3234.70	3338.80	3468.80	3171.02	3266.80	3360.00	—
	飞机起降架次（百架次）	837.72	1317.22	1446.97	1579.39	1652.39	1833.99	1815.63	2072.03	2036.15	2087.87
	铁路运营里程（公里）	—	—	—	—	—	—	—	—	—	—

续表

国家或地区	项目	2009年	2010年	2011年	2012年	2013年	2014年	2015年	2016年	2017年	2018年
新加坡	铁路货运周转量（百万吨/公里）	—	—	—	—	—	—	—	—	—	—
	货物贸易出口额（亿美元）	2698.32	3518.67	4095.03	4083.93	4102.50	4093.04	3515.87	3304.81	3734.46	4129.53
	货物贸易进口额（亿美元）	2457.85	3107.91	3657.70	3797.23	3730.16	3662.47	2970.87	2833.39	3279.23	3708.81
	服务贸易出口额（亿美元）	818.28	1008.32	1200.87	1299.22	1434.38	1557.59	1557.62	1569.84	1726.01	1840.15
	服务贸易进口额（亿美元）	841.35	1012.12	1197.92	1350.19	1504.67	1680.58	1631.82	1598.88	1814.69	1869.56
	农业增加值（亿美元）	0.79	0.87	0.97	0.98	1.06	1.09	1.00	0.98	0.88	0.91
	工业增加值（亿美元）	524.53	638.77	705.65	738.39	721.12	760.98	748.09	743.47	798.61	917.75
	服务业增加值（亿美元）	1317.96	1614.94	1917.32	2020.31	2161.43	2194.26	2126.19	2169.87	2281.46	—
	税收占GDP比重（百分比）	12.95	12.79	13.11	13.58	13.27	13.56	13.14	13.35	14.19	—
马来西亚	国际旅游收入（亿美元）	172.31	181.52	196.49	202.51	215.00	226.00	176.66	180.85	183.52	—
	港口集装箱吞吐量（万TEU）	1592.28	1814.19	2006.45	2089.81	2137.65	2264.52	2425.97	2457.00	2471.90	—
	飞机起降架次（百架次）	1820.02	3021.85	3364.01	3433.82	4303.34	4433.19	4637.40	4470.01	4736.11	4767.33
	铁路运营里程（公里）	1665.00	2209.72	2250.28	—	—	—	—	—	—	—
	铁路货运周转量（百万吨/公里）	1384.11	1482.69	1535.00	1564.00	1760.00	1741.00	1474.00	1349.00	1234.00	—
	货物贸易出口额（亿美元）	1572.44	1986.12	2280.86	2275.38	2283.31	2339.27	1999.52	1897.43	2181.30	2474.55
	货物贸易进口额（亿美元）	1237.57	1646.22	1874.73	1963.93	2058.97	2088.51	1759.71	1686.84	1954.17	2176.02
	服务贸易出口额（亿美元）	282.92	346.76	388.43	405.81	421.00	420.56	349.37	356.01	370.65	396.41

续表

国家或地区	项目	2009年	2010年	2011年	2012年	2013年	2014年	2015年	2016年	2017年	2018年
马来西亚	服务贸易进口额（亿美元）	274.72	326.45	383.45	433.49	451.37	453.20	401.69	401.45	423.80	445.50
	农业增加值（亿美元）	186.46	257.31	341.25	307.96	294.61	299.97	251.25	256.80	276.38	274.12
	工业增加值（亿美元）	777.95	1032.79	1186.57	1262.02	1289.40	1349.69	1158.84	1136.14	1220.60	1381.97
	服务业增加值（亿美元）	987.75	1236.25	1423.22	1541.48	1614.60	1694.45	1516.87	1532.02	1602.77	—
	税收占GDP比重（百分比）	14.94	13.33	14.79	15.61	15.31	14.84	14.28	13.76	13.13	—
泰国	国际旅游收入（亿美元）	198.11	237.96	309.24	377.66	457.38	420.47	485.27	524.65	621.58	—
	港口集装箱吞吐量（万TEU）	589.79	755.32	830.21	841.38	889.05	942.05	952.23	994.03	1073.20	—
	飞机起降架次（百架次）	1235.41	2013.06	2273.22	2523.69	2984.50	3380.54	3926.64	4138.80	4484.77	4758.86
	铁路运营里程（公里）	—	4458	4458	—	—	—	—	—	—	—
	铁路货运周转量（百万吨/公里）	—	2701.00	2562.00	—	—	—	—	—	—	—
	货物贸易出口额（亿美元）	1524.22	1933.06	2225.76	2291.06	2285.05	2274.62	2143.10	2153.88	2366.35	2529.57
	货物贸易进口额（亿美元）	1337.09	1829.21	2287.87	2491.15	2504.07	2277.49	2026.53	1941.98	2215.19	2482.01
	服务贸易出口额（亿美元）	302.04	343.40	415.45	497.22	587.76	555.36	617.59	677.93	755.26	840.91
	服务贸易进口额（亿美元）	344.30	413.33	460.97	456.71	474.03	452.47	425.18	435.11	466.68	552.76
	农业增加值（亿美元）	275.80	359.02	429.95	457.47	476.02	411.07	356.17	348.47	379.08	409.89
	工业增加值（亿美元）	1090.43	1364.85	1411.80	1487.99	1554.35	1500.47	1455.10	1473.80	1605.99	1766.20
	服务业增加值（亿美元）	1450.87	1687.18	1866.44	2030.12	2172.96	2161.85	2199.14	2294.17	2563.43	—

续表

国家或地区	项目	2009年	2010年	2011年	2012年	2013年	2014年	2015年	2016年	2017年	2018年
泰国	税收占GDP比重（百分比）	14.19	14.93	16.36	15.44	17.01	15.81	16.13	15.40	14.81	—
印度尼西亚	国际旅游收入（亿美元）	60.53	76.18	90.38	94.63	103.02	115.67	120.54	125.66	141.17	—
	港口集装箱吞吐量（万TEU）	725.50	969.24	1041.36	1154.33	1186.22	1161.99	1197.87	1247.87	1385.95	—
	飞机起降架次（百架次）	3301.12	5209.32	5996.92	6411.82	5760.00	6750.06	6823.89	8237.35	8928.01	9593.07
	铁路运营里程（公里）	—	4684	—	—	—	—	—	—	—	—
	铁路货运周转量（百万吨/公里）	—	7166.00	—	—	—	—	—	—	—	—
	货物贸易出口额（亿美元）	1196.46	1577.79	2034.97	1900.32	1825.52	1762.93	1503.66	1444.90	1688.11	1802.15
	货物贸易进口额（亿美元）	937.86	1356.63	1774.36	1916.91	1866.29	1781.79	1426.95	1356.53	1569.25	1887.07
	服务贸易出口额（亿美元）	132.28	168.87	218.88	236.60	229.44	235.31	222.21	233.24	253.28	279.32
	服务贸易进口额（亿美元）	231.52	264.61	316.91	342.24	350.14	335.41	309.18	304.07	327.07	350.34
	农业增加值（亿美元）	825.03	1051.79	1206.61	1227.56	1218.83	1188.06	1161.52	1256.05	1335.71	1334.80
	工业增加值（亿美元）	2571.21	3229.98	3921.33	4001.34	3890.61	3735.04	3447.54	3663.06	3999.42	4140.60
	服务业增加值（亿美元）	1999.56	3070.67	3624.08	3751.64	3788.48	3763.00	3728.28	4070.27	4430.61	—
	税收占GDP比重（百分比）	11.06	10.54	11.16	11.38	11.29	10.84	10.75	10.34	9.88	—
菲律宾	国际旅游收入（亿美元）	29.16	34.41	40.53	49.63	55.99	60.59	64.15	62.89	83.49	—
	港口集装箱吞吐量（万TEU）	430.70	508.75	531.47	564.16	582.56	617.60	721.04	762.14	819.70	—
	飞机起降架次（百架次）	870.28	2053.18	2257.90	2416.99	2005.32	2874.60	3258.59	3454.82	2731.59	2924.50

续表

国家或地区	项目	2009年	2010年	2011年	2012年	2013年	2014年	2015年	2016年	2017年	2018年
菲律宾	铁路运营里程（公里）	—	—	—	—	—	—	509.00	509.00	—	—
	铁路货运周转量（百万吨/公里）	—	—	—	—	—	—	—	—	—	—
	货物贸易出口额（亿美元）	384.36	514.96	483.05	520.99	566.98	621.00	588.27	563.13	687.13	674.88
	货物贸易进口额（亿美元）	458.78	584.68	636.93	653.50	657.05	687.05	747.51	894.35	1019.01	1193.30
	服务贸易出口额（亿美元）	140.84	177.82	188.78	204.39	233.35	254.98	290.65	312.04	348.32	374.69
	服务贸易进口额（亿美元）	91.86	120.17	123.16	142.61	163.20	209.22	236.10	241.60	261.39	269.76
	农业增加值（亿美元）	220.19	245.78	285.14	295.95	305.88	322.46	300.39	294.39	303.07	307.23
	工业增加值（亿美元）	533.79	650.03	702.63	781.44	845.84	891.72	904.56	937.51	954.46	1017.45
	服务业增加值（亿美元）	929.36	1100.09	1253.67	1423.52	1566.64	1631.67	1722.78	1817.08	1878.10	—
	税收占GDP比重（百分比）	12.23	12.15	12.38	12.89	13.31	13.61	13.63	13.68	14.24	—
越南	国际旅游收入（亿美元）	30.50	44.50	57.10	68.50	72.50	74.10	73.50	85.00	88.90	—
	港口集装箱吞吐量（万TEU）	493.66	596.83	653.09	836.16	896.68	1018.89	1147.86	1185.30	1228.44	—
	飞机起降架次（百架次）	837.20	1091.76	1359.06	1353.00	1495.28	1673.86	2052.17	2485.80	2645.48	2837.87
	铁路运营里程（公里）	3147.00	2576.56	2347.00	2347.00	2347.00	3186.00	3186.00	2581.00	2367.00	—
	铁路货运周转量（百万吨/公里）	4139.00	3901.00	4101.00	3959.00	3733.00	4251.90	4125.40	3190.00	3574.00	—
	货物贸易出口额（亿美元）	570.96	722.37	969.06	1145.29	1320.33	1502.17	1620.65	1765.81	2143.23	2426.83
	货物贸易进口额（亿美元）	699.49	848.39	1067.50	1137.80	1320.33	1478.49	1656.10	1748.04	2115.18	2355.17

续表

国家或地区	项目	2009年	2010年	2011年	2012年	2013年	2014年	2015年	2016年	2017年	2018年
越南	服务贸易出口额（亿美元）	57.66	74.60	86.91	96.20	107.10	110.50	112.50	125.00	131.10	151.06
	服务贸易进口额（亿美元）	81.87	99.21	118.59	110.50	138.20	150.00	160.15	167.58	170.30	183.99
	农业增加值（亿美元）	203.21	213.06	265.22	299.51	307.58	329.57	328.36	335.00	343.39	356.97
	工业增加值（亿美元）	396.37	372.51	437.04	522.90	568.29	618.47	642.53	671.56	747.41	839.59
	服务业增加值（亿美元）	460.56	428.28	497.87	580.69	663.25	726.88	767.81	840.09	—	—
	税收占 GDP 比重（百分比）	—	—	—	—	—	—	—	—	—	—
文莱	国际旅游收入（亿美元）	2.54	—	—	0.92	0.96	0.79	1.47	1.44	1.77	—
	港口集装箱吞吐量（万 TEU）	8.56	9.32	10.50	10.92	12.18	12.80	12.80	12.49	12.49	—
	飞机起降架次（百架次）	122.74	123.33	116.72	103.74	109.20	103.92	116.24	110.58	107.43	113.10
	铁路运营里程（公里）	—	—	—	—	—	—	—	—	—	—
	铁路货运周转量（百万吨/公里）	—	—	—	—	—	—	—	—	—	—
	货物贸易出口额（亿美元）	72.00	89.07	124.65	130.01	114.47	105.09	63.53	48.75	55.71	65.74
	货物贸易进口额（亿美元）	24.49	25.38	36.29	35.72	36.12	35.99	32.29	26.79	30.85	41.64
	服务贸易出口额（亿美元）	9.15	4.62	5.02	4.83	4.93	5.57	6.48	5.30	5.51	5.81
	服务贸易进口额（亿美元）	14.34	12.69	18.18	26.39	28.59	21.87	16.54	16.44	12.49	15.74
	农业增加值（亿美元）	0.98	1.00	1.07	1.25	1.24	1.48	1.43	1.37	1.32	1.38
	工业增加值（亿美元）	70.20	94.11	136.48	138.40	126.70	116.01	79.34	65.31	72.43	85.80

续表

国家或地区	项目	2009年	2010年	2011年	2012年	2013年	2014年	2015年	2016年	2017年	2018年
文莱	服务业增加值（亿美元）	36.15	41.96	47.71	50.85	53.00	53.75	48.53	49.00	49.54	—
	税收占GDP比重（百分比）	—	—	—	—	—	—	—	—	—	—
柬埔寨	国际旅游收入（亿美元）	14.63	16.71	22.58	26.63	28.95	32.20	34.18	35.23	40.23	—
	港口集装箱吞吐量（万TEU）	20.76	22.42	22.42	22.42	23.00	34.20	39.20	40.00	48.50	—
	飞机起降架次（百架次）	33.04	51.05	71.91	74.32	118.97	147.32	129.83	119.33	143.72	143.87
	铁路运营里程（公里）	—	—	—	—	—	—	—	—	—	—
	铁路货运周转量（百万吨/公里）	—	—	—	—	—	—	—	—	—	—
	货物贸易出口额（亿美元）	41.96	51.43	67.04	78.38	66.66	68.46	85.42	100.69	120.89	139.50
	货物贸易进口额（亿美元）	58.30	67.91	93.00	113.50	95.55	106.92	132.61	141.01	154.95	187.80
	服务贸易出口额（亿美元）	18.12	20.28	27.30	31.92	34.94	38.11	39.55	40.33	46.08	54.51
	服务贸易进口额（亿美元）	8.43	10.18	13.88	15.92	17.91	20.84	22.42	24.30	27.45	30.16
	农业增加值（亿美元）	34.84	38.09	44.34	47.11	48.11	48.22	47.98	49.53	51.81	54.09
	工业增加值（亿美元）	22.53	24.59	28.41	32.29	36.65	42.77	49.96	58.95	68.41	79.34
	服务业增加值（亿美元）	40.35	43.06	48.12	53.08	58.64	66.32	71.90	79.84	87.90	—
	税收占GDP比重（百分比）	9.65	10.00	10.15	11.08	12.08	14.63	14.58	14.83	15.79	—
老挝	国际旅游收入（亿美元）	2.71	3.85	4.13	4.61	6.13	6.42	7.25	7.17	7.68	—
	港口集装箱吞吐量（万TEU）	—	—	—	—	—	—	—	—	—	—

续表

国家或地区	项目	2009年	2010年	2011年	2012年	2013年	2014年	2015年	2016年	2017年	2018年
老挝	飞机起降架次（百架次）	97.93	113.74	122.62	158.36	169.44	127.32	97.72	99.86	97.31	101.73
	铁路运营里程（公里）	—	—	—	—	—	—	—	—	—	—
	铁路货运周转量（百万吨/公里）	—	—	—	—	—	—	—	—	—	—
	货物贸易出口额（亿美元）	10.53	17.46	21.90	22.71	22.64	26.62	36.53	42.45	48.73	52.95
	货物贸易进口额（亿美元）	14.61	20.60	24.04	30.55	30.81	42.71	56.75	53.72	56.67	61.64
	服务贸易出口额（亿美元）	3.97	5.11	5.50	6.46	7.83	7.64	8.44	8.35	8.84	9.21
	服务贸易进口额（亿美元）	1.36	2.63	3.31	7.39	10.57	11.50	10.78	10.22	11.45	11.54
	农业增加值（亿美元）	14.12	16.11	18.19	18.90	21.41	23.68	25.31	27.23	27.30	28.47
	工业增加值（亿美元）	14.68	21.72	26.96	33.06	36.34	38.23	39.85	45.46	52.10	57.20
	服务业增加值（亿美元）	26.66	31.06	36.55	40.92	50.75	58.59	63.56	67.14	69.99	—
	税收占 GDP 比重（百分比）	—	—	—	—	—	—	—	—	—	—
缅甸	国际旅游收入（亿美元）	0.75	0.91	3.34	5.50	9.64	16.87	21.99	22.89	22.79	—
	港口集装箱吞吐量（万 TEU）	16.37	33.53	38.07	47.43	56.72	71.69	82.72	102.62	107.03	—
	飞机起降架次（百架次）	284.99	204.85	323.54	377.99	380.28	495.99	516.52	656.43	624.80	643.98
	铁路运营里程（公里）	—	—	—	—	—	—	—	—	—	—
	铁路货运周转量（百万吨/公里）	—	—	—	—	—	—	—	—	—	—
	货物贸易出口额（亿美元）	66.62	86.61	92.38	88.77	112.33	114.53	114.29	118.31	138.79	166.40

续表

国家或地区	项目	2009年	2010年	2011年	2012年	2013年	2014年	2015年	2016年	2017年	2018年
缅甸	货物贸易进口额（亿美元）	43.48	47.60	90.19	92.01	120.43	164.59	168.85	157.05	192.53	193.47
	服务贸易出口额（亿美元）	3.49	3.69	7.58	12.31	27.46	31.28	37.85	37.95	38.47	53.70
	服务贸易进口额（亿美元）	6.17	7.89	10.90	14.59	21.87	21.97	23.92	25.15	28.83	39.83
	农业增加值（亿美元）	140.64	182.57	194.90	183.35	178.00	182.14	159.79	161.10	155.69	174.87
	工业增加值（亿美元）	90.54	131.12	187.68	194.04	195.05	225.72	205.74	221.59	242.15	229.96
	服务业增加值（亿美元）	—	—	—	—	—	—	—	—	292.42	—
	税收占GDP比重（百分比）	—	—	—	4.52	5.53	5.84	6.01	6.41	6.02	—

资料来源：各年度广西统计年鉴、广西统计公报、世界银行数据库、WTO数据库。

（3）人身险业的未来发展潜力

选取衡量财产险业未来发展潜力的指标分别是：高等教育毛入学率、高中毛入学率、小学毛入学率、人均消费支出、城镇人口占比、失业率、居民消费价格指数、出境旅游人数、航空客运量、铁路客运周转量，共计10个。指标的单位分别为：百分比、百分比、百分比、美元、百分比、百分比、百分比、万人次、万人次、百万人/公里。

选取的原因在于：第一，高等教育毛入学率。该指标体现了一个国家或地区受教育的程度，通常认为接受教育程度越高，对人身保险越认可，高等教育是教育的最高程度，通常接受过高等教育的人，对人身保险认可度很高。第二，高中毛入学率。该指标体现出一个国家或地区受中等教育水平的程度。第三，小学毛入学率。该指标体现的是受初等教育水平的程度，经过该阶段教育的公众，可以认为具备了能自主购买保险的能力。第四，人均消费支出。该指标反映出一个国家或地区公众的消费能力，指标越大则认为该国家或地区的民众有更高的收入能力，即可用于给自己购买人身保险的资金越多。第五，城镇人口占比。该指标另一个说法是“城镇化率”，该指标越大，说明一个国家或地区的城镇人口数量越多，一般而言城镇地区收入比农村地区更好、教育水平更高，因此购买人身保险的可能性会更大。第六，失业率。若用100%减去该指标，则可得到的是“就业率”，一般而言个人在就业后才能有相应的个人收入去购买人身保险，因此该指标越小，购买保险的潜力就越大。第七，居民消费价格指数。该指标另一个说法是CPI，一般而言 CPI 较大，则购买养老险等储蓄型险种、投资功能的分红型，通过保险公司经营的红利可以帮助客户抵御通货膨胀，但是保险公司的受益也不能超过非常高的 CPI，过高的 CPI 也会抑制人身保险的需求；第八，出境旅游人数。该指标与旅游意外险直接相关，国内旅游的游客通常对意外险的购买率不高，但出境旅游几乎每一个人都会购买意外险；第九，航空客运量。该指标不仅是一个国家或地区航空业发展水平的体现，也直接与航空意外险市场相关；第十，铁路客运周转量。一方面，该指标代表一个国家或地区铁路运输的效率，另一方面，若该指标过大，也能说明该国家或地区的铁路运载负荷过重，可能存在风险隐患。

各指标的数据来源及相关说明如下：第一，高等教育毛入学率。广西数据来源于各年度广西统计年鉴，东盟数据来源于世界银行数据库。广西与东盟各国的该指标中，均指在校生与学龄人口的比例，并非是与全国或地区总人口的比例。第二，高中毛入学率。广西数据来源于各年度广西统计年鉴，东盟数据来源于世界银行数据库。广西与东盟各国的该指标中，均指在校生与学龄人口的比例，并非是与全国或地区总人口的比例。第三，小学毛入学率。广西数据来源于各年度广西统计年鉴，东盟数据来源于世界银行数据库。广西与东盟各国的该指标中，均指在校生与学龄人口的比例，并非是与全国或地区总人口的比例。第四，人均消费支出。广西数据来源于各年度广西统计公报，东盟数据来源于世界银行数据库。该指标中广西数据为现价美元，东盟各国数据为 2010 年不变价美元，广西数据为“城乡居民”综合的人均消费，并不是城镇居民或农村居民的人均消费支出。第五，城镇人口占比。广西数据来源于各年度广西统计年鉴，东盟数据来源于世界银行数据库。第六，失业率。广西数据来源于各年度广西统计年鉴，东盟数据来源于世界银行数据库。由于统计口径难以统一，广西数据以“城镇登记失业率”近似衡量，东盟各国为“失业人口占总劳动力的百分比”。第七，居民消费价格指数。广西数据来源于各年度广西统计公报，东盟数据来源于世界银行数据库。在世界银行数据库中，2010 年计为 100，为统一口径，作者也对广西数据进行相应的换算。第八，出境旅游人数。广西数据来源于各年度广西统计年鉴，东盟数据来源于世界银行数据库。第九，航空客运量。广西数据来源于中国交通运输部数据库，东盟各国数据来源于世界银行数据库。广西为民用航空的飞机起降架次，不包括军用航空，主要为南宁、柳州、桂林、梧州、北海、百色六个机场的加总数据。第十，铁路客运周转量。广西数据来源于各年度广西统计年鉴，东盟数据来源于世界银行数据库。第十一，其他说明。广西数据依据瑞士再保险集团各年度 *simga* 研究报告中所提供的汇率换算成美元，具体各年度汇率是：2009 年为 6.83、2010 年为 6.77、2011 年为 6.46、2012 年为 6.31、2013 年为 6.20、2014 年为 6.16、2015 年为 6.28、2016 年为 6.64、2017 年为 6.76、2018 年为 6.61。

表3-8　2009—2018年广西与东盟各国人身险业未来发展潜力指标情况

国家或地区	项目	2009年	2010年	2011年	2012年	2013年	2014年	2015年	2016年	2017年	2018年
广西	高等教育毛入学率（百分比）	17.00	—	—	—	—	—	—	—	35.90	39.00
	高中毛入学率（百分比）	—	—	—	—	—	—	87.00	88.00	88.50	89.40
	小学毛入学率（百分比）	—	99.40	—	—	99.60	99.60	99.40	99.60	99.80	—
	人均消费支出（美元）	—	—	—	—	1543.18	1663.47	1815.45	1851.66	1985.80	2259.46
	城镇人口占比（百分比）	60.80	59.89	58.20	56.47	55.19	53.99	52.94	51.92	50.79	50.22
	失业率（百分比）	3.74	3.66	3.50	3.40	3.30	3.20	2.90	2.90	2.20	2.34
	居民消费价格指数（百分比）	97.09	100.00	105.90	109.29	111.69	114.04	115.75	117.60	119.48	122.23
	出境旅游人数（万人次）	209.85	250.24	302.79	350.27	391.54	421.18	450.06	482.52	512.44	—
	航空客运量（万人次）	—	—	—	—	1570.76	1802.52	1882.82	—	2476.22	2763.40
	铁路客运周转量（百万人/公里）	16744.00	18213.00	19448.00	18772.00	19367.00	23696.00	31822.00	35108.00	40387.00	—
新加坡	高等教育毛入学率（百分比）	—	—	—	—	—	—	—	83.94	84.79	—
	高中毛入学率（百分比）	63.18	65.52	66.57	67.70	68.78	69.55	70.92	70.69	71.40	73.52
	小学毛入学率（百分比）	—	—	—	—	—	—	—	99.99	99.97	—
	人均消费支出（美元）	16743.27	17164.89	17476.54	17687.94	17893.80	18299.69	19015.25	19282.97	19917.20	20368.85
	城镇人口占比（百分比）	100.00	100.00	100.00	100.00	100.00	100.00	100.00	100.00	100.00	100.00
	失业率（百分比）	5.86	4.12	3.89	3.72	3.86	3.74	3.79	4.08	4.20	—
	居民消费价格指数（百分比）	97.25	100.00	105.25	110.06	112.66	113.81	113.22	112.62	113.27	113.76
	出境旅游人数（万人次）	696.10	734.20	775.30	804.80	864.70	890.30	912.50	947.40	988.90	—

续表

国家或地区	项目	2009年	2010年	2011年	2012年	2013年	2014年	2015年	2016年	2017年	2018年
新加坡	航空客运量（万人次）	1842. 75	2485. 98	2650. 99	2913. 85	3172. 92	3364. 35	3358. 54	3537. 03	3809. 50	4040. 15
	铁路客运周转量（百万人/公里）	—	—	—	—	—	—	—	—	—	—
马来西亚	高等教育毛入学率（百分比）	35. 49	37. 03	36. 15	37. 61	39. 07	39. 51	45. 59	46. 76	43. 72	45. 13
	高中毛入学率（百分比）	49. 42	50. 90	—	—	—	—	—	58. 33	—	—
	小学毛入学率（百分比）	95. 87	96. 23	—	98. 54	99. 66	99. 89	99. 52	—	—	—
	人均消费支出（美元）	4140. 10	4350. 00	4576. 74	4887. 51	5170. 53	5457. 60	5708. 71	5967. 03	6297. 76	6717. 92
	城镇人口占比（百分比）	70. 08	70. 91	71. 61	72. 28	72. 93	73. 58	74. 21	74. 84	75. 45	76. 04
	失业率（百分比）	3. 69	3. 25	3. 05	3. 04	3. 11	2. 88	3. 10	3. 44	3. 41	3. 35
	居民消费价格指数（百分比）	98. 40	100. 00	103. 17	104. 89	107. 10	110. 46	112. 79	115. 15	119. 61	120. 66
	出境旅游人数（万人次）	—	—	—	—	—	—	—	—	—	—
	航空客运量（万人次）	2376. 63	3423. 90	3821. 86	3916. 52	4799. 58	4967. 39	5034. 58	5381. 74	5871. 19	6048. 18
	铁路客运周转量（百万人/公里）	2346. 45	2414. 88	2497. 00	2321. 36	2497. 82	2058. 58	2051. 62	2224. 96	2028. 50	—
泰国	高等教育毛入学率（百分比）	49. 40	50. 37	52. 26	50. 68	49. 85	50. 18	—	49. 29	—	—
	高中毛入学率（百分比）	—	27. 34	—	—	29. 29	—	—	32. 67	—	—
	小学毛入学率（百分比）	98. 08	—	—	—	—	—	—	—	—	—
	人均消费支出（美元）	2524. 02	2648. 61	2684. 26	2851. 18	2864. 81	2874. 54	2929. 49	3002. 93	3081. 80	3214. 54
	城镇人口占比（百分比）	42. 54	43. 86	44. 70	45. 45	46. 19	46. 94	47. 69	48. 45	49. 20	49. 95
	失业率（百分比）	1. 49	0. 62	0. 66	0. 58	0. 49	—	—	—	—	—

续表

国家或地区	项目	2009年	2010年	2011年	2012年	2013年	2014年	2015年	2016年	2017年	2018年
泰国	居民消费价格指数（百分比）	96. 85	100. 00	103. 81	106. 94	109. 28	111. 35	110. 34	110. 55	111. 29	112. 47
	出境旅游人数（万人次）	465. 30	545. 10	539. 70	572. 10	597. 00	644. 40	679. 40	820. 40	896. 30	—
	航空客运量（万人次）	1961. 87	2878. 07	3194. 05	3639. 2469	4302. 92	4654. 66	5644. 76	6234. 17	7070. 49	7605. 30
	铁路客运周转量（百万人/公里）	—	8187. 00	8032. 00	—	—	—	—	—	—	—
印度尼西亚	高等教育毛入学率（百分比）	22. 99	24. 08	26. 30	30. 43	31. 06	30. 90	33. 25	35. 44	36. 44	36. 31
	高中毛入学率（百分比）	27. 84	—	28. 93	—	—	31. 09	32. 26	33. 73	—	34. 60
	小学毛入学率（百分比）	96. 84	97. 25	96. 83	95. 95	93. 73	93. 18	—	93. 62	94. 94	94. 38
	人均消费支出（美元）	1698. 44	1755. 30	1819. 43	1894. 01	1971. 16	2048. 28	2120. 40	2200. 36	2283. 04	2373. 08
	城镇人口占比（百分比）	49. 13	49. 91	50. 60	51. 28	51. 96	52. 64	53. 31	53. 99	54. 66	55. 33
	失业率（百分比）	6. 11	5. 61	5. 15	4. 47	4. 34	4. 05	4. 51	4. 30	4. 18	4. 51
	居民消费价格指数（百分比）	95. 12	100. 00	105. 36	109. 86	116. 91	124. 39	132. 30	136. 97	142. 18	146. 73
	出境旅游人数（万人次）	505. 30	623. 50	675. 00	745. 40	802. 50	807. 40	817. 60	834. 00	885. 60	—
	航空客运量（万人次）	2742. 12	5938. 44	7091. 23	7940. 58	8172. 14	8521. 59	9009. 51	9927. 40	10839. 31	11515. 41
	铁路客运周转量（百万人/公里）	19779. 00	20340. 00	19024. 00	17154. 00	16926. 00	20396. 00	22296. 00	21636. 00	25654. 00	—
菲律宾	高等教育毛入学率（百分比）	28. 49	29. 56	30. 80	31. 21	33. 52	35. 63	—	—	35. 48	—
	高中毛入学率（百分比）	—	56. 00	—	—	58. 46	—	—	—	—	—
	小学毛入学率（百分比）	90. 33	—	—	—	—	—	95. 58	94. 85	95. 03	—

续表

国家或地区	项目	2009年	2010年	2011年	2012年	2013年	2014年	2015年	2016年	2017年	2018年
菲律宾	人均消费支出（美元）	1495.21	1519.77	1577.81	1653.95	1717.68	1783.44	1866.66	1969.93	2055.89	2140.15
	城镇人口占比（百分比）	45.37	45.33	45.52	45.71	45.90	46.09	46.28	46.48	46.68	46.91
	失业率（百分比）	3.86	3.61	3.59	3.50	3.50	3.60	3.07	2.71	2.55	2.34
	居民消费价格指数（百分比）	96.35	100.00	104.72	107.89	110.67	114.66	115.43	116.88	120.21	126.48
	出境旅游人数（万人次）	318.80	—	—	—	—	348.80	511.50	570.30	—	—
	航空客运量（万人次）	1048.09	2257.54	2632.66	2854.07	2554.09	3489.74	3702.34	4020.67	3934.20	4308.01
	铁路客运周转量（百万人/公里）	—	—	—	—	—	—	342.00	384.00	—	—
越南	高等教育毛入学率（百分比）	20.23	22.82	24.95	25.19	25.19	30.72	29.07	28.54	—	—
	高中毛入学率（百分比）	25.68	—	—	—	—	—	—	—	—	—
	小学毛入学率（百分比）	99.02	98.14	99.40	98.20	100.00	—	—	—	—	—
	人均消费支出（美元）	818.98	877.21	903.86	938.14	976.39	1025.29	1109.31	1178.06	1251.85	1329.47
	城镇人口占比（百分比）	29.76	30.42	31.08	31.75	32.43	33.12	33.81	34.51	35.21	35.92
	失业率（百分比）	1.74	1.11	1.88	1.68	1.98	1.87	2.12	2.08	2.05	—
	居民消费价格指数（百分比）	91.86	100.00	118.68	129.47	138.00	144.50	145.77	150.50	155.80	161.31
	出境旅游人数（万人次）	—	—	—	—	—	—	—	—	—	—
	航空客运量（万人次）	1107.36	1437.76	1654.45	1697.61	2042.93	2382.60	2994.48	3734.93	4259.28	4704.97
	铁路客运周转量（百万人/公里）	4138.00	4378.00	4571.00	4558.00	4548.00	4252.58	4233.88	3416.00	3657.00	—

续表

国家或地区	项目	2009年	2010年	2011年	2012年	2013年	2014年	2015年	2016年	2017年	2018年
文莱	高等教育毛入学率（百分比）	16.77	15.46	17.40	22.43	24.34	32.02	31.30	31.92	33.56	31.39
	高中毛入学率（百分比）	—	—	—	—	—	—	—	—	—	—
	小学毛入学率（百分比）	97.22	—	—	96.74	97.24	96.58	96.49	96.69	96.14	96.08
	人均消费支出（美元）	5160.68	5189.47	5400.59	5790.21	6057.00	5791.81	5978.16	5833.93	6004.66	6123.19
	城镇人口占比（百分比）	74.61	74.96	75.31	75.66	76.00	76.33	76.66	76.99	77.31	77.63
	失业率（百分比）	—	—	—	—	—	6.97	—	—	9.32	—
	居民消费价格指数（百分比）	99.64	100.00	100.14	100.25	100.64	100.43	100.01	99.28	99.11	99.25
	出境旅游人数（万人次）	—	—	—	—	—	—	—	—	—	—
	航空客运量（万人次）	99.94	126.33	131.29	104.42	113.98	106.11	115.00	116.86	117.22	123.45
	铁路客运周转量（百万人/公里）	—	—	—	—	—	—	—	—	—	—
柬埔寨	高等教育毛入学率（百分比）	11.77	13.96	14.89	—	—	—	13.14	—	13.13	—
	高中毛入学率（百分比）	6.26	—	—	—	—	10.07	9.30	—	—	—
	小学毛入学率（百分比）	—	93.62	—	97.41	—	95.35	95.56	92.98	90.80	90.69
	人均消费支出（美元）	596.18	638.55	693.95	714.39	743.19	763.94	796.34	836.85	861.77	887.79
	城镇人口占比（百分比）	19.93	20.29	20.66	21.04	21.42	21.80	22.19	22.58	22.98	23.39
	失业率（百分比）	0.58	0.77	0.58	—	0.44	0.69	0.39	0.72	—	—
	居民消费价格指数（百分比）	96.16	100.00	105.48	108.57	111.77	116.08	117.49	121.07	124.57	—
	出境旅游人数（万人次）	34.00	50.50	71.00	79.20	87.20	95.60	119.40	143.40	175.20	—

续表

国家或地区	项目	2009年	2010年	2011年	2012年	2013年	2014年	2015年	2016年	2017年	2018年
柬埔寨	航空客运量（万人次）	18.35	27.77	50.00	50.87	61.51	107.12	110.39	104.74	130.53	141.11
	铁路客运周转量（百万人/公里）	—	—	—	—	—	—	—	—	—	—
老挝	高等教育毛入学率（百分比）	16.39	16.65	17.81	17.67	19.02	18.37	18.17	17.26	15.74	14.97
	高中毛入学率（百分比）	—	—	—	—	—	—	—	—	—	—
	小学毛入学率（百分比）	89.98	94.61	94.33	94.32	96.24	96.54	94.89	94.00	92.49	91.47
	人均消费支出（美元）	736.65	850.79	864.42	978.28	1010.73	1042.25	1072.81	1104.27	1154.59	—
	城镇人口占比（百分比）	29.48	30.06	30.66	31.26	31.87	32.49	33.11	33.74	34.37	35.00
	失业率（百分比）	—	0.71	—	—	—	—	—	—	9.41	—
	居民消费价格指数（百分比）	94.36	100.00	107.57	112.15	119.29	124.22	125.80	127.81	128.87	131.50
	出境旅游人数（万人次）	—	168.60	178.80	205.20	285.70	332.00	306.70	305.90	304.90	—
	航空客运量（万人次）	30.26	44.38	53.27	87.79	147.65	131.01	118.12	122.02	119.60	125.20
	铁路客运周转量（百万人/公里）	—	—	—	—	—	—	—	—	—	—
缅甸	高等教育毛入学率（百分比）	—	—	14.18	13.53	—	—	—	—	15.66	—
	高中毛入学率（百分比）	—	—	—	—	—	—	—	—	—	—
	小学毛入学率（百分比）	88.93	89.01	—	—	—	96.13	—	—	97.66	—
	人均消费支出（美元）	—	553.03	—	—	—	—	—	—	—	—
	城镇人口占比（百分比）	28.70	28.89	29.08	29.27	29.46	29.65	29.86	30.08	30.32	30.58
	失业率（百分比）	—	—	—	—	—	—	0.77	—	1.56	0.87

续表

国家或地区	项目	2009年	2010年	2011年	2012年	2013年	2014年	2015年	2016年	2017年	2018年
缅甸	居民消费价格指数（百分比）	92.83	100.00	105.02	106.56	112.41	118.08	129.28	138.28	144.61	154.54
	出境旅游人数（万人次）	—	—	—	—	—	—	—	—	—	—
	航空客运量（万人次）	152.73	92.42	153.97	166.34	157.21	192.70	209.55	274.14	314.90	340.78
	铁路客运周转量（百万人/公里）	—	—	—	—	—	—	—	—	—	—

资料来源：各年度广西统计年鉴、广西统计公报、世界银行数据库、WTO 数据库。

二、广西（中国）与东盟各国的保险业双边开放程度情况分析

（一）广西（中国）对东盟国家的保险业开放协议承诺情况

1. 对服务贸易开放的水平承诺

因为水平承诺适用于所有服务贸易部门，包括保险服务贸易，因此研究东盟各国对广西（中国）的保险业开放协议承诺情况，必须首先分析水平承诺情况。

表 3-9　广西（中国）对东盟国家服务贸易的水平承诺减让

市场准入限制	国民待遇限制
（3）在中国，外商投资企业包括外资企业（也称为外商独资企业）和合资企业，合资企业有两种类型：股权式合资企业和契约式合资企业。 股权式合资企业中的外资比例不得少于该合资企业注册资本的25%。 由于关于外国企业分支机构的法律和法规正在制定中，因此对于外国企业在中国设立分支机构不做承诺，除非在具体分部门中另有标明。 允许在中国设立外国企业的代表处，但代表处不得从事任何营利性活动，在CPC861、862、863、865下部门具体承诺中的代表处除外。 中华人民共和国的土地归国家所有。 企业和个人使用土地需遵守下列最长期限限制：（一）居住目的为70年；（二）工业目的为50年；（三）教育、科学、文化、公共卫生和体育目的为50年；（四）商业、旅游、娱乐目的为40年；（五）综合利用或其他目的为50年。 （4）除与属下列类别的自然人的入境和临时居留有关的措施外，不做承诺： （a）对于在中华人民共和国领土内已设立代表处、分公司或子公司的东盟成员国的公司的经理、高级管理人员和专家等高级雇员，作为公司内部的调任人员临时调动，应允许其入境首期停留3年；	（3）对于给予视听服务、空运服务和医疗服务部门中的国内服务提供者的所有现有补贴不做承诺。 对于中国—东盟服务贸易协议承诺中列明的服务部门中的国内服务提供者的所有现有补贴不做承诺。 对于中国—东盟服务贸易协议签署后新的服务贸易谈判中达成的部门或分部门的国内服务提供者的所有补贴不

续表

市场准入限制	国民待遇限制
(b) 对于被在中华人民共和国领土内的外商投资企业雇佣从事商业活动的东盟成员国的公司的经理、高级管理人员和专家等高级雇员，应按有关合同条款规定给予其长期居留许可，或首期居留3年，以时间短者为准； (c) 合同服务提供者——为履行雇主从中国获取的服务合同，进入中国境内提供临时性服务的外国自然人。其雇主为在中国境内无商业存在的其他成员的公司/合伙人/企业。合同服务提供者在外期间报酬由雇主支付。合同服务提供者应具备与所提供服务相关的学历和技术（职业）资格。停留时间以合同期限为准，但最长不超过一年。在中国停留期间不得从事与合同无关的服务活动。 合同服务提供者提供的服务仅限于以下部门：1. 会计服务；2. 医疗和牙医服务；3. 建筑设计服务；4. 工程服务；5. 城市规划服务（城市总体规划服务除外）；6. 计算机及其相关服务；7. 建筑及相关工程服务；8. 教育服务：合同服务提供者应具有学士或以上学位；有相应的专业职称或证书，且具有两年专业工作经验，与其雇主签订合同的中方合同主体应为具有教育服务职能的法人机构；9. 旅游服务； (d) 其他类别。机器设备配套维修和安装人员：为机器或工业设备提供配套安装或维修服务的技术人员。服务的提供需建立在机器或设备所有者向制造者支付费用或签有合同的基础上。合同双方均为法人。此类自然人入境停留时间以合同规定期限，但最长不得超过3个月。在中国停留期间不得从事与合同无关的服务活动。此类自然人应具备相应的技术（职业）资格。	做承诺。 (4) 除与市场准入栏中所指类别的自然人入境和临时居留有关的措施外，不做承诺。

注：业务类型代码（1）跨境提供、（2）境外消费、（3）商业存在、（4）自然人流动。本承诺表中的“外国”仅指东盟成员国。依照中国法律、法规及其他措施订立的设立“契约式合资企业”的合同条款，规定诸如该合资企业经营方式和管理方式以及合资方的投资或其他参与方式等事项契约式合资企业的参与方式根据合资企业的合同决定，并不要求所有参与方均进行资金投入。本减让表中的“外商投资企业”指根据《中外合资经营企业法》《中外合作经营企业法》《外资企业法》合法设立的外商投资企业。

资料来源：作者根据协议文档（AC-TIS/SC2/PRC）翻译及整理。

2. 对保险业的具体开放承诺

中国是泰国的全面战略合作伙伴，是泰国的第一大贸易进出口国，两国双边经贸合作紧密。中国保险业的开放程度在全球而言都是较高的，保险业亦是中国金融业中开放时间最早、开放程度最高的部门，在此列示出中国保险业对泰国的开放承诺，并以泰国对中国的开放承诺进行对比。需要说明的是，中国与泰国之间存在 FTA 协议，中国做出了比 GATS 更高的开放承诺，因此本部分比较分析不再列示中国在 GATS 中的承诺。

表 3 – 10　广西（中国）对东盟国家保险服务贸易开放的承诺减让

部门或分部门	市场准入限制	国民待遇限制
A. 所有保险及其相关服务 a. 寿险、健康险和养老金/年金险 b. 非寿险 c. 再保险 d. 保险附属服务	（1）除下列内容外，不做承诺： a）再保险； b）国际海运、空运和运输保险； c）大型商业险经纪、国际海运、空运和运输保险经纪及再保险经纪。 （2）保险经纪不做承诺。其他，没有限制。 （3）A. 企业形式 允许外国非寿险公司设立分公司或外资独资子公司，取消企业形式限制； 允许外国寿险公司设立外资占 50% 的合资企业，并可自行选择合资伙伴； 合资企业合资伙伴有权议定合作条款，只要它们不超过本减让表所包含承诺的限度； 对于大型商业险经纪、再保险经纪、国际海运、空运和运输保险和再保险经纪：允许设立外资独资子公司。对于其他经纪服务，不做承诺； 允许保险公司设立内部分支机构。 B. 业务范围 允许外国非寿险公司提供无地域限制的“统括保单”大型商业险保险。依照国民待遇，允许外国保险经纪公司不迟于中国保险经纪公司、并以不低于中国保险经纪公司的条件提供“统括保单”业务； 允许外国非寿险公司向外国和国内客户提供全部非寿险服务； 允许外国保险公司向外国人和中国人提供健康险、个人险/团体险和养老金/年金险； 允许外国保险公司以分公司、合资企业或外资独资子公司的形式提供寿险和非寿险的再保险服务，无地域限制或发放营业许可的数量限制。 C. 许可 许可的发放没有经济需求测试或许可的数量限制。设立外资保险机构的资格条件如下： – 投资者为在 WTO 成员中有 30 年以上设立商业机构经验的外国保险公司； – 连续 2 年在中国设有代表处； – 在提出申请的前一年年末总资产超过 50 亿美元，但保险经纪公司除外； 保险经纪公司的总资产超过 2 亿美元。 （4）除水平承诺中内容外，不做承诺。	（1）没有限制。 （2）没有限制。 （3）没有限制，下列内容除外：外国保险机构不得从事法定保险业务。 （4）除水平承诺以外，不做承诺。

注：业务类型代码（1）跨境提供、（2）境外消费、（3）商业存在、（4）自然人流动。

资料来源：作者根据协议文档（AC – TIS/SC2/PRC）翻译及整理。

通过表 3 – 9 与表 3 – 10 的比较，中国允许外资持股更大、外资险企可经营业务范围更多、新设立企业的审批程序更简便、可采取企业形式更灵活，可以说中国在保险服务贸易领域的市场开放水平是非常高的，这也体现出了中国在世界上是一个“承担责任的大国”。从某种意义而言，国际贸易协议中开放程度的不对等，会给相关缔约国的行业合作带来不利因素，阻碍行业的进一步发展。当然，绝对的对等开放也并不意味着公平（王受文，2018）以及高效率，因为双方经济发展程度是不同的，国情也不同。

（二）东盟各国对广西（中国）的保险业开放协议承诺情况

1. 新加坡对广西（中国）保险业的开放承诺协议

（1）对服务贸易开放的水平承诺

因为水平承诺适用于所有服务贸易部门，包括保险服务贸易，因此研究东盟各国对广西（中国）的保险业开放协议承诺情况，必须首先分析水平承诺情况。

表3－11　新加坡对广西（中国）服务贸易的水平承诺减让

市场准入限制	国民待遇限制
（4）除公司内部人员调任外（见下文），在自然人流动方面不做承诺。 除公司经理、高级管理人员、专家等内部人员调任外，对技术人员的短期流动不做承诺。公司内部调任人员是指公司的经理、高级管理人员和专家，他们作为公司雇员在新加坡的分公司、子公司或附属机构提供服务，并且在赴新加坡工作之前已经在该公司工作了至少一年。经理、高级管理人员和专家的定义如下： （a）经理：负责指导公司、公司某个部门或分支机构的运作，监督和掌控其他监管、专业技术或管理人员的工作，拥有雇用、解雇或建议雇用、解雇人员及其他人事权利（如升职或离职），并对公司日常的商业运营负责。经理不包括在一线工作的监管人员（一线经理），除非其负责监管的公司雇员是专业技术人员。经理也不包括对公司的工作提供必要服务的人员。 （b）高级管理人员：主要负责公司的管理工作，并拥有很大的决策权，只接受更高级别的主管人员、董事会或企业股权持有者的一般性监督和指导。高级管理人员不直接从事公司的服务业务或与提供服务有关的实际工作。 （c）专家：拥有高水平的专业知识，高度了解公司的服务、研究设备、技术或管理。（专家包括但不仅仅包括获得许可的专业人员）属于公司内部人员调任性质的首期入境期限为两年，此后每次可延期三年，但总的居留期不能超过八年。 任何部门或分部门中关于市场准入的具体承诺，无论采取何种服务提供方式，都不能逾越金融部门设立的限制性规定。	（3）商业存在、法人的设立和变更应符合以下规定：外国人注册的公司必须有一名本地经理，即该经理是新加坡公民、新加坡永久居民或新加坡工作证持有者（但是，如果这个外国人本人是新加坡永久居民或新加坡工作证持有者，则无须雇用本地经理）；公司至少有一名董事必须是本地居民；所有在新加坡注册的外国公司的分公司必须雇用至少两名本地居民为代理人（所谓本地居民是指新加坡公民、新加坡永久居民或持有新加坡工作证的人）。 商业存在，其设立的权利和法人行动的权利须遵守如下条款：希望注册商业企业的外国人必须雇佣一名新加坡公民、新加坡永久居民或新加坡就业许可证持有者为经理（新加坡永久居民或新加坡就业许可证持有者设立商业企业时不必如此）；至少一名公司主管是本地居民；在新加坡登记的所有外国公司的分支机构必须至少有两名本地居民做代理（本地居民包括新加坡公民、新加坡永久居民或新加坡就业许可证持有者）。 （4）不做承诺。

注：业务类型代码（1）跨境提供、（2）境外消费、（3）商业存在、（4）自然人流动。

资料来源：作者根据协议文档（AC－TIS/SC2/SIN）翻译及整理。

（2）对保险业的具体开放承诺

新加坡不仅与中国同属于中国—东盟FTA，并且新加坡与中国两国之间也有双边的

FTA 协议。中新自贸协定在 2008 年 10 月 23 日签订，已于 2009 年 1 月 1 日正式生效，并且后续还经历了升级谈判过程，中国与新加坡自由贸易协定升级议定书也于 2019 年 10 月 16 日生效，《升级议定书》对原中新自由贸易协定原产地规则、海关程序与贸易便利化、贸易救济、服务贸易、投资、经济合作 6 个领域进行了升级，并新增了电子商务、竞争政策和环境 3 个领域。双方商定，《升级议定书》涉及的原产地规则调整于 2020 年 1 月 1 日起实施。在中新 FTA 下，新加坡对保险业的承诺减让与中国—东盟 FTA 中是完全相同的。

表 3－12　新加坡保险业对广西（中国）开放的承诺减让

部门或分部门	市场准入限制	国民待遇限制
(a) 人寿险服务（包括年金险、伤残收入险、意外险和健康险服务）	(1) 不做承诺。 (2) 没有限制。 (3) 以下措施也是对国民待遇的限制措施：外国投资方在本地企业中的股权比例上限为 49%，任何一个外国投资方都不能是该企业最大的股权持有者；保险公司必须以分支机构或子公司的形式设立；不应使用和通过投资使用任何来自社会保障、公共退休和法定储蓄规划的资金。除以上外没有限制。 (4) 除水平承诺外，不做承诺。	(1) 不做承诺。 (2) 没有限制。 (3) 没有限制。 (4) 除水平承诺以外，不做承诺。
(b) 非人寿保险服务（包括伤残收入险、意外险、健康险服务和忠诚保险契约、履约保证保险或类似保证合同）	(1) 不做承诺。 (2) 除机动车第三者责任险和劳工赔偿金等强制性保险必须从持有牌照的新加坡保险公司购买外，没有限制。 (3) 外国投资方在本地企业中的股权比例上限为 49%，任何一个外国投资方都不能是该企业最大的股权持有者；保险公司必须以分支机构或子公司的形式设立；除以上外没有限制。 (4) 除水平承诺外，不做承诺。	(1) 不做承诺。 (2) 没有限制。 (3) 没有限制。 (4) 除水平承诺以外，不做承诺。
(c) 再保险和转分保	(1) 没有限制。 (2) 没有限制。 (3) 除再保险公司只能设立分支机构或子公司外，没有限制。 (4) 除水平承诺外，不做承诺。	(1) 没有限制。 (2) 没有限制。 (3) 没有限制。 (4) 除水平承诺以外，不做承诺。

续表

部门或分部门	市场准入限制	国民待遇限制
(d) 保险中介（包括经纪和代理服务）	（1）不做承诺。 （2）以下措施也是对国民待遇的限制措施：代理商不可为没有许可证的保险商服务。除由船舶保赔协会投保的船主海上风险保险和再保险之外，保险经纪人对新加坡国内的风险销售至国外，必须经过新加坡金融管理局（MAS）的批准。 （3）以下措施也是对国民待遇的限制措施：除允许直接保险人和再保险经纪人作为本地注册的子公司开展业务外，不做承诺。 （4）除水平承诺外，不做承诺。	（1）不做承诺。 （2）没有限制。 （3）不做承诺。 （4）除水平承诺以外，不做承诺。
(e) 保险辅助服务（包括精算、损失理算、海损理算和咨询服务）	（1）没有限制。 （2）没有限制。 （3）没有限制。 （4）除水平承诺外，不做承诺。	（1）没有限制。 （2）没有限制。 （3）没有限制。 （4）除水平承诺外，不做承诺。

注：业务类型代码（1）跨境提供、（2）境外消费、（3）商业存在、（4）自然人流动。直接保险经纪人是指按照《保险法》中关于一般保险、长期意外保险和健康保险的政策规定获得许可的保险经纪人，按照再保险业务政策规定获得许可的经纪人除外。

资料来源：作者根据协议文档（AC－TIS/SC2/SIN）翻译及整理。

2. 马来西亚对广西（中国）保险业的开放承诺协议

（1）对服务贸易开放的水平承诺

因为水平承诺适用于所有服务贸易部门，包括保险服务贸易，因此研究东盟各国对广西（中国）的保险业开放协议承诺情况，必须首先分析水平承诺情况。

表 3－13　马来西亚对广西（中国）服务贸易的水平承诺减让

市场准入限制	国民待遇限制
（3）收购、兼并和收购马来西亚公司和企业的资产或权益，需要获得批准，并适用于以下情况：(a) 以下形式可获得马来西亚公司的投票权，任何单一外国权益或15%或以上的关联集团，或30%或以上或价值超过500万林吉特的外国权益。(b) 拟以任何方式收购任何资产或权益，从而导致所有权或控制权转移至外国权益；及 (c) 通过任何形式的合资协议、管理协议、技术援助协议或其他安排来控制马来西亚公司。通常情况下可获得批准，但如果拟议的投资与国家利益相冲突，则可能得不到批准。 （4）除公司内部人员调任外（见下文），在自然人流动方面不做承诺。除下列规定或部门承诺中指明的影响自然人入境和暂时居留的措施外，不受约束： 1. 公司内部受让人 (a) 组织内的高级管理人员：拥有本组织的专有信息；在与组织的建	（3）土地、财产和房地产 如果土地或土地、财产和不动产的有关权益的获取、处置或交易是为了投机或非生产目的，或是为了可能与国家利益相冲突的目的，则批准可能被拒绝。 奖励/优惠 奖励仅限于符合条件的马来西亚公司，这些公司从事政府推动的服务行业。 对为实现国家发展目标而设

续表

市场准入限制	国民待遇限制
立、控制和运作有关的决策方面能行使广泛的自由；主要领导组织的管理；只接受董事会或本组织合伙人的一般监督或指导。 (b) 每个组织有两名专家或专家，他们是本组织内部拥有持续专业知识的高级水平的人，并且拥有本组织新服务产品和技术、研究设备和技术或管理的专有知识。可允许更多的专家或专家接受市场测试，并通过相关服务部门或分部门可接受的培训方案对马来西亚人进行培训；但该人士是该外事服务供应商的雇员，并在紧接其申请工作许可证日期前已受雇于该外事服务供应商不少于一年，而他须以至少相类似身份服务。 2. 其他 (a) 专业人员或专家是指具有持续专业知识的高级水平，并须接受市场测试和雇用马来西亚人作为对应人员和（或）通过有关服务部门或界别分组可接受的培训方案对马来西亚人进行培训的人；(b) 专业人员是指具有马来西亚专业机构正式承认并在这些专业机构注册的必要学历、专业资格、经验和（或）专门知识的人员；并正在进行各自的专业活动；以及 (c) 商务访客是非马来西亚境内的人，没有从马来西亚境内的来源获得报酬，且至少被外国服务供应商雇佣一年，其进入和暂时停留的目的是为销售服务进行谈判，或为该服务供应商签订销售服务的协议，且不会直接向公众销售服务。 3. 第1 (a) 和 (b) 类以及第2 (a) 和 (b) 类所界定的自然人入境和居留不得超过5年。对于第2 (c) 类，停留时间不得超过90天。	立的本土公司、本土地位公司、信托公司和机构给予的任何措施和特别优惠，均不受约束。 和政府有利害关系的公司在获取服务时，应首先考虑和政府有利害关系的服务供应商。这一要求并不妨碍从其他服务供应商那里获得服务，因为他们的服务在价格、质量和交付方面具有竞争力。 (4) 除市场准入中提到的自然人类别外，不做承诺。

注：业务类型代码 (1) 跨境提供、(2) 境外消费、(3) 商业存在、(4) 自然人流动。

资料来源：作者根据协议文档 (AC－TIS/SC2/MAL) 翻译及整理。

(2) 对保险业的具体开放承诺

表3－14 马来西亚保险业对广西（中国）开放的承诺减让

部门或分部门	市场准入限制	国民待遇限制
离岸直接保险公司、离岸再保险公司、离岸保险经纪人、离岸保险承销经理、离岸保险经理	(3) 仅限于进入纳闽。仅限于在马来西亚注册成立的分公司或子公司进入。 (4) 除商业存在模式下自然人短期居留外，不做承诺。	(3) 没有限制。 (4) 除商业存在模式下自然人短期居留外，不做承诺。
直接保险公司	(3) 根据1996年《保险法》，外国保险公司分支机构必须在当地注册成立，且外资股份最高限额为51%。	(3) 除金融服务水平承诺和下列情况外，没有限制。

续表

部门或分部门	市场准入限制	国民待遇限制
直接保险公司	如果现有外资股东是马来西亚当地保险公司的原始股东，则可以拥有最多51%的股份，但外资总股份不能超过51%。 新入股仅限于外国保险公司参股本地注册保险公司，外资总股份不能超过30%。 对于新许可证的发放不做承诺。 一家保险公司在下列情况下不得收购超过5%的股份：（a）在马来西亚有另一家与该公司所经营保险业务类别相同的保险公司；或（b）保险经纪公司。 已经拥有一家保险公司超过5%股份的个人，在下列情况下不得收购下列公司5%以上的股份：（a）同一个股东在马来西亚有另一家与该公司所经营保险业务类别相同的保险公司；或（b）保险经纪公司。 （4）除下列情况外，不做承诺： （a）除特别指出外，自然人只能通过商业存在服务在马来西亚短期居留；（b）外国保险公司的分支机构和当地注册保险公司允许雇佣外国高级经理2名、外国专家3名。高级经理是对金融服务供应商服务的建立、控制和运营拥有至关重要的专有知识和权力的个人。（c）每个与以下专业领域相关的机构可雇佣3名专家：（i）财产保险的特殊类别承保；（ii）信息技术；（iii）保险精算；（d）入境许可最长期限为5年。	外资保险公司收购马来西亚当地保险公司超过5%的股份，必须满足下列条件之一：（a）外资保险公司必须有能力为马来西亚贸易提供便利，或有助于马来西亚金融和经济发展；（b）外资保险公司所属国必须与马来西亚有重要的贸易和投资关系；（c）外资保险公司所属国并不在马来西亚保险业占有重要份额；（d）外资保险公司有能力提供有助于马来西亚金融和经济发展的专业知识和技术。 （4）除在市场准入下自然人类别外，不做承诺。
直接保险公司（非寿险）	（1）不允许在马来西亚招揽和广告。 可直接在国外销售的保险有：（a）位于马来西亚的动产或不动产，包括在马来西亚注册的任何船舶或飞机；和（b）居民对第三方的责任须经批准。如果马来西亚的直接保险公司不提供此类保险，则将获得批准。 （2）可直接在国外销售的保险有：（a）位于马来西亚的动产或不动产，包括在马来西亚注册的任何船舶或飞机；和（b）居民对第三方的责任须经批准。如果马来西亚的直接保险公司不提供此类保险，则将获得批准。 （3）只允许直接保险公司。纳闽的离岸直接保险公司不允许承保马来西亚的直接保险。 （4）除在金融行业的水平承诺外，不做承诺。	（1）没有限制。 （2）没有限制。 （3）只允许外国持股总额低于50%的直接保险公司的分支机构。允许直接保险公司维持其现有的分支机构网络。对以下不做承诺：为马来西亚直接保险公司提供特别援助，以促进其发展。 （4）除在金融行业的水平承诺外，不做承诺。
直接保险公司（寿险）	（1）不做承诺。 （2）不做承诺。 （3）只允许直接保险公司。直接保险公司提供的投资联结保险业务和新的人寿保险产品需要获得批准。在	（1）不做承诺。 （2）不做承诺。 （3）只允许外国持股总额低于50%的直接保险公司的分支机构。

续表

部门或分部门	市场准入限制	国民待遇限制
直接保险公司（寿险）	纳闽的境外直接保险公司不允许承保居民人寿保险，这一限制不适用于高净值居民的普通人寿保险。 （4）除在金融行业的水平承诺外，不做承诺。	允许直接保险公司维持其现有的分支机构网络。对以下不做承诺：为马来西亚直接保险公司提供特别援助，以促进其发展。 （4）除在金融行业的水平承诺外，不做承诺。
再保险和转分保（非寿险）	（1）只有在马来西亚本地公司没有能力的情况下才允许再保险分出。 （2）只有在马来西亚本地公司没有能力的情况下才允许再保险分出。 （3）除离岸直接保险公司和离岸再保险公司外，所有的保险公司在任何再保险分出业务时都负有优先分给国内的义务。对于新许可证的发放不做承诺。外商在马来西亚再保险公司的总持股不得超过30%。在纳闽以离岸再保险公司形式进入是受限制的。 （4）除下列情况外，不做承诺：（a）每个机构允许有2名高级经理和3名专家。高级经理是指对金融服务供应商服务的建立、控制和运营拥有至关重要的专有知识和权力的个人。专家是指对金融服务供应商的新产品和服务、技术或管理拥有相关的知识和专业知识的个人。（b）入境期限最长不得超过5年。对于离岸再保险公司，除金融部门水平承诺外不做承诺。	（1）自愿将每类非人寿再保险业务的30%分保给马来西亚国有再保险公司。对在马来西亚采取的促进再保险的财政激励措施不做承诺。 （2）自愿将每类非人寿再保险业务的30%分保给马来西亚国有再保险公司。对在马来西亚采取的促进再保险的财政激励措施不做承诺。 （3）对给予马来西亚国有再保险公司特殊地位的措施不做承诺。 （4）除在金融行业的水平承诺外，不做承诺。对于离岸再保险公司，除在金融行业水平承诺外不做承诺。
再保险和转分保（寿险）	（1）只有在马来西亚本地公司没有能力的情况下才允许再保险分出。 （2）只有在马来西亚本地公司没有能力的情况下才允许再保险分出。 （3）以下的任何再保险分出业务都要求优先分给国内：（a）马来西亚的直接人寿保险公司和人寿再保险公司；和（b）已获得允许为高净值居民投保或再保险人寿保险的离岸直接人寿保险公司和离岸再保险公司。 对于新许可证的发放不做承诺。外商在马来西亚再保险公司的总持股不得超过30%。在纳闽以离岸再保险公司形式进入是受限制的。 （4）除下列情况外，不做承诺：（a）每个机构允许有2名高级经理和3名专家。高级经理是指对金融服务供应商服务的建立、控制和运营拥有至关重要的专有知识和权力的个人。专家是指对金融服务供应商的新产品和服务、技术或管理拥有相关的知识和专业知识的个人。	（1）对在马来西亚采取的促进再保险的财政激励措施不做承诺。 （2）对在马来西亚采取的促进再保险的财政激励措施不做承诺。 （3）没有限制。 （4）除在金融行业的水平承诺外，不做承诺。对于离岸再保险公司，除在金融行业水平承诺外不做承诺。

续表

部门或分部门	市场准入限制	国民待遇限制
再保险和转分保（寿险）	（b）高级经理、专家或专家的调动可以通过公司内部调动或其他方式进行。（c）入境期限最长不得超过5年。对于离岸再保险公司，除金融部门水平承诺外不做承诺。	
保险中介－保险经纪（不包括代理）	（1）直接保险经纪服务只能由纳闽的离岸公司提供。再保险经纪则放开允许。 （2）直接保险经纪服务只能由纳闽的离岸公司提供。再保险经纪则放开允许。 （3）在岸保险经纪业务不做承诺。不允许离岸保险经纪人为马来西亚提供直接保险经济业务，马来西亚的再保险经纪业务不受限制。 （4）除在金融行业的水平承诺外，不做承诺。	（1）没有限制。 （2）没有限制。 （3）没有限制。 （4）除在金融行业的水平承诺外，不做承诺。
保险中介－保险销售和保险管理	（1）不允许开展保险销售和保险管理业务。 （2）不允许开展保险销售和保险管理业务。 （3）在岸保险销售和保险管理不做承诺。离岸保险销售经理不得向除纳闽的离岸保险公司外的任何人提供服务。允许离岸保险经理向当地居民以外的人提供保险管理服务。 （4）除在金融行业的水平承诺外，不做承诺。	（1）没有限制。 （2）没有限制。 （3）没有限制。 （4）除在金融行业的水平承诺外，不做承诺。
保险辅助：（a）咨询服务（不包括对保险业的保险代理服务）（b）精算风险评估（c）风险管理（d）海事损失调整	（1）精算服务只由离岸保险公司和在纳闽的离岸再保险公司提供。 （2）没有限制。 （3）仅限于建立：（a）本地注册公司；（b）分支机构；或（c）合资企业。离岸公司不允许向马来西亚居民提供服务。 （4）除商业存在模式下自然人短期居留外，不做承诺。	（1）没有限制。 （2）没有限制。 （3）没有限制。 （4）除商业存在模式下自然人短期居留外，不做承诺。

注：业务类型代码（1）跨境提供、（2）境外消费、（3）商业存在、（4）自然人流动。

资料来源：作者根据协议文档（AC－TIS/SC2/MAL）翻译及整理。

3. 泰国对广西（中国）保险业的开放承诺协议

（1）对服务贸易开放的水平承诺

表 3－15　泰国对广西（中国）服务贸易的水平承诺减让

市场准入限制	国民待遇限制
（3）对于通过商业存在提供的服务，只有一缔约方自然人拥有或控制的另一缔约方法人才可以受益于泰国所做承诺。 除在具体部门另行规定外，本减让表中各个部门或分部门的商业存在只能通过在泰国注册成立有限责任公司的方式实现，同时还须满足以下条件：（a）外资股份在公司的注册资本中所占比例不能超过 49%；（b）外国股东的人数必须少于公司股东总数的一半。 收购和使用土地：根据泰国的《土地法》，外国公民或视为外国所属的本国公司不允许在泰国购买或拥有土地，但可以租用土地并拥有建筑物。此外，根据泰国关于共有所有权的法律规定，外国人也可以拥有共管单元的部分所有权。 （4）除具体部门另行规定及以下类别人员外，对于自然人临时流动不做承诺： I. 商务访问者（BV） （a）服务销售人员：即作为一服务提供者的代表进入并临时在泰国居留、不从泰国境内的商品或服务销售活动获得报酬、或就销售该提供者的服务达成协议的人员。 （b）负责设立商业存在机构的人员：即作为一服务提供者的代表，出于以下目的进入并临时在泰国居留的人员：参加商务会议或合同签署；访问商业机构或其他类似活动；在一服务提供者未在泰国设立商业存在的情况下，进入泰国并设法设立商业存在。 条件：服务提供者的代表或法人的雇员不能直接向公众进行销售，或亲自提供服务。 居留期限：允许商务访问者临时在泰国居留，经申请可获得工作许可，最初的入境期限为 90 天。在符合移民局和劳工部就业厅规定的相关标准的前提下，（b）类商务访问者的入境期限可以延长至一年。 II. 公司内部调动人员（ICT） 设立在某一成员领土内的公司的雇员，作为公司内部的临时调任人员，为该公司在泰国的商业存在提供服务。 此类人员包括经理、高级管理人员和专家，具体定义如下：经理：（manager）在机构内负责指导公司、公司某个部门或分支机构的运作，监督和掌控其他监管、专业技术或管理人员的工作，拥有雇用、解雇或建议雇用、解雇人员及其他人事权利（如升职或离职），并对公司日常的商业运营负责。经理不包括在一线工作的监管人员，除非其负责监管的公司雇员是专业技术人员。经理也不包括对公司的工作提供必要服务的人员。高级管理人员：（executive）在机构内主要负责公司的管理工作，并拥有很大的决策权，只接受更高级别的主管人员、董事会或企业股权持有者的一般性监督和指导。高级管理人员不直接从事公司的服务业务或与提供服务有关的实际工作。专家：（specialist）在机构内拥有高水平的专业知识，高度了解公司的服务、研究设备、技术或管理。 条件：上述雇员在提出入境申请时，必须已在泰国境外为该公司工作了至少一年；符合泰国移民局提出的相关标准，并持有非移民签证；同时还应符合泰国劳工部就业厅根据管理需要提出的相关标准。 入境期限：允许上述类别的雇员临时在泰国居留，经申请可获得工作许可，首期入境期限为一年。在获得最初的雇主对雇员任职时间的征实，并符合泰国相关法律规定的情况下，可以对雇员的入境期限进行三次延期，每次延期不得超过一年。 收购和使用土地：根据泰国的《土地法》，外国公民或视为外国所属的本国公司不允许在泰国购买或拥有土地，但可以租用土地并拥有建筑物。此外，根据泰国关于共有所有权的法律规定，外国人也可以拥有共管单元的部分所有权。	（3）对于通过商业存在提供的服务，只有一缔约方自然人拥有或控制的另一缔约方法人才可以受益于泰国所做承诺。 除在具体部门另行规定外，对遵照泰国法规注册的、外资股份在注册资本中所占比例不超过 49% 的商业实体，没有限制。 对包括补贴在内的其他国民待遇不做承诺。 收购和使用土地：除市场准入栏中的内容外，不做承诺。 （4）除市场准入栏中的内容外，不做承诺。 收购和使用土地：除市场准入栏中的内容外，不做承诺。

注：业务类型代码（1）跨境提供、（2）境外消费、（3）商业存在、（4）自然人流动。

资料来源：作者根据协议文档（AC－TIS/SC2/THA）翻译及整理。

（2）对保险业的具体开放承诺

表 3－16　泰国保险业对广西（中国）开放的承诺减让

部门或分部门	市场准入限制	国民待遇限制
（a）人寿保险服务（CPC81211）	（1）没有限制。 （2）没有限制。 （3）（a）外资参股比例不超过注册股本的 25%。 （b）新机构须经内阁同意，获得部长批准的许可证。 （4）只限经保险监管人员批准的高级管理人员、专家和技术助理。	（1）没有限制。 （2）由本地保险公司签发保单的寿险保费，可以减免一定数额的税款。 （3）除市场准入限制栏规定的以外没有限制。 （4）除水平承诺以外，不做承诺。
（b）非寿险服务（CPC8129）	（1）除国际海运、航空和运输及各类再保险外不做承诺。 （2）没有限制。 （3）（a）外资参股比例不超过注册股本的 25%。 （b）新机构须经内阁同意，获得部长批准的许可证。 （4）只限经保险监管人员批准的高级管理人员、专家和技术助理。	（1）不做承诺。 （2）没有限制。 （3）除市场准入限制栏规定的以外没有限制。 （4）除水平承诺以外，不做承诺。
（d）保险辅助服务（不包括养老基金服务） 保险经纪和代理服务（CPC81401）	（1）不做承诺。 （2）不做承诺。 （3）外资参股比例不得超过 25%。 （4）（a）只限经保险监管人员批准的高级管理人员、专家和技术助理。 （b）对个人保险经纪及代理人不做承诺。	（1）不做承诺。 （2）不做承诺。 （3）除市场准入限制栏规定的以外没有限制。 （4）除水平承诺以外，不做承诺。
保险咨询服务，不包括退休金咨询服务（CPC81402） 海损和损失调整服务（CPC81403） 精算服务（CPC81404）	（1）没有限制。 （2）没有限制。 （3）除水平承诺外没有限制。 （4）只限经保险监管人员批准的高级管理人员、专家和技术助理。	（1）没有限制。 （2）没有限制。 （3）只要外资参股比例不超过 49%，就没有限制。 （4）除水平承诺以外，不做承诺。

注：业务类型代码（1）跨境提供、（2）境外消费、（3）商业存在、（4）自然人流动。

资料来源：作者根据协议文档（AC－TIS/SC2/THA）翻译及整理。

4. 印度尼西亚对广西（中国）保险业的开放承诺协议

（1）对服务贸易开放的水平承诺

表 3－17　印度尼西亚对广西（中国）服务贸易的水平承诺减让

市场准入限制	国民待遇限制
（3）除另行规定外，外国服务提供者实现商业存在的方式包括设立合资企业和/或代表处。 合资企业须满足以下要求：（i）应为有限责任公司；（ii）外国合伙人在有限责任公司中所占资本比例不能超过49%。 （4）根据印度尼西亚劳工和移民的法律法规，除另有规定外，只有董事、经理和技术专家/顾问允许居留两年，期满后可延长两次，每次两年。其中，经理和技术专家（公司内部流动人员）的入境取决于经济需求测试。商务人员的短期入境和居留期最长为60天，最长可延长到120天。	（3）根据印度尼西亚《收入税法》，非居民纳税人从印度尼西亚获取以下收入时，需代扣20%的所得税。（a）利息；（b）版税；（c）分红；（d）在印度尼西亚提供服务的收费所得。 土地获得：根据1960年颁布的《土地法》，任何外籍人士（包括法人和自然人）都不允许在印度尼西亚拥有土地。但是，合资企业拥有土地使用和建筑权，并可以租赁/承租土地和资产。 任何法人和自然人都必须满足职业资格要求。 （4）对外籍人士征收的费用。所有在印度尼西亚提供服务的外国自然人都应交纳政府征收的相关费用。根据劳工法，所有合资企业和代表处雇用的外国人士，和/或其他类型的法人，以及个体服务提供者都必须持有劳工移民部发放的工作许可证。

注：业务类型代码（1）跨境提供、（2）境外消费、（3）商业存在、（4）自然人流动。

资料来源：作者根据协议文档（AC－TIS/SC2/INO）翻译及整理。

（2）对保险业的具体开放承诺

印度尼西亚在中国—东盟FTA的服务贸易承诺中，没有对保险业做特定承诺。印度尼西亚在中国—东盟FTA中金融业对外开放程度很低，主要开放的只是金融业中的保理服务（CPC8113），因此下表是印度尼西亚在GATS中的承诺减让（GATS/SC/43/Suppl. 1）。既然印度尼西亚与中国同为WTO成员方，所以下表对于中国是适用的。

表 3－18　印度尼西亚保险业对广西（中国）开放的承诺减让（GTAS）

部门或分部门	市场准入限制	国民待遇限制
非寿险服务（CPC8129）	（1）不做承诺。 （2）除以下情况外不做承诺：（a）印度尼西亚没有单独的或共同的保险公司有能力承保相关风险。（b）印度尼西亚没有保险公司有意愿去承保相关风险。（c）相关保险标的的所有人不是印度尼西亚的公民或者法律实体。 （3）遵守水平承诺中提出的特别措施。 （4）除董事和技术顾问/专家外，不做承诺。	（1）不做承诺。 （2）不做承诺。 （3）对外资服务供应商的实收资本要求高于国内服务供应商。 （4）遵守水平承诺中提出的特别措施。
再保险服务	（1）没有限制。 （2）除符合资本要求且信誉良好的服务供应商外，不做承诺。 （3）遵守水平承诺中提出的特别措施。 （4）除董事和技术顾问/专家外，不做承诺。	（1）没有限制。 （2）不做承诺。 （3）对外资服务供应商的实收资本要求高于国内服务供应商。 （4）遵守水平承诺中提出的特别措施。

续表

部门或分部门	市场准入限制	国民待遇限制
寿险服务（CPC8121）	（1）不做承诺。 （2）除以下情况外不做承诺：（a）印度尼西亚没有单独的或共同的保险公司有能力承保相关风险。（b）印度尼西亚没有保险公司有意愿去承保相关风险。（c）相关保险标的的所有人不是印度尼西亚的公民或者法律实体。 （3）遵守水平承诺中提出的特别措施。 （4）除董事和技术顾问/专家外，不做承诺。	（1）不做承诺。 （2）不做承诺。 （3）对外资服务供应商的实收资本要求高于国内服务供应商。 （4）遵守水平承诺中提出的特别措施。
保险中介服务（CPC8140）	（1）不做承诺。 （2）没有限制。 （3）合资企业中至少有一名董事为印度尼西亚籍公民。 （4）除董事和技术顾问/专家外，不做承诺。	（1）不做承诺。 （2）不做承诺。 （3）对外资服务供应商的实收资本要求高于国内服务供应商。 （4）遵守水平承诺中提出的特别措施。
再保险中介服务（CPC8140）	（1）不做承诺。 （2）没有限制。 （3）遵守水平承诺中提出的特别措施。 （4）除董事和技术顾问/专家外，不做承诺。	（1）没有限制。 （2）不做承诺。 （3）对外资服务供应商的实收资本要求高于国内服务供应商。 （4）遵守水平承诺中提出的特别措施。

注：业务类型代码（1）跨境提供、（2）境外消费、（3）商业存在、（4）自然人流动。印度尼西亚在中国—东盟 FTA 的服务贸易承诺中，没有对保险业做特定承诺，因此本表是印度尼西亚在 GATS 中的承诺减让（GATS/SC/43/Suppl. 1）。

资料来源：作者根据协议文档（GATS/SC/43/Suppl. 1）翻译及整理。

5. 菲律宾对广西（中国）保险业的开放承诺协议

（1）对服务贸易开放的水平承诺

表3-19　菲律宾对广西（中国）服务贸易的水平承诺减让

市场准入限制	国民待遇限制
（1）所有由政府单位采取的措施不做承诺。 （2）所有由政府单位采取的措施不做承诺。 （3）根据“法定专属菲律宾公民的经营行为”（即外资限定于少数股份）规定：在参与法定专属菲律宾公民的企业经营活动时，外国投资者的管理权限应限于其在该企业实体中所占的股比份额。 全部主管及管理人员必须是菲律宾公民。 申请用地：全部公共领土归国家所有。只允许菲律宾公民或菲律宾公民所持资本比例不少于 60% 的公司或协会可以拥有公共土地外的其他土地并通过租赁获得公共土地。	（1）所有由政府单位采取的措施不做承诺。 （2）所有由政府单位采取的措施不做承诺。 （3）获得国内信贷。 从事非制造业活动的外国公司，出于自身需要借款，应遵守资产/负债比例为 50 : 50 的规定。外国公司包括：合伙：40% 以上的资本由非菲律宾公民所有；公司：40% 以上的股份资本由非菲律宾公民所有； 这一规定不适用于银行和非银行金融中介机构。

续表

市场准入限制	国民待遇限制
外国投资者只能租赁私有土地。 所有由政府单位采取的措施不做承诺。 （4）服务提供自然人的进入与临时居留。允许国外非居民到菲律宾提供服务，条件是申请之时没有菲律宾居民与之竞争、能够或愿意提供此类服务。 所有由政府单位采取的措施不做承诺。	禁止银行向非居民提供比索贷款。 所有由政府单位采取的措施不做承诺。 （4）所有由政府单位采取的措施不做承诺。

注：业务类型代码（1）跨境提供、（2）境外消费、（3）商业存在、（4）自然人流动。

资料来源：作者根据协议文档（AC－TIS/SC2/PHI）翻译及整理。

（2）对保险业的具体开放承诺

表3－20　菲律宾保险业对广西（中国）开放的承诺减让

部门或分部门	市场准入限制	国民待遇限制
保险和保险相关服务所有子部门	（1）金融服务及所有部门水平承诺中列出的限制措施都适用。 （2）金融服务及所有部门水平承诺中列出的限制措施都适用。 （3）新保险公司的设立须经保险业委员会批准，而保险业委员会则决定设立新保险公司是否符合公众利益和经济条件。 本次WTO金融服务协议生效后，在特定的子行业所列的市场准入限制，不适用于现有的全部或多数外资授权保险/再保险公司。 （4）具备资质的非菲律宾籍公民只能在企业运营的前五年内受雇担任技术职务，入境后居留时间不得超过五年。	（4）每位受雇的非菲律宾籍公民应至少有两名菲律宾籍公民作为候补。
a. 如下的人寿、意外及健康保险服务（8121）：普通、集团、工业、健康和事故、年金	（1）菲律宾境内的风险，应当向获权在菲律宾境内经营业务的公司处投保。 （2）菲律宾境内的风险，应当向获权在菲律宾境内经营业务的公司处投保。 （3）以下的市场准入是受限的：a. 收购现有的国内保险公司有表决权的股票高达51%。b. 投资一家新成立的本地注册保险公司达51%的有表决权的股票。 非菲律宾籍公民参加本地注册保险公司董事会的人数，不得超过董事会成员总数的1/3。 （4）除水平承诺以外，不做承诺。	（1）不做承诺。 （2）不做承诺。 （3）没有限制。 （4）不做承诺。

续表

部门或分部门	市场准入限制	国民待遇限制
b. 如下的非人寿保险服务（8129）：火灾和相关风险、地震、冲击、台风、洪水、潮汐、海上、内陆、船体、航空、机动车辆、健康和事故、盗窃、工程杂项、担保船舶忠诚、担保债券	（1）除海上船体和海上货物保险外，菲律宾境内的风险应当向获权在菲律宾境内经营业务的公司处投保。 （2）除海上船体和海上货物保险外，菲律宾境内的风险应当向获权在菲律宾境内经营业务的公司处投保。 （3）以下的市场准入是受限的：a. 收购现有的国内保险公司有表决权的股票达 51%。b. 投资一家新成立的本地注册保险公司达 51% 的有表决权的股票。 非菲律宾籍公民参加本地注册保险公司董事会的人数，不得超过董事会成员总数的 1/3。 （4）除水平承诺以外，不做承诺。	（1）不做承诺。 （2）不做承诺。 （3）没有限制。 （4）不做承诺。
c. 再保险与转分保	（1）向授权保险/再保险公司优先分保。 外国未经授权的再保险人，应该由在保险委员会正式注册的当地代理人代表。 向未经授权的外国再保险人分保，应当将总额的 10% 向菲律宾国有再保险公司分保。 （2）向授权保险/再保险公司优先分保。 外国未经授权的再保险人，应该由在保险委员会正式注册的当地代理人代表。 向未经授权的外国再保险人分保，应当将总额的 10% 向菲律宾国有再保险公司分保。 （3）以下的市场准入是受限的：a. 收购现有的国内保险公司有表决权的股票达 40%。b. 投资一家新成立的本地注册保险公司达 40% 的有表决权的股票。 非菲律宾籍公民参加本地注册保险公司董事会的人数，不得超过董事会成员总数的 1/3。 （4）除水平承诺以外，不做承诺。	（1）没有限制。 （2）没有限制。 （3）没有限制。 （4）不做承诺。
d. 如下的保险辅助服务：精算咨询、海损调整	（1）必须与商业存在的形式开展。 （2）没有限制。 （3）外资股限制为 40%。 非菲律宾籍公民参加本地注册保险公司董事会的人数，不得超过董事会成员总数的 1/3。 （4）除水平承诺以外，不做承诺。	（1）没有限制。 （2）没有限制。 （3）没有限制。 （4）不做承诺。

注：业务类型代码（1）跨境提供、（2）境外消费、（3）商业存在、（4）自然人流动。

资料来源：作者根据协议文档（AC－TIS/SC2/PHI）翻译及整理。

6. 越南对广西（中国）保险业的开放承诺协议

(1) 对服务贸易开放的水平承诺

表 3 – 21　越南对广西（中国）服务贸易的水平承诺减让

市场准入限制	国民待遇限制
(3) 除下列情况外，没有限制： 除各服务部门和分部门特别指出外，外国服务提供商可以在《外商投资法》许可范围内，建立如下形式的商业存在：业务合作合同；合资企业；100% 外商独资公司企业。 允许建立外国服务提供商的代表处。代表处不能从事任何直接营利的经济活动。 除各服务部门和分部门特别指出外，对外国服务提供商建立分支机构不做承诺。 本协定生效前已经实施的、涉及外国服务提供商在越南组建公司、运作经营或提供服务的许可法规或相关协议所规定的控股条件、企业运作和业务范围等限制不应比本协定生效时的限制条件更为严格。 经主管当局许可，外资企业可以租赁土地以运作其投资项目。土地租赁期必须与该企业的运作期限一致，并在投资许可证中注明。 允许外国服务提供商通过购买越南企业股份的形式持股。在此种情况下，任一企业中外国投资者拥有的总股份不能超过注册资本的 30%，只有经越南法律许可或经越南主管当局批准，允许例外。 本协定生效一年后，外国投资者持有越南企业股份不能超过 30% 的限制将被取消，但通过购买合资商业银行股份的出资方式，以及本承诺表未涉及的部门除外。 (4) 除下列类别之一的自然人入境和暂时居留的措施外，不做承诺。 (a) 公司内部受让人 在越南境内设立商业机构的外国企业的经理、行政人员和专家（定义见下文）暂时作为公司内部人员转移至该商业机构，且该外国企业以前雇用了至少一年的，应被批准进入，并且最初为期三年的居留许可证，可根据这些实体在越南的经营期限延长。管理人员、高管和专家总数的 20% 以上应为越南国民。但是，每个企业至少应允许 3 名非越南籍经理、高管和专家。 管理人员和行政人员是指主要负责管理在越南建立商业存在的外国企业的人员，仅接受公司董事会或股东或其同等人员的一般监督或指示，包括指导公司的设立或部门或分部，监督和控制其他监督、专业或管理员工的工作，有权亲自聘任、解聘或者推荐聘任、解聘或者其他人员行为，不直接履行与实际提供机构服务有关的任务的人。 (b) 其他人员 上文 (a) 所界定的管理人员、行政人员和专家，他们不能被越南人取代，他们在越南境外受雇于一家外国企业，该外国企业在越南境内	(3) 除下列情况外，没有限制：获得补贴的资格仅限于授予越南服务提供商，即在越南境内设立的法人，或其中一部分。以促进或保证以公平为目的的一次性补贴不违背本承诺。对研究和开发领域的补贴，不做承诺。对健康、教育和视听部门的补贴，不做承诺。对致力于促进少数民族/种族福利及就业的补贴，不做承诺。

续表

市场准入限制	国民待遇限制
建立了商业存在，目的是参与该外国企业在越南的活动，应根据相关雇佣合同的期限或三年（以较短者为准）的初始期限授予入境和居留许可证，可根据他们之间的雇佣合同和商业存在进行延期。 （c）服务销售人员 不在越南领土内工作且不从位于越南境内的来源获得报酬的人，以及从事与代表服务提供者谈判出售该提供者的服务有关的活动的人，其中：（i）此类销售不是直接向公众进行的；（ii）销售人员不是直接提供服务的。这些销售人员的居留期限于 90 天。 （d）负责设立商业存在的人员 受雇于本协定其他缔约伙伴的服务提供商，负责在越南以商业存在模式筹建法人公司的经理和执行主管（如（a）中所定义的）可以在越南短期居留 90 天。但必须满足下列条件：（i）这些人员不从事直接的服务销售和服务提供；（ii）该服务提供商主要在越南以外的其他缔约伙伴国境内进行商业活动，且在越南没有其他的商业存在模式。 （e）合同服务供应商 在越南没有商业存在的外国企业雇员的自然人可以在越南入境和逗留 90 天或合同期限，以较短者为准，但应适用下列条件和要求：这家外国企业从一家在越南经营业务的越南企业获得了一份服务合同。越南主管当局必须能够建立必要的程序，保证合同的真实性。这些人员必须具备：（a）大学学位或技术资格证明文件，证明具有同等水平的知识；（b）根据越南法律和法规，在相关部门开展活动所需的专业资格；（c）在部门。服务合同所涵盖的这些人员的人数不得超过履行合同所必需的人数，这可能由越南的法律法规和要求决定。这些人本应受雇于在越南没有商业存在的外国企业，为期不少于 2 年，并符合上述“专家”的要求。 允许这些人员进入计算机和相关服务（CP 841 - 845、849）和工程服务（CPC 8672）。	

注：业务类型代码（1）跨境提供、（2）境外消费、（3）商业存在、（4）自然人流动。业务合作合同是指由两个或两个以上的缔约方（其中至少有一方是越南法律实体，一方是外国法律实体）缔结的合同，这些缔约方在越南的投资和商业运作不组建新的法律实体，该合同应规定缔约方之间的责任义务以及商业合作成果的分配。代表处是指外国企业或公司遵照越南法律规定而组建的下属单位，代表处以寻求、促进贸易和旅行机会为目标，但不能从事任何直接的营利活动。

资料来源：作者根据协议文档（AC - TIS/SC2/VIE）翻译及整理。

(2) 对保险业的具体开放承诺

表 3-22 越南保险业对广西(中国)开放的承诺减让

部门或分部门	市场准入限制	国民待遇限制
A. 保险和保险相关服务 a. 直接保险(a)人寿保险,不包括健康保险服务(b)非人寿保险服务 b. 再保险和转分保 c. 保险中介(如经纪和代理) d. 辅助保险业务(如咨询、精算、风险评估和理赔)	(1)对以下服务没有限制: -为外商投资企业和在越南工作的外国人提供的保险服务;-再保险服务; -与国际运输有关的保险服务,包括以下风险保险:+国际海洋运输或国际商业航空服务中所涉及的一种或多种保险标的,例如运输的货物、货物运输工具,以及任何因该项服务而产生的责任;+国际过境商品; -保险经纪和再保险经纪服务; -咨询、精算、风险评估和理赔服务。 (2)没有限制。 (3)除以下之外没有限制。 允许外商投资保险企业100%从事法定保险业务,包括机动车第三者责任保险、建筑安装保险、油气工程保险、治安环境高危工程和建筑工程保险。 自2012年1月11日起,在遵守审慎规定的情况下,允许外国的保险企业设立非寿险分支机构。 (4)除水平承诺以外,不做承诺。	(1)没有限制。 (2)没有限制。 (3)没有限制。 (4)除水平承诺以外,不做承诺。

注:业务类型代码(1)跨境提供、(2)境外消费、(3)商业存在、(4)自然人流动。

资料来源:作者根据协议文档(AC-TIS/SC2/VIE)翻译及整理。

7. 文莱对广西(中国)保险业的开放承诺协议

(1) 对服务贸易开放的水平承诺

表 3-23 文莱对广西(中国)服务贸易的水平承诺减让

市场准入限制	国民待遇限制
(3)对已经或者希望以商业存在形式建立的公司中与外资所占股比或收益有关的措施不做承诺。 (4)除公司经理、高级管理人员、专家等级别的内部人员调任外,对技术人员的短期流动不做承诺。经理、高级管理人员和专家是指在文莱设有分公司、子公司或附属机构的公司的雇员,在申请赴文莱工作前已经在该公司工作了至少一年,并属于以下人员中的一类: (a)经理:在机构中负责指导公司、公司某个部门或分支机构的运作,监督和掌控其他监管、专业技术或管理人员的工作,拥有雇用、解雇或建议雇用、解雇人员及其他人事权利(如升职或离职),并对公司日常的商业运营负责。经理不包括在一线工作的监管人员,除非其负责监管的公司雇员是专业技术人员。经理也不包括对公司的工作提供必要服务的人员。	(3)除已经以商业存在形式建立的公司外,不做承诺: -上市公司董事会的半数成员,以及私人公司的半数经理人员必须是文莱公民或居民。 -所有在文莱国外设立的公司在文莱建立分支机构后,必须指定一家或多家本地代理商,承揽公司的某项或多项服务。 (4)除市场准入栏中与自然人有关的措施外,不做承诺。

续表

市场准入限制	国民待遇限制
（b）高级管理人员：在机构内主要负责公司的管理工作，并拥有很大的决策权，只接受更高级别的主管人员、董事会或企业股权持有者的一般性监督和指导。高级管理人员不直接从事公司的服务业务或与提供服务有关的实际工作。 （c）专家：在机构中拥有高水平的专业知识，高度了解公司的服务、研究设备、技术或管理（专家包括但不仅限于获得许可的专业人员）。 属于公司内部人员调任性质的，首次入境期限为三年，此后可延期两年，即总期限不能超过五年。	

注：业务类型代码（1）跨境提供、（2）境外消费、（3）商业存在、（4）自然人流动。

资料来源：作者根据协议文档（AC－TIS/SC2/BRU）翻译及整理。

（2）对保险业的具体开放承诺

文莱国内对于保险业分为伊斯兰保险业与普通保险业，尽管文莱是一个以伊斯兰经济为主体的国家，但是其普通保险业的开放承诺并不低。

表 3－24　文莱保险业对广西（中国）开放的承诺减让

部门或分部门	市场准入限制	国民待遇限制
A. 所有保险和保险相关服务 （a）直接保险（人寿），包括年金、伤残收入险、意外事故、健康保险服务（CPC81211）	（1）不做承诺。 （2）没有限制。 （3）只有在文莱注册的保险公司才允许商业存在。 （4）除水平承诺以外，不做承诺。	（1）不做承诺。 （2）没有限制。 （3）没有限制。 （4）除水平承诺以外，不做承诺。
（b）直接保险（非寿险）包括伤残收入险、意外险、健康险服务和忠诚保险契约、履约保证保险或类似保证合同（CPC8129）	（1）不做承诺。 （2）机动车第三方责任强制保险和劳工赔偿金保险只能从文莱的保险公司购买。 （3）只有在文莱注册的保险公司才允许商业存在。 （4）除水平承诺以外，不做承诺。	（1）没有限制。 （2）没有限制。 （3）没有限制。 （4）除水平承诺以外，不做承诺。
（c）再保险和转分保（寿险与非寿险）（CPC81299＊）	（1）不做承诺。 （2）不做承诺。 （3）不做承诺。 （4）除水平承诺以外，不做承诺。	（1）没有限制。 （2）没有限制。 （3）没有限制。 （4）除水平承诺以外，不做承诺。
（d）包括经纪和代理服务的保险中介服务（CPC8140）	（1）不做承诺。 （2）未经注册的保险公司不得从事保险中介业务。 （3）（i）为文莱风险的直接保险经纪业务需要获得财政部的批准。（ii）经纪人、承销商和保险经理需要批准。 （4）除水平承诺以外，不做承诺。	（1）不做承诺。 （2）没有限制。 （3）不做承诺。 （4）除水平承诺以外，不做承诺。

续表

部门或分部门	市场准入限制	国民待遇限制
对保险的辅助服务： (a) 咨询（不包括向保险同业提供的保险代理服务） (b) 精算风险评估 (c) 风险管理 (d) 海事损失调整	(1) 没有限制。 (2) 没有限制。 (3) 没有限制。 (4) 除水平承诺以外，不做承诺。	(1) 没有限制。 (2) 没有限制。 (3) 没有限制。 (4) 除水平承诺以外，不做承诺。

注：业务类型代码（1）跨境提供、(2) 境外消费、(3) 商业存在、(4) 自然人流动。

资料来源：作者根据协议文档（AC－TIS/SC2/BRU）翻译及整理。

8. 柬埔寨对广西（中国）保险业的开放承诺协议

(1) 对服务贸易开放的水平承诺

表 3－25　柬埔寨对广西（中国）服务贸易的水平承诺减让

市场准入限制	国民待遇限制
既得权利：对于设立或审批现有外国服务提供者从事经营或提供服务的许可或其他形式中所列所有权、管理、经营、法律形式和活动范围的条件，将不会使之比柬埔寨加入 WTO 之日时更具限制性。 投资激励：(3) 根据《投资法》规定，寻求激励的投资者有义务为柬埔寨人员提供充分和持续的培训，包括提升至高级职位的机会。 自然人移动：(4) 除与属下列类别的自然人的入境和临时居留有关的措施外，不做承诺： 商务旅行者： 具备下列条件的自然人：进入柬埔寨的目的是参加商务会议，签署关于服务销售的商业合同或进行谈判以及其他类似活动；在柬埔寨居留但不从柬埔寨境内获得报酬；未向普通公众直接销售或提供服务。 商务旅行者的入境签证有效期为 90 天，初始居留期限为 30 天并可延期。 负责建立商业存在的人员： 从下文定义的实体中获得报酬的高级管理人员或经理，负责为某一成员的服务提供者在柬埔寨通过商业存在形式设立企业，并雇用下列 a、b、c 类人员。该类人员不受最高居留期限限制。 公司内部人员流动： 被其他缔约方的法人雇用不少于 1 年并临时进入其在柬埔寨设立的分支机构、子公司或关联公司提供服务的下列自然人：a）高级管理人员：不需要进行劳动市场测试，在一个组织内部主要负责指导该组织的管理的人员，在决策中行使较广泛的权利，并只接受上级管理人员、董事会和股东的监督和管理。高级管理人员通常不直接执行与服务的实际提供有关的任务。b）经理：不需遵守劳动力市场测试，一个法人实体所雇用的自然人，具有某一法人实体的产品、服务、研究、设备、技术或管理等相关的高水平的专业知识或所有权，主要负责领导一个组织或组织中的一个部门；监督和控制其他监管人员、专业技术人员以及管理人员的工作；有雇用或解雇权、建议雇用或	补贴：(3) (4) 对补贴不做承诺，包括与研究和开发有关的补贴。 税收措施：(1) (2)，(3) 关于税收没有限制。 土地：(3) 非柬埔寨籍自然人和法人可以租赁但不能拥有土地。 投资激励：(3) 没有限制。 自然人移动：(4) 除与市场准入栏中所指类别的自然人入境和临时居留有关的措施外，不做承诺。

续表

市场准入限制	国民待遇限制
解雇权或其他人事权力。不包括一线监管人员，除非被监管雇员为专业人员；也不包括主要执行与服务提供有关的必要职责的雇员。c）专家：自然人，在一个组织内拥有高水平的专业知识并对该组织的服务、研究、设备、技术或管理拥有特定专业知识的自然人。 公司内部人员流动类别下定义的自然人的需要提供临时居留和工作许可。许可的年限为2年并可每年进行延期，最高累计年限为5年。	

注：业务类型代码（1）跨境提供、（2）境外消费、（3）商业存在、（4）自然人流动。

资料来源：作者根据协议文档（AC－TIS/SC2/CAM）翻译及整理。

（2）对保险业的具体开放承诺

表3－26　柬埔寨保险业对广西（中国）开放的承诺减让

部门或分部门	市场准入限制	国民待遇限制
（a）人寿保险服务 （CPC81211）	（1）自然人或法人只能与在柬埔寨王国注册开展保险业务的保险公司签订合同。 （2）没有限制。 （3）没有限制。 （4）除水平承诺以外，不做承诺。	（1）没有限制。 （2）没有限制。 （3）没有限制。 （4）除水平承诺以外，不做承诺。
（b）非寿险服务 （CPC8129）	（1）对于海上、空中和运输保险，从2009年1月1日起，或相关法律被通过，相关规定到位并且一家本地企业被授权之日起，没有限制。上述条件以时间较早者为准。 在满足上述条件后，可由获得授权的保险公司在柬埔寨王国内提供海上、空中和其他运输保险服务。 对于所有非寿险服务，自然人或法人只能与被授权在柬埔寨王国开展保险业务的保险公司签订合同。 （2）没有限制。 （3）没有限制。 （4）除水平承诺以外，不做承诺。	（1）没有限制。 （2）没有限制。 （3）没有限制。 （4）除水平承诺以外，不做承诺。
（c）再保险和转分保 （寿险与非寿险） （CPC81299＊）	（1）没有限制，但在2008年1月1日前，公司必须对其风险的20%在柬埔寨国家再保险公司进行再保险。2008年1月1日前，总金额不超过500000美元的保险合同必须在本地进行再保险。此后，没有限制。 （2）没有限制。 （3）在2008年12月31日之前，公司必须对其风险的20%在柬埔寨国家再保险公司进行再保险。此外，没有限制。 （4）除水平承诺以外，不做承诺。	（1）没有限制。 （2）没有限制。 （3）没有限制。 （4）除水平承诺以外，不做承诺。

续表

部门或分部门	市场准入限制	国民待遇限制
(d) 保险辅助服务 (包括经纪和代理服务) (CPC8140)	(1) 没有限制。 (2) 没有限制。 (3) 没有限制。 (4) 除水平承诺以外，不做承诺。	(1) 没有限制。 (2) 没有限制。 (3) 没有限制。 (4) 除水平承诺以外，不做承诺。

注：业务类型代码（1）跨境提供、（2）境外消费、（3）商业存在、（4）自然人流动。

资料来源：作者根据协议文档（AC－TIS/SC2/CAM）翻译及整理。

9. 老挝对广西（中国）保险业的开放承诺协议

（1）对服务贸易开放的水平承诺

尽管老挝保险业发展较为落后，但其在开放上的限制并不多，其保险规模在东盟地区也属于比较大的，这也得益于其对保险业较少的开放限制。

表 3－27　老挝对广西（中国）服务贸易的水平承诺减让

市场准入限制	国民待遇限制
(1) 银行和企业从境外借款需经老挝银行批准。 (2) 老挝居民到境外进行直接或间接投资须经相关主管部门的批准。用于海外投资的资金转拨须经老挝银行批准。 携带超过 2000 美元的外汇出老挝需要经过老挝银行批准。 (3) 外国服务提供者的商业存在形式可以有以下几种：包括一个或多个老挝本国投资者的合资企业、外国独资企业、分支机构或代表处。 外国服务提供者的商业存在形式应由相关职能部门批准并由老挝外国投资管理委员会颁发执照。 合资企业应按照老挝有关法律法规进行设立和注册。合资企业由一个或多个外国合法投资者/服务提供者与一个或多个老挝国内合法投资者共同拥有和经营。 合资各方根据老挝相关法律和法规订立合资企业的合同或合作章程，规范合资各方的行为和关系。 合资企业中，外国投资者/服务提供者的股权比例不得低于总投资权益的 30%。 外国独资企业是根据老挝法律和法规注册的外国投资企业/服务提供者。由 1 个或多个外国合法投资者进行投资，没有老挝本国投资者的参与。在老挝设立的企业既可以是一个新建企业，也可以是一个外国企业的分支机构或代表处。外国投资企业的组成和注册应遵守《老挝企业/商业法》。外商投资企业和商业合作合同的经营期限需根据老挝相关法律和法规在每个投资项目的投资许可中特别注明。 外国企业的分支机构或代表处应该订立与相关法律法规及《老挝商业法》相符的合作条款，并应由老挝外国投资管理委员会批准。	(1) 和市场准入栏中的内容相同。 (2) 和市场准入栏中的内容相同。 (3) 在老挝的外国服务提供者可以在老挝境内租赁土地并可以转移租赁权益；他们可以拥有土地上的附属物和其他可移动财产，并转移上述所有权收益。 根据老挝外国投资促进和管理法建立的外国企业应根据老挝相关法律和法规的规定缴纳年利润税。 根据老挝相关法律和法规，外国企业还应缴纳老挝的其他税费。 (4) 外国服务提供者及其在老挝境内工作的外籍人员应按照 10% 的统一税率为其在老挝境内获得的收入缴纳老挝政府个人收入所得税。

续表

市场准入限制	国民待遇限制
（4）老挝外国投资促进和管理法以及移民规定对在老挝工作的外国人做出了限制。 但是，经老挝有关职能部门批准，外国企业在必要时有权雇佣外国技术人员和专家。 老挝政府为外国投资者和服务提供者、他们雇佣的外籍人员及上述人员的直系家庭成员在老挝领土出入境、旅游、驻留提供便利。这些人员在老挝境内必须遵守上述法律和相关法规。 外国投资者/服务提供者有义务通过国内外培训等方式提高其老挝雇员的技术水平。	

注：业务类型代码（1）跨境提供、（2）境外消费、（3）商业存在、（4）自然人流动。外国独资企业指100%由外商投资的企业。

资料来源：作者根据协议文档（AC－TIS/SC2/LAO）翻译及整理。

（2）对保险业的具体开放承诺

表3－28　老挝保险业对广西（中国）开放的承诺减让

部门或分部门	市场准入限制	国民待遇限制
保险（寿险及非寿险服务）包括再保险和转分保服务，（不包括年金险、保险经纪和代理服务）	（1）不做承诺。 （2）没有限制，但是根据1990年11月29日颁布的老挝保险法第No. 11/90. NA号，关于居住或生活在老挝的个人，或关于在老挝的货物/资产的风险的保险合同，只能与在老挝境内的指定的保险公司签署。 （3）没有限制。 根据1990年颁布的老挝保险法第No. 11/90. NA号，以及1992年1月23日颁布的关于保险法实施细则的第No. 01/PM号总理令，在老挝境内的授权保险公司必须是经营保险业务的具有法人资格的公司制企业，包括国有企业，联营企业或私营企业（公开上市公司或有限责任公司），以及外国保险公司的分支机构。 根据老挝相关法律法规，国有企业，联营企业或私营企业（公开上市公司或有限责任公司）以及外国保险公司的分支机构必须从老挝有关机构（财政部、计划和投资委员会、老挝银行）获得营业和投资许可。 授权保险公司在经营过程中必须遵守老挝的相关法律及法规。 根据1992年1月23日颁布的关于保险法实施细	（1）不做承诺。 （2）除市场准入限制中的特殊规定外，没有限制。 （3）除市场准入限制中的特殊规定外，没有限制。 （4）除市场准入限制中的规定外，不做承诺。 外国服务提供者及其下属在老挝工作的外籍工作人员必须按照老挝相关法律和法规的规定计算和缴纳个人收入所得税。

续表

部门或分部门	市场准入限制	国民待遇限制
保险（寿险及非寿险服务）包括再保险和转分保服务，（不包括年金险、保险经纪和代理服务）	则的第 No. 01/PM 号总理令，授权保险公司必须满足最低注册资本和抵押金要求。 根据 1992 年 1 月 23 日颁布的关于保险法实施细则的第 No. 01/PM 号总理令，抵押金必须存入在老挝注册的银行。 除上述规定外，保险公司还应遵守老挝其他相关法律法规的规定。 （4）除下述要求外，不做承诺：（a）只允许高级管理人员和专家。相关自然人进入和移动必须经老挝相关部门的批准。	

注：业务类型代码（1）跨境提供、（2）境外消费、（3）商业存在、（4）自然人流动。不同于其他东盟国家对保险业的承诺是在《中国—东盟全面经济合作框架协议服务贸易协议》第二批具体承诺中（ANNEX1/SC2），本表的承诺是在上述框架协议的第一批承诺（ANNEX1/SC1）。

资料来源：作者根据协议文档（AC－TIS/SC2/LAO）翻译及整理。

10. 缅甸对广西（中国）保险业的开放承诺协议

缅甸在保险服务领域的开放程度是非常有限的，开放程度在东盟各国中是最低的，尽管缅甸《保险法》中规定允许国外资本进入缅甸市场，但就目前实际情况来看，外资公司在缅甸境内设立独资公司或合资公司是非常困难的，外国保险公司一般是采取设立代表处的形式，且只能为在缅甸开拓业务的外资企业或在缅甸生活的外籍人员提供保险。缅甸保险业开放程度低也体现在了开放协议承诺上，在中国—东盟 FTA 中只开放了保险精算服务与海损和损失调整服务，而作为保险业主体的寿险市场和非寿险市场没有相应的承诺减让，在 GATS 下承诺减让的内容则更少。可以认为缅甸只对上述两个领域开放的原因是由于国内保险公司没有能力提供上述两个领域的服务，因此不得不以更大的开放程度让外商弥补自身的缺失。直到 2019 年 4 月，缅甸计划和财政部才通过第 2019/2 号公告公布了首批被获批的公司。共计 5 家公司，分别来自中国香港、英国、日本、美国和加拿大，上述公司可以在缅甸组建成立全资人寿保险公司，具体公司名称是：AIA Company Limited、Chubb Tempest ReinsuranceLimited、Dai－ichi Life Insurance Company-Limited、Manufactures Life Insurance Company、Prudential Hong Kong Limited。

（1）对服务贸易开放的水平承诺

表3-29　缅甸对广西（中国）服务贸易的水平承诺减让

市场准入限制	国民待遇限制
（1）依据每个部门的规定。 （2）依据每个部门的规定。 （3）（a）根据《1914年缅甸公司法》《1932年合伙法》《特别公司法》（1950年）、《缅甸联邦外国投资法》（1988年）、《缅甸联邦公民投资法》（1994年），允许外国服务供应商和/或提供商的商业存在。 根据这些法律：（i）100%外国投资，（ii）允许与缅甸公民或企业建立至少35%的合资企业。根据《缅甸公司法》（1914年），公司形式可以是合伙企业或有限公司或分公司/代表处。 若财务安排涉及安全风险，建议的投资可能会被拒绝。 （b）根据1914年《缅甸公司法》成立不涉及国有企业的企业。公司和分支机构的最低股本要求如下：服务公司——相当于300000克朗的美元；工业公司——相当于1000000克朗的美元。 根据本法；如果投资涉及国有企业，则应根据《1914年缅甸公司法》《1932年合伙法》《1940年缅甸公司规则》《1950年特别公司法》《1955年特别公司法（修订）》《1959年特别公司法》成立公司。 （c）根据1953年《土地国有化法》和1987年《不动产转让限制法》，外国组织和个人不得在缅甸拥有土地。国家是所有土地的唯一所有者。土地可根据业务类型和投资金额以长期租赁方式取得。 （d）根据缅甸联邦外国投资法、1947年《缅甸移民（紧急规定）法》、1864年《外国人法》，外国人的登记规定。 根据第1940号法令，1948年外国人登记条例和移民条例，管理水平允许停留一年，经有关机构批准可延长。 （e）根据《国有经济企业法》第3条的规定，限制十二项经济活动。但是，内阁可根据上述法律第4节发出通知，允许这些活动。 （f）所有外国企业和外国工人应遵守商务签证。 签证许可期70天。 延长居留许可期：最多3个月（36美元）或3	（1）依据每个部门的规定。 （2）依据每个部门的规定。 （3）（a）根据财政和税收部2010年3月10日第41/2010号通知，向非居民外国人支付的下列款项应缴纳以下预扣税：（非居民外国人的税、收入类别） -15% -利息。 -20% -使用许可证、商标、专利权等支付的使用费。 -3.5% -由国家组织、发展委员会、合作社、合伙企业、公司、组织在任何现有法律下形成和登记，以购买货物和接受合同或协议下的执行工程或任何批文。 -3.5% -由外国企业家或外国公司根据合同或协议或任何其他协议，为接收当地货物的执行和采购而支付的款项。 根据财政和税收部第115/2006号通知，对非居民外国人的全部收入，以外币征收所得税，税率为外币的35%，但是，如果收入是在专业收入、业务收入、财产收入项下的，未披露的收入来源和其他收入来源，按表中所列有关税率计算的所得税，超过35%的部分，应当缴纳较大的所得税。 **税** 根据《所得税法》第3（k）条，该条对外籍居民做出如下规定：（i）就个人而言，指在收入年度内在缅甸居住不少于183天的外国人；（ii）在公司的情况下，根据《缅甸公司法》或任何其他现有法律全部或部分与外国股东组成的公司；（iii）就公司以外的人组成的协会而言，指全部或部分与外国人组成的协会，而其事务的控制、管理和决策全部在缅甸联邦境内进行和行使。 -在这方面，在缅甸工作至少183天的外国工人和工作人员以及在缅甸成立的外国企业可以被视为常驻外国人。财政部、财政部现行通知书第124/2006号规定，外籍居民以“工资”为外币赚取外币所得税，以外币15%的税率缴纳。 -但是，在缅甸成立的公司等经济企业的外籍居民的收入应按照所得税条例第5-B条的规定计算，并以外币支付。公司税率是30%。 -司法人员可以在缅甸为客户提供服务，但不得在缅甸法院执业。 （b）外国服务提供者的商业存在须经有关政府当局许可。 （c）根据1987年《不动产转让限制法》，外国组织和个人不得在缅甸拥有土地。但是，土地可以通过长期租赁获得，这取决于业务类型和投资金额。 （4）任何外派人员从事合资企业、代表处或其他类型的

续表

市场准入限制	国民待遇限制
个月以上至1年（36美元）。 ［经有关部门推荐，申请表，护照（原件及复印件），住宿表，近照，FRC，公司登记卡，进出口许可证］ （注：根据签证确认委员会的许可，移民部已承担责任） 税：根据缅甸联邦外国投资法第21条，为了促进国内外国投资，委员会应给予免税和/或减免。 （4）劳工部下属的劳工部对缅甸投资委员会批准留任的海外工人进行登记。注册期限为六个月，一人注册费为5FEC（外汇兑换券）。	司法人员和/或个人服务提供商，均应获得有关当局的批准。 任何外国人进入缅甸应遵守1947年《缅甸移民（紧急规定）法》、1864年《外国人法》、1940年《外国人登记法》、1948年《外国人登记规则》以及缅甸的移民规则、条例和程序。 经有关当局批准工作的个别服务提供者应向劳工部劳工司登记。 劳工部下属的劳工部对获得缅甸投资委员会准许继续工作的海外工人进行登记。 关于教育证书和技术标准证书的认定，缅甸仅根据教学大纲、内容、数量、时间框架确定等效因素。缅甸需要各自国家的英语教学大纲、内容、卷册、时间框架。

注：业务类型代码（1）跨境提供、（2）境外消费、（3）商业存在、（4）自然人流动。

资料来源：作者根据协议文档（AC－TIS/SC2/MYA）翻译及整理。

（2）对保险业的具体开放承诺

表3－30　缅甸保险业对广西（中国）开放的承诺减让

部门或分部门	市场准入限制	国民待遇限制
保险精算服务	（1）没有限制。 （2）没有限制。 （3）不做承诺。 （4）不做承诺。	（1）遵守以下现有法律和法规：（a）《缅甸保险法》（1993）和《缅甸保险商业法》（1996）。（b）水平承诺中的规定。 （2）遵守以下现有法律和法规：（a）《缅甸保险法》（1993）和《缅甸保险商业法》（1996）。（b）水平承诺中的规定。 （3）不做承诺。 （4）不做承诺。
海损和损失调整服务（CPC8143）	（1）没有限制。 （2）没有限制。 （3）遵守水平承诺中的规定。 （4）遵守水平承诺中的规定。	（1）没有限制。 （2）没有限制。 （3）遵守水平承诺中的规定。 （4）遵守水平承诺中的规定。

注：业务类型代码（1）跨境提供、（2）境外消费、（3）商业存在、（4）自然人流动。

资料来源：作者根据协议文档（AC－TIS/SC2/MYA）翻译及整理。

（三）中国（广西）保险业对外开放程度比较

通过对比，总体来说中国在保险服务领域的承诺水平是很高的，市场开放力度相当大。事实上，中国在目前所签订的18个自贸区协议中，对于保险业的承诺水平几乎都是相同的，即与GATS下的承诺相同，中国的保险业开放程度目前在全球而言都是比较高的，执行 GATS 下的承诺已经体现出了足够的开放程度，若不然和中国签订 FTA 的各国家也不可能最终达成协议。但是，广西保险业所获得的与对应东盟国家的开放程度相比是严重不对等的、不匹配的，广西（中国）保险业与东盟国家之间是典型的“不对等开放”。后续，必须通过协议谈判的形式提升东盟相关国家对中国的开放程度，以维护我国自身利益。

三、广西与东盟国家的保险业合作现状

（一）跨境保险合作现状

1. 跨境保险整体发展概况

自 2013 年开始，广西在跨境机动车辆保险方面率先探索、先行先试。2013 年 4 月，广西根据中越两国两个有关汽车运输协定的议定书精神，相关部门出台《关于中方出境车辆办理境外责任保险业务工作的通知》，要求自当年 6 月起所有出境中方车辆、公务用车，均应办理第三者责任保险，实行当月，中国平安保险公司广西分公司出境车辆保险项目成功上线销售，并接下首张自治区党委公务出境考察访问车队保单。2013 年在东兴、凭祥两个核心口岸开展了出境车辆的境外责任保险。为适应沿边经贸发展及通关便利化要求，保险公司不断完善产品方案，改造升级业务流程，创新优化服务载体，跨境车险得到了广大车主的认可及相关政府部门的肯定。2017 年中国保险行业协会正式发布了《机动车出境综合商业保险示范条款》，为中国境内注册机动车在境外约定区域内行驶，提供了具有广泛适用性的跨境机动车辆保险示范条款和操作实务。

目前，开展的跨境保险险种主要有跨境车辆保险、货物运输保险、跨境旅游意外保险、自驾游综合保险、跨境劳务人员人身意外险等特色保险产品，并为“走出去”企业提供了风险统保平台。截至 2019 年 9 月，广西跨境汽车保险累计为跨境货物运输和旅游车辆提供保险保障超过 55 亿元，跨境务工人员意外保险为来华外籍劳务人员提供保险保障近 480 亿元。

2. 跨境保险试点工作现状

广西跨境保险业务的一系列试点工作取得成功、业务亮点突出。

2014 年起的跨境保险服务中心试点情况。2014 年 10 月，中国平安财产保险中国东盟（东兴试验区）跨境保险服务中心在东兴市挂牌成立，成为全国首家跨境保险服务中心，并于 2015 年 3 月出台了外国务工人员意外保险方案。2016 年，中国平安财产保险东兴支公司针对跨境自驾游开发了跨境车险产品，针对外来务工人员开发了外来务工人身意外险。截至 2019 年 8 月 30 日，平安产险广西分公司累计为中越跨境车辆提供了 4.3 万多辆次的保险保障服务，保险金额累计达 34.7 亿元，日均有 30 ~ 40 笔业务完成出境车辆保险投保。试点效果良好、在全国打造出了广西跨境保险样本。

2018 年起的广西全辖关税保证保险改革试点情况。2018 年底广西全辖启动关税保证

保险改革试点，首批关税保证保险试点助力6家企业价值超过5700万元的货物实现快捷便利通关，时间缩短至原有的九分之一，节省通关保证金近1000万元，极大帮助进口企业提高通关效率和节约资金成本。

2016年起的跨境劳务人员人身意外保险试点情况。为保障在我国的跨境人员利益、让境外边民务工正规化，跨境劳务人员人身意外保险试点于2016年在崇左市启动。2017年，中国人寿崇左分公司成为首家入驻凭祥境外边民务工管理服务中心的保险公司，并于同年8月30日，跨境劳务人员人身意外保险正式上线销售、实现出单。截至2019年9月末，仅凭祥市累计承保跨境劳务人员28.17万人次、保额495.36亿元。并且中国人寿崇左分公司还提升了对跨境劳务人员的保障水平。调整后的崇左市跨境劳务人员保险方案在不提高保险费的前提下，增加了1万元猝死保障和3000元的疾病住院医疗责任，对旧方案仅承担意外伤害保险责任进行了补充。通过保险试点工作对跨境劳务人员的保障作用，极大地缓解了崇左市运输、红木加工、蔗糖业、纺织行业劳动力紧张的局面。

从2017年8月，崇左凭祥市正式启动跨境劳务人员人身意外保险业务以来，截至2019年9月末，凭祥市累计承保跨境劳务人员28.17万人次，而2017年，到凭祥国家重点开发开放试验区内的跨境越南务工人员约8.2万人次。2018年1月1日至12月20日，到凭祥国家重点开发开放试验区内的跨境越南务工人员为138181人次

2019年9月，中国太平保险集团东盟保险服务中心在广西南宁设立，该中心是太平保险集团面向东盟市场开展跨境业务的境内国际化平台，主要职责是推动跨境保险方面的业务合作、为集团开拓东南亚市场做好机构布局。同年11月，该中心首单承保了光大越南芹苴垃圾发电项目运营险，光大越南芹苴项目是光大集团首个海外全产业链环保项目，项目投资总额4720万美元，该项目也是越南第一座投产的现代化生活垃圾发电项目，年提供绿色电力约6000万千瓦时，日处理生活垃圾400吨，约占芹苴市每日总清运垃圾的60%。

3. 公司间合作现状

以下案例为广西与东盟之间保险公司层面的重要合作交流事件，均得到了广西保险行业协会网站的报道。

2018年富邦产险（越南）公司到北部湾保险交流座谈，探索跨境保险业务合作。2018年5月3日，富邦产险（越南）公司总经理陈正秋率队到北部湾保险交流座谈，北部湾保险总裁黄英钊会见了陈正秋一行。富邦产险北京代表处首席代表张富宏、富邦产险副总经理周卫东、富邦产险（越南）公司协理魏世英、北部湾保险副总裁兼首席风险官苏万治，总公司非车险部、车险部、客户服务部及百色、防城港、崇左分公司主要负责人等参加座谈交流。双方就探索跨境保险业务合作，服务“一带一路”建设，加强传统业务合作等事项进行深入交流并达成合作共识。

2018年中国人保财险与越南保越保险公司在南宁签署战略合作协议。2018年9月7日，在第四届中国—东盟保险合作与发展论坛期间，中国人保财险与越南保越保险总公司在南宁签订全面战略合作协议。中国人保财险华山副总裁、越南保越保险总公司首席

执行官阮春越先生分别致辞。华山副总裁表示，公司与保越本次签署全面战略合作协议，是积极响应国家“一带一路”倡议、深入推进公司国际化战略、深化中国—东盟区域间保险合作的标志性事件。双方合作交往历史悠久，可以追溯至20世纪60年代，双方具有相同的国有背景、红色基因，又同为各自国家市场第一大财产保险公司，缔结全面战略合作协议可谓顺应潮流、水到渠成、强强联合，必定为中越两国双边贸易、对外投资合作和沿边金融开放等提供更加完善的风险管理解决方案和更加优质的保险保障服务，也为中国—东盟国家间保险交流合作提供样板。双方将以本次签约为新的合作起点，为更好地服务“一带一路”建设、增进两国间的经贸合作与人文交往做出更加积极的贡献。阮春越也表示，双方拥有巨大的发展能力，将会通过合作带来新的机遇，不仅能够有效促进两家公司之间的保险业务合作发展进程，还将推动两国保险业务的深度合作，为两国客户带来更多的价值，并为其他各种商业活动的发展奠定基础。

2018年华安保险广西分公司与越南金胜公司签订保险理赔服务合作协议。2018年11月26日，华安保险广西分公司与越南金胜公司在广西凭祥保税区签订保险理赔服务合作协议，为双方合作共赢、共创未来奠定了基础。华安保险广西分公司总经理助理许寿元在签约会上表示，公司一直致力于发展沿边金融，2018年8月24日跨境条款的获批，标志着华安保险可正式开拓对越业务，今后将利用有力政策并充分发挥自身优势，更好地为跨境业务提供高效服务。越方金胜公司代表陈福边表示，通过本次协议的签订，一定能有效促进双方的共赢发展，今后双边合作空间巨大，希望还能更深入挖掘。凭祥保税区高度重视本次跨境协议的签订，保税区规划处处长李柏出席签订会，他强调，中国车辆进入越南，保险一直未能跟上，协议的签订，对双方是非常有利、有益的好事，无论在越南还是在中国，提供完善的跨境风险管理和保险服务，具有重要的意义，即能提高双方合作企业的业务，也能促进中越保险业迈入友好、健康、互利共赢的大好局面。

4. 业务创新发展情况

近年来，平安产险广西分公司从交通运输行业切入，发挥自身东盟边境地域优势，积极探索东盟国家“1 + N”跨境保险保障模式，尝试“智慧交通”在不同国情场景应用。自2013年起，平安产险广西分公司积极探索保险服务于中越两国交通运输事业的保障模式，向保监会专项申报了机动车出境综合商业保险（越南）产品和方案，成功地为企业发展提供了保险保驾护航，并且建立了与越南保越保险公司持续的双方合作关系，开展了跨境保险服务。据统计，截至2019年8月30日，平安产险广西分公司累计为中越跨境车辆提供了4.3万多辆次的保险保障服务，保险金额累计达34.7亿元，日均有30～40笔业务完成出境车辆保险投保。平安产险广西分公司还在凭祥和东兴出入境口岸设立了服务机构，可实现咨询、承保、理赔一站式服务，并且与越南保越保险公司在理赔服务领域开展合作，提供境内、境外双向报案通道，可实现车辆在境内外理赔服务全覆盖。

（二）保险业相互直接投资现状

中国与东盟国家的各类保险经营主体之间存在着一定的合作交流。在相互直接投资方面，由于中资保险企业自身实力较雄厚且中国国内保险市场准入条件较高，因此主要是中资保险经营主体在东盟国家设立分支机构，具体情况如下表。

表 3－31　中资保险企业在东盟的商业存在

境外分支机构名称	国内母公司	注册地	机构类型	成立年度	成立方式	备注
中国平安保险公司新加坡代表处	平安集团	新加坡	代表处	1996	独资设立	—
中国平安保险公司越南河内代表处	平安集团	越南	代表处	2005	独资设立	—
招商海达保险经纪集团菲律宾分公司	招商局集团	菲律宾	保险中介公司（经纪公司）	1998	独资设立	—
招商海达保险经纪集团新加坡分公司	招商局集团	新加坡	保险中介公司（经纪公司）	2013	独资设立	—
中国太平保险印度尼西亚有限公司	太平集团	印度尼西亚	财产险公司（非寿险）	1996	合资设立	合资方为印度尼西亚 Manungga 集团、现太平直接控股 55%
中国太平保险（新加坡）有限公司	太平集团	新加坡	财产险公司（非寿险）	1938	独资设立	前身为 1938 年太平保险有限公司新加坡分行、1939 年中国保险有限公司新加坡分行，后于 2002 年后并为中国保险有限公司新加坡分行、2009 年更为现名
中国人寿保险（新加坡）有限公司	国寿集团	新加坡	寿险公司	2015	独资设立	—
中国人寿保险（印度尼西亚）有限公司	国寿集团	印度尼西亚	寿险公司	2018	合资设立	合资方为印度尼西亚 PT Sinansari Putra Indonesia 公司
中国再保险（集团）新加坡分公司	中再集团	新加坡	再保险公司（财产再保险）	2016	独资设立	—
鼎睿再保险公司马来西亚纳闽分公司	复星集团	马来西亚	再保险公司	2017	收购	—
思诺国际保险集团亚洲总部	中民投集团	新加坡	再保险公司	2016	收购	—
思诺国际保险集团马来西亚分支	中民投集团	马来西亚	再保险公司	2016	收购	—

资料来源：作者根据公开资料整理。

整体而言，中资保险企业在东盟地区的境外保险类机构共 12 家，机构类型比较全面，其中有代表处 2 家、保险中介公司 2 家、财产险公司共有 2 家、寿险公司共 2 家、再保险公司共 4 家。国内的保险公司对于东南亚市场普遍看法选择最发达的国家新加坡作为桥头堡，以打算进一步将业务辐射到东盟其他国家，所以新加坡的中资保险机构数量最多，共有 6 家。此外，马来西亚有 2 家、印度尼西亚 2 家、越南 1 家、菲律宾 1 家。相比“一带一路”沿线其他区域，无论数量或类型，东盟地区都是最多的。中资险企中不乏存在特别关注东盟市场的企业，如中国太平集团，涉足东南亚市场达五十余年。另外中国人寿的境外战略定位深耕港澳市场，并充分发挥新加坡分公司的桥头堡作用，努力开拓马来西亚、印度尼西亚等新兴市场，中国人寿目前已初步实现了对东南亚市场的布局。

表 3－32　东盟国家保险企业在中国内地的商业存在

机构名称	母公司所在国	注册地	机构类型	成立年度	成立方式
新加坡职总英康保险合作社北京代表处	新加坡	北京	代表处	1995	独资设立
新加坡再保险有限公司上海代表处	新加坡	上海	代表处	1997	独资设立
菲律宾中华保险公司厦门代表处	菲律宾	厦门	代表处	1998	独资设立
新加坡大东方人寿保险有限公司北京代表处	新加坡	北京	代表处	2007	独资设立

资料来源：作者根据公开资料整理。

相比之下，东盟国家在中国内地目前只是设立了代表处机构，数量一共 4 家，并没有可直接经营业务的保险公司。中国与东盟国家各保险经营主体跨境分支机构数量不足，成为阻碍双方跨境保险交流合作的一大障碍。

（三）会议论坛合作交流现状

广西与东盟保险业论坛交流合作最重要、最高规格论坛是中国—东盟保险合作与发展论坛，该论坛是由中国保监会和广西区政府在 2015 年共同发起成立的，并作为中国—东盟博览会的重要组成部分，每年定期在南宁举办。迄今已经成功举办 5 届，论坛已逐步发展为深化中国与东盟及亚洲周边国家和地区保险领域交流合作的一个重要机制，对服务中国—东盟经贸关系发展、支持“一带一路”工作开展、促进亚洲区域保险监管合作交流发挥了积极作用。历届论坛的相关概况如表 3－33 所示。

表 3－33　历届中国—东盟保险合作与发展论坛概况

届数	时间	举办地	主题	中方参与者	外方参与者
第一届	2015.9.16	广西南宁	加强偿付能力监管交流、深化区域保险监管合作	中国保监会副主席陈文辉、广西区党委常委自治区副主席蓝天立、中国保监会财会部副主任赵宇龙，中国保险行业协会、中国保险学会、相关保险公司负责人等业界代表	柬埔寨、菲律宾、老挝、马来西亚、缅甸、新加坡、泰国、越南 8 个东盟国家的保险监管机构负责人

续表

届数	时间	举办地	主题	中方参与者	外方参与者
第二届	2016. 9. 19	广西南宁	开拓创新，探索中国与东盟保险监管合作新思路	中国保监会副主席陈文辉、广西壮族自治区常务副主席蓝天立、党组成员黄伟京	新加坡、缅甸、老挝、柬埔寨、泰国、斯里兰卡、巴基斯坦、中国香港等8个国家和地区的保险监管机构负责人
第三届	2017. 9. 7	广西南宁	互利共赢，“一带一路”中国与东盟保险合作新机遇	中国保监会副主席梁涛、广西区政府副主席丁向群，中国保险行业协会、中国保险学会等保险业界的代表	老挝、缅甸、菲律宾、泰国等东盟和“一带一路”沿线国家和地区的22名保险监管机构高级代表
第四届	2018. 9. 7	广西南宁	互动融合：推进区域保险监管合作服务“一带一路”建设	中国银保监会授权代表姜波、广西区政府副主席丁向群，中国保险行业协会、中国保险学会代表	老挝、缅甸、菲律宾、泰国等9个东盟和“一带一路”沿线国家和地区的32名保险监管机构高级代表、东盟保险理事会
第五届	2019. 9. 16	广西南宁	服务亚洲区域保险深度合作、开创面向东盟保险开放新局面	中国银保监会副主席梁涛、广西区政府常务副主席秦如培，银保监会相关部门、国内部分保险机构高管人员	越南、老挝、泰国、柬埔寨等东盟和“一带一路”沿线国家和地区的保险监管机构高级代表和银保监会相关部门、马尔代夫代表和中国香港代表

资料来源：作者根据公开资料整理。

四、对金融开放门户总体方案中保险业要求的解读与分析

（一）总体方案要求

广西是我国面向东盟的前沿地区，而中国与东盟地区的合作以及东盟区域稳定是关系到“一带一路”倡议推进和保障西部陆海新通道畅通的国家战略问题。为此，2018年12月28日，经国务院同意，由国家发展改革委、财政部、人民银行和教育部等13部委联合发布了《广西壮族自治区建设面向东盟的金融开放门户总体方案》（以下简称《门户方案》）。这是在新的历史条件下广西全面贯彻党的十九大和全国金融工作会议要求的重要举措，是广西认真落实习近平总书记关于广西“三大定位”新使命和“五个扎实”新要求、完成李克强总理提出的中国—东盟“3+X合作框架”新任务的重要抓手。该方案将进一步促进中国—东盟构建更加紧密的命运共同体，推动广西形成全面开放新格局，目前该方案已上升为国家战略。

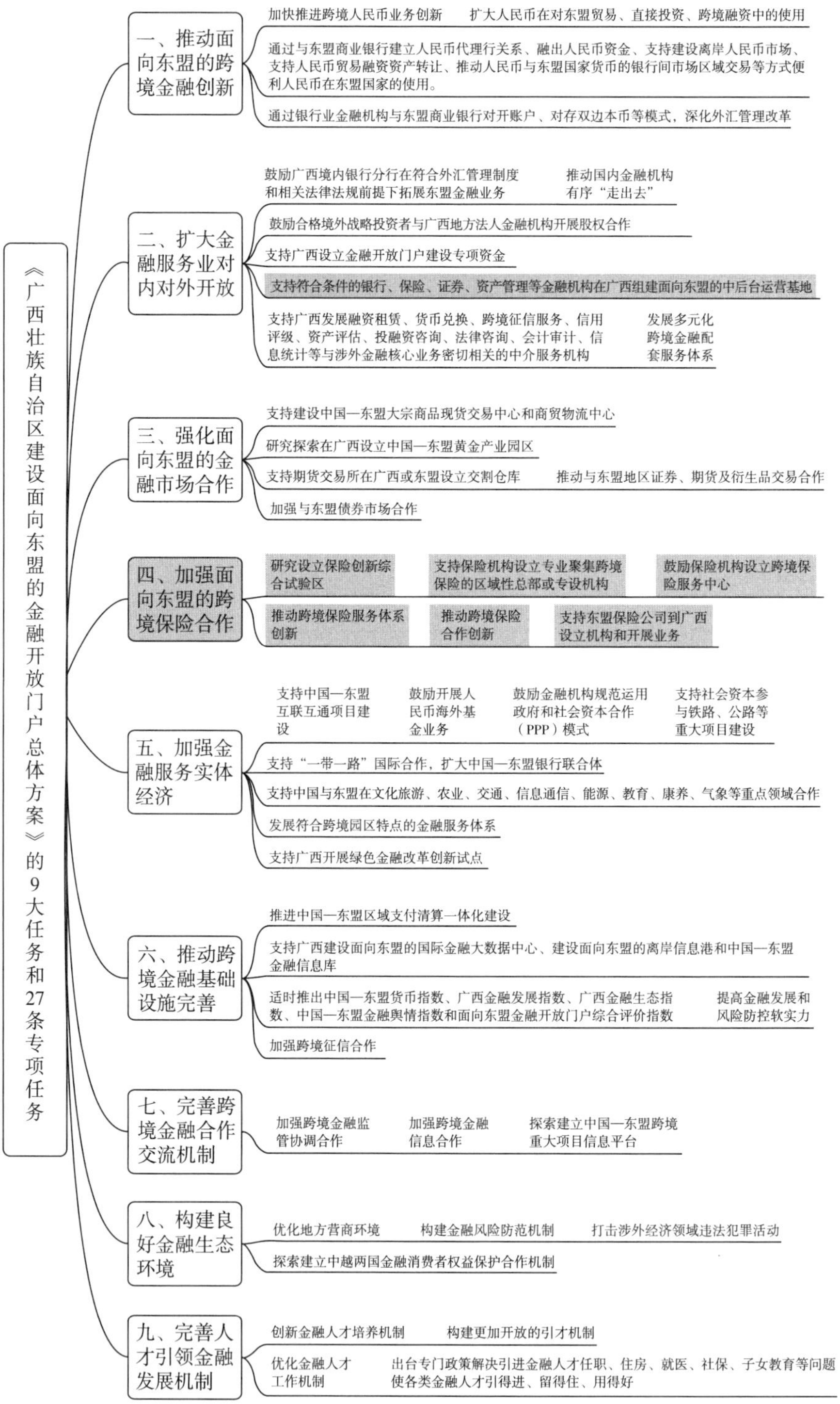

注：对保险业具体任务要求已在图中用灰色块标注。

图3－3 《总体方案》对保险业的任务要求

（资料来源：根据文件内容整理）

《门户方案》文件分为总体要求、主要任务、保障措施三个部分。“保险”一词共计出现10次，且专门为保险业制定了一大任务，即其中在“九大任务”第四条中明确指出要加强面向东盟的跨境保险合作。该任务下又包括两条关于保险的专项任务，而在文件的其他专项任务及保障措施中，保险亦有诸多可直接参与之处。

（二）组织要求

2019年初，自治区建设金融开放门户领导小组便已成立，同年7月起实行指挥长工作责任制，举全区之力加快推进金融开放门户建设。同年10月21日，广西建设面向东盟的金融开放门户指挥部和领导小组办公室在五象新区正式揭牌，由南宁市市长周红波担任组长，统筹推进金融开放门户核心区各项工作。此次落户旨在加快实现各部门靠前指挥、主动作为，切实把对建设中国—东盟金融城的诸多思路转化为实际行动，真正动起来、干起来、抓起来。自治区层面也将发挥好广西建设面向东盟的金融开放门户指挥部和领导小组办公室的作用，建立起完善的报告制度和协调机制，对上推动建立部际联席协调机制，对内建立统筹协调机制，进一步夯实领导小组和指挥部办公室的功能。

（三）实施方案要求

2018年12月《广西壮族自治区建设面向东盟的金融开放门户总体方案》发布后，为贯彻落实《总体方案》，加强面向东盟的跨境保险合作，建立保险创新发展的体制机制，2019年9月，经广西壮族自治区政府同意，广西建设面向东盟的金融开放门户领导小组办公室发布了《关于印发创建保险创新综合试验区实施方案的通知》（以下简称《实施方案》），这标志着广西创建保险创新综合试验区进入实施阶段。

《实施方案》列出了10个方面30项建设任务，提出在未来5年内重点打造“一核多点”的保险创新格局，建设面向东盟的保险集聚区、保险创新产业园区、航运保险创新示范区、跨境保险创新示范区、保险支农融资创新示范区等，构建服务“一带一路”和西部陆海新通道建设、助推经济转型升级和高质量发展的银行保险支持体系，使保险成为推动供给侧结构性改革的有力支点，成为促进跨境金融合作交流、国际经贸和投资发展的重要保障，力争把广西建设成为全国面向东盟的保险改革开放的最优选地区。

（四）配套方案要求

根据自治区党委政府战略部署，打造金融集聚区是金融开放门户建设的重点工程，南宁市是重中之重，五象新区是点睛之笔，广西将举全区之力加快把五象新区打造成为全国知名的金融集聚区。2019年6月13日，南宁市政府出台了《若干措施》；同年6月28日，经自治区政府同意，南宁市政府联合自治区地方金融监管局正式印发《核心区规划》。下一步南宁市门户办将聚焦招商，大力宣传，金融开放门户建设工作全面推进。一是加快南宁核心区在建楼宇建设，为金融机构入驻创造条件。二是实施精准招商，建立金融招商产业链全景图，梳理重点招商项目，加快项目集聚。三是持续加大宣传推介力度，开展高密度、广覆盖的宣传推介活动，做好政策宣传解读。

五、广西保险业建设面向东盟金融开放门户的对策建议

（一）分步推进、重点突破，探索建设面向东盟的跨境保险创新综合试验区

跨境保险创新综合试验区可以与边境口岸形成特色鲜明的“前后台”服务模式，跨境保险创新综合试验区的地点可以在云南和广西的沿边金融综合改革试验区（云南9州市、广西6市）的基础上设立，上述地区有沿边金融改革的建设基础、条件较为成熟。应当以试验区合作带动全面深入合作，试验区重点工作应当在于：一是将跨境保险融入边境地区社会治理，加快推进沿边地区社会治安综合保险的开办，以跨境保险助力兴边富民。二是保障边境贸易和商业流通，发挥跨境保险在财产、责任、信用、保证、物流等方面的保障作用，着重为区域内跨境电商企业和沿边地区的文化旅游、农产品加工、临海工业等重要产业、重点企业和重大项目建设提供配套保险供给。三是创新跨境保险服务平台，设立保险产品与技术创新孵化基地、保险共性技术实验室等行业基础性平台，推动中国跨境保险与东盟接轨。四是重点实施双边及多边保险业务合作，加大政策性出口信用保险对试验区海外投资项目，大型成套设备出口融资项目及边境（跨境）贸易出口业务等支持，小微企业信用贷款保证保险和涉外企业信用保证保险，探索建立农业大灾风险分散机制等。上述四个方面应当按顺序依次分布推进，并以试验区合作带动全面的深入合作。

（二）出台配套投资保障安全措施　促进广西与东盟国家间保险经营主体的相互直接投资

近年来，受益于东南亚地区经济的高增长以及政策利好，包括中国在内的国际资本越来越看好东南亚保险市场，纷纷引资进入。如香港著名投资人士李泽楷，在2013年初斥资21.4亿美元购入荷兰国际集团（ING）在泰国、中国香港与中国澳门的保险业务，而后进行整合更名为“富卫集团（FWD）”。而后从2017年4月起，富卫集团便开始洽购泰国第三大银行泰国汇商银行（SIAM Commercial Bank）旗下的寿险业务，一度斥资30亿美元，虽中间有所停滞，但在2019年重启收购谈判，作价为927亿泰铢（折合约236亿港元）并与汇商银行达成15年的分销协议，将对汇商银行旗下寿险公司的全部股权进行收购。从政策上，东盟和广西都是欢迎外资对自身保险市场进行投资的。尤其对于广西，寿险经营主体只有18家，其中外资人身险主体仅2家，也只有国富人寿这一家全国性人身险法人保险机构，况且国富人寿在2018年6月才获准开业，实力较弱。财产险经营主体除以虚拟公司口径计入广西财产险市场的互联网类保险公司外只有23家，其中外资财险主体仅1家，且只有北部湾财险这一家全国性财产险法人保险机构。可见，广西的财产险与人身险的市场主体数量偏少，且外资主体数量稀缺，市场集中度过高，

市场活力不足，亟待更多外资险企的参与。广西与东盟地缘接近、文化相近，应当增强双方对保险业的相互投资，以盘活和发展好保险市场。

中资保险企业要“走出去”，同时也把东盟国家保险企业“引进来”。中资保险企业以东盟地区作为海外市场拓展的目标市场，可以充分发挥自身优势，也达到产业转移输出的目的。而东盟保险企业参与国内市场竞争，也使其企业在人才、技术、管理、经营理念方面得到提高，同时也使国内保险市场更多元化。在对方国家中设立经营性分支机构，即直接投资的方式，是双方国家保险业交流最深入的形式，并且相互投资行为可以使保险业经营的风险在更大范围内扩散。中国与东盟各国应当出相关配套的投资保障安全措施，一方面鼓励本国保险企业拓展国际市场，另一方面保护外资保险企业在本国的合法利益，以减少准入壁垒及业务限制、营造公平的竞争环境。另外，对在华营业的东盟保险企业也要做到有效监管，防止对中国经济安全可能产生的各种负面影响。

（三）增加口岸跨境保险服务点覆盖率　保障跨境人员基础性民生经济安全

延边地区边民、跨境务工人群、边贸人员和出国旅游人群是跨境保险最直接的需求方，保障这些人群的人身及财产安全，是跨境保险对于民生经济安全的最根本体现。对应的险种是跨境机动车辆保险、跨境人员相关人身保险和跨境旅游意外险，发展好上述跨境保险业务则必须依托服务网点的建设。应当增加跨境保险经营网点的覆盖，目标是使跨境保险服务点在中国和越南、缅甸之间边境口岸实现全覆盖。应当首先实现跨境保险服务点对广西和云南所有一类口岸的覆盖，对于二类口岸也应当逐步覆盖，同时要对一些重点边民互市点进行有针对性的布局，做好提前谋划加快布局，以维护好中国与东盟陆路大通道的安全。在边境口岸设置的跨境保险服务点提供的业务最初可以跨境车辆保险为主，进而适时升级为保险综合服务点，最终做到可为经贸活动提供一揽子保险解决方案。

（四）与东盟国家共同推进“一带一路”带来的保险市场新增长极

东盟在“一带一路”中具有较高的战略地位，东盟区域是“海上丝绸之路”的主要组成区域，“一带一路”倡议也给东盟各国带来了很多益处，目前有中方参与的、且已开工建设的“一带一路”大型工程项目就不下百项，如中国交建总承包、中铁第一勘察设计院集团设计、马来西亚铁路衔接公司参与的马来西亚东部沿海铁路工程项目，中国铁路总公司与泰国铁路局共同建设的中泰铁路工程，华电集团参与的印度尼西亚玻雅 2×660MW 燃煤电站项目，中国铁路总公司参与的雅万高铁工程，中国电力建设集团与老挝国家电力公司共同建设的老挝南欧江水电站项目等。可见“一带一路”倡议在东盟的推进，特别是一些大型工程项目，本身便是东盟保险市场空间的重要增量来源。广西与东盟国家共同推进“一带一路”倡议，充分发挥好保险业对“一带一路”的支持作用，提升保险业的国际化水平。广西与东盟国家的积极合作，将得到的是“一带一路”倡议所带来的更为广阔的保险市场，获得保险业务新的增长极。

（五）加强对“偿二代”体系的推广与合作

“偿二代”是通过中国新兴保险市场发展实践，立足于新兴保险市场、同时又是一套国际可比的偿付能力监管体系，在监管理念、监管框架和监管标准等方面，符合国际资本监管的改革方向，与国际上其他的监管模式可对话、可比较、可互认。当前，中国正在积极推进“偿二代”与其他监管模式的等效互认，并受到东盟国家的重点关注。中国“偿二代”体系有成功的实践经验，其以风险为导向的偿付能力体系、统一监管模式、分级监管、注重再保险的风险分散方式更适合东盟。包括“偿二代”在内的中国保险监管经验，在东盟地区已经具备了一定的认可度。中国监管标准的运用甚至超出了保险行业，如泰国的电子产品销售的规章制度就是以中国保监会的要求作为参照直接借鉴的（素提蓬·塔维茶亚，2017）。

除印度尼西亚主要借鉴澳大利亚模式、文莱伊斯兰监管体系外，目前东盟各国的偿付能力监管模式主要参考美国和欧盟模式。缅甸、柬埔寨、老挝和越南等监管水平不高的国家，目前采取的是欧盟 Solvency I 模式，而当前欧盟已经更新换代到 Solvency II 模式。目前监管水平和能力较高的东盟国家，已采取 RBC 的资本监管模式。泰国在中南半岛是最具影响力的国际，比如其机动车商业险的条款费用就被老挝采用。东盟中的大部分国家保险业处于发展的“做大做强”的阶段，市场规模逐渐扩大，保险监管水平也正在提高过程中。东盟的许多国家保险业目前遇到的一些问题比如恶性竞争、手续费高企等，中国保险业在“转型升级”之前也经历过，相信“偿二代”在东盟国家中能起到示范作用，应当与泰国加强交流、扩大影响，提高“偿二代”认知度。

（六）以经济安全为底线，创新跨境保险业务种类

对跨境保险业务的创新应当以区域经济安全稳定作为创新的底线，创新必须是能保障经济安全的创新，超出安全底线的创新是没有价值的，同时也是不可能实现的。跨境保险的创新要坚持“保险姓保”原则，即以对经济安全提供保障支持为业务创新的核心。鼓励开发能够提供一揽子保险计划的“统筹保单”。一要完善跨境机动车辆保险体系。在中越汽车运输协定的框架下，促进出入境机动车辆保险应保尽保，逐步扩大服务半径、拓展服务纵深。二要完善跨境人员人身保险体系。在境外边民务工管理服务中心设立保险服务窗口，确保境内用工单位为中越边境外籍入境劳务人员购买意外综合保险。三要完善航运保险产品体系，提升保险在航运产业链中的价值。四要完善出口信用保险保障体系、出境人员意外保险保障体系和健康养老保险保障体系。五要构建机动车辆保险、游客人身意外保险和境外救援保障等业务的联动机制，推进实现超短期货运车辆保险、出口境外货物运输保险业务可即时出单生效。六要创新跨境保险服务平台，设立保险产品与技术创新孵化基地、保险共性技术实验室等行业基础性平台，推动中国跨境保险与东盟接轨。

参考文献

[1] 赵阳阳. 中泰两国保险广告的比较分析 [J]. 青年记者，2018 (6)：97 –98.

[2] 陈文辉. 东南亚保险市场研究 [M] 北京：中国金融出版社，2015：92 –97.

[3] 李乔宇. 东南亚保险业引资金入局，外资驰骋仍存三大难题 [J]. 商业观察，2017 (8)：76 –77.

[4] 杜萍. 宏观经济因素对人身保险的影响机制研究 [D]. 山东大学硕士学位论文，2018：6 –17.

[5] 陆峰. 基于聚类分析的我国寿险公司开拓东盟市场策略 [J]. 保险研究，2015 (2)：39 –49.

[6] 陆峰. 论“保险地理学”的学科创建 [J]. 新经济，2016 (3)：3 –5.

[7] 陆峰. “一带一路”下中国—东盟自贸区保险业的发展目标定位 [J]. 当代经济管理，2016 (10)：89 –97.

[8] 素提蓬·塔维茶亚. 泰国保险监管机构、保险行业和市场简介 [EB/OL] 第3届中国—东盟保险合作与发展论坛，2017 (9).

[9] 瑞再企商保险有限公司、瑞士再保险经济研究及咨询部. 中国“一带一路”规划，及其对商业保险的影响 [R]. 苏黎世，2016.

[10] 寇业富. 2018中国保险公司竞争力评价研究报告 [M]. 第一版. 北京：中国财政经济出版社，2018：9 –61.

（执笔人：陆峰）

第二部分　专题报告

4. 广西金融支持新型城镇化研究

以人为本、四化同步、优化布局、生态文明、文化传承的新型城镇化建设是我国经济高质量发展和建设现代化的必由之路。改革开放以来，中国城镇化进程从传统城镇化到新型城镇化逐步提升，城镇化水平从 1978 年的 17.90% 上升到 2019 年末的 60.60%，首次超过了 60% 的这一关键节点，代表着中国进入了城市社会时代。同时城镇化是乡村振兴和区域经济发展的有力支撑，跟随中国城镇化进程发展，广西城镇化建设实现了从低速发展向快速发展的转变，城镇化率从 1978 年的 10.60% 上升到 2019 年末的 51.09%，城镇化发展有力带动了自治区经济的发展，但相较国家整体城镇化发展水平，广西城镇化发展水平还存在着“或高或低”的梯度差异。

2019 年 3 月，李克强总理在政府工作报告中着重指出要深入推进新型城镇化，要以人为核心，提高新型城镇化质量；同年国家发展改革委印发的《2019 年新型城镇化建设重点任务》提出了“1 亿非户籍人口在城市落户、常住人口和户籍人口城镇化率均提高 1 个百分点以上的”高质量发展目标，并提出了 4 大抓手和十九项重点任务。金融是现代经济的核心，随着新一轮广西贯彻落实以人为本的新型城镇化工作部署，必然要加大对金融资金的需求，而仅仅依靠传统的财政政府金融、商业银行金融和土地金融等三个传统融资渠道必然满足不了新型城镇化建设的需求，因此，广西《2019 年自治区推进新型城镇化重点工作方案的通知》不仅明确提出要加大金融支持力度，还明确支持金融发力的重点领域和创新融资方式，通过发展金融市场、创新金融工具将是广西充分发挥金融助力的方向。因此，基于广西新型城镇化建设和金融发展事实，探讨研究金融支持新型城镇化建设机理，将对广西加快建设新型城镇化步伐、逐步消除“梯度差异”，具有重要的理论意义和现实意义。

一、广西新型城镇化进程与金融支持政策

（一）广西城镇化建设事实

改革开放以来，广西全面落实“三大定位”新使命和“五个扎实”新要求，城镇化发展经历了从低速发展向快速发展的迅速转变，城镇化建设从传统城镇化向新型城镇化不断推进，城镇化建设质量不断得到提升。

2018 年末，广西全区总户籍人数 5659 万人，比上年末增长 59 万人，常住人口 4926 万人，比上年末增加 41 万人；其中城镇户籍人口 1795.05 万人，户籍人口城镇化率

31.72%，比上年末增加0.49%，城镇常住人口2474万人，常住人口城镇化率50.22%，比上年增长1.01%。

历史数据来看，如表4－1和图4－1所示，1978年至2018年，广西总户籍人口数从3402万人增加到5659万人，增长了66.3%，城镇化率从10.60%增长到50.22%，增长了3.74倍。从2005年有统计以来，城镇常住人口数从1567万人快速增长到了2484万人，增长了58.52%，年均增长率3.14%。从城镇户籍人口城镇化率来看，城镇户籍人口城镇化率从10.58%增长到了31.72%，增长了1.99倍。当前国家统计局城镇化指标统计口径使用的城镇常住人口数与常住人口数的比值，常住人口数据根据抽样调查而预测得知，而城镇户籍人口城镇化率使用的是实际城镇户籍人口数与户籍人口数的比值，两者所代表的含义有一些不同。从广西当前来看，城镇常住人口城镇化率已比较接近中共中央、国务院印发的《国家新型城镇化规划（2014—2020年）》所设定的60%的城镇化目标，但从城镇户籍人口城镇化率来看，2018年仅为31.72%，离设定的60%的城镇化目标还有一定的距离。

表4－1　1978—2018年城镇化建设水平统计　　单位：万人,%

年份	总人口数	常住人口数	城镇常住人口数	常住人口城镇化率	总户籍人口数	总户籍城镇人口数	城镇户籍人口城镇化率
1978	3402	—	360	10.60	3402	360	10.58
1990	4242	—	641	15.10	4242	565	13.32
1995	4543	—	838	18.45	4543	745	16.40
2000	4751	—	1337	28.15	4751	826	17.39
2001	4788	—	1350	28.20	4788	846	17.67
2002	4822	—	1365	28.30	4822	864	17.92
2003	4857	—	1411	29.06	4857	884	18.20
2004	4889	—	1550	31.70	4881.62	901.52	18.47
2005	4925	4660	1567	33.62	4894.18	909.51	18.58
2006	4961	4719	1635	34.64	4974.22	989.25	19.89
2007	5002	4768	1728	36.24	5061.35	944.04	18.65
2008	5049	4816	1838	38.16	5140.17	964.06	18.76
2009	5092	4856	1904	39.20	5203.63	969.04	18.62
2010	5159	4610	1849	40.11	5059.46	838.50	16.57
2011	5199	4645	1942	41.80	5199.00	936.05	18.00
2012	5240	4682	2038	43.53	5240.01	962.05	18.36
2013	5282	4719	2115	44.81	5421.96	1006.49	18.56
2014	5475	4754	2187	46.01	5475.50	1431.88	26.15
2015	5518	4796	2257	47.06	5518.25	1677.91	30.41
2016	5579	4838	2326	48.08	5579.10	1710.89	30.67

续表

年份	总人口数	常住人口数	城镇常住人口数	常住人口城镇化率	总户籍人口数	总户籍城镇人口数	城镇户籍人口城镇化率
2017	5600	4885	2404	49.21	5599.66	1748.86	31.23
2018	5659	4926	2474	50.22	5659.000	1795.050	31.72

注：1. 资料来源：各年度广西统计年鉴。

2. 2005 年及 2005 年之后才公布“常住人口数指标”。

3. 2007 年及 2007 年之前“户籍城镇人口数”为“非农人口数”。

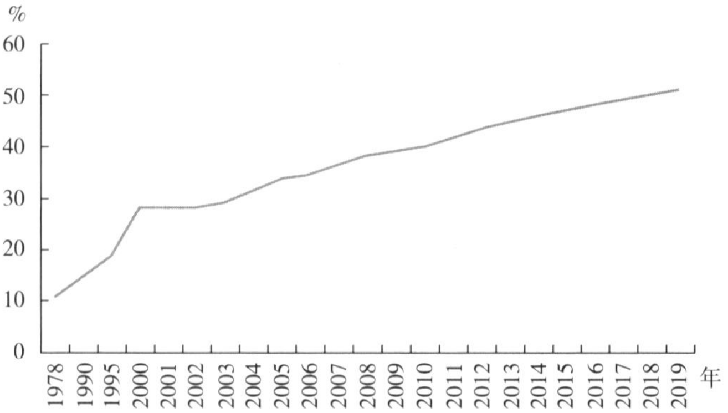

图 4-1　1978—2019 年广西城镇化率

（资料来源：《广西统计年鉴》）

从南宁、柳州市、桂林市、梧州市、北海市、防城港市、钦州市、贵港市、玉林市、百色市、贺州市、河池市、来宾市、崇左市等 14 个所辖市城镇化建设水平来看，如表 4-2 所示，柳州市和南宁市城镇化率最高，排在前两位，分别为 64.74% 和 62.40%，已达到了《国家新型城镇化规划（2014—2020 年）》所设定的 60% 的城镇化目标，其余 12 个市低于城镇化率 60% 的水平；梧州市、北海市、防城港市、桂林市和贵港市城镇化率在 50% 和 60% 之间，其中北海市和防城港市城镇化率均超过 58%，接近 60% 的节点目标；钦州市、玉林市等 8 个市城镇化率均低于 50%，其中百色市、河池市和崇左市城镇化率 40%，分别为 37.06%、38.18% 和 39.24%。从各市城镇化建设推进来看，各市城镇化建设存在着“梯度差异”，从数据中可以看到，柳州市和南宁市排在第一梯队，北海市、防城港市、桂林市和贵港市排在第二梯队，钦州市、贺州市、来宾市排在第三梯队，而百色市、河池市和崇左市则排在第四梯队，这显示了当前各市城镇化建设水平、城镇化建设水平质量的不均衡。

表 4-2　2018 年广西各市城镇化建设水平统计

地区	常住人口（万人）	城镇常住人口	
		人数（万人）	城镇化率（%）
全区	4926.00	2474.00	50.22
南宁市	725.41	452.62	62.40

续表

地区	常住人口（万人）	城镇常住人口	
		人数（万人）	城镇化率（%）
柳州市	404.17	261.67	64.74
桂林市	508.55	254.28	50.00
梧州市	306.11	160.96	52.58
北海市	168.00	98.45	58.60
防城港市	95.33	55.67	58.40
钦州市	330.44	132.16	40.00
贵港市	440.92	220.85	50.09
玉林市	584.97	288.31	49.29
百色市	366.94	136.00	37.06
贺州市	207.26	95.76	46.20
河池市	354.57	135.39	38.18
来宾市	223.39	99.51	44.55
崇左市	209.94	82.37	39.24

资料来源：2018年柳州市城镇化发展情况（http：//www.liuzhou.gov.cn/zwzt/zwzt/jjxxzl/tjsj/201903/t20190311_1265920.html）。

同时各区县是城镇化建设的第一承建对象，可以进一步通过区县数据来看，由于大部分市并没有完全对外公开区县城镇化建设水平，在这里仅以当前城镇化建设水平排名第一的柳州市各区县数据为例，如表4-3所示，柳州市所辖6区5县，2018年各区县城镇化率建设水平不等，城中区、鱼峰区等6个区由于近柳州市属城市所在地，城镇化率均在90%以上，说明城区城镇化的发展有力推动了大都市的发展，而所辖的5县城镇化率均在50%以下，其中柳城县、鹿寨县2个县城镇化率在40%以上，融安县、融水县、三江县均在40%以下，其中三江县城镇化率仅为28.01%，远低于全区城镇化建设水平。

表4-3　柳州市2018年各县区城镇化率情况

地区	常住人口（万人）	城镇人口	
		人数（万人）	城镇化率（%）
柳州市	404.17	261.67	64.74
城中区	17.69	17.63	99.66
鱼峰区	49.76	48.34	97.15
柳南区	51.37	51.35	99.96
柳北区	45.49	43.70	96.07
柳江区	62.99	31.55	50.09
柳城县	37.34	16.43	44.00
鹿寨县	35.46	17.06	48.11

续表

地区	常住人口（万人）	城镇人口	
		人数（万人）	城镇化率（%）
融安县	30.31	11.74	38.73
融水县	42.45	15.10	35.57
三江县	31.31	8.77	28.01

资料来源：柳州市2018年城镇化发展情况（http：//www.liuzhou.gov.cn/zwzt/zwzt/jjxxzl/tjsj/201903/t20190311_1265920.html）。

综上分析，总体来看广西城镇化建设经历了从起步、低速、稳步和快速发展阶段，城镇化建设获得了长足进展，但与国家设定的2020年达到60%的城镇化建设节点还有一小段距离；同时从市县数据分析可知，各市城镇化建设水平不一，尤其是区县数据显示部分县城镇化远低于自治区平均水平，“梯度差异”是广西城镇化建设中的问题事实，而这种差异也将严重阻碍广西城镇化建设向高质量发展。因此无论从总体上还是局部上，广西新型城镇化建设任务的推进仍然有一段较长的路要走，因此在落实“三大定位”新使命和“五个扎实”的新时代背景下，借力金融的“活水”，解决广西新型城镇化建设中的融资困境，是当前广西新型城镇化提升的方向。

（二）广西金融支持城镇化政策

由于城镇体系不完善、城镇功能不完善和城镇特色不鲜明，长期以来，广西城镇化进程发展缓慢。进入21世纪以来，广西为推进城镇化发展，科学研究分析广西城镇化发展规律实际，先后出台了《关于加快我区城镇化跨越发展的决定》《广西壮族自治区新型城镇化规划（2014—2020年）》《2019年自治区推进新型城镇化重点工作方案》等政策文件，文件在明确城镇化建设方向、建设目标的同时，也针对金融支持提出了专门的要求，如表4－4所示。

表4－4　“十一五”以来广西金融支持城镇化政策演变

出台日期	出台文件	金融支持政策	金融支持重点演变
2010年12月	《关于加快我区城镇化跨越发展的决定》	除加快建立多元化的城镇基础设施建设投融资体系外，还将多方面增加财政对城镇化建设的资金筹措：各级财政预算、整合资金筹集、税费减免、争取国家补助支持等。	侧重资金筹措渠道，注重政策金融
2014年8月	《广西壮族自治区新型城镇化规划（2014—2020年）》	加快财税体制和投融资机制改革，创新金融服务，放宽市场准入，逐步建立多元化、可持续的城镇化资金保障机制。 健全支持城镇化发展的财税体制。积极争取中央财政支持，自治区加大财政投入力度，健全财政引导资金集约化使用机制。按照事权与	财政和金融联动，不仅在财政支持、税收减免，而且在商业金融、市场金融等方面做了详细的布置，形成了金融支持新型城镇化体系

续表

出台日期	出台文件	金融支持政策	金融支持重点演变
2014年8月	《广西壮族自治区新型城镇化规划（2014—2020年）》	支出责任相适应的原则，合理确定自治区与市县在教育、基本医疗、社会保障、保障性住房等公共服务方面的事权，建立健全城镇基本公共服务支出分担机制。进一步理顺自治区以下财政分配关系，深入推进自治区直管县财政管理方式改革。按照中央统一部署，不断完善地方税体系，积极推进营业税改征增值税、房产税等税制改革。 完善财政转移支付制度。加大自治区对市县一般性转移支付力度，进一步完善县级基本财力保障机制。自治区财政安排转移支付时考虑常住人口因素，建立财政转移支付与农业转移人口市民化挂钩机制，形成激励吸纳外来人口的长效机制。自治区设定的基础设施、公共服务设施、保障性住房等领域的投资补助标准，安排的重大公益性项目，以当地常住人口为重要因素，充分考虑各地吸纳或迁出的人口规模。 拓宽金融机构参与城镇化建设渠道。构建促进城镇化发展的金融支持政策体系，激励金融机构加大城镇建设融资规模，提供规范透明、成本合理、期限匹配的融资服务。金融机构创新金融产品，改进金融服务，支持城镇市政设施、公共服务设施建设和产业发展。支持民间资本和外资参与城镇化建设，允许具备条件的民间资本依法发起设立中小型银行等金融机构，参与设立村镇银行等新型农村金融机构和小额贷款公司，支持小城镇和农村新型社区建设。支持城镇基础设施和住宅政策性金融机构参与城镇化建设，发挥政策性金融机构在城镇化中的重要作用，做好国家开发银行支持广西建设全国新型城镇化试点省份工作。鼓励公共基金、保险资金等参与项目自身具有稳定收益的城市基础设施项目建设和运营。 建立规范透明的政府融资机制。进一步规范各级政府投融资平台，支持符合条件的融资平台公司健康运转，适当加大政府债券发行规模，优化政府债券结构，利用信托、资产证券化、产权交易、融资租赁等方式，创新融资模式，拓宽融资渠道。规范管理各级政府债务，	

续表

出台日期	出台文件	金融支持政策	金融支持重点演变
2014 年 8 月	《广西壮族自治区新型城镇化规划（2014—2020 年）》	建立健全政府债务全口径统计、信息披露、信用评级和风险预警体系。研究建立自治区统一平台，创建省带县投融资模式，为县城和小城镇融资创造条件。 放宽城镇建设投资准入。鼓励、支持和引导社会资本，采取 BT（建设—移交）、BOT（建设—运营—移交）、TOT（移交—运营—移交）、PPP（公私合营）、EPC（工程总承包）等模式，平等参与城镇公用设施领域开发、建设和运营，全面放开县城和小城镇市政设施建设和运营，加快城镇公共服务市场化改革步伐。理顺市政公用产品和服务价格形成机制，允许社会资本通过特许经营等方式参与城镇基础设施和公共服务设施投资运营。用好用足沿边金融综合改革试验区各项政策，吸引境外人民币资本投资广西城镇化建设。推进城镇非基本公共服务市场化改革，大力发展经营性社会服务业。	
2019 年 4 月	《2019 年自治区推进新型城镇化重点工作方案》	加大对棚户区改造和特色小镇等重点领域的信贷投入，鼓励商业银行增加信贷资源投入，加大对保障性安居工程的支持力度。进一步规范使用抵押补充贷款资金，优化工作流程，积极支持棚户区改造。大力推进直接融资，支持符合条件的棚户区改造项目利用专项债券、中期票据、定向债务融资工具、房地产投资信托（REITs）和公司债等市场化产品融资。支持银行业金融机构盘活信贷资产，发行信贷资产支持证券专项用于保障性安居工程建设。	明确指出要加大金融支持力度，侧重通过市场融资来促进金融发展

资料来源：《关于加快我区城镇化跨越发展的决定》《广西壮族自治区新型城镇化规划（2014—2020 年）》《2019 年自治区推进新型城镇化重点工作方案》等政府文件。

2010 年 12 月，广西壮族自治区党委、自治区人民政府在充分调研、科学分析、借鉴经验和立足实际的基础上，出台了《关于加快我区城镇化跨越发展的决定》及 20 个配套政策文件，设立了到 2015 年广西城镇化水平力争达到 50%、年均增长 1.88% 的城镇化建设目标，而在配套措施文件中就重点在资产金筹措方面指出“除加快建立多元化的城镇基础设施建设投融资体系外，还将多方面增加财政对城镇化建设的资金筹措”，金融措施的重点放在了政府金融方面，要统筹整合财政预算、税费减免和国家补助等。

2014 年 8 月，基于经济发展水平滞后导致城镇化建设不高的事实和城镇空间不合理、城乡发展不协调、城镇化体制机制不健全的城镇化发展矛盾，广西在中共中央、国务院印发的《国家新型城镇化规划（2014—2020年）》战略指引下，出台了“一条主线、七大任务、五项改革”的《广西壮族自治区新型城镇化规划（2014—2020年）》，而金融作为“五项改革”之一被重点列入了广西新型城镇规划建设文件中。这一时期，自治区不仅重视国家、地方政府的财政支持，而且还创新城镇化资金保障机制，逐步引导商业金融加大对新型城镇化建设的支持。

2019年4月，为了贯彻中央经济工作会议精神，落实国家发展改革委印发的《2019年新型城镇化建设重点任务》文件精神，广西坚持新发展理念和高质量发展要求，印发了《2019年自治区推进新型城镇化重点工作方案》。方案提出了五个专项的29项任务，其中着重要加大金融支持力度，并重点指出要充分利用商业银行信贷和市场化融资。

综合政策文件分析可以看出，从“资金筹措”“投融资机制”到“金融支持”，在广西新型城镇化建设中，政府对金融支持的重要性不断重视。从演变过程中也可以看到，从早期的侧重财政政府金融到规划纲要的财政和金融联动支持，再到当前的市场化融资，金融支持新型城镇化的建设发展将越来越注重政府引导、市场主导模式，而由此创新金融支持的渠道和工具已是新型城镇化顺利开展的关键。

二、金融支持新型城镇化发展的作用机制

2019年国家和广西提出的新型城镇化“重点任务”和“重点工作”将新型城镇化高质量发展摆在了重要的位置，城市群城镇带建设、城镇功能和宜居水平提升、城乡融合发展都需要多元化可持续的资金保障。一方面以人为本的新型城镇化更加重视城镇居民生活质量的提高，而对中小城镇基础设施建设水平的提升将催生巨大的金融需求；另一方面，城市群城市带建设发展的背后需要高质量发展的产业支撑，以产促镇、以产兴镇将是新型城镇化发展的主旨，这就要求金融根据城镇经济发展实际创新更多的金融服务和产品。

大量研究表明，金融是城镇化发展最重要的支撑力量。Cho等（2003）、Nahashi等（2007）等国外学者通过研究城镇化进程中的城市铁路升级、城镇基础设施提升、城市土地开发等，认为金融体系完善的资本集聚和资源配置是城市化发展重要的资金保障，尤其Atack等（2009）通过研究认为金融体系的规模、结构和效率是城镇化率提升的关键。同时，21世纪以来谢金楼（2007）、唐末兵和唐谭玲（2017）、贾洪文和胡殿萍（2013）、胡海峰和陈世金（2014）、霍炳男（2017）、罗琼（2016）、郑长德（2007）、张宗益和许丽英（2006）、黄国平（2013）、杨慧和倪鹏飞（2015）、李清政和刘绪祚（2015）等国内学者深刻研究金融支持与城镇化发展的关系，并通过模型实证提出金融支持对城镇化率提升有着重要作用。

金融发展理论认为，金融体系最主要的功能体现在可以跨越时间和空间进行金融资源配置和风险分散，综合已有研究学者成果和金融发展理论，金融对新型城镇化发展的

支持可以从金融发展的金融规模、金融结构和金融效率这三个方面来进行分析，探讨新型城镇化建设过程中的金融资本积累、金融资源配置以及资源配置效率的调节机制。

（一）金融规模影响新型城镇化提升机制

金融规模影响新型城镇化主要表现在两个方面，一个是金融资金对新型城镇化的规模支持，另一个表现在金融机构金融服务产品创新对新型城镇化的支持。

一方面，新型城镇化以人为本，空间城镇化、经济城镇化和人口城镇化的建设均需要大规模金融资金的支持，基础设施建设，公共服务支撑均需要大体量金融的支持，发展匹配新型城镇化发展的金融供给规模是保障其快速发展的第一推动力。

另一方面新型城镇化地理位置以城镇乡镇为主，金融机构在村镇、乡镇物理网点布局的增多将会为新型城镇化提供便利化的投融资，同时结合乡镇企业、乡镇居民的融资特点，设计多样化的金融产品和服务，将会大大加快新型城镇化进程。

（二）金融结构影响新型城镇化建设机制

金融结构主要是金融的层次结构和金融融资结构。从金融的层次结构来看，合理的金融结构体系可以协助新型城镇化发展低于金融风险。由于新型城镇化建设项目金融需求大、周期长，不可避免地会存在市场风险、信用风险和流动性风险，而合理的银行、证券、保险的金融结构则可以有效规避金融风险，为新型城镇化项目的推进提供稳定的金融支持。

从融资结构来看，以市场化为主导已成为新型城镇化建设发展的融资结构，如何在政府有限财政资金的引导下，充分利用商业性金融、市场性金融是新型城镇化顺利开展的关键。因此建立多渠道的融资结构，充分利用政府金融、商业金融和市场金融可以有效推进新型城镇化进程。

（三）金融效率对新型城镇化的影响机制

金融效率对新型城镇化的影响主要表现在投入产出机制和资源配置效率。在投入产出机制方面，集聚全社会的资源，通过储蓄、贷款、再储蓄和再贷款的派生机制，有效地将储蓄转化为投资，以此来推动经济的发展，因此投入产出机制的效率对新型城镇化的发展有着重要的作用。

同时，从资源配置效率来看，由于金融天生的逐利性，金融将有效引导社会资源达到帕累托最优。因此金融资源在承接新型城镇化部门、行业的配置合理与否，意味着新型城镇化建设效率高低，对应的金融效率的提高将大大提升新型城镇化建设的效率。

三、广西金融发展支持新型城镇化的实证分析

（一）指标选取与数据处理

本文选取金融发展指标实证分析金融对新型城镇化的调节作用，如表 4－5 所示，选取城镇化率衡量广西和各区市的新型城镇化建设水平，本文选取的是国家统计年鉴对外公开的口径，即城镇化率 = 城镇常住人口数/常住人口。

在金融支持指标选取方面，主要从金融规模、金融结构和金融效率三个方面来进行考虑。金融规模指标选取方面，一定时期金融市场包括货币市场、资本市场和金融衍生品市场等规模代表着当前金融总规模，但在中国仍以银行为主体的金融市场体系下，本文用金融机构，主要是银行类金融机构的贷款余额来衡量，具体采用金融规模相对指标，用金融机构贷款额/GDP 来表示。

金融结构指标选取方面，一般来说金融结构主要是金融的市场结构，可主要区分政府性金融和市场性金融，代表着是政府主导融资结构还是以政府引导、市场主导的融资结构，通常可以用政府类融资与金融市场融资的比值来衡量，本文选取政府财政支出/银行类金融机构存贷款额来表示。

金融效率指标选取方面，通常认为有效配置金融资源与否代表着一个地区金融效率的高低，本文考虑区市一级金融市场体现还相对比较弱，因此采用传统的贷款总额与存款总额的比值来表示一个地区金融机构将存款转换为贷款的能力，具体选取银行类金融机构贷款总额/银行类金融机构存款总额来表示。

表 4－5　实证指标选取

	变量简称	金融支持指标	衡量指标	数据指标
解释变量	fs	金融规模	金融机构贷款余额与 GDP 的比值	金融机构贷款额/GDP
	fst	金融结构	政府类融资与金融市场类融资的比值	财政支出/（金融机构存贷款总额）
	fe	金融效率	贷款总额与存款总额的比值	金融机构贷款额/金融机构存款额
被解释变量	ur	城镇化指标	城镇人口与总人口比值	城镇常住人口/总人口

数据收集方面，考虑到数据的可得性、准确性和实效性，本文选取广西和南宁市、柳州市、桂林市、梧州市、北海市、防城港市、钦州市、贵港市、玉林市、百色市、贺州市、河池市、来宾市、崇左市等 14 个所辖市近 10 年间的年度数据，数据来自 2009—2018 年《广西统计年鉴》。同时为了消除名义数据上的干扰，所有的数据均采用相对数据而非绝对数，城镇化指标、金融规模指标、金融结构指标和金融效率指标分别记作 ur、 fs、fst 和 fe。

（二）模型方法选取

依据金融促进城镇化发展的机理分析，本文构建如下城镇化基准方程：

$$Y_{u} = \beta_i + x_{u}\delta_t + \varepsilon_{u} \quad （式4-1）$$

其中，Y_u代表城镇化率，x_u代表外生变量，δ_t代表参数，β_i代表截距项，$i=1$，$2\cdots N$，$t=1$，$2\cdots T$。根据ADF单位根检验，如表4-6所示，各变量的P值检验都小于5%，这说明被解释变量城镇化率与金融规模、金融结构和金融效率解释变量之间存在长期协整关系。

表4-6　金融支持对新型城镇化影响的ADF单位根检验

	城镇化率（ur）	金融规模（fs）	金融结构（fst）	金融效率（fe）
Dickey-Fuller	-8.0793	-6.2452	-7.3141	-5.1238
Lag order	5	5	5	5
p-value	0.01	0.01	0.01	0.01

因此，本文将城镇化率、金融规模、金融结构和金融效率指标代入基准方程，得到如下金融支持城镇化方程：

$$UR_{it} = A_i + \beta_1 FS + \beta_2 FST + \beta_3 FE + \varepsilon_{it} \quad （式4-2）$$

其中，被解释变量UR代表城镇化率，FS、FST、FE分别代表解释变量金融规模、金融结构和金融效率，β_1、β_2、β_3分别代表三个解释变量的系数，N代表观测样本数，T代表时间序列个数，$i=1$，$2\cdots N$；$t=1$，$2\cdots T$。

表4-7　各变量指标描述性统计

	N	Min	1st Qu	Median	Mean	3rd Qu	Max
ur	206	26.6	36.78	43.98	44.23	50.21	64.74
fs	206	0	0.555	0.68	0.7916	0.81	2.7
fst	206	0.11	0.16	0.19	0.2068	0.24	0.45
fe	206	0	0.59	0.66	0.6848	0.745	1.19

如表4-7所示，从2009年到2018年10年样本期间内，共收集样本个数206条，样本期间内广西城镇化率即城镇常住人口与总人口比值平均值为44.23，最大值为64.74，最小值为26.6；金融规模即金融机构存贷款总额与GDP比值的平均值为0.7916，最大值为2.7，最小值为0；金融结构即财政收入与金融机构贷款余额比值平均值为0.2068，最大值为0.45，最小值为0.11；金融效率即金融机构贷款余额与金融机构存款余额比值平均值为0.6848，最大值为1.19，最小值为0。

（三）模型检验与回归结果

本文使用RStudio对广西金融支持城镇化发展数据进行回归分析，为了使模型选择更加合理有效，我们采用四种模型进行了回归，比较结果如表 4－8 所示。在对固定效应模型与混合效应模型回归结果的 F 检验比较中，结果显示固定效应更优；在对固定效应模型和随机效应模型的回归结果 Hausman 检验比较中，结果显示固定效应模型优于随机效应模型，因此本文采用固定效应模型分析金融规模、金融结构和金融效率对广西城镇化进程的影响，回归结果如表 4－9 所示。

表 4－8 实证模型选择比较

	模型比较	检验结果	比较结果
F 检验	固定效应模型与混合效应模型比较	data： ur ~ fs + fst + fe F = 9.8091，df1 = 10， df2 = 137，p − value = 3.002e − 12 alternative hypothesis： significant effects	F 检验中，F > 2，P < 0.01，固定效应模型更优
Hausman 检验	固定效应模型与随机效应模型比较	data： ur ~ fs + fst + fe chisq = 44.523，df = 3， p − value = 1.168e − 09 alternative hypothesis： one model is inconsistent	Hausman 检验中，chisq > 2，P < 0.01，固定效应模型更优

表 4－9 实证模型结果

Variable	Coefficients	Std. Error	t − value	Pr（>|t|）
fs	7.4073	1.5629	4.7395	5.3e − 06 ***
fst	− 90.5756	7.2051	− 12.5711	< 2e − 16 ***
fe	− 6.2624	5.2219	− 1.1993	0.2325

Total Sum of Squares：10800
Residual Sum of Squares：3950.2
R − Squared：0.63423
Adj. R − Squared：0.59952
F − statistic：79.1849 on 3 and 137 DF，p − value：< 2.22e − 16

表 4－9 中固定效应实证模型结果显示，fs 在 1% 的水平下显著为正，表明金融发展规模对广西新型城镇化的发展有着显著的正向影响，即金融规模越大，新型城镇化率水平越高，金融规模每上升一个单位，城镇化率上升 7.4073 个单位。该指标数据表明，广西各区市金融发展规模的提高，为新型城镇化发展提供了金融“血液”，有力地推动了新型城镇化的发展，这与我们探讨分析金融规模对城镇化的作用机制是一致的。

fst 估计值系数为负，表明金融结构对广西新型城镇化发展的影响不显著，这一方面因为由于数据收集的原因，通过金融市场融资的数据难以有效表示；另一方面本文表示金融机构指标的数据选取的是财政支出与商业银行存贷款总额之比，系数为负表明当前仅依靠财政支出已经难以有效推动新型城镇化的发展，即仅依赖政府性财政支出的增加对新型城镇化的推动发展已经影响很小。但同时模型估计系数为负与假设金融结构对城镇化提升的正向作用不一致，也可能由于当前区市金融结构数据难以采集到，而仅用财政支出与商业银行存贷款额比值来表示可能也不具有完全有效性。

fe 系数估计值为负，表明金融效率对广西新型城镇化提升有负向作用，这主要因为一方面大部分城镇化建设周期长、收益效益低，对金融资源的吸引力天然弱；另一方面也因为区市一级金融市场发展相对不发达，存款转换为贷款的效率比较低。这与当前广西区市一级金融效率相对较低的实际情况相符，也说明在区市一级由于金融资源的逐利性，区市集聚的金融资源通过金融市场转移到其他区域或者其他项目。

综合来看，金融规模、金融结构和金融效率对广西新型城镇化建设有着比较大的影响，是促进和提升广西新型城镇化快速发展的关键因素。就现状来看，广西近些年来坚持以习近平新时代中国特色社会主义思想为指导，全面贯彻落实党的十九大精神，按照全国、全区金融工作会议和中央、全区经济工作会议的决策部署，坚持稳中求进工作总基调，紧紧围绕服务实体经济、防控金融风险、深化金融改革三大任务，以服务供给侧结构性改革为主线、做大金融产业为重点、开放创新为动力、健全地方金融监管体制为关键，不仅总体上全区金融业发展获得长足发展，各区市金融规模、金融结构和金融效率也在不断优化，为广西新型城镇化发展不断增加金融助力。

模型数据实证表明，金融结构和金融效率的优化反而降低了金融服务新型城镇化的能力，阻碍着新型城镇化的发展，这虽然有着新型城镇化根植于农村经济的客观原因，但也要看到高效率的金融资源配置将促使金融资源流向高收益的部门或项目，这将会加剧新型城镇化建设项目资金紧张，小城镇企业和产业将无法获得及时有效的金融资源支撑。因此如何放大财政资金杠杆，引导社会资金向新型城镇化建设项目转移，如何集聚金融资源、优化金融资源配置来保障新型城镇化顺利开展是广西金融支持新型城镇化发展的关键。

四、结论与政策建议

（一）研究结论

本文在探讨分析金融发展影响新型城镇化提升机理的理论基础上，选取了广西 14 个区市 2009—2018 年 10 年城镇化数据，采用 ADF 面板单位根、固定效应面板回归模型，并结合 F 检验、Hausman 检验，从金融规模、金融结构和金融效率等三个方面，对广西金融发展对新型城镇化提升的影响进行了实证研究，分析了金融规模、金融结构和金融效率对广西新型城镇化建设的显著影响，数理分析及实证结果如下：

（1）广西新型城镇化建设水平的现实数理分析表明，广西城镇化发展存在着梯度差异，这影响着广西新型城镇化建设目标的实现。这种梯度差异一方面表现在广西当前新型城镇化建设水平低于全国城镇化率建设水平，处于全国中下游水平；另一方面表现在广西各区市城镇化建设参差不齐，四个梯度的城镇化建设水平划分显示钦州市、玉林市等占比 57.14% 的一半以上区市城镇化建设水平在 50% 以下，特别是百色市、河池市和崇左市城镇化建设水平低于 40%，而微观的县级数据显示更有个别县在 30% 以下，城镇化建设水平的“梯度差异”已是广西新型城镇化建设提升的最大障碍和亟须解决的问题。

（2）广西金融支持政策演变表明，政府对金融在新型城镇化的作用认识不断增强。2010 年以来，广西不断推出支持城镇化发展的金融支持措施，这些措施从简单的“资金筹措”“投融资机制”逐步提升到城镇化发展中广泛的“金融支持”，从早期的单一的政府金融向市场金融逐渐过渡，彰显了政府不断加大金融在城镇化提升的角色认识，逐步明确了“政府引导、市场主导”的新型城镇化金融支持路径转变。

（3）模型实证结果表明，金融是广西新型城镇化发展的关键力量。从模型估计值系数可以看出，金融规模、金融结构和金融效率影响着广西新型城镇化的提升，而且这种影响是比较显著的，其中金融规模对新型城镇化提升有着正向显著影响，是推动广西新型城镇化提升的重要力量，金融结构和金融效率对新型城镇化的影响不显著，但从系数可以看出，不尽快调整金融结构、不有效将存款转化成贷款，将反过来成为新型城镇化发展的阻碍力量，弱化广西加快新型城镇化进程的金融支持作用。

（二）政策建议

贯彻落实党的十九大和十九届二中、三中全会精神和自治区“三大定位”新使命和“五个扎实”新要求，广西按照高质量发展要求，“以人的城镇化”为核心，以城镇化体制机制和配套政策创新为保障，加快推进城市群城镇带建设，推动新型城镇化建设取得新发展，在这样的政策思路下，金融支持广西新型城镇化发展主要应从以下几个方面大力开展。

1. 加大信贷支持规模，推动新型城镇化加快建设

一是加大对新型城镇化发展的信贷支持力度。与东部发达省份相比，广西经济实力整体偏弱，城镇和乡村地区基础设施落后，制约了新型城镇化的发展。因此应重点聚焦关系易地搬迁居民民生的棚户区改造等领域作为信贷投入的重点领域，通过构建开发性、政策性、商业性金融紧密合作的联动模式，对于一些重要的城镇基础设施积极争取亚洲开发银行、亚投行等国际开发性金融支持，对于棚户区改造等保障性安居工程争取国家开发银行、中国建设银行支持，实现信贷资金的精准投放，高效运用。二是以特色小镇为抓手，加大对产业项目的支持力度，促进形成稳定的“经济流”。鼓励商业银行增加信贷资源投入，并带动社会资本加大对特色小镇项目的金融支持，快速形成以产兴镇、以产促镇，为新型城镇化发展提供有效的产业支撑。三是完善城镇基础设施，提升城镇化发展的支撑力。要加大对城镇特别是配套设施落后的城镇地区基础设施、商贸服务等领域的信贷支持，增强城镇发展的生产要素聚集能力，通过基础设施的提升带动城镇生产要素有序流动，增强小城镇经济的发展潜力。

2. 大力推进直接融资，构建多元融资体系

一是加大财政投入力度。建议自治区和各区市加大对城镇基础设施等公共领域大项目的投入，特别是对位于“梯度差异”末端的县镇基础设施的投入，同时要以有限的财政资金为杠杆，发挥专项基金的政策引导和放大作用，给予小城镇企业税收优惠政策，大力形成城镇产业带的聚集带动效应。二是大力推进直接融资，创新金融产品和服务。鼓励金融机构开展融资产品创新，支持银行业金融机构盘活信贷资产，发行信贷资产支持证券专项用于保障性安居工程建设；大力推进直接融资，支持符合条件的棚户区改造项目利用专项债券、中期票据、定向债务融资工具、房地产投资信托（REITs）和公司债等市场化产品融资。三是鼓励社会资本共建模式。不断增强新型城镇化建设项目市场化筹资的活力和动力，广泛应用 PPP、TPP 等融资模式，鼓励和吸引社会资本广泛参与新型城镇化基础设施、城镇产业提升等领域的建设项目。

3. 充分发挥市场机制，不断提升资源配置效率

一是坚持走市场主导的城镇化建设道路。高质量发展新型城镇化，其中最关键的就是要坚定不移地走市场化道路，要充分发挥市场化机制在新型城镇化资金资源配置中的基础性作用，遵从市场规律，大力提高金融资源配置效率。二是要坚持政府科学引导的建设思路。要在地方政府有限财政投入的基础上，尝试发行新型城镇化专项债券，以及建立新型城镇化发展基金等，引导商业性金融和社会性资本，优化工作流程，消除金融服务壁垒，推动全社会资本的优化配置。三是要规范使用各专项资金。要进一步规范使用新型城镇化建设各种专项资金，防范地方政府债务风险，防止新型城镇化“房地产化”和违规违建等现象，保障金融服务新型城镇化建设的安全稳定。

参考文献

[1] Atack J, BatemanF, Haine M, et al. Did railroads induce or follow economic growth? rubanization and population growth in the America Midwest, 1850 - 1960 [R]. NBER Working Paper Series, 2009.

[2] Nahashi, Stannics. Diverging patterns with urban growth [D]. Canada Economic Association Discussion Paper, 2007.

[3] 谢金楼. 金融发展对城镇化建设的影响机理与实证研究 [J]. 经济问题, 2017 (3): 45 - 49.

[4] 唐未兵, 唐谭岭. 中部地区新型城镇化和金融支持的耦合作用研究 [J]. 中国软科学, 2017 (3): 140 - 151.

[5] 贾洪文, 胡殿萍. 中国金融发展与城镇化相关性——基于 1991—2011 年数据的实证分析 [J]. 首都经济贸易大学学报, 2013 (7): 44 - 50.

[6] 胡海峰, 陈世金. 创新融资模式　化解新型城镇化融资困境 [J]. 经济学动态, 2014 (7): 57 - 71.

[7] 霍炳男. 中国区域城镇化发展差异的影响因素研究——基于 1992—2015 年省际面板数据的经验分析 [J]. 经济问题探索，2017 (4)：76 - 82.

[8] 罗琼. 中国金融发展与新型城镇化建设的关系实证分析 [J]. 经济地理，2016 (9)：66 - 71.

[9] 张宗益，许丽英. 金融发展与城市化进程 [J]. 中国软科学，2006 (10)：112 - 120.

[10] 黄国平. 促进城镇化发展的金融支持体系改革和完善 [J]. 经济社会体制比较，2013 (7)：56 - 66.

[11] 杨慧，倪鹏飞. 金融支持新型城镇化研究——基于协调发展的视角 [J]. 山西财经大学学报，2014 (12)：1 - 12.

[12] 李清政，刘绪祚. 金融支持与我国新型城镇化互动发展的理论与实证研究 [J]. 宏观经济研究，2015 (4)：142 - 152.

（执笔人：蔡幸）

5. 广西金融支持深度贫困地区发展问题研究

自2016年开展精准扶贫工作以来，全国各地贫困地区通过产业扶贫、金融扶贫、技术扶贫、人才扶贫等方式，经过两年的努力取得了非常明显的成绩，大量贫困村、贫困县以及一些贫困农户摘掉了贫困的帽子。然而，截至2017年底，全国还有一些地区仍然没有摆脱贫困问题，这些地区大多是深度贫困地区，在脱贫工作上面临更难解决的诸多问题。2017年6月，习近平总书记在脱贫攻坚座谈会上强调，要坚持精准扶贫、精准脱贫的方略，加大对深度贫困地区脱贫的支持力度，通过解决脱贫攻坚中发现的重点问题，使用到户帮扶、重大扶贫工程等措施为抓手，尽快在2020年前让深度贫困地区的贫困群众进入全面小康社会。广西区党委书记也强调，要给深度贫困地区更多的资金、项目和政策倾斜，通过大力发展特色优势产业支持深度贫困地区群众脱困，多举措壮大村级集体经济，积极解决“两不愁三保障”问题，深度剖析深度贫困地区贫困的制约因素并采取有效措施，以决战决胜的气概全面解决深度贫困地区的贫困问题。

从广西情况看，截至2017年底，广西还有20个深度贫困县，贫困县的数量和人口规模还比较大，其中河池市和百色市各有7个深度贫困县，深度贫困县数量占比最多，这些县多是革命老区和边远山区，脱贫难度大，脱贫中存在的问题也更复杂。1953年发展经济学家提纳克斯提出“贫困恶性循环”理论，他认为要打破这个循环，其关键就是要注入资本，即通过依靠外援或者强迫储蓄的方式，加大资本投入打破恶性循环。金融扶贫则是通过外援的方式来实现资本注入脱贫的重要推手，对解决贫困问题发挥着非常重要的作用。2017年12月，中国人民银行等部门出台《金融支持深度贫困地区脱贫攻坚的意见》，该《意见》通过金融支持的方式来解决深度贫困地区的贫困问题，具有很好的操作性和指导性。因此，在全国脱贫攻坚目标以及广西全面解决深度贫困地区脱贫攻坚的背景下，研究广西金融支持深度贫困地区发展问题，具有十分重要的理论意义和实践价值。本报告结合中央扶贫政策和“一行两会”关于金融支持深度贫困地区脱贫攻坚的要求，以广西深度贫困地区为研究样本，全面分析金融支持广西深度贫困地区发展问题，研究深度贫困地区脱贫的解决路径和具体措施，为进一步提升金融机构金融支持精准扶贫工作提供决策参考。

一、广西扶贫现状及金融扶贫问题

（一）扶贫工作总体成效

自2013年以来，广西按照上级要求，扎实开展扶贫攻坚工作，各类金融机构作为金融扶贫的主体，全力支持和配合自治区党委和政府的扶贫攻坚工作。经过3年多的努力，金融机构通过信贷扶贫的方式，有力解决了贫困农户“三农”投入资金不足的难题，大幅提高贫困农户的农业收入，为广西扶贫做出了重要贡献，截至2017年底，广西各类金融机构精准扶贫信贷资金余额近2100亿元，同比增长近28%。2100亿元贷款余额中，最主要的是项目精准扶贫贷款，总计1496亿元，其次是个人精准扶贫贷款，总计余额近282亿元，还有近243亿元的产业精准扶贫贷款。这些精准扶贫贷款通过与地方政府扶贫项目以及其他扶贫项目的配合，成功打造了一批地方特色的产业，如河池牛羊养殖、百色杧果种植等，帮助1000多万的贫困人口脱贫，有效发挥了金融协同扶贫效应。经过全区各部门两年来的共同努力，广西扶贫效果明显：2016年广西减少贫困人口111万人，减贫人数居全国首位，比上年增加23万人；减贫速度25%，居全国第二位；实现了943个贫困村、4个自治区级贫困县（邕宁区、龙圩区、陆川县、合山市）脱贫摘帽。2017年广西农村脱贫95万人，年末贫困人口达到246万，贫困发生率比上年下降2.2个百分点，达到5.7%的低水平，实现1056个贫困村出列，蒙山县、上思县、兴业县、百色市右江区、贺州市八步区以及河池市南丹县等6个区定贫困县区实现脱贫摘帽，这标志着广西的扶贫脱贫工作已迈入了新的阶段。

（二）深度贫困地区现状

1. 深度贫困县情况

经过近两年扶贫攻坚工作，广西还有20个深度贫困县，脱贫攻坚难度更大、需要投入更多的人力、物力。20个深度贫困县主要集中在革命老区河池市、百色市的连片贫困地区，两市深度贫困县各有7个，共14个县，占广西深度贫困县的70%，具体包括：南宁市的马山县，柳州市的融水、三江，河池市的凤山县、东兰县、罗城、环江、巴马、都安、大化，百色市的德保县、那坡县、凌云县、乐业县、田林县、隆林、靖西市，贺州市的昭平县，来宾市的忻城县，崇左市的天等县。2017年末，20个深度贫困县共有260个乡镇、3047个村、农村人口584.4万人（占广西农村人口的23.56%），贫困人口127.14万人，比上年减少21.22万人，除了河池、百色辖区深度贫困县相对形成连片贫困区外，其他6个深度贫困县分散在非贫困县区域。

2. 深度贫困县特点

（1）深度贫困县贫困人口占比大、贫困程度深。2017年末，20个深度贫困县尚有贫困人口127.14万人，占未脱贫人口的51.68%，年末农村贫困发生率21.76%（农村贫困人口/农村人口），比广西贫困发生率高出16.06个百分点。

（2）生产生活条件差、脱贫难。20个深度贫困县有19个县属于滇桂黔石漠化片区（昭平县除外），占广西35个石漠化片区县的54.29%，生产生活条件普遍较差，脱贫难度大。

（3）少数民族自治县占比大。共有8个深度贫困县为少数民族自治县（河池市占5个），占全部深度贫困县的40%。

（4）表现出比较明显的“两高两缺两差两低四重”共同特征。“两高”是指贫困地区贫困人口占比高和贫困发生率高；“两缺”是指贫困地区普遍存在缺耕地和缺饮用水问题；“两差”是指贫困地区居住环境差和道路交通差；“两低”是指贫困地区农业效益低和贫困人口收入低；“四重”是指贫困地区存在低保兜底任务重、易地扶贫搬迁任务重、因病致贫返贫人口脱贫任务重以及发展村级集体经济任务重等现象。导致这些特征的主要原因在于深度贫困地区致贫因素的多维复杂，普遍存在生产要素缺乏、产业发展不足，生态环境脆弱、抗风险能力不足，社会发展滞后、公共保障不足，思想观念落后、素质能力不足。①

3. 经济金融状况

从2017年情况看，20个深度贫困县县均贫困人口超过6万人，2017年县均生产总值56.12亿元（最低的凤山县仅23亿元），人均生产总值15271元（都安县最低，人均9067元），仅相当于广西人均生产总值41955元的36.4%，农村人均纯收入8718元（凌云县最低，人均6417元），相当于广西农村人均可支配收入11325元的77%；人均地方财政本级收入1303元，相当于广西人均地方本级财政收入3306元的39.41%，深度贫困县地方本级财政收入95.89亿元（凤山最少，仅为1.43亿元），占其财政总收入的34%，大部分财政收入和开支需要税收返还和转移支付来支撑；农村人均贷款余额6027元（以农户贷款余额计算），相当于广西农村人均贷款余额10575元的57%，表明深度贫困地区农户获得贷款支持幅度还不高。总体上，广西深度贫困县基础设施和公共服务滞后，贫困村无集体经济、无产业、无人干事、无钱办事现象突出，成为脱贫攻坚战的坚中之坚、贫中之贫。

（三）金融支持深度贫困地区发展问题

广西剩下的深度贫困地区条件限制最多、扶贫攻坚最难、问题最突出，是脱贫攻坚最难啃的硬骨头。金融支持深度贫困地区问题主要包括两个方面的8个问题，即金融精准扶贫直接面临的问题和间接影响金融精准扶贫质量和效率的环境与发展问题。

1. 金融精准扶贫问题

（1）贫困农户和企业有效需求不足，扶贫贷款投放难。2016年和2017年是广西扶贫贷款投放的集中高峰期，经过两年的金融机构信贷支持，基本上满足了信用条件比较好的贫困农户和扶贫企业的信贷需求。但是，由于贫困地区普遍存在的产业支撑弱、扶贫发展项目缺乏、企业市场竞争力比较弱以及农业经营风险大等因素影响，农村金融市场信贷需求大幅下降，存在金融机构信贷投放难现象。根据2018年上半年统计数据显示，广西20个深度贫困县扶贫贷款余额224亿元，上半年扶贫信贷增长率不到7%，低于广西贷款平均增长速度。其中对扶贫信贷增长率贡献最高是支持农村基础设施建设的农村项目贷款，其次是产业精准扶贫项目贷款。从结构上可看出，2018年上半年，20个

① 2017年7月，广西壮族自治区党委书记彭清华在“广西深度贫困地区脱贫攻坚座谈会”上的讲话。

深度贫困县贷款笔数15764笔，同比下降41.45%，个人、产业、项目精准扶贫贷款笔数全线减少；个人精准扶贫贷款余额73.63亿元，比年初减少6.09亿元，下降7.64%；产业精准扶贫贷款余额27.65亿元，比年初增加1.56亿元，增长5.97%；项目（易地扶贫搬迁、农村基础设施、生态环境改造、农田基本建设）精准扶贫贷款余额107.86亿元，比年初增加12.01亿元，增长12.53%。从支持贫困户和扶贫产业的主力军——农村信用社（含农村合作银行和农村商业银行）贷款情况看，2018年上半年，农村信用社扶贫小额贷款余额205.99亿元，比年初减少8311万元，下降0.4%；贷款户数45.14万户，比年初减少1688户，下降0.37%；在河池辖区，2018年上半年每月下达给7个深度贫困县的新增授信额度都难用完，反映出贫困地区信贷有效需求不足，金融机构贷款投放难有些普遍。

（2）金融机构之间扶贫协调机制不完善，金融产品不能满足农村融资需求。广西深度贫困地区金融扶贫的主体为农业发展银行和国家开发银行为代表的政策性金融机构，农村信用社（含农村合作银行和农村商业银行）为代表的合作性金融机构以及以农业银行为代表的商业性金融机构，其中农业发展银行和国家开发银行主要支持农村基础设施贷款、易地扶贫搬迁贷款，农村信用社主要支持个人扶贫小额信贷款和扶贫产业贷款，农业银行主要支持部分农村基础设施和产业扶贫贷款，而保险公司、证券公司等金融机构支持扶贫相对较少。2018年上半年，广西贫困地区扶贫贷款余额国家开发银行占42.6%，农业发展银行占28.12%，农村信用社占13.33%，农业银行占11.43%，这四家机构扶贫贷款累计占比95.48%，其他金融机构总共占比不到5%。从金融机构支持扶贫工作来看，各家金融机构都参与了扶贫工作，但是扶贫主力主要是两家政策金融机构，累计扶贫贷款余额占比超过70%以上，国有商业银行、中小股份制商业银行、保险公司、证券公司等金融扶贫力度不强，并且扶贫的金融机构之间缺乏协调机制。比如政策性金融机构支持水电路、住房等基础设施后，并没有配套支持产业发展资金，农村信用社负责扶贫小信贷和部分专业合作社贷款且后继投入乏力，其他金融机构也认为扶贫项目风险大、回报小也不愿意给予配套资金支持，结果是基础设施、住房建好只解决贫困户住和行的问题，没有投入资金解决发展产业带动农户可持续增收，住得下却留不住人。同时，金融机构推出支持扶贫的融资产品也不大适应农村融资需求，融资方式、用途、对象、金额、期限、利率等方面都有待改进。在融资方式上主要靠传统贷款，且手续较繁杂、费时较长，未能利用互联网、移动终端办理农村需要的简便、快捷的流动资金贷款；在用途上仅限于支持种养业，并未考虑现在农村经营已经多样化，对于农户发展经商物流、运输、创业建厂、承包项目、建筑工程等都享受不到扶贫贷款的优惠政策；在融资对象上，贷款优惠、贴息也仅限于建档立卡贫困户，并未考虑到连片经营的其他非贫困户的融资需求，扶贫贷款优惠对象过窄，达不到连片示范效应；在贷款金额方面，扶贫小额信贷在5万元以下，扶贫合作社、种养大户单户贷款多在100万元左右，小额资金难以发挥更大作用；生产性资金方面，除扶贫小额信贷期限为3年外，其他贷款大多为1年期，而农村规模种养也要2~3年甚至5年以上才有较好成效，比如果树、油茶等；在贷款利率方面，除扶贫小额信贷执行基准贷款利率外，给合作社、农业龙头企业的贷款利率一般都要上浮20%～50%不等，平均上浮25%左右，与普通贷款没有什么区别，没有大的优惠，主要是缺乏抵押物，大多数不具备抵押物条件。

（3）扶贫贷款风险增大，影响新增贷款投放。扶贫贷款面临的风险主要包括信用风险和市场经营风险。信贷风险的大小关键在于借款人的信用条件和经营状况。从信贷统计数据来看，扶贫贷款的借款人大多为贫困地区龙头企业、农民专业合作社、农业种养殖大户以及贫困农户，这些借款人经营实力相对较弱，普遍存在缺技术、缺资金、缺经营能力的“三缺”现象，经营好坏受政策扶贫程度以及市场销售情况影响很大，经营风险比较高。根据借款主体性质不同，一是农户个人贷款经营风险。农户个人贷款包括农户小额信贷、农业种养专业大户贷款等。这些借款人主要从事农业种养等弱质产业，经营规模小层次低，看天吃饭现象比较普遍，受自然条件影响比较大，抗自然灾害风险比较差，农户保险意识也比较薄弱，保险机构保险产品供给不足。一旦发生自然风险和市场风险，信贷违约风险比较高。另外，由于扶贫信贷的政策宣传不到位，还有一些贫困农户把扶贫贷款当作“救济款”，从一开始办理贷款就存在不想偿还本金的心理。当贷款贴息政策到期，这些农户大面积违约现象比较普遍。二是扶贫企业和专业合作社。2016年广西开展金融扶贫政策以来，大量贫困县通过“户贷企用”模式，即以贫困农户为借款人，农户从金融机构办理小额信贷后再以股金的方式给企业使用，企业给农户8%的比例红利。这些企业多为小微企业，经营实力比较弱，大量企业的年均经营利润在5%左右，如果没有地方财政补贴，企业给农户的红利超过了企业的利润率，这种扶贫模式根本不可持续。因此，一旦企业经营受挫，无法兑现分红和按期还贷，在2018年以后要求“户贷企用”模式退出，农户极有可能不愿偿还“户贷企用”的贷款，且大多数农民存在“法不责众”心理，从而导致违约率的提高。例如，都安县农村信用联社已累计发放企业委托经营贷款5.38亿元，2018年6月已有2610万元贷款因欠息形成不良，巴马县农村信用联社发放的旅游扶贫搬迁新村贷款，目前因未结利息已形成不良贷款共68笔，贷款余额2000万元。

（4）金融机构信贷条件趋严，金融服务有待提高。广西按照国家和自治区要求开展金融精准扶贫工作以来，经过2年多的努力，脱贫工作取得很好的成效，达到脱贫条件的贫困农户基本贫困，剩下的都是难啃的硬骨头，还没有脱贫的主要是一些特殊因素的贫困户，脱贫攻坚工作到了特别艰难时期。这些贫困户大多生产生活条件很差，劳力能力非常低，对于金融机构而言，信贷风险非常大。因此，金融机构出于信贷风险的考虑，不愿意向这类贫困农户提供信贷支持，有些金融机构甚至提高了信贷条件，把这些既无抵押又无担保的贫困农户和“三农”企业拒之门外，部分金融机构即使提供信贷，鉴于贷款风险的考虑，他们也往往上浮贷款利率，有的金融机构利率上浮超过40%，导致这些地区贷款难和难贷款的“双难”现象还普遍存在。2018年6月末广西扶贫小额贷款余额205.99亿元，贷款户数45.14万户，贷款余额和户数均比年初有所减少，农村贷款利率高于城市贷款利率约2个百分点。

2. 深度贫困地区发展问题

深度贫困地区发展问题主要表现为深度贫困县扶贫产业发展滞后和深度贫困村自身发展受限问题，间接影响到金融支持精准扶贫工作的质量和效率。

（1）农业支柱产业相对缺乏，产业承接资金能力有限。在广西的20个深度贫困县中，按照贫困县发展规划要求，每个县都有扶贫产业，这些贫困县的主要产业有农业种养加、农产品物流、特色农业观光旅游以及新能源光伏等产业。但是，由于贫困地区基础设施比较差，农户投资资金实力有限，导致这些产业发展规模小，并且发展时间也比较短，导致扶贫产业承接资金的实力也有限，对贫困农户的增加效应不强。农民专业合作社和贫困户生产的各种农副产品多为“三无”产品，即无品牌、无包装和无认证，导致农户农副产品市场竞争力缺乏，最后多以低价在乡村市场上销售，或者是便宜卖给县外收购公司。例如，河池辖区深度贫困县种植的百香果，市场销售不畅，公司也降低收购价，一些农户只能以每斤1.5~2元在市场上销售，种植户收入减少，收入好一点的农户每年也只有3000元左右，一些种植户放弃后期管护转而外出打工。从计量结果也可看出，人均GDP（大致代表产业）增长率对农村人均纯收入的回归系数为0.0401，即人均GDP每上升1个百分点，农村人均纯收入上升0.0401个百分点，带动力还是较弱的。在有些深度贫困地区村集体产业经济更是缺乏，特别是在家庭联产承包责任制推行后，农户从村集体那里获得一些土地、林场等集体资源，导致村集体自己的资产和产业比较少，大量贫困地区村集体根本没有任何收入，仅有少数村每年有几千元经济收入。由于村集体无资产无产业，村集体承接资金能力不足。从河池深度贫困地区看，至2018年6月末，全市146个预脱贫村“有村集体经济收入”达标个数仅为69个，达标率仅为47.26%，一半多的贫困村未达标。有的深度贫困县部分扶贫项目投入与产出、收益不成正比，投入资金大收益少，潜在的风险较大，更难以吸纳更多的信贷资金。

（2）深度贫困地区农户居住分散，扶贫规模效应比较小。在深度贫困县，由于贫困村一部分群众不是贫困户，无法享受财政补贴、财政贴息和低息资金扶持等优惠政策，同一个村里出现扶贫产业分化，贫困户发展政策扶持的产业，而非贫困户则发展自己认可的种养殖，比如同一个村里贫困户主要发展有贴息扶持的养鸡、百香果、核桃等产业，而非贫困户由于得不到贴息资金扶持则自己养猪、种水果、种杉木、油茶等。同一个村分散的种植养殖，种类繁多，在产业规模上，许多产业扶贫项目无法形成连片开发和整屯整村参与，难以形成规模，更难以形成品牌参与市场竞争。这些分散的扶贫产业，只有贫困户享受到发展的利益，贫困户与非贫困户不能形成利益共同体，形不成规模效应，削弱了产业扶贫的效果。产业扶贫项目分散过多，在有限的扶贫资金约束下，单个项目获得的资金投入相对有限，对项目所在村投入低，信贷资金难以发挥总量优势扶持，实际效果不明显。另外，许多村屯发展的产业项目缺乏对农户的组织和管理，扶贫工作对于龙头企业和专业大户赋予的带动责任，只能是倡导性的，并无强制作用，如果企业和大户获得政府扶贫资金后不履行带动贫困户脱贫的责任，也很难追究企业的责任，间接影响到优惠资金投放的初衷，难以惠及贫困户。

（3）深度贫困地区贫困村空心化严重，劳动力供给不足限制发展。由于贫困村生产生活条件差，山区交通不便，农户靠种养殖收入低，外出务工成为增加收入的最主要渠道，绝大部分青壮年劳动力外出打工，大多数年轻家庭带着小孩到县城以上城市一边务工一边送孩子上学，整个贫困村只有老人在家，田地无人耕种成为普遍现象。这就形成了所谓的“空心村”，农村大量的青年劳动力逐步向就业机会多的发达地区外流，连小孩都较少在农村，在家的大多是老弱病残人员，只能做一些基础轻松的农活，无法带头发展脱贫产业，更无能力承接贷款扩大经营。农民是深度贫困地区精准扶贫的主导力量，是发展农村扶贫产业的主力军，离开了广大农民的参与，精准扶贫就会是一句空话。然而，在贫困农村空心化背景下，以及现在的城镇化建设，大量农村劳动力往城镇集中，即使他们积累了一些资金，他们也不愿意回到农村创业就业，发展扶贫产业主体匮乏，出现了农村劳动力资源供给不足与精准扶贫农村劳动力大量需求之间的矛盾，从而严重影响到精准扶贫工作效果。另外，由于农村空心化，农民不种地、农民买米买菜现象越来越多，精神文化也随之“空心”，农村出现比较普遍的打麻将、赌博等不良现象，有些外出打工一年收入几天输光。还有部分贫困地区婚嫁红白喜事攀比现象比较严重，有的困难家庭一年收入刚够送人情“份子钱”，这对贫困地区发展生产脱贫是非常不利的。

（4）深度贫困地区扶贫工作偏离重点，难以有效扶贫和便捷借款。帮扶工作应当重点为贫困户计划发展项目增加收入，帮助贫困户解决技术、资金、生产、销售的难题，评判帮扶成效的标准应是能否帮助贫困户找到发展项目，让其能够可持续增收脱贫。但从近年干部帮扶、驻村书记工作情况看，一些扶贫工作还是停留在送钱送物层面，帮助贫困户发展扶贫项目的不多，群众反映强烈的是填表多、照相多，扶贫手册、扶贫材料成为验收的必需内容，填表数据不错不漏似乎成为贫困既有脱贫验收的标准之一，而不是看真正帮助贫困户争取了什么项目、增加了多少收入。帮助困难户申请贷款解决发展资金问题也做不到位，有的贫困户根本没得到贷款支持而是“被贷款”，别人帮填表充数，贫困户自身甚至都不知道有这笔借款，更谈不上得到便捷优惠的资金发展生产。脱贫考核存在“表格脱贫”和被贷款现象，这种舍本求末的做法，影响了干群关系，贫困群众意见很大，也难达到精准扶贫效果。

二、国内外金融扶贫的模式借鉴

贫困问题历来是专家、学者以及政府官员等非常关注的焦点，在历史上人类也与贫困问题做着不懈的斗争。近年来，联合国也越来越重视贫困问题，并提出全球反贫困的两大目标：即一个目标是在 2015 年前将世界贫困人口比例降低一半，另一个目标是到 2030 年消灭极度贫困现象。根据联合国发布的《千年发展目标报告》显示，联合国的第一个反贫困目标已经实现，全球极端贫困人口数量已从 1990 年的 19 亿人，下降到 2015 年的近 8.4 亿人。离 2030 年还有 11 年的时间，世界各国都通过各种方式扶贫，为实现第二阶段的目标而努力。

（一）国外金融扶贫模式

1. 孟加拉国格莱珉银行（Grameen Bank）扶贫模式

孟加拉国格莱珉银行由孟加拉国穆罕默德·尤努斯教授创办，格莱珉银行小额信贷扶贫是发展中国家金融扶贫模式的经典案例。格莱珉银行以市场化经营为基础，是一个通过发放小额贷款的非官方金融组织。孟加拉国的贫困农户通过成立贷款联保小组的方式，获得小额信用贷款。一个小组一般由 5 名贫困农户组成，只要 5 名贫困农户信用关系良好，能够及时偿还银行贷款，小组就可以随时从格莱珉银行获得小额贷款。但是如果小组中有任何一人有不良信用行为，其他成员的信用也会受到影响。因此，贫困农户在贷款前会挑选信用条件良好的贫困农户作为小组成员，在很大程度中帮助格莱珉银行减小了风险。孟加拉国格莱珉银行小额信贷扶贫帮助孟加拉国 60% 以上的贫困借款人以及其家庭摆脱了贫困问题，该扶贫模式的还款率达到 97% 以上，由于孟加拉国格莱珉银行小额信贷扶贫的成功经验，该模式已被推广到全球 100 多个国家，2005 年也因此被联合国称为“国际小额信贷年”，穆罕默德·尤努斯教授获得 2006 年诺贝尔和平奖。

2. 日本农协扶贫模式

日本农协扶贫模式主要是以合作性金融为主，也是世界上金融扶贫的典型。日本农协扶贫按照扶贫范围分为三个层次，第一是最底层的基层农协，第二是属于中层的农业信用联合会农协，第三是属于全国的农林中央金库和全国信联协会的全国性农协。基层农协主要由农户通过入股方式成立，基层农协直接向农户提供存贷等传统金融服务。中层农协作为金融服务纽带，联系基层农协和全国农协，同时，中层农协也接受各基层农协的存款或者股金，并办理资金结算、管理和调剂等金融业务，满足基层农协的融资需求。全国性农协负责指导和协调基层农协和中层农协的关系，为两者提供相关政策指导和金融市场信息。日本三大农协独立经营、相互配合，三者之间没有隶属关系，下一级农协交纳一定资金或股金给上一级农协，同时，在发生流动性风险时，下一级农协也可以要求上一级农协给予一定的支持。三大农协都以服务农户和农村企业为根本，向他们提供贷款、金融基础设施服务以及金融市场信息等业务。

3. 美国弱势群体救助

美国也是世界上收入差距比较大的国家，对于美国贫困人群，美国政府主要通过财政和税收政策进行扶持。扶贫的方式包括直接扶持和间接扶持，前者是美国政府直接对贫困人群进行财政补贴，后者是通过义务教育、再就业培训等，通过提高贫困人群的就业能力帮助他们摆脱贫困问题。另外，美国政府还通过立法来保障贫困弱势群体的基本权利。除了美国中央和地方各级政府扶贫，美国还有规模比较大的非政府扶贫组织，如社会组织、宗教团体以及志愿者、基金会等对贫困人群进行扶持。

（二）我国金融扶贫模式

1. 我国扶贫的基本情况

1978 年改革开放以来，我国国家统计局和国务院扶贫办先后制定了四个标准的农村贫困线，即 1978 年、2008 年、2010 年和 2017 年农村贫困线标准，其中 1978 年标准为 100 元，2008 年标准为 865 元，2010 年标准为 2300 元，2017 年标准为 2952 元。从数据上看由于物价指数以及生活成本等因素，我国农村贫困线标准也呈现不断上升的态势。尽管我国贫困线标准在不断提高，统计数据显示我国贫困人口以及贫困发生率呈现持续下降的趋势。按照 2010 年标准，我国贫困人口总量从 2010 年的 1.7 亿人下降到 2014 年的 7017 万人，贫困人口总量下降了近一半多，贫困发生率也从 17% 下降到 2014 年 7%，贫困发生率下降了 10%。

2. 我国扶贫的重大成效

由于我国各级政府对扶贫工作的高度重视，我国的扶贫战略也取得了举世瞩目的成效。特别是 2013 年习近平总书记提出精准扶贫的重要思想后，2013 年至 2016 年仅三年时间，我国农村贫困人口减少了 1000 多万人，累计有 5500 多万人脱贫，贫困发生率也从 2013 年前的 10.2% 下降到 2016 年底的 4.5%，贫困发生率大幅下降。同时，我国政府又制定了新的扶贫目标：在 2010 年贫困线标准下，到 2020 年实现农村贫困人口全部脱贫，提前 10 年实现联合国制定的第二个目标。根据联合国 2015 年《千年发展目标报告》显示，我国对全世界减贫的贡献率超过了 70%，是世界上减贫人口最多的国家。在减贫过程中，我国的金融扶贫做出了重大贡献，并形成了有我国特色的金融扶贫模式。

3. 我国金融扶贫的主要模式

（1）宁夏互助资金模式。为了提高金融扶贫的效果，我国在贫困地区开展了互助资金扶贫的试点工作，宁夏是我国首批的试点地区之一，宁夏互助资金主要来源于中央和地方财政资金、农户入股的股金和股息收入以及部分社会捐赠。在每个资金互助试点村，资金互助社会给入股的贫困农户按照贫困程度赠送一定的股份，农户每年可得股金的分红，也可以选择自愿退股和转股。互助资金的高管人员由村民选举产生，所有资金的使用都必须进行公示，资金的用途主要是满足农户生产和生活需求，单户贷款额度不超过 3000 元，根据资金使用性质可以分为中期贷款和短期贷款。

（2）湖南金融综合服务平台模式。为了打通金融服务的“最后一公里”，湖南积极推动金融服务“进村入户”，通过充分利用农村各种资源，积极打造“一站多能、一网多用”的农村金融综合服务平台，全面改善和提高贫困地区金融服务落后的面貌。2018 年中国人民银行联合湖南省商务厅、扶贫办，在全省范围内启动了金融扶贫服务站工作，实现“金融扶贫服务站 + 助农取款服务点 + 农村电商服务站”的融合共建模式，全面提高农村金融服务水平和质量。

（3）甘肃双联惠农贷款扶贫模式。2012 年，我国四大商业银行之一的中国农业银行甘肃省分行，积极支持甘肃省开展金融扶贫工作，农行联合甘肃省财政厅，通过单位联村、干部联户的“双联行动”实现金融扶贫。通过该联合行动，甘肃省政府出资成立地方性担保公司，化解贫困地区信贷中抵押担保不足的难题，同时，农业银行通过给予贫困农户一定的利率优惠，为贫困农户提供信贷支持，地方财政还给予贫困农户一定的信贷贴息。“双联行动”的开展，使甘肃省贫困农户的收入普遍增长，据甘肃地方政府统计分析，该行动对全省贫困农户收入增长的贡献率达到2%，个别贫困地区甚至达到6%的水平，政府与商业银行联合扶贫的模式使甘肃贫困农户规模大大降低。

（4）河南卢氏扶贫模式。卢氏县是河南省西部的一个国家级和河南省级扶贫开发工作重点县。据河南省地方统计年鉴显示，2016 年底该县有 16301 个贫困户，总贫困人口 50628 人，贫困发生率高达 15.23%，高于全国平均水平的一倍以上，是河南甚至是全国贫困发生率最高的县区。为了彻底解决地方贫困问题，卢氏县采取“政府主导 + 央行推动 + 银保主办 + 协调配合”的扶贫模式，解决该县的极端贫困问题。在该模式中，充分发挥政府扶贫的主导作用，充分调动各部门扶贫的积极性和创造性，保障精准脱贫政策在地方确有成效。人民银行地方支行作为金融扶贫的牵头单位，每年授予该县不低于 10 亿元的扶贫再贷款和 10 亿元的支小再贷款。地方商业银行和保险机构也根据各自职责和业务优势，联系各乡镇、企业，尽力提高金融扶贫的效率。河南省市县各部门也积极配合，通过完善信用体系建设，建立风险补偿机制等，发挥各部门之间的协同效应和联合机制，从而解决单个部门难以完成的扶贫任务。

三、广西金融支持贫困地区发展的实证分析

经过几年的金融扶贫工作，广西在金融助推脱贫方面取得了一些成效，也深度剖析了金融支持深度贫困地区发展中存在的一些问题，本部分将在前面分析的基础上，再用定量的分析方法从深度贫困地区经济、金融精准扶持力度、金融环境发展这三个方面对贫困减缓的影响进行实证分析。

（一）样本及变量选取

1. 样本选取

本文以广西 20 个深度贫困县为样本，包括马山县、融水苗族自治县、三江侗族自治县、德保县、那坡县、凌云县、乐业县、田林县、隆林各族自治县、靖西市、凤山县、东兰县、罗城仫佬族自治县、环江毛南族自治县、巴马瑶族自治县、都安瑶族自治县、大化瑶族自治县、忻城县、天等县、昭平县，并收集这 20 个深度贫困县 2015 年第二季度至 2018 第二季度共 13 个季度的数据来构建面板模型。

2. 变量选取

为了定量分析经济金融的因素对贫困减缓效率的影响程度，本文主要从贫困地区经济要素、金融精准扶贫要素和金融环境要素三个方面选取指标，考虑到数据的可获得性，我们选取了如下的指标：

被解释变量：本文原先考虑使用贫困发生率（贫困人口数/该县总人口数）作为被解释变量，但因数据难以获得、模型计量结果不符合实际情况，故本文使用农村人均纯收入作为被解释变量。

解释变量：（1）贫困地区经济要素指标：地区人均 GDP、人均一般公共财政支出；（2）金融精准扶贫要素指标：个人精准扶贫贷款累计发放额、产业精准扶贫贷款累计发放额、项目精准扶贫贷款累计发放额；（3）金融环境要素：评定信用农户数。

（二）模型构建

面板数据模型是建立在面板数据之上，用来分析各个变量之间的相互关系，基本形式如下：

$$y_{it} = \alpha_{it} + \beta_{it} x_{it} + \mu_{it} \quad \text{（式 5-1）}$$

其中，y_{it}为被解释变量，x_{it}为解释变量，α_{it}是截距项，β_{it}为系数项，μ_{it}是随机变动项，i表示个体，t则表示时间。

此外，从横截面上看，面板数据则是在每个横截面上选取的一系列时刻的观测值构成的样本数据，可以将其看作是包含 N 个个体方程组成，每一个个体都含有 T 个时间维度数据列，则模型可以表示为：

$$y_i = \alpha_i + \beta_i x_i + \mu_i \quad \text{（式 5-2）}$$

其中，y_i 是 T×1 维度的被解释变量矩阵，x_i 是 T×1 维度的解释变量矩阵，y_i 和 x_i 的各个分量是时间序列。截距项 α_i 和 K×1 维度系数向量 β_i 随着个体不同取值也会相应变化，μ_i 是 T×1 维度随机扰动项向量，而且 u ~ （0，σ^2）。

本文将农村人均纯收入（PNS）作为被解释变量，人均 GDP（PGDP）、人均一般公共财政支出（PCZ）、个人精准扶贫贷款累计发放额（GRD）、产业精准扶贫贷款累计发放额（CYD）、项目精准扶贫贷款累计发放额（XMD）、评定信用农户数（XNS）作为解释变量来构建计量经济学模型，为了降低数据的波动性，消除异方差的影响，我们对 PNS、PGDP、PCZ、GRD、CYD、XMD、XNS 这 7 个指标取对数，则构建如下模型：

$$\ln PNS_{it} = \beta_0 + \beta_1 \ln PGDP_{it} + \beta_2 \ln PCZ_{it} + \beta_3 \ln GRD_{it} + \beta_4 \ln CYD_{it} + \beta_5 \ln XMD_{it} + \beta_6 \ln PNX_{it} + \mu_{it}$$

（式 5-3）

（三）面板数据的单位根检验

为避免模型出现伪回归，保证估计结果的有效性，我们需要对面板数据序列的平稳性进行单位根检验。面板数据的单位根检验的方法一共有 5 种：LLC、Breintung、IPS、ADF - Fisher 和 PP - Fisher，其中，LLC、Breintung 检验适用于存在“同根”的情况，IPS、ADF - Fisher 和 PP - Fisher 检验适用于“不同根”的情况，接下来，我们利用 STATA11 分别对 lnPNS、lnPGDP、lnPCZ、lnGRD、lnCYD、lnXMD、lnPNX 进行单位根检验，所得结果如表 5-1 所示：

表 5-1　单位根检验结果

变量	水平值 t 值（P 值）	
	LLC	PP-Fisher
lnPNS	-9.5201 (0.0000)	173.098 (0.0000)
lnPGDP	-20.9746 (0.0000)	304.936 (0.0000)
lnPCZ	-11.7866 (0.0000)	174.742 (0.0000)
lnGRD	-7.0348 (0.0000)	74.2816 (0.0001)
lnCYD	-8.6365 (0.0000)	116.506 (0.0000)
lnXMD	-4.7474 (0.0000)	82.4503 (0.0000)
lnPNX	-2.6589 (0.0039)	56.2654 (0.0284)

由以上结果可知，在显著性水平 α 为 0.05 的情况下，lnPNS、lnPGDP、lnPCZ、lnGRD、lnCYD、lnXMD、lnPNX 的水平序列拒绝原假设，认为不存在单位根，这些变量是平稳的，进而这些变量可构建回归模型。

（四）面板数据模型选择及结果分析

由前文可知，这些变量之间可以建立回归模型，在进行回归分析之前，首先需要确定是选择随机效应模型还是固定效应模型，接下来，我们利用 STATA11 进行 Hausman 检验，检验结果的统计值为 16.59，其伴随概率 P 值为 0.0202，在显著性水平 α 为 0.05 的情况下，则应该拒绝原假设，这表明应该建立固定效应模型来进行分析。而且，本文是对广西 20 个深度贫困县整体的分析，符合固定效应模型分析范围。通过 STATA11 分析得到如下回归结果：

表 5-2　模型的估计结果

Variable	(1)	(2)
lnPGDP	0.0409** (0.0172)	0.0401** (0.0174)
lnPCZ	0.1172*** (0.02707)	0.1172*** (0.0271)

续表

Variable	(1)	(2)
lnGRD	0.0851*** (0.02504)	0.0838*** (0.02527)
lnCYD	0.02739*** (0.0089)	0.0275*** (0.0089)
lnXMD	0.0112* (0.0062)	0.0108* (0.0063)
lnPNX	—	0.0368 (0.08412)
Cons	6.3694*** (0.2310)	6.006*** (0.8620)
Adj R^2	0.6173	0.6335
F test	20.89***	17.38***

注：*、**、***分别表示为10%、5%、1%的水平显著，括号内数值为标准差。

模型的估计结果为：

$$\ln PNS_{it}=6.006+0.0401\ln PGDP_{it}+0.1172\ln PCZ_{it}+0.0838\ln GRD_{it}+0.0275\ln CYD_{it}+0.0108\ln XMD_{it}+0.0368\ln PNS_{it}+\mu_{it} \qquad (式5-4)$$

由表5-2可知，加入评定信用农户数（lnPNX）得到的2组估计结果AdjustedR^2都在0.6以上，表现出了较好的估计精度，且F检验统计量均在1%的水平上显著，通过假设检验，说明方程整体是显著的。

从贫困地区经济要素指标来看，在5%的置信水平下，人均财政支出对农村人均纯收入有显著的正向作用，人均财政支出对农村人均纯收入的回归系数为0.1172，即人均财政支出每上升1个百分点，农村人均纯收入上升0.1172个百分点，拉动力最大，表明财政支出对农村居民收入起到关键作用。人均GDP对农村人均纯收入的回归系数为0.0401，这表明深度贫困县的经济发展水平对该地区脱贫具有正向影响。

从金融精准扶贫要素指标来看，在5%的置信水平下，个人精准扶贫贷款累计发放额对农村人均纯收入有显著的正向作用，且个人精准扶贫贷款累计发放额对农村人均纯收入的回归系数为0.0838，即个人精准扶贫贷款累计发放额每上升1个百分点，农村人均纯收入上升0.0838个百分点，则说明个人贷款投放量的增加有助于提高当地农村居民收入；产业精准扶贫贷款累计发放额对农村人均纯收入在5%置信水平下有显著的正向作用，且产业精准扶贫贷款累计发放额对农村人均纯收入的回归系数为0.0275，即产业精准扶贫贷款累计发放额每上升1个百分点，农村人均纯收入上升0.0275个百分点。相比较而言，项目精准扶贫贷款累计发放额对农村人均纯收入在5%置信水平下没有明显的显著关系，表明项目精准扶贫贷款没有成为影响农村居民收入的主要因素，究其原因在于项目精准扶贫贷款一般用于易地扶贫搬迁、农田基本建设、生态环境改造、农村基础设施建设等方面，并没有直接显著影响到当期的农村居民收入。

从金融环境要素指标来看，评定信用农户数对农村人均纯收入在5%置信水平下没有明显的显著关系，究其原因农户可能面临信用评级贷款额度小、扶贫贷款贴息政策不太合理、贷款贴息程序繁杂、实际操作难等问题，因此，虽然评定信用农户数在逐年增加，但对深度贫困地区的减贫作用有限。

为了进一步分析各解释变量对农村人均纯收入的影响程度，我们利用Shapley值分解方法测算各解释变量对农村人均纯收入的贡献度，所得结果如表5－3所示，从中可以看出：金融精准扶贫的各项累计发放额和人均财政支出的贡献率较大，这也说明了金融机构资金及财政资金的投放量对农村人均纯收入的提高有重要的作用，同时也说明了要解决贫困问题就需要加大金融支持的力度。

表5－3　各解释变量对农村人均纯收入的贡献度

解释变量	Shapley值	占比
人均GDP	2.02	12.82%
人均财政支出	2.3105	14.66%
个人精准扶贫贷款累计发放额	4.6892	29.75%
产业精准扶贫贷款累计发放额	5.3923	34.21%
项目精准扶贫贷款累计发放额	1.062	6.74%
评定信用农户数	0.2871	1.82%
总计	15.7611	100%

（五）分县域计量分析

因为需要比较各个深度贫困县扶贫成效，系数可能在不同的贫困县有所不同，接下来，我们采用变系数固定效应模型对20个深度贫困县进行分析，通过STATA11分析得到如下回归结果：

$$\ln PNS_{it} = \beta_0 + \beta_1 \ln PGDP_{it} + \beta_2 \ln PCZ_{it} + \beta_3 \ln GRD_{it} + \beta_4 \ln CYD_{it} + \beta_5 \ln XMD_{it} + \beta_6 \ln PNX_{it} + \mu_{it}$$

（式5－5）

表5－4　各县的面板回归系数

贫困县	β_1	β_2	β_3	β_4	β_5	β_6
马山县	0.330	0.073	0.365	0.006	－0.033	0.541
融水县	0.332	0.333	0.062	－0.306	0.015	0.643
三江县	0.214	0.124	0.093	0.030	－0.038	－0.495
德保县	0.236	0.085	0.093	0.031	－0.001	1.228
靖西市	0.097	0.320	0.159	0.010	0.009	0.806
那坡县	0.104	0.232	0.508	0.112	－0.051	－0.346
凌云县	0.091	0.096	0.219	0.021	－0.112	2.558

续表

贫困县	β_1	β_2	β_3	β_4	β_5	β_6
乐业县	0.091	0.096	0.219	0.021	-0.112	2.558
田林县	-0.016	0.170	0.151	-0.018	0.030	2.926
隆林县	-0.053	0.285	0.076	-0.015	-0.019	0.130
凤山县	0.085	0.204	0.215	-0.053	0.023	0.850
东兰县	0.774	0.457	0.134	-0.195	0.027	2.287
罗城县	0.028	0.217	0.176	0.082	-0.027	0.714
环江县	0.031	0.036	0.026	0.006	0.073	0.602
巴马县	0.060	0.040	0.093	-0.066	-0.002	0.571
都安县	0.201	0.027	0.172	0.008	-0.002	0.096
大化县	0.015	0.390	0.038	-0.007	0.038	0.322
忻城县	0.052	0.152	0.191	0.015	0.024	0.212
天等县	0.347	0.055	0.143	0.142	0.030	1.309
昭平县	0.037	0.635	0.276	-0.155	0.020	-0.567

由回归结果可知，AdjustedR^2 为0.853，表现出了较好的估计精度，且F检验统计量均在1%的水平上显著，通过假设检验，说明方程整体是显著的。

弹性系数 β_1、β_2、β_3、β_4、β_5、β_6 有正有负，对此认可均符合实际经济意义，为此对于负值的弹性系数情形进行如下公式推导解释：

$$\beta_4 = \frac{(\Delta PNS_{it}/PNS_{it})}{(\Delta CYD_{it}/CYD_{it})} \quad (式5-6)$$

本文通过将数据对数化处理，并构建以上回归方程，若控制其他变量不变，方程两边对 CYD_{it} 求偏导，则可得：

$$\frac{1}{PNS_{it}} \times \frac{D\ln PNS_{it}}{DCYD_{it}} = \beta_4 \frac{1}{CYD_{it}} \quad (式5-7)$$

系数 β_1、β_2、β_3、β_5、β_6 同理可得。

从贫困地区经济要素指标来看，从回归结果可知，人均财政支出对农村人均纯收入在5%置信水平下有显著的正向作用，其中，昭平县的弹性系数 β_2 最大，为0.635，即昭平县的人均财政支出每增加1个百分点，则该县的农村人均纯收入会提高0.635个百分点，则说明如果对该县加大财政投入会对该县的农村居民收入的增长有明显的作用。此外，融水县、靖西市、东兰县、大化县的弹性系数 β_2 都较大，都在0.3以上，则说明这几个县的财政投入会对这几个县的农村居民收入都有比较积极的促进作用。此外，从表5-4的弹性系数 β_1 值可知，人均GDP对农村人均纯收入有显著的正向作用，这表明深度贫困县的经济发展水平对地区脱贫具有正向影响。

从金融精准扶贫要素指标来看，从回归结果可知：第一，个人精准扶贫贷款累计发放额对农村人均纯收入有显著的正向作用。其中，那坡县的弹性系数 β_3 最大，为0.508，即那坡县的个人精准扶贫贷款累计发放额每增加 1 个百分点，则该县的农村人均纯收入会提高 0. 508 个百分点，其次是马山县，其弹性系数值为 0. 365，即马山县的个人精准扶贫贷款累计发放额每增加 1 个百分点，则该县的农村人均纯收入会提高 0. 365 个百分点，则说明如果对这两个县加大个人精准扶贫贷款投入会对该县的农村居民收入的增长有明显的作用。此外，从以上结果可知，20 个县的 β_3 都是正值，则说明加大个人精准扶贫贷款的发放会对深度贫困县的农村居民收入都有比较积极的促进作用。第二，产业精准扶贫贷款累计发放额对农村人均纯收入有显著的正向作用，其中，天等县的弹性系数最大，为 0. 142，即天等县的产业精准扶贫贷款累计发放额每增加 1 个百分点，则该县的农村人均纯收入会提高 0. 142 个百分点，其次是那坡县，其弹性系数值为 0. 112，即那坡县的产业精准扶贫贷款累计发放额每增加 1 个百分点，则该县的农村人均纯收入会提高 0. 112 个百分点，此外，马山县、三江县、德保县等 10 个县的弹性系数 β_4 也都为正值，则说明对这些深度贫困县加大产业精湛扶贫贷款有利于提高当地的农村居民收入。而我们也注意到，融水县、田林县、隆林县、凤山县、东兰县、巴马县、大化县、昭平县这 8 个县的弹性系数 β_4 小于零，但是我们不能认为负值的弹性系数表明产业精准扶贫贷款对农村人均纯收入有抑制作用，仅表明这些县的产业精准扶贫在扶贫工作中的运用、监督、管理环节上存在问题，例如贷款没有发放到贫困户手中，或者贫困户没有将贷款用于生产，又或者是因为广西贫困人口的覆盖面较广，扶贫产业比较分散，产业扶贫资金量小、难以做大项目，无法产生规模效益，而且贫困村产业基础薄弱，因而发展扶贫产业面临多重难题。此外，当产业精准扶贫贷款减少时，农村人均纯收入会增加，则说明农村人均纯收入的增加可能依赖于其他因素的推动，例如财政、当地经济发展的推动。第三，从表 5 - 4 的结果可知，β_5 值都较小，则说明项目精准扶贫贷款累计发放额对农村人均纯收入有一定程度的促进作用，但是促进的作用较小。而且，马山县、三江县、德保县等 10 个县的弹性系数 β_5 值都为负值，但是我们不能认为负值的弹性系数表明项目精准扶贫贷款对农村人均纯收入有抑制作用，究其原因在于项目精准扶贫贷款一般用于易地扶贫搬迁、农田基本建设、生态环境改造、农村基础设施建设等方面，对当期的农村居民收入没有直接显著的正向影响。

从金融环境要素指标来看，评定信用农户数对农村人均纯收入有积极的正向作用，尤其是田林县、凌云县、乐业县、东兰县，这几个县的弹性系数 β_6 分别为 2. 926、2. 558、2. 558、2. 287，即这 4 个县的评定信用农户数每增加 1%，这 4 个县的农村人均纯收入分别会增加 2. 926%、2. 558%、2. 558%、2. 287%，且 20 个县中有 18 个县的弹性系数 β_6 都为正，则说明帮助建档立卡贫困户发展生产会增加农村居民收入，体现了精准扶贫中的“精准帮扶”思想，即帮助建档立卡户更多、更快、更好脱贫。

实证总结：总体上，地区人均 GDP、人均一般公共财政支出、个人精准扶贫贷款、产业精准扶贫贷款、项目精准扶贫贷款和评定信用农户数 6 个指标均对 20 个深度贫困县农村人均纯收入的变化有影响，尤其是人均财政支出、个人精准扶贫贷款对农村人均纯收入的提高影响显著，因此应加大财政和个人精准扶贫贷款的力度。但不同县各因素的影响程度也呈现较大差异，从分县计量结果看，6 个要素指标对各县农村人均纯收入影响效果不同，需要具体情况具体分析，有的要素影响甚至小于零，但并不能认为出现负值弹性系数的要素对农村人均纯收入有抑制作用，仅表明这些县的要素在扶贫工作中运用还存在需要解决问题。因此，金融支持深度贫困地区发展在整体保持大体相同路径的情况下，也要因地制宜，因县施策，才能发挥不同要素的最佳效用。

四、解决广西深度贫困地区脱贫的路径分析

通过前面部分对广西深度贫困地区贫困产生的问题根源分析，并采用实证研究的方法，运用计量经济模型进行定量研究，本部分从以下几个方面提出解决广西深度贫困地区脱贫的路径。

（一）完善金融供给的支持路径

深度贫困地区贫困的主要原因之一就是金融供给严重不足，导致扶贫产业、扶贫企业和贫困户发展面临资金短缺的问题。通过大量调查分析可知，在深度贫困地区最主要的金融供给还是银行信贷资金，保险资金占比很小，证券化支持贫困地区脱贫存在很多制约性因素，由于地方政府发行债券被严厉限制，地方“三农”企业上市融资更是难上加难，因此，通过发行股票或者债券方式扶贫比较困难。在完善金融供给方面，还是主要靠银行信贷支持。

1. 增加金融机构扶贫力度

鼓励各类金融机构积极参与金融扶贫工作，履行金融扶贫的社会责任，各商业银行和政策性银行根据金融业务优势和特征，积极参与扶贫工作。四大商业银行可提供易地扶贫搬迁后的生产配套贷款，帮助扶贫企业解决资金来源不足的问题。农业发展银行和国家开发银行则多发放一些具有公共品或准公共品性质的基础设施贷款，完善农业生产的基础设施和环境，农村信用社（含农村合作银行和农村商业银行）则发挥农村金融主力军的作用，积极投放一些小额信贷，重点支持贫困村农户、专业种养加大户以及一些扶贫龙头企业加大农业投入问题，农业政策性保险公司主要解决农户和农业企业生产中面临的自然灾害风险问题，增强农户抵抗自然灾害风险的能力，农业担保机构为贫困农户和扶贫企业提供担保，增强其信用等级，提高获得信贷支持的能力。

2. 创新融资需求产品和服务

大力推行普惠金融，降低贫困地区贫困农户和扶贫企业融资金的成本，让其享受最实惠、最便捷的信贷和保险服务。政策性银行、商业银行以及农村信用社等都是农村普惠金融的实施主体，这些金融机构可以根据自己业务经营的性质，按照国家金融扶贫的政策，设计出深度贫困地区所需要的金融产品和服务。如商业银行可提供一些提单、仓单、土地经营权等信贷产品，促进农业生产发展；农业保险公司可提供农业种养殖、意外伤害等优惠保险品种，如甘蔗火灾险、能繁母猪险等；农业担保公司也可以根据当地

实际需要提供融资担保产品。

3. 降低融资成本

深度贫困地区金融扶贫最主要的成本是信贷资金的利息以及保险费等，因此，对深度贫困地区的金融扶贫，要大幅降低信贷资金利率，提供优惠的保险费率。相对而言，政策性贷款利率一般最优惠，其次是商业银行提供的配套资金贷款，同时，政策性保险费率也是最优惠，其次是商业保险费率。

4. 严格金融风险控制

相对其他发达地区而言，深度贫困地区的各项贷款面临更多的风险问题。各金融机构通过信贷扶贫的过程，也是其履行社会责任的过程，但是也要根据自身的发展需要，严格进行信贷资金的风险控制，实现金融机构的稳健经营，同时，严格金融风险控制，也提高了金融机构信贷资产质量，确保前期投放的信贷资金可以按时收回，从而继续投放给其他贫困农户和企业，更好地发挥金融支农的作用。

（二）发展支柱产业的支持路径

前面调查和实证研究发现，深度贫困地区往往缺乏产业特别是有地方特色优势产业的支撑。依靠地方特色优势产业的扶贫是金融扶贫有效的路径之一。深度贫困地区能否按期脱贫，关键是看地方有没有特色优势产业，能不能有效带动贫困群体实现增收。从实证研究的结果显示，通过财政投入的方式进行扶贫开始有效果，但是对农业产业的带动效果还不明显，财政转移支付的方式进行扶贫还要与金融扶贫有效结合，即还要通过银行信贷的方式，大力发展地方特色支柱农业产业，以解决农民收入持续增长的问题。

1. 优化一二三产业链布局

深度贫困县产业发展应当考虑以种养殖业为主的第一产业、以农产品加工为主的工业、以运输、销售和服务为主的第二和第三产业布局，生产环节规划支柱特色产业，加工环节对接生产产品，运输、销售和服务对接生产、加工环节，形成产业链，扶贫产业要产得好、卖得出、有销路、有效益，也为后期金融服务提供良好基础。

2. 优化企业、农户经营协作布局

扶贫龙头企业、合作社、专业大户起着“领头羊”作用，主要靠股份合作、收益共享、风险共担机制吸引周边农户参与，打造特色品牌，做大产业，带领农户增加收益实现双赢，而不是靠政府行政硬性安排给予农户固定分红，提升农户参与的积极性。农户按自愿原则加入企业、合作社经营，或是与企业签订订单合同自主经营，形成企业与农户的利益共同体，目标一致才能够把产业做大。

3. 优化产业规模化发展布局

在扶持产业发展方面，应规划好片区经营主导产业，采取走连片规模化经营道路，实现规模经济。不应仅限于扶持贫困户，让更多的非贫困户参与进来，打破分散定点经营、各自为主的格局，政府给予的财政补贴、贴息，金融机构给予的优惠贷款，贫困村所有参与农户均可同等享受，充分调动非贫困户的积极性，才可能形成规模效应，获得共同收益，共同致富，进而实现可持续发展。

（三）优化发展环境的支持路径

深度贫困地区发展需要良好的发展环境，既包括促进深度贫困地区发展的硬环境，也包括发展软环境，只有硬软环境都发展得好，才能使深度贫困地区金融支持发挥最大的效果。

1. 完善深度贫困地区发展的硬环境

深度贫困地区多为边远山区、革命老区等，地方道路交通、贫困村群众的住房、水利以及生活用水用电等问题都比较落后，尽管中央和地方两级政府通过财政政策和金融政策扶贫多年，大部分地方得到有效改善，但是仍然有些特困村还没有完全解决以上问题。因此，这些地方的基础设施的发展还是需要财政和金融政策的支持，彻底解决深度贫困地区在发展硬环境上落后的现状。

2. 完善深度贫困地区发展的软环境

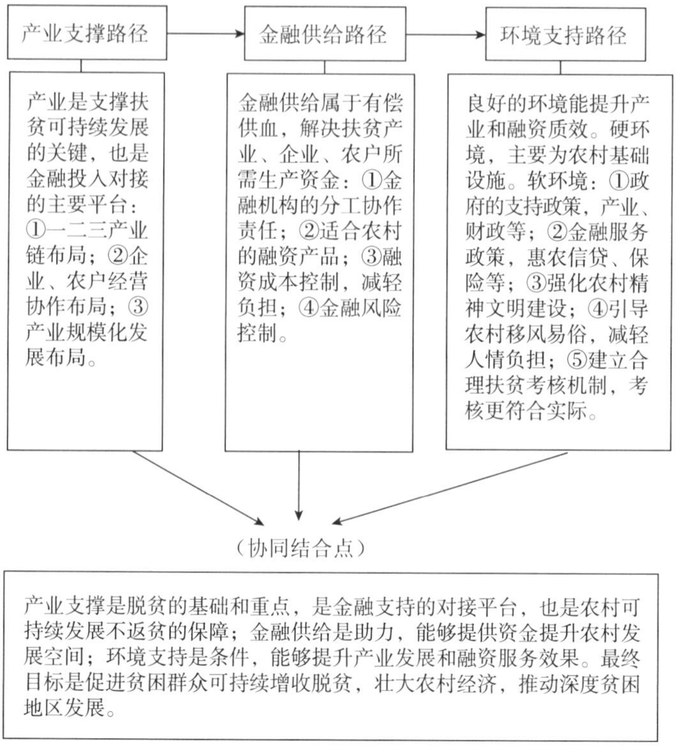

图 5-1 路径示意图

深度贫困地区的发展软环境主要包括：（1）地方政府的政策支持。地方政府对深度贫困地区发展的扶贫政策支持包括对扶贫产业的优惠政策、地方政府对扶贫地区的转移支付力度以及对贫困地区的教育、医疗和社会保障等。（2）金融服务政策支持。各类金融机构对深度扶贫地区的优惠信贷政策、提供的金融产品和金融服务的数量和质量以及地方信用环境建设等。(3) 合理和完善的扶贫考核工作机制。多注重实际的扶贫效果，重点聚焦通过扶贫使多少贫困农户或者企业增加了收入，而不是仅看看纸上报表数据，尽量减少地方扶贫干部的工作力度，让他们有更多时间和精力投入到扶贫工作中。(4) 优良的精神文明和村风建设。在贫困地区，即使有一些青壮年劳动力在农村，也由于耕地规模的限制，用于劳动的时间也比较少，贫困地区打牌赌博现象比较盛行，农村红白喜事大操大办讲排场的不良风气也比较普遍。因此，贫困地区也要加大农村精神文明建设，帮助村民建立良好的消费观和人情观，减少对扶贫不利的一些非生产性支出。

五、广西金融支持深度贫困地区发展的政策建议

(一) 因地制宜发展特色支柱产业，解决就业和融资对接

从实证计量分析和实际调查情况看，广西 20 个深度贫困县虽然都属于扶贫攻坚县，人均 GDP 对农村人均纯收入有明显的正向作用，但存在作用大小的差别，这表明深度贫困县的各县条件有差异，产业带动力强弱明显。

1. 因县因村因地施策协调发展

每个县有针对性地发展一至三个主导产业，每个村可选择参与主导产业发展，邻近县乡村可联合发展区域产业项目，提升规模效应。比如红水河流域、长寿养生区、生态农业区、休闲旅游区、石漠化区等联合发展区域产业，形成规模和品牌，以发达地市带动深度贫困县扶贫产业发展，还可实现不同区域不同产业互补。

2. 规划一二三产业链推动扶贫产业

深度贫困县第一产业以特色农业发展为主，大力鼓励发展适合贫困农户普遍参与的特色优势种植业、畜牧水产养殖业等，如具有广西地方特色的桑蚕、药材、水果、罗非鱼、黑山羊等。第二产业是发展农产品加工业。每个贫困县根据县域特色，重点发展三家左右的农产品加工企业，大力发展农产品的深加工，打造一批具有影响力的地理标志命名的特色农产品品牌，提高地方农产品的市场影响力和市场占有率，解决农产品市场销售问题，提升地方农产品附加值。第三产业是重点发展农村休闲消费和服务业。在一些具有地方特色的乡村发展旅游观光休闲产业，如乡村旅游、农家乐、休闲观光农业等，解决好地方服务业落后的面貌，重点发展好物流业，解决好农产品尽快运出农村问题，让农产品卖得快、卖得好。

3. 促进龙头企业与贫困农户互补发展

创新发展扶贫合作模式，实行“公司 + 基地 + 农户”的扶贫模式，鼓励农业合作社入股分红分息，鼓励农业专业大户帮扶困难户合作等，以优势农业龙头企业、能人带动贫困地区发展，让企业和贫困户都能有收益，提升双方创业的积极性。只有将扶贫产业发展起来，才能够让贫困群众在家门口就业创业，提升农村的发展活力，也才能够吸纳信贷资金的投入。

（二）提供优惠政策支持，创造良好发展和融资环境

在硬环境上，解决好深度贫困村道路硬化问题，完善农村饮用水、生活用电条件，维修好农村水利设施，为贫困地区农业生产和生活提供良好的发展环境。

1. 政府提供优惠产业扶贫政策

设立扶贫产业发展基金，对深度贫困地区扶贫产业和所有生产农户提供财政贴息、补贴，为农民工创业给予启动资金补助，提升农村居民养老和医疗保障水平，设立扶贫融资担保和风险补偿基金等，对扶贫贷款进行税收优惠，对于发放给深度贫困县的扶贫企业和农户贷款，应当免征利息所得税。

2. 金融机构优化金融服务政策

人民银行可考虑对深度贫困地区实行定向普惠政策，包括再降低金融机构存款准备金率，降低准备金率增加的资金专门用于支持扶贫产业发展；扩大扶贫再贷款使用机构，让农业发展银行、农业银行、邮储银行等县级分支机构也可用上价格低廉的扶贫再贷款；利率方面，可考虑再降低贫困地区支农再贷款和扶贫再贷款利率，并要求金融机构发放贷款相应降低 1 个百分点；降低支小再贷款条件，取消质押条件，让商业银行分支机构用上支小再贷款服务支持贫困县中小企业。保险监管部门也要制定相应保险优惠政策，让贫困村群众享受到优惠保障。加强农村信用建设，提升农村群众的信用意识，降低农村信贷风险。

（三）金融机构主动作为，培育涉农融资业务新增长点

金融精准扶贫工作既是政治任务，也是金融机构培育涉农融资业务新增长点的方向。从实证计量和实际调查可看出，精准扶贫贷款的发放会对深度贫困县的农村居民收入都有比较积极的促进作用，应当继续推进，需要金融机构主动作为，设计符合农村的融资产品。

1. 银行业金融机构履行金融扶贫责任

各商业银行根据地方金融需求合理布局服务网点，按照国家扶贫政策的要求积极实行农村普惠金融政策，农业发展银行和国家开发银行根据机构业务特征，办理全面覆盖扶贫产业的政策性金融业务，满足贫困农户和扶贫龙头企业的信贷优惠利率、信贷额度、信贷期限、信贷方式以及用途等需求，使扶贫金融资金精准投放到贫困农户和扶贫企业。

2. 保险公司开发一些保险产品进行扶贫

针对广西深度贫困地区进行特色农业种养加等，提供一些政策性农业保险产品和服务，鼓励商业保险公司到深度贫困地区代理政策性农业保险业务，或者在贫困地区成立政策性的农业保险公司，使用“农业保险 + 农业信贷”相结合的方式，加大向贫困地区的金融投入规模，增强贫困农户和扶贫企业抵抗风险的能力，提高其保障水平。

3. 地方担保公司积极发挥作用

由于政府主导的政策性担保公司要积极为地方扶贫工作发挥作用，为贫困户和扶贫

企业在申请信贷资金时提供相应的担保，解决其融资时因达不到银行信贷条件而导致的贷款难问题。

（四）协调信贷投入与风险控制关系，降低金融机构不良资产率

银行信贷扶贫资金是以有借有还为基本条件，与财政扶贫资金的性质不同。因此，对信贷扶贫资金的考核不应仅看扶贫资金投放规模，还要关注信贷扶贫资金投放效率问题，避免扶贫信贷资金被非法挪用、逾期不能按时收回等。地方政府部门、金融机构等要充分考虑到信贷扶贫资金的经济效益和社会效益，还要兼顾扶贫信贷资金的风险。

1. 健全信贷扶贫资金的管理制度

金融机构对信贷扶贫资金在贷前调查、贷时审查和贷后检查等各个环节要明确经办人职责，各部门之间相互配合、相互制约，同时也做到相互监督。

2. 加强信贷扶贫资金风险的动态管控

金融机构对扶贫信贷资金进行动态挂钩，根据地方经济情况和政府宏观经济政策，对信贷投入风险低的产业和企业或以适当增加信贷投入规模，对风险高的产业和企业则通过要求提前偿还或者减少投放等措施进行限制。如信贷资产不良率达到 8% 时为黄牌警告指标，当该企业信贷资产不良率超过 10% 时为蓝牌警告指标，限制企业进行贷款，如果该企业信贷资产不良率超过 15% 则为红牌警告指标，停止向企业提供各类贷款。

3. 完善风险分担机制

金融机构参与到扶贫攻坚工作更多是政治任务，承担了政府应该解决的一些工作，然而，农业投资具有高风险、收益相对低的特征，因此政府对金融机构向扶贫企业和贫困农户信贷投入时，应该给予一定的风险补偿，避免金融机构由于扶贫信贷资金出现大面积违约导致金融机构产生金融风险问题。

（五）政府部门合理引导，明确贫困村发展方向

针对贫困村的农村空心化问题，贫困村村委以及上级政府要及时对贫困村未来发展进行引导，通过建立现代文明的乡风村约等，改变贫困村的一些不良社会风气和贫穷落后面貌，引导贫困户走上脱贫攻坚之路，增强其早日脱贫奔小康的信心，同时也降低了扶贫信贷资金的金融风险。

1. 地方政府要加强贫困村精神文化活动宣传工作

引导农户树立正确的社会主义核心价值观，通过送健康文化活动表演下乡，组织一些具有地方特色的文化节目活动等，充实农户精神文化生活，减少打牌、赌博等不良社会现象，让农户明确生产的目的和方向，提高发展生产的积极性。

2. 村委会要倡导建立和完善村规民约

通过各种方式宣传，引导村委建立和完善村规民约，村干部积极带头，减少红白喜事人情往来礼金，减轻农户人情往来支出负担，减少不必要的非生产性经济支出，把有限的资金多投入到农业生产方面。

3. 完善贫困村扶贫考核机制

进一步完善扶贫考核指标，多通过实地调研和走访，重点考核是否帮助贫困农户发展了增收项目，是否解决了农户投资资金短缺的问题，是否导致农户当年真正实现了收入增长。

4. 加强对金融扶贫领域的工作整治

地方政府不定期抽查扶贫干部是否尽到扶贫工作职责，扶贫资金是否真正下发到贫困农户和扶贫企业，人民银行各级机构也要加强对商业银行等金融机构的指导和管理，督促各金融机构全面落实国家金融扶贫政策，全力开展金融精准扶贫工作。

参考文献

[1] Bruhn，Love. The real impact of improve access to finance：Evidence from Mexico [J]. The Journal of Finance，2014，69（3）：1347－1376.

[2] Banerjee A V，Moll B. Why Does Misallocation Persist？[J]. American Economic Journal Macroeconomics，2010，2（1）：189－206.

[3] DFID，Examining Design and Innovations in Rural Finance For Addrressing Current and Future challeng [R]. FAO Rural Finance Workshop：SEEP Pre－Event，2004：1－2.

[4] Hossein Jalilian，Colin Kirkpatrick. Does Financial Development Contribute to Poverty Reduction？[J]. Journal of Development Studies，2005，41（4）：636－656.

[5] Aghion，Bolton. A Trickle－Down Theory of Growth and Development with Debt－overhang [J]. Review of Economic Studies，1997（64）.

[6] 王浩．金融精准扶贫模式 [J]．中国金融，2016（22）：25－26.

[7] 苏畅，苏细福．金融精准扶贫难点及对策研究 [J]．西南金融，2016（4）：23－27.

[8] 徐云松．金融精准扶贫问题的调查与思考 [J]．金融理论与教学，2016（3）：1－9.

[9] 王君．普惠金融与金融精准扶贫的关系研究——基于湖南湘西州的实践 [J]．武汉金融，2017（3）：84－87.

[10] 孙涌．开展金融精准扶贫 [J]．中国金融，2015（20）：69－71.

[11] 冼星钧．财政、金融和产业政策协同支持精准扶贫问题研究——以广西为案例 [J]．南方金融，2017（3）：91－98.

[12] 么晓颖，王剑．金融精准扶贫：理论内涵、现实难点与有关建议 [J]．农银学刊，2016（1）：4－7.

[13] 胡东生．精准扶贫战略与金融创新支持模式探究——以福建省三明市国家扶贫改革试验区为例 [J]．福建金融，2015（10）：39－43.

[14] 陈银娥，师文明．中国农村金融发展与贫困减少的经验研究 [J]．中国地质大

学学报（社会科学版），2010，10（6）：100－105.

［15］黄莹，熊学萍．金融服务水平测度与经济福利效应研究综述［J］．上海金融，2013（2）：27－31.

［16］吕勇斌，赵培培．我国农村金融发展与反贫困绩效：基于2003—2010年的经验证据［J］．农业经济问题，2014，35（1）：54－60.

［17］李学武．金融支持深度贫困区脱贫［J］．中国金融，2017（23）：88－89.

［18］张胜荣．金融支持陕西省深度贫困地区发展的实践与思考［J］．甘肃金融，2017（12）.

［19］江春，赵秋蓉．关于构建我国普惠金融体系的理论思考——国外金融发展如何更好地减缓贫困理论的启示［J］．福建论坛（人文社会科学版），2015（3）：24－29.

［20］苏基溶，廖进中．中国金融发展与收入分配、贫困关系的经验分析——基于动态面板数据的研究［J］．财经科学，2009（12）：10－16.

［21］杨钊．金融精准扶贫的路径选择与实践演进［J］．武汉金融，2016（11）：60－62.

［22］郭书杰．保定市连片特困地区金融精准扶贫现状分析［D］．河北大学，2017.

［23］祝洪章，焦方义．金融精准扶贫对策研究［J］．黑龙江金融，2017（3）：12－15.

［24］何文虎．我国金融精准扶贫的激励约束机制研究［J］．金融理论与实践，2017（11）：81－87.

［25］唐诚希．金融精准扶贫工作的难点和对策［J］．中国农村金融，2016（20）：36－37.

［26］姜再勇．对新时期金融支持精准扶贫工作的几点认识［J］．甘肃金融，2016（1）：4－7.

［27］郑瑞强，王英．精准扶贫政策初探［J］．财政研究，2016（2）：17－24.

［28］王林梅，项志杰．民族地区金融精准扶贫策略［J］．当代县域经济，2018（4）：36－38.

［29］孙光慧．民族地区金融服务与特色产业精准扶贫耦合模式探索［J］．西北民族大学学报（哲学社会科学版），2016（3）：154－159.

［30］周双，刘鹏．我国贫困地区金融精准扶贫创新研究［J］．上海金融，2017（1）：17－22.

［31］李俊健．金融支持深度贫困地区发展［J］．中国金融，2019（6）：94－96.

［32］王宇．金融扶贫：国际经验与中国实践［J］．金融理论与实践，2018（2）：1－4.

［33］梁惠枝，骆伦良，蓝梓豪．普惠金融支持精准扶贫路径研究——以广西贫困地区为视角［J］．农村金融研究，2017（12）：65－70.

［34］徐虹．赣南农村金融精准扶贫可持续发展研究［D］．江西财经大学，2018.

［35］伍思凯．湖北省农村金融扶贫模式选择和实现机制研究［D］．中共湖北省委党校，2019.

［36］顾思航．普惠金融视角下边疆少数民族地区农村金融减贫效应分析［D］．云南财经大学，2019.

［37］包盛．普惠金融视角下中国金融扶贫效率评价及提升策略研究［D］．山西财经大学，2019.

［38］李郑超．普惠金融视角下的金融扶贫研究［D］．闽江学院，2018.

［39］王晨曦．信贷供给、房地产价格和经济增长之间的动态关系研究［D］．山西财经大学，2018.

（执笔人：聂勇）

6. 广西建设面向东盟的金融开放门户综合评价指数研究

一、广西建设面向东盟的金融开放门户内涵

从2013年广西建设沿边金融综合改革试验区，到2018年中国人民银行等13部委联合印发《广西壮族自治区建设面向东盟的金融开放门户总体方案》，再到2019年广西获准设立自由贸易试验区，一系列政策叠加为广西建设面向东盟的金融开放门户带来了重大机会。为加快落实国家赋予的政策优势，广西先后出台《广西建设面向东盟的金融开放门户五年实施规划（2019—2023年）》《广西建设面向东盟的金融开放门户三年行动计划》等一系列重要支持措施，明确了金融改革具体举措与实施路径，广西建设面向东盟的金融开放门户建设进入全面实施阶段。

关于金融开放的定义，迄今为止学术界并没有一个统一的概念。从金融开放内容来看，金融开放包括资本账户开放和金融服务业开放；从金融开放的方向来看，金融开放既包括本国金融市场的对外资开放，也包括本国金融业的走出去；从金融开放的进程来看，金融开放既是一种静态，也是一个动态过程。对于金融开放门户的内涵，现有文献还不多见，门户者，本指房屋的出入口，现多用于互联网，网络门户就是网上浏览者的出发地点，人们经由这道门进入网络世界。因此金融开放门户可以看作是金融资源的集聚中心和流动通道。广西建设面向东盟的金融开放门户，也即广西作为中国与东盟国家金融资源汇聚和流通的平台、通道发挥作用。

二、广西建设面向东盟的金融开放门户措施和成效

广西地处我国西南，由于优越的地理位置，长期以来就是我国与东盟国家经济交流的重要通道。作为中国—东盟博览会永久举办地，中国与东盟开放合作的“南宁渠道”作用更是日益凸显。2009年，广西作为跨境贸易人民币结算的第一批试点地区，承载起中国与东盟地区金融合作交流的重任。在跨境贸易人民币结算、沿边金改等业务驱动下，广西在面向东盟金融开放门户建设方面采取了一系列支持措施，取得了显著成效。

（一）促进金融机构聚集

金融机构集聚是优化金融服务的前提，中国人民银行2001年12月9日发布的《关

于外资金融机构市场准入有关问题的公告》承诺在入世后逐步开放银行业。大批外资金融机构已经进入了中国的金融业市场。广西要建设面向东盟的金融开放门户，成为中国与东盟国家金融资源流动的出入口，首先要能够汇聚大量的金融资源，金融资源的集聚以金融机构的集聚为前提。因此，2014 年《广西壮族自治区人民政府关于建设沿边金融综合改革试验区的实施意见》和 2018 年《广西壮族自治区建设面向东盟的金融开放门户总体方案》等都提到鼓励和支持国内其他地区和东盟国家金融机构在广西设立分支机构，实现金融机构集聚。2019 年 6 月 28 日，《广西建设面向东盟的金融开放门户南宁核心区规划（2019—2023 年）》发布，提出在南宁建立金融集聚区—中国东盟金融城的具体实施规划。

自 2014 年以来，广西先后引进东亚银行、广发银行、进出口银行，平安银行获批筹建，新组建 6 家村镇银行。金融租赁公司、财务公司、地方资产管理公司等相继成立，填补了地方金融组织空白。截至 2019 年 12 月，中国—东盟金融城累计入驻金融机构 64 家，其中保险公司 20 家。

表 6－1　广西促进金融机构聚集措施

时间	措施和目标
2014 年	《广西壮族自治区人民政府关于建设沿边金融综合改革试验区的实施意见》（桂政发〔2014〕3 号）：支持东盟和南亚金融机构在试验区设立机构。探索与越南合作成立中越跨境经济合作区发展银行，引进符合条件的东盟、南亚金融机构到试验区设立外资或合资的银行、证券公司、保险公司、小额贷款公司、股权投资基金、金融租赁公司、消费金融公司、证券投资咨询机构等法人机构和分支机构，构建银行、保险、投融资服务等现代金融体系。建立负面清单制度，给予引进的国外金融机构准入前国民待遇。建立审批、备案快捷通道，简化办事程序
2019 年 6 月	南宁市人民政府印发《加快建设广西面向东盟的金融开放门户南宁核心区的若干措施的通知》，以“一轴两翼，一城四区”布局金融产业，建设金融总部集聚区、金融信息服务区、金融营运服务区、科技金融产业区四大区，全面实施“123456”金融工程
2019 年 10 月	《南宁市创建保险创新综合试验区工作若干重点任务措施》印发实施
2019 年 12 月	南宁金融城投资运营有限公司正式挂牌成立，中国—东盟金融城运营建设将从政府主导转向市场化运作

资料来源：笔者整理。

（二）拓宽跨境交流渠道

跨境金融交流既是推动金融开放门户建设的内容，也是推动金融开放门户建设措施落地的方式。《总体方案》提出“在广西打造形成中国面向东盟的金融交流培训基地”和“创新金融人才培养机制，加强中国与东盟金融人才培训与交流”。沿边金改及建设面向东盟金融开放门户以来，广西金融交流渠道不断拓宽。

表6－2　广西—东盟跨境金融交流活动

时间	交流项目	交流内容
2019年5月	自治区党委书记鹿心社率经贸交流团赴新加坡，中国香港和中国澳门推介金融开放门户建设政策	推动广西与港澳及东盟国家金融机构的务实合作
2019年5月	中越银行扩大跨境反假货币合作交流洽谈会在东兴市举行	深化中越两国反假货币交流合作，加强跨境反假货币培训和宣传
2019年9月	在南宁举行国际多边金融组织东盟基础设施投融资合作论坛	中国工商银行总行、中国工商银行广西分行与奥地利、沙特等国企业共签署5项项目合作协议
2019年9月	首次举办东南亚人民币论坛	为中国—东盟畅通人民币清算渠道、加强双边金融交流培训合作打下坚实基础
2019年9月	举行第11届中国—东盟金融合作与发展领袖论坛暨建设面向东盟的金融开放门户峰会	搭建中国与东盟各金融机构的对话平台
2019年10月	中国人民银行南宁中心支行自组团出访柬埔寨国家银行	宣介人民币跨境使用和金融开放门户政策
2019年10月	首届中国—东盟金融交流会顺利举行	与会各国金融机构围绕人民币跨境使用、“一带一路”建设以及广西建设面向东盟的金融开放门户等热点问题进行深入的交流和探讨
2019年11月	中国人民银行南宁中心支行自组团出访越南国家银行谅山省分行	宣介人民币跨境使用和金融开放门户政策
2019年11月	首届中国东兴—越南芒街征信跨境合作交流会成功举办	两地银行业务拓宽合作领域
2019年11月	2019年亚信金融峰会在南宁举行	亚信成员国的代表、亚洲金融界精英、企业领袖及国内外知名专家学者齐聚，共商金融合作与发展
2019年11月	秦如培常务副主席带队参加2019中新（重庆）战略性互联互通示范项目金融峰会	共同推动金融合作推进机制、金融开放政策创新运用、金融科技与创新等多项合作
2019年11月	越南农业与农村发展银行、越南工商商贸股份银行、越南投资与发展股份商业银行三大银行谅山分行与桂林银行开展跨境业务合作交流，桂林银行与越南投资与发展股份商业银行谅山分行签订边贸结算业务合作协议	外币现钞调运进出境业务备案手续大幅简化
2019年12月	中国工商银行崇左分行在凭祥市成功举办“中越边境地区（崇左—谅山）反洗钱”交流座谈会	对共同打击洗钱、恐怖融资等犯罪达成共识

续表

时间	交流项目	交流内容
2019 年 12 月	秦如培常务副主席带队赴新加坡、泰国举行推介交流会	推动与中资银行海外分行、星展银行、大华银行、开泰银行等的务实合作，签订战略合作协议 17 份

资料来源：笔者整理。

（三）跨境人民币业务

推动人民币在东盟的区域化使用，是广西建设面向东盟的金融开放门户的重要任务之一。跨境贸易人民币结算试点以来，广西不断创新跨境人民币业务，成效显著。2015 年 1 月，广西区域性跨境人民币业务平台（南宁）正式启动，经过多年建设，目前该平台实现连接广西区内近 2500 个银行网点和境外近 1000 家代理行，覆盖东南亚主要经济体，成功铺就广西—东盟跨境人民币资金汇划高速路。在国务院批准广西自贸试验区总体方案后，制定出台支持广西自贸试验区建设的 20 条金融政策措施，实施放宽货物贸易电子单证审核条件等 12 项便利化措施，首批 70 家优质企业可以直接凭付款指令在自贸区银行办理相关跨境人民币业务。

（1）跨境贸易人民币结算业务持续推进

2013 年以来，广西以“铺一条路、搭一个平台、打造一个循环圈”的构想积极推动跨境人民币业务创新，使跨境人民币结算量大幅提升。2014 年至今，人民币成为广西第一大跨境支付币种，在西部 12 省区和全国 9 个边境省区中排名前列。2019 年，广西跨境人民币结算金额 1570 亿元，同比增长 20.5%，继续在西部 12 省区和全国 9 个边境省区中排名第一，其中与东盟跨境人民币结算 677 亿元，占跨境人民币结算总量的 43%，广西与东盟人民币跨境收付在全部本外币跨境收付的比例达到 61%。人民币成为广西与东盟第一大跨境支付货币。

因为人民币相对越南盾币值稳定，甚至曾经强势升值，人民币已经成为中越边境的硬通货，东兴边贸主要使用人民币和美元进行贸易结算，其中人民币结算占比高达 98%，中越双边银行合作日益密切、不断深入。2018 年 8 月，越南国家银行颁布人民币使用新规，扩大人民币在越边境地区使用的主体范围和区域范围，进一步推动了跨境人民币结算。跨境贸易人民币结算的“广西模式”，为推进人民币国际化走出了一条特色之路。

2013 年 7 月广西创新开展个人跨境贸易人民币结算试点。对于个人办理旅游、留学、务工等服务贸易亦可直接用人民币结算。2014 年 4 月 30 日推广到整个广西，业务种类拓展至跨境电子商务结算业务。当年 6 月再次简化，所有个人货物贸易和服务贸易项下跨境人民币结算都不再设限。极大便利了边境贸易和投资，因此结算业务成倍增长。截至 2018 年 9 月末，广西个人跨境人民币结算量达到 1891 亿元，占同期广西跨境人民币结算量的 24%。

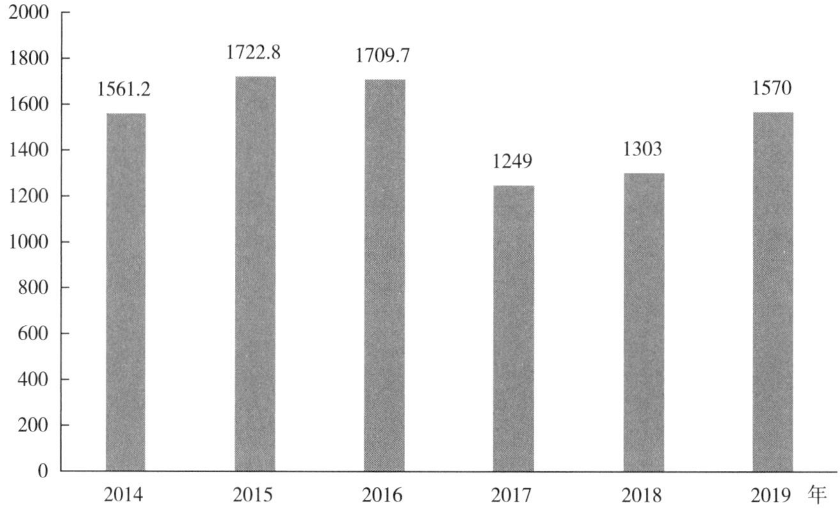

图6-1 广西跨境贸易人民币结算金额（亿元）

（资料来源：Wind资讯）

2019年是跨境贸易人民币结算试点暨人民币国际化启动十周年，10年来人民币已逐渐成为全球贸易和投资的新选择。据广西壮族自治区地方金融监督管理局统计，目前共有112个国家和地区与广西发生人民币跨境业务。

（2）跨境人民币融资业务从试点走向加快发展

2013年以来，为了满足市场需要，广西陆续放开了跨境人民币贷款、跨国企业人民币资金池、全口径跨境融资等跨境人民币融资业务。通过鼓励银行开展境外项目人民币贷款业务，提升中资企业跨境融资便利化程度，客观上改善了以往中资企业外债融资限制较多的情况。广西正在努力打造面向东盟的人民币跨境结算和货币交易中心，为企业利用国内外两个市场、两种资源拓宽了融资渠道，节约了资金成本。

表6-3 广西部分企业跨境人民币贷款情况

时间	融资企业	融资内容
2014年	防城港核电公司	从海外引进广西第一笔“跨境资金池资金”10亿元人民币，资金综合成本大大低于国内一般融资成本
2016年	联合钢铁（大马）有限公司	广西金融机构组成银团为该公司在马来西亚关丹钢铁项目提供6.64亿美元及20亿元人民币的融资安排
2017年	沿边金改试验区14家企业	从东盟国家银行融入低成本资金59亿元，全区签约金额累计18.74亿美元，提款金额累计17.23亿美元
2018年	广西北部湾国际港务集团马来西亚钢铁项目	广西金融机构通过境内外联动融资产品创新，开创了境内外分行跨境融资合作新模式
	截至2018年9月，广西24家企业	从境外融入本外币资金合计168亿元

资料来源：笔者整理。

广西积极指导跨国企业集团开展跨境双向人民币资金池业务，支持9家非银行支付机构备案开展跨境人民币支付业务，支持柳工、玉柴等8家跨国企业集团办理跨境双向人民币资金池业务48亿元，2019年5月末，全区7家跨国企业办理了业务备案，核定跨境人民币资金净流入上限242.77亿元，累计结算41.47亿元。

广西还积极发挥人民币在“一带一路”沿线推进资金融通的桥梁作用，创新推动开展境外机构投资银行间债券市场人民币结算业务，吸引境外机构投资境内债券市场，2019年广西商业银行代理境外机构债券投资结算量占同期跨境人民币结算额的30%。

（3）东盟国家货币银行间交易

2013年底，在人民银行防城港市中心支行的推动下，以市场需求为导向，建立人民币对东盟国家货币区域银行间交易平台。东兴市的工农中建和北部湾银行联合起来实行人民币对越南盾汇率报价，从而改变了广西边境地区人民币对越南盾汇率长期由“地摊银行”决定的历史。2014年4月，中国农业银行（东兴试验区）率先挂牌成立东盟货币业务中心，这是广西首个在边境一线口岸设立的东盟业务中心。该中心通过银行轮值报价，每天发布人民币对越南盾最新官方汇率。在此基础上，除文莱外，东盟其他8个国家货币与人民币汇率的挂牌交易相继完成，业务中心为客户提供清算、结算、融资、投资、资金交易等服务。

2019年广西引入柬埔寨加华银行、工商银行金边分行、中国银行金边分行等境外银行参与人民币对柬埔寨瑞尔银行间市场区域交易，为市场主体提供公开、透明的汇率价格。截至2019年5月末，广西银行间市场共有境内外15家商业银行参与区域货币交易，开展人民币对越南盾、柬埔寨瑞尔等货币的区域交易。人民币兑东盟货币交易业务量的不断增加，进一步提高了人民币对东盟货币的影响力。

（4）启动并完善人民币与东盟国家货币跨境现钞调运

2017年，中国银行广西东盟货币现钞调运中心正式挂牌成立，并实施越南盾、泰铢现钞的调运业务。通过采取“对开账户、对存双边本币”的创新模式，畅通与越南等东盟国家的货币现钞调运清算渠道，成功启动人民币、越南盾、泰铢现钞的跨境调运工作，打破广西银行业过去调运外币现钞需绕道香港和广东的局面。2018年2月，广西区内首笔人民币现钞从越南调运回流完成，意味着广西与东盟的双边本币回流机制得以真正建立。

成功搭建面向东盟的本外币现钞跨境调运通道以来，沿边现钞跨境调运的市场活跃度不断提升。2019年广西累计完成调运1.93亿泰铢，完成中越人民币现钞跨境调运25笔、累计调入2.45亿元，进一步打通境内外人民币回流渠道。

（四）跨境金融业务创新

建设面向东盟的金融开放门户，是中央政府赋予广西的重要历史使命。要完成这一历史使命，必须实现金融开放领域的创新发展。

表6－4　广西面向东盟的主要跨境金融创新措施和内容

时间	金融创新内容	创新目标和效果
2017年9月	首单全国机动车辆出境综合商业保险在凭祥口岸落地	跨境车辆保险业务规模位居沿边各省份前列
2017年10月	首单跨境劳务人员意外险在崇左落地	切实保障境外务工人员权益，营造良好跨境用工环境
2019年4月	广西东兴农村商业银行与越南工商股份商业银行芒街支行成功签订首个《反洗钱合作备忘录》	截至11月末，已开办边境贸易结算业务的边境银行与越方一个或多个银行机构签订反假合作协议（备忘录）共12份
2019年8月	制定出台支持广西自贸试验区建设的20条金融政策措施	实施放宽货物贸易电子单证审核条件等12项便利化措施，首批70家优质企业可以直接凭付款指令在自贸区银行办理相关跨境人民币业务
2019年9月	《关于印发创建保险创新综合试验区实施方案的通知》发布	提出未来5年将重点打造“一核多点”的保险创新格局，建设面向东盟的保险集聚区、保险创新产业园区、航运保险创新示范区、跨境保险创新示范区、保险支农融资创新示范区等；打造广西成为全国面向东盟的保险改革开放最优选地区，保险创新综合试验区创建方案实施
2019年10月	经国家外汇管理局批准，广西正式获批开展跨境金融区块链服务平台试点	大幅提高银行出口融资业务的审批时效，提升银行融资业务办理效率，进一步拓宽银行获取企业信用信息的渠道和来源，节约企业融资成本，缓解企业融资难题
2019年11月	《广西壮族自治区绿色金融改革创新实施方案》正式印发实施	贯彻落实《广西壮族自治区建设面向东盟的金融开放门户总体方案》，加快推进广西绿色金融改革创新
2019年12月	《国家外汇管理局广西壮族自治区分局关于在中国（广西）自由贸易试验区开展外汇创新业务的通知》发布	国家外汇管理局广西壮族自治区分局在试验区内开展简政放权、贸易和投资便利化、外汇管理等9项外汇创新业务
2019年12月	《关于金融支持中国（广西）自由贸易试验区建设的若干政策措施》印发实施	加快构建与自贸区贸易和投融资自由化便利化相适应的金融服务体系
2020年1月	交通银行广西分行与南宁市人民政府共同发起成立广西（南宁）金融创新联合实验室	聚集政府部门、监管机构、专家学者的力量，研究可以落地的金融创新业务，推出可复制、可推广的改革经验

资料来源：笔者整理。

2019年12月19日，中国（深圳）综合开发研究院在深圳举办的“粤港澳大湾区地方金融发展圆桌会”上发布了第十一期“中国金融中心指数（CDI·CFCI）”，南宁在全国31个金融中心城市排位中上升速度最快，上升6名，广西近年来的金融创新发展取得了明显成效。

三、广西建设面向东盟的金融开放门户综合评价指数构建及测度

（一）金融开放门户综合评价指数构建的方法

金融开放门户综合评价的主要度量指标以金融开放度为依据。金融开放度是指一个国家或地区的实物经济部门（或商品市场）和金融部门（或金融市场）对外开放的广度和深度，是一个复杂的量化指标。在现有文献中，有两种用于测量金融开放水平的指标可以借鉴。

第一种是基于规则的测度方法，即法定开放度，主要是对政策和制度的开放性进行测度，如以资本账户管制程度、AREEAR 指标法等测度金融开放等。金融开放的实现需要以政策法规为依托，因此金融开放的内容均可通过政策法规的修订和增补来体现，其中与资本账户和金融服务贸易相关的政策法规是金融开放的核心内容。

最早采用此方法的是国际货币基金组织（IMF）的《年度汇率安排和汇兑管制报告》（AREAER），主要采用的是二元变量法来反映一国的资本账户管制或开放的情况。AREAER 详细列举了一国对居民经常账户和资本账户支付的各种限制，并将这些限制用二元方法测度。这种方法的优点是简单明确，缺点是提供的信息有限，无法反映金融开放的具体进程，而且由于该指标只考察对居民和资本流出的各种约束，不考察对非居民和对资本流入的管制。学者们对 AREAER 的二元指标进行了修正，其中 Chinn & Ito 及 Quinn 的研究具有较大的影响力。Chinn & Ito（2008）利用主成分分析法构造了 181 个国家（数据已更新至 2016 年）间的金融开放指数。Quinn 等（1997，2010）从国际收支平衡表出发，将经常和资本账户的六个方面加总后作为金融开放的测度，该指标不仅测度了金融开放的程度，还区分了资本的流向，因而能够较为准确地测度一国金融开放水平。

此外，Gruben & Mcleod（2011）通过多重汇率制度、经常账户限制措施、资本账户限制措施、出口收益上缴四个方面来测度经常项目和资本项目限制措施，考察金融开放水平。国内学者张小波（2012）从金融开放的内涵着手，通过构建金融开放的体系结构，提出金融开放水平的测算公式，并选择包括中国在内的 108 个国家和地区样本进行实证分析，结论显示目前中国官方承诺的金融开放处于中度开放水平，现实金融开放水平明显要低于官方承诺水平。

第二种是基于结果的测度方法，即事实开放度。有别于法定开放度对政策法规的关注，事实开放度反映的是与金融开放有关的政策法规在实践过程中的落实程度。主要是通过金融流量反映开放程度，如对资本跨国界的实际流动程度进行衡量。实际的金融开放度的衡量指数是对各国现实的跨境资本交易活动的难易程度与活跃程度的量化，由于国际资本流动是金融开放的最直接的表现形式，因此成为国内外学者在实证分析中最常用的一类金融开放量化指标。在实践中，该领域的研究又分为两类：流量测度和存量测度。以 Karry 为代表的研究关注点是流量测度，Karry（1998）用跨境资本流入和流出总

额占 GDP 的比重作为衡量金融开放程度的指标。以 Lane & Milesi – Ferretti 为代表的学者提出存量测度的方法。他们用跨境资产和负债的存量总额占 GDP 的比重作为衡量一国金融开放度的指标。存量测度和流量测度各有利弊，前者的测度较为复杂，误差相对较大，而后者简单易行，因此国内学者多采用流量法进行测度。

不管是基于规则的法定开放度还是基于事实的结果开放度，主要度量的是一国或经济政策独立的经济体的金融开放水平，较少研究度量一国之内特定经济区域的金融开放水平，尤其是面向特定经济体金融开放门户测度的文献还较为匮乏。对于广西来说，建设面向东盟的金融开放门户是建设自由贸易试验区题中应有之义，也是集聚金融资源加快金融发展的良好契机。构建面向东盟的金融开放门户综合评价指数，测度广西作为面向东盟的金融开放门户发展情况，对客观判断广西面向东盟金融开放门户建设水平，加快构建面向东盟的经济金融合作大通道，完善跨境金融合作交流机制和金融风险防控机制等具有重要意义。

（二）广西建设面向东盟的金融开放门户综合评价指数

广西作为地方经济体，许多重要的金融开放制度从属于国家金融管理机构的统一规定，因此基于规则的法定开放度在衡量广西建设面向东盟的金融开放门户方面基本上等同于对我国整体金融开放情况的测度。我国区域金融发展不平衡主要体现在金融资源的集聚和流动，由于本报告主要研究广西面向东盟的金融开放门户建设情况，因此选取事实测度法构建广西面向东盟的金融开放门户综合评价指数。

建设面向东盟的金融开放门户综合评价并不等同于金融开放的测度。金融开放测度是对金融资源流动情况量化的静态指标，建设金融开放门户的过程则是一个制度供给及实施的动态过程。综合现有金融开放测度方法，根据本报告研究需要，构建面向东盟的金融开放门户综合评价指数如下：

选取广西外资金融资源集聚情况、广西境外金融资产规模、金融人才供应、金融资源跨境流动情况、人民币国际化在东盟地区的推动五个指标作为广西面向东盟的金融开放门户综合评价指数的内容。各指标统一量纲，并根据专家调查法的结果，对其在建设面向东盟金融开放门户中的重要性分别赋予 0.2、0.2、0.2、0.2、0.2 的权重，计算上述指标的加权平均和，据此得到广西建设面向东盟金融开放门户的综合评价指数。

（1）广西外资金融资源集聚情况

金融开放门户的一个基本功能就是要实现大量金融资源的集聚，尤其是外资金融资源集聚，这是金融开放门户开展金融业务的基本前提。这一指标以广西境内外资金融机构资产占广西金融机构资产总额的比重来衡量，是一个正向指标，指标越高，反映广西集聚境外金融资源的水平越高。

表 6－5　2013—2018 年广西外资金融机构资产情况

年份	2013	2014	2015	2016	2017	2018
广西外资金融机构资产总额（亿元）	34.30	40.12	40.40	40.70	52.00	56.00
占广西金融机构资产总额（%）	0.14	0.15	0.13	0.12	0.14	0.15

资料来源：根据 Wind 数据计算。

（2）广西境外金融资本规模

境外资本规模反映了广西作为金融开放门户输出金融资源的能力，该指标计算公式为：境外金融资本规模＝境外金融机构资产/广西金融机构总资产，其中境外金融机构资产的计算参考（李振新、陈享光，2019）提出的方法，境外金融机构资产＝金融机构总资产－国有商业银行资产－政策性银行资产－股份制商业银行资产－地方性金融机构资产。该指标是一个正向指标，境外金融机构资产比重越高，反映金融机构走出去的能力越强，开放水平和金融活力越强。图 6－2 给出了 2013—2019 年广西金融机构资产总额的趋势图，总体来看，广西金融机构资产总额呈逐年上升趋势。

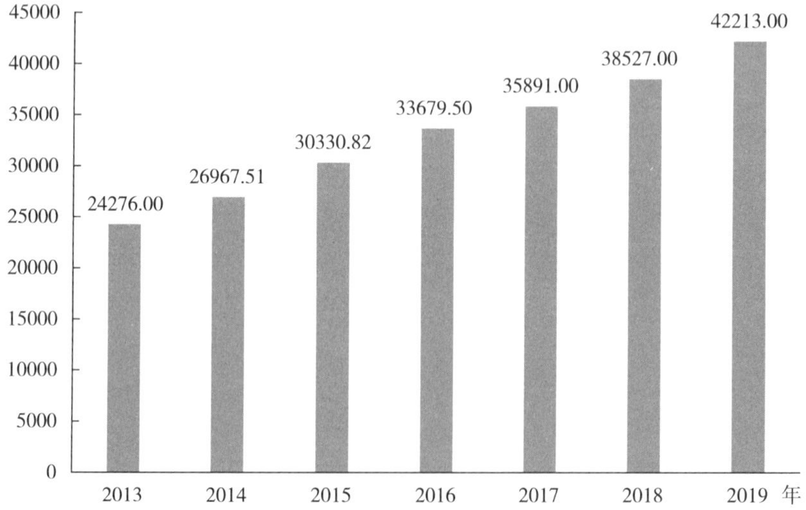

图 6－2　2013—2019 年广西金融机构资产总额（亿元）

（资料来源：Wind 资讯）

（3）金融机构从业人员情况

金融机构从业人员是广西建设金融开放门户的人力资源基础，拥有一定规模的金融人才，尤其是高端金融人才是加快金融创新，提高金融机构管理和运营水平的必要条件。该指标以广西金融机构从业人员比重＝广西金融机构从业人员数/广西城镇就业人数来代表。是一个正向指标，指标越高，反映广西拥有的金融人才越多。2013—2018 年广西金融机构从业人员占城镇就业人员比重逐步提升。

表6－6 广西金融机构从业人员占城镇就业人员比重

年份	广西金融机构从业人数	广西城镇就业人员数	广西金融机构从业人数占比（%）
2013	88825.00	3302300	2.6898
2014	91282.00	3265035	2.7957
2015	91431.00	3296067	2.7739
2016	96194.00	3254734	2.9555
2017	91368.00	3167341	2.8847
2018	90439.00	3044436	2.9706

资料来源：Wind资讯。

（4）金融资源跨境流动情况

作为面向东盟的金融开放门户，金融资源的跨境流动规模反映了其作用发挥情况，金融资源跨境流动规模越高，金融开放门户的地位就越重要。该指标以广西引进东盟外资和对东盟投资之和与GDP之比计算，即金融资源跨境流动性＝（东盟外商投资额＋对东盟投资额）/GDP，是一个正向指标，即该指标越大，金融资源跨境流动性越强。

表6－7 沿边金改以来广西—东盟双向投资情况

年份	广西实际利用东盟投资额（万美元）	广西对东盟投资流量（万美元）
2013	4231	24829.96
2014	4175	170289.71
2015	49973	89000
2016	18251	84700
2017	176	83400
2018	2889	91000

资料来源：根据广西商务厅网站数据整理。

（5）人民币国际化在东盟地区的推动情况

当前，广西与东盟地区开展人民币业务的主要载体是跨境贸易人民币结算，广西跨境贸易人民币结算的主要对象也是东盟国家。因此人民币在东盟地区的推动情况可以广西人民币跨境贸易结算占广西与东盟贸易总额的比重来计算。该指标为正向指标，数值越大，反映广西在东盟地区推动人民币国际化方面做得越好。

表6－8 广西跨境贸易人民币结算情况

年份	广西跨境贸易人民币结算额（亿元）	广西对东盟地区进出口总额（亿元）
2013	1012.40	985.5
2014	1561.20	1221.8
2015	1722.80	1803

续表

年份	广西跨境贸易人民币结算额（亿元）	广西对东盟地区进出口总额（亿元）
2016	1709.70	1835.44
2017	1249.00	1893.8485
2018	1303.00	2061.49

资料来源：Wind 资讯。

表 6-9 面向东盟金融开放门户的综合评价指数指标体系

指标名称	指标比重	指标计算公式
广西外资金融资源集聚情况	0.2	广西外资金融机构资产比重 = 广西外资金融机构资产/广西 GDP
广西境外金融资产规模	0.2	境外金融资产规模 = 境外金融机构资产/广西金融机构总资产
金融机构从业人员情况	0.2	广西金融机构从业人员比重 = 广西金融机构从业人员数/广西城镇就业人数
金融资源跨境流动情况	0.2	金融资源跨境流动性 = （广西东盟外商投资额 + 广西对东盟投资额）/GDP
跨境人民币业务开展情况	0.2	人民币跨境贸易结算比重 = 人民币跨境贸易结算金额/广西与东盟贸易总额

资料来源：笔者计算。

（三）广西建设面向东盟的金融开放门户综合评价指数计算

根据前述指数的公式，将各指标计算结果加权相加，就可以得到广西建设面向东盟的金融综合评价指数。如图 6-3 所示。

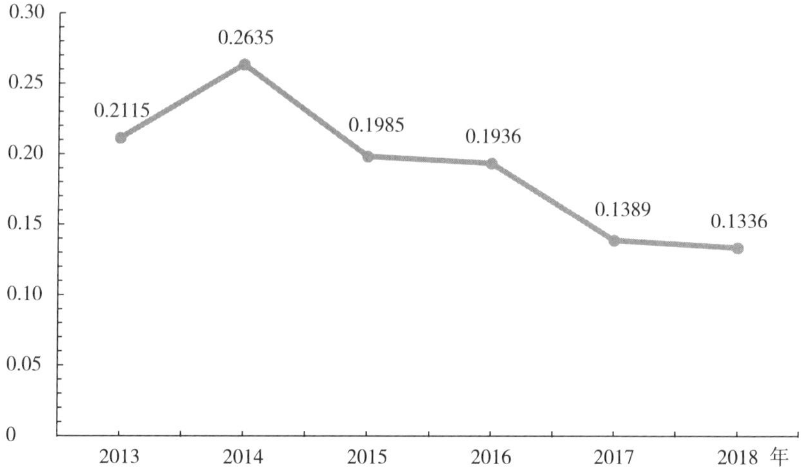

图 6-3 2013—2018 年广西建设面向东盟的金融开放门户综合评价指数走势

（资料来源：Wind 资讯）

四、广西建设面向东盟的金融开放门户综合评价指数分析

（一）广西建设面向东盟的金融开放门户综合评价指数总体分析

从整体上看，广西建设面向东盟金融开放门户综合评价指数不高，2014 年为最高值 0.2635，且在 2015 年之后指数呈下降趋势。2014 年为广西沿边金融综合改革试验区政策落地第一年，从指数的变动来看，这一年指数上升较快，从 0.2115 上升到 0.2635，上升了 25%。但随后指数开始下降，尤其是 2015 年和 2017 年下降幅度较大。究其原因，有如下几个方面：

（1）沿边金改第一年，政策实施力度较大，政策红利释放比较充分，因此面向东盟的金融开放门户建设进程较快。这一年，广西壮族自治区人民政府印发《关于建设沿边金融综合改革试验区的实施意见》（桂政发〔2014〕3 号），各地出台了多项配套措施。沿边地区探索形成了人民币对越南盾多家银行“轮值定价”的“东兴模式”等。

（2）随着沿边金融综合改革的推进，一方面已有政策红利释放殆尽，多项金融改革措施由于上级金融管理机构未能充分授权难以落地；另一方面，2015 年前后国际经济环境的变化，使得我国整体的金融开放步伐放慢，金融管制趋于强化，影响到广西面向东盟金融开放门户政策的持续实施。因此广西面向东盟金融开放门户综合评价指数出现了下降、停滞趋势。

（3）2018—2019 年以来，我国新一轮金融开放启动，广西在落实 13 部委《广西建设面向东盟的金融开放门户政策总体方案》时出台了大量的配套政策，政策密集程度与实施力度前所未有，但政策从出台到落地实施、效果显现都有一个过程。受数据统计滞后影响，本报告指数的计算数据截至 2018 年，但可以预测，2019 年广西面向东盟金融开放门户的整体水平将会出现明显上升。

（二）广西建设面向东盟的金融开放门户综合评价指数分层分析

本报告选取了五个金融要素指标构建面向东盟金融开放门户综合评价指数，下面将对这些指标进行深入考察分析，以探究影响广西建设面向东盟金融开放门户水平的主要影响因素。

（1）外资金融资源集聚情况。从上文表 6－5 我们可以观察到，2013—2018 年广西外资金融机构在广西金融机构总资产中的比重较小，不足 0.2%，而且变动幅度不大，上升幅度很小。2019 年，我国集聚外资金融资产水平最高的是上海市，外资金融机构金融资产占金融机构总资产的比重为 8.77%，广西这一指标为 0.149%，排在第 17 位，处于中等偏下水平。

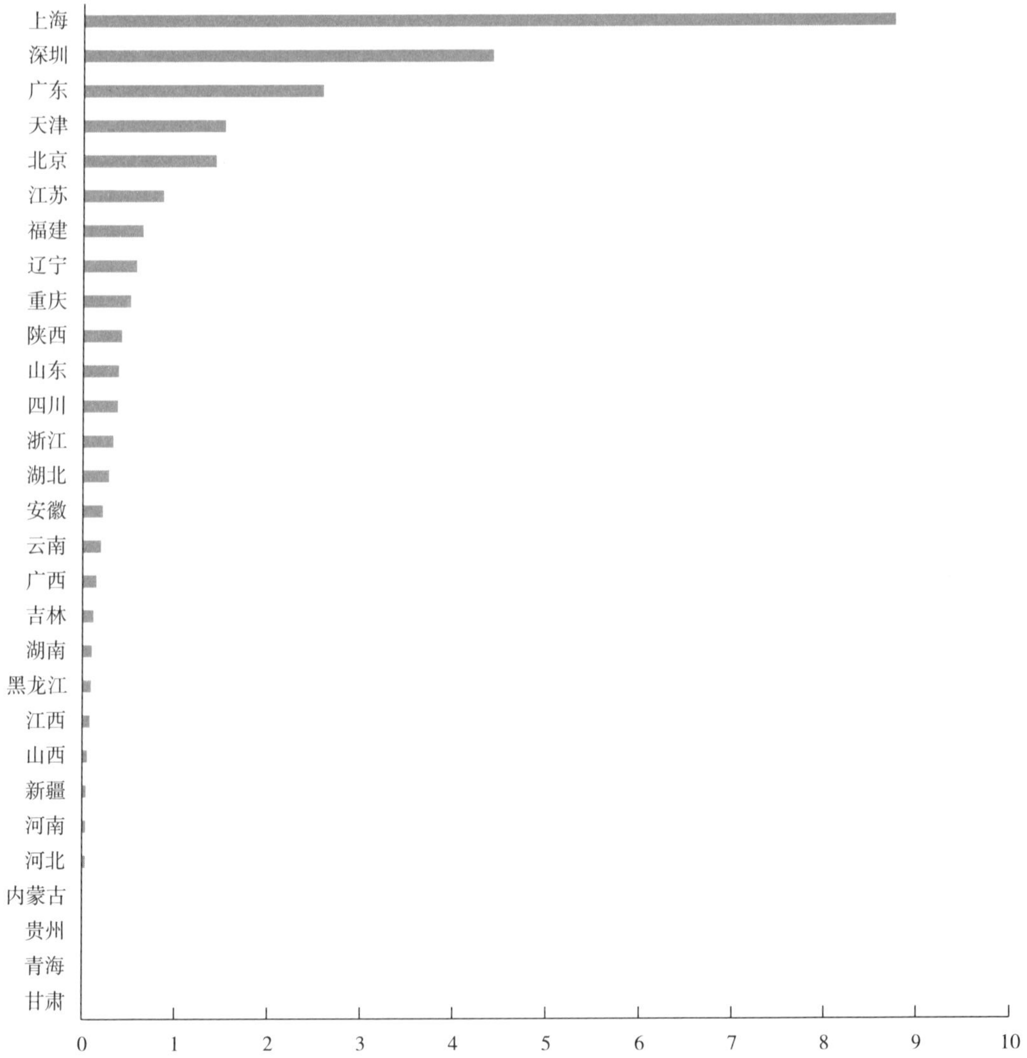

图 6－4　2019 年我国部分省份外资金融机构金融资产占金融机构总资产比重（单位:%）

（资料来源：Wind 资讯）

（2）广西境外金融资产规模。从表 6－10 可以看出，2013—2018 年，广西境外金融资产规模非常小，且有递减趋势，说明广西金融机构在境外开设分支机构从事金融业务的能力不强。事实上，与广西非金融企业这几年在东盟地区快速增长的投资相比，广西金融机构走出去的步伐确实较为缓慢。

表 6－10　2013—2019 年广西境外金融资产规模

年份	广西境外金融资产所占比重（%）
2013	0. 004249
2014	0. 003855
2015	0. 003545

续表

年份	广西境外金融资产所占比重（%）
2016	0.008696
2017	0.003703
2018	0.003719
2019	0.007155

资料来源：根据 Wind 数据计算。

笔者认为，造成这一情况的主要原因如下：

第一，广西金融机构自身实力不强，限制了其拓展境外金融业务的能力，对东盟国家金融业务辐射有限。图 6－5 给出了我国 2019 年全国大部分省份金融机构总资产，其中北京市以 262498 亿元遥遥领先，广西金融机构资产总额只有 42213 亿元，仅相当于北京的 16%，全国排名第 22 位。

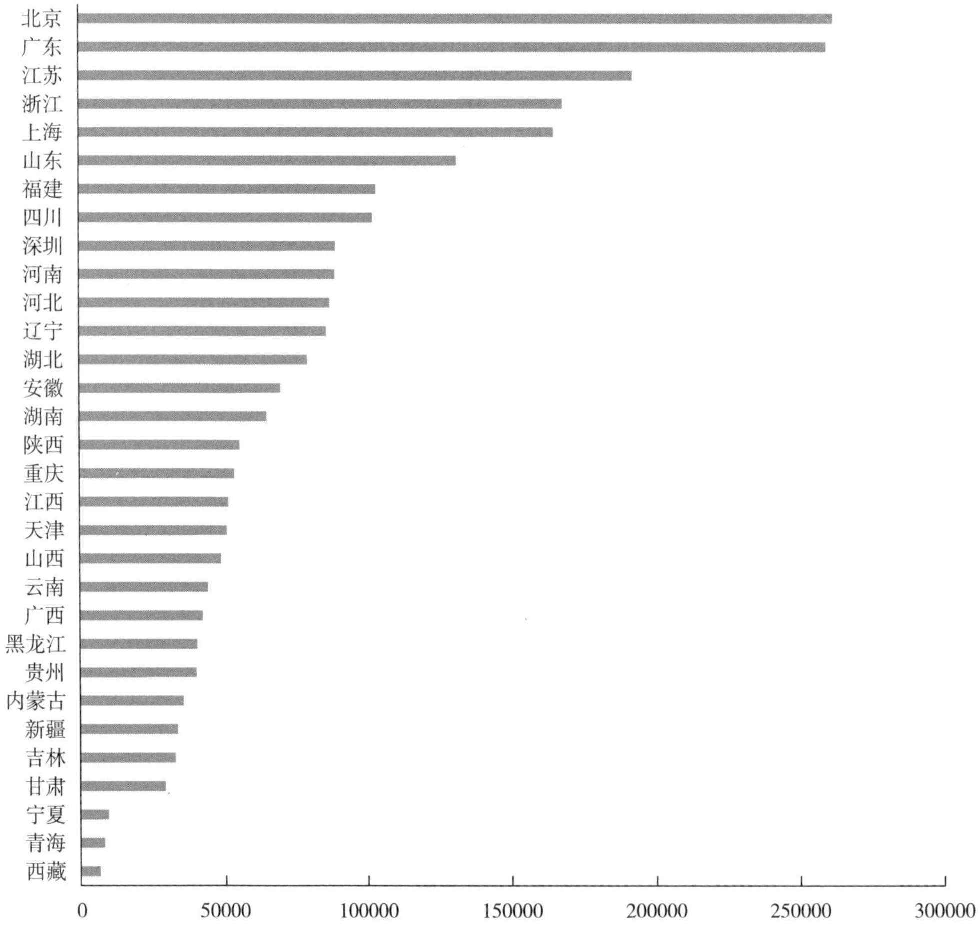

图 6－5　2019 年我国部分省份金融机构资产总额（单位：亿元）

（资料来源：Wind 资讯）

第二，东盟国家金融发展水平不均衡，与广西邻近的越南、缅甸、老挝等国家金融发展普遍较为落后，对外资金融机构的设立和经营有较高要求。

第三，一些东盟国家政治不稳定，设立金融机构开展金融业务的风险较高。

（3）金融机构从业人员情况。从金融机构从业人员情况来看，广西金融机构从业人员总体上数量较少，占城镇就业人口的比重不高。2019 年我国金融从业人员最多的是广东省，有 363622 人，广西为 95638 人，是广东的 26%，全国排名第 22 位，见图 6－6。尤其是广西非常缺乏高层次金融人才，这从金融行业较为权威的认证——金融风险管理师的认证分布就可以看出来。目前全国约有风险管理师认证 14000 人左右，主要分布在上海、北京、深圳等金融业较为发达的城市，广西认证者寥寥无几。

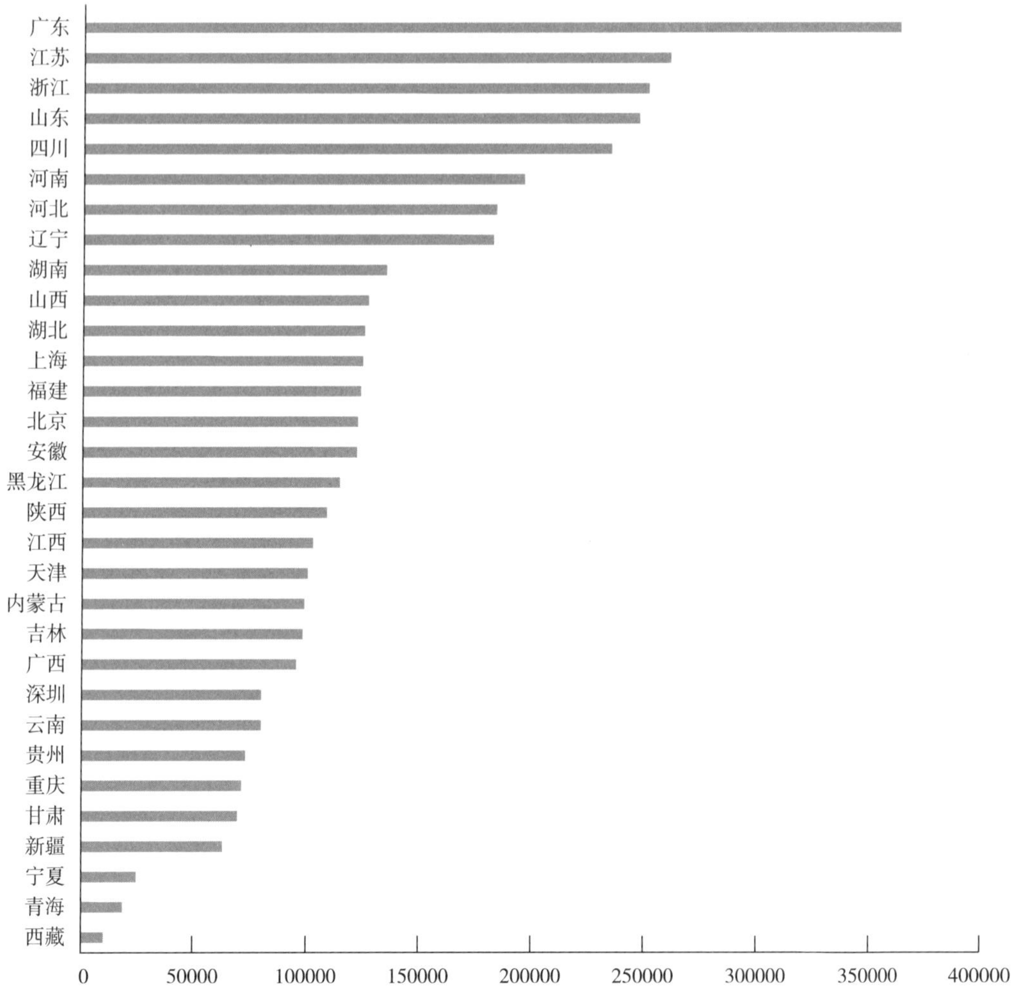

图 6－6　2019 年我国部分省份金融机构从业人员数（单位：人）

（资料来源：Wind）

广西金融机构从业人员数量比重低，层次不高的原因主要有：

第一，金融人才的培养数量不足。目前区内 36 所高校仅有 11 所高校开设有金融类专业，有硕士点和博士点的更少，金融人才的培养规模小，层次低。而且还有部分金融人才流向邻近的广东省。

第二，金融人才引进难。由于广西整体上经济较为落后，金融机构缺乏容纳高层次人才的岗位，难以提供有吸引力的薪酬待遇，金融人才的引进十分困难。

（4）金融资源跨境流动情况。从广西与东盟双向直接投资流量占广西 GDP 的比重来看，这一指标在 2014 年达到最高，为 0.68，但 2015 年以后开始下降，直到 2018 年止跌企稳，如图 6－7 所示。原因主要是广西与东盟的双向投资趋势近年来出现了明显的变化。

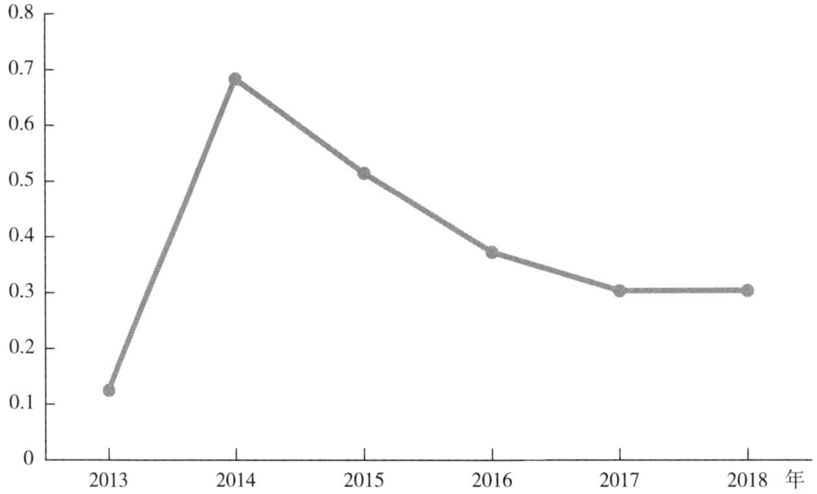

图 6－7　广西—东盟双向直接投资占广西 GDP 比重（%）

（资料来源：Wind 资讯）

第一，如图 6－8 所示，2011 年之前的大多数年份里，东盟对广西的直接投资规模都高于广西对东盟国家的投资；2012 年开始，广西对东盟投资快速攀升，2014 年达到最高 170289.71 万美元的规模，2015 年出现下降，此后投资规模较为平稳。

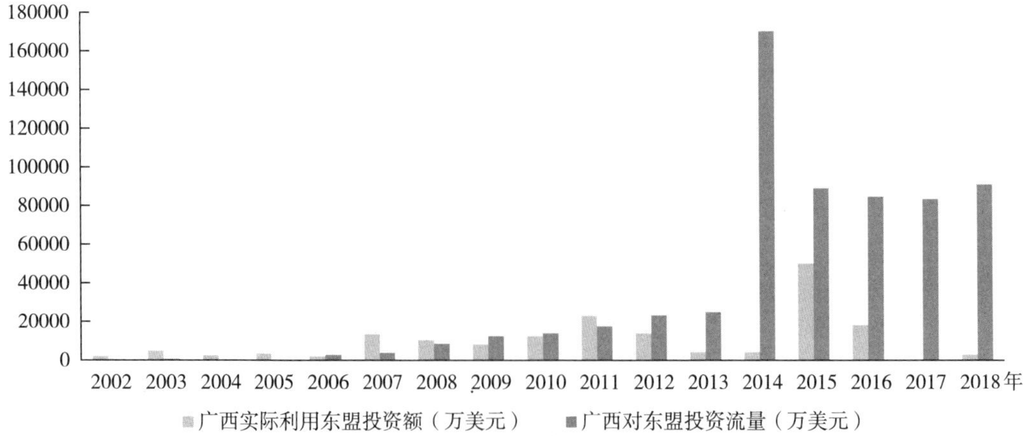

图 6－8　2002—2018 年广西—东盟双向直接投资流量

（资料来源：Wind 资讯）

第二，与此同时，东盟对广西的直接投资除了2015年规模较大之外，总体上呈下降趋势。

（5）人民币国际化在东盟地区推动情况。从跨境贸易人民币结算占广西—东盟贸易额的比重来看，这一指标也在2014年之后开始逐年下降，如图6－9所示。

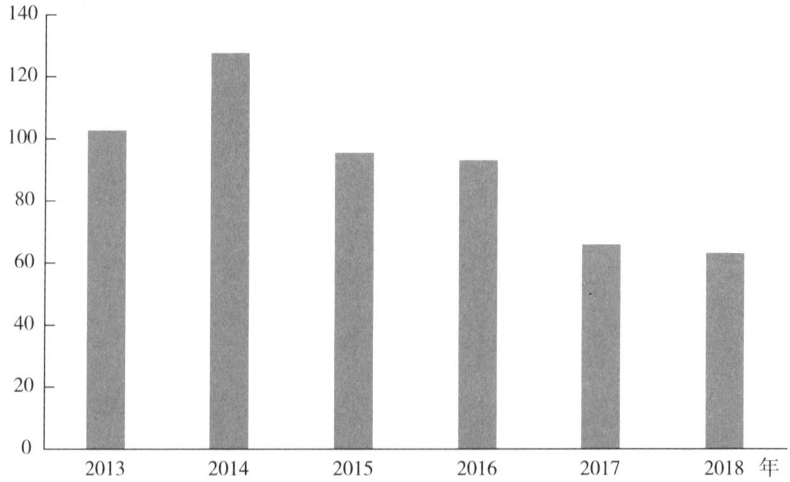

图6－9　广西跨境贸易人民币结算占广西—东盟进出口总额比重（%）

（资料来源：Wind资讯）

笔者认为，主要原因如下：

第一，2015年到2016年底，人民币兑美元汇率出现较大波动，人民币出现贬值趋势，如图6－10所示。跨境贸易人民币结算业务受到极大打击，结算量锐减，2018年比2015年结算量减少420亿元。

第二，与此同时，广西—东盟贸易额增长较快，2018年广西—东盟贸易额达到2061.49亿元，是2013年985.5亿元的2.1倍。

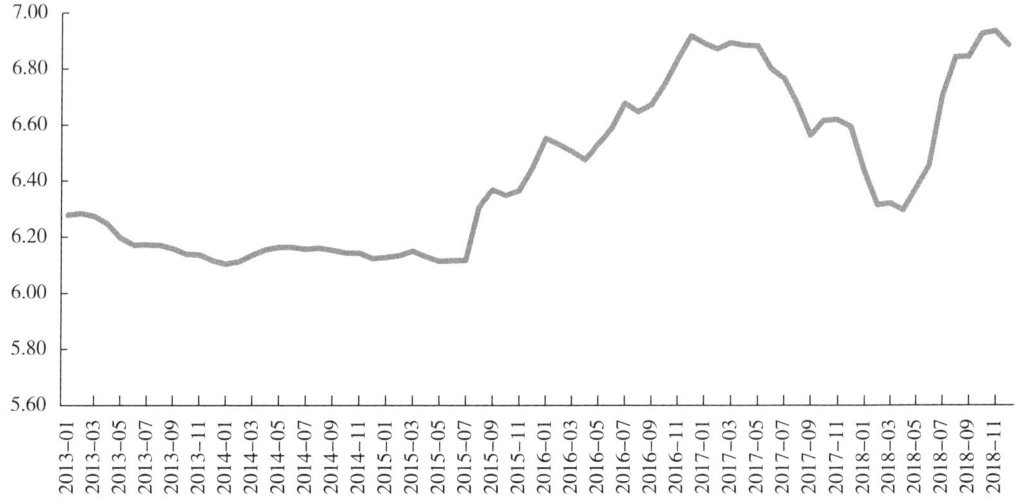

图6－10　2013—2018年美元兑人民币汇率

（资料来源：Wind资讯）

五、广西加快建设面向东盟的金融开放门户政策建议

广西建设面向东盟的金融开放门户，是党的十九大以来国家批准实施的重要金融开放战略，表明开放已上升为国家战略。广西作为重要的边境，在面向东盟的金融开放发展中的作用不容忽视，进一步巩固我国与东盟国家的经贸关系，对于服务“一带一路”和西部陆海新通道建设、推动中国—东盟自由贸易区和湄公河次区域合作意义重大、作用深远。因此，广西建设面向东盟的金融开放门户应以人民币国际化战略为导向，以建设具有区域影响力的人民币离岸市场为核心，在金融机构双向设立、跨境人民币金融产品创新、高层次金融人才队伍建设、金融风险防范等方面有所作为。

（一）升级区域资本市场，加快金融资源集聚

建设面向东盟的金融开放门户，必须有一定规模的金融资源集聚，从前面的分析可以看出，广西的金融机构总资产规模毕竟还小，金融资源集聚水平低，这在很大程度上制约了广西作为金融开放门户作用的发挥。为了达到尽快集聚金融资源的目的，2019 年以来广西出台了多项配套政策，在首府南宁建立中国—东盟金融城，通过财政奖励、税收减免等方式鼓励境内外金融机构入驻。短期来看，这些措施对区外金融机构能够起到一定的激励作用，但长期来看，政府长期持续的财政投入不可能也不可取。集聚金融资源归根结底要从市场规律出发，让区外的金融机构愿意来，留得住。

要使区外金融机构愿意积极主动入驻中国—东盟金融城，并且留下来长期发展，就要让企业能够从在广西的金融业务经营活动中盈利。当前，广西的金融市场规模狭小，业务量有限，2018 年社会融资规模增量仅为 4172 亿元，是广东的 19%，全区仅有 38 家 A 股上市企业，债券市场、金融衍生品市场发展滞后，很难为入驻的金融机构提供有吸引力的利润增长点。只有将金融市场业务规模的蛋糕做大，才能容纳更多的金融机构入驻。从当前广西建设面向东盟的金融开放门户的战略任务来看，将广西区域股权市场进一步升级，建立一个面向西部地区和东盟国家的资本市场西部国际板，对于促进广西金融市场快速发展，加快金融资源集聚，乃至推动人民币国际化，都具有重要的意义。

（1）我国主要的资本市场都分布在东部沿海，对于中西部的企业来说，到资本市场融资具有天然的劣势。一方面，由于经济发展落后，中西部企业对于资本市场融资的规则和信息方面不如东部企业熟悉；另一方面，经济发展不平衡使得东部企业更容易满足资本市场融资的入场要求，而最需要资金来发展经济的西部企业却难以拿到资本市场融资的入场券。金融科技的出现，加剧了金融资源分配的“马太效应”。建立资本市场西部国际板，降低西部企业资本市场融资门槛，有利于西部地区经济发展，促进我国经济均衡化。

（2）当前我国多层次资本市场体系中，有沪深主板、中小企业板、创业板、新三板、区域股权市场等，但还缺少国际板，这使得境外优质企业不能在境内进行股权融资，境

内居民也失去了分享全世界范围内优质企业成长红利的机会。国际板还是衡量一个国家金融开放程度的重要维度，从国际经验来看，大多数发达国家都放开了对境外企业境内资本市场上市的限制，上市公司的多元化带来投资者的多元化，资本市场交易量增加，市场信息更为透明，融资更有效率。借鉴国际经验设立资本市场西部国际板，必然能够促进广西乃至整个西部地区金融市场的发展，加快金融资源的集聚。

（3）建立资本市场西部国际板，对于人民币国际化具有重要意义。当前，人民币在东盟地区的推动主要依赖跨境贸易结算，而跨境贸易人民币结算业务对人民币与美元的汇率非常敏感，这导致人民币汇率的风吹草动都会给跨境贸易人民币结算业务带来较大冲击，从而影响人民币国际化进程。因此，人民币国际化在东盟地区的推动必须在跨境贸易人民币结算之外加强人民币作为金融交易功能的使用。当前，东盟地区新加坡离岸人民币金融市场发展缓慢，人民币资产品种和规模都不够丰富。建立资本市场西部国际板，允许东盟国家到境内资本市场进行人民币融资，必然能够提高人民币作为金融资产在东盟地区的使用和交易频率，这对于突破东盟地区美元融资体系具有重要意义。

（二）进一步改善营商环境，吸引东盟国家来广西投资

营商环境是地方发展的软实力。2017 年，粤港澳大湾区研究院发布《中国城市营商环境报告》，南宁在营商软环境指数排名倒数第六；根据 2018 年国务院第五次大督查营商环境 7 项重点指标的调查情况，广西住建行业的工程建设项目报建、用水报装分别在全国综合排名第 23 位、第 31 位。营商软环境包括开办企业、执行合同、财产登记、内外资投资增速、税负水平五个指标，这一指数排名落后极大影响到南宁作为区域金融中心的综合竞争力。据中国（深圳）综合开发研究院课题组发布的中国金融中心指数显示，在全国 30 多个省会城市中，南宁的金融中心综合竞争力长期排名在全国第 29 至 31 位，位居西部地区最后一位。广西近年来吸引的外商直接投资，尤其是东盟国家的直接投资下降较为明显，也从侧面印证了营商环境对于吸引外商直接投资的重要性。

正是意识到营商环境对于吸引投资和促进地方经济发展的重要性，2020 年 5 月，自治区优化营商环境条例经自治区十三届人大常委会第十五次会议表决通过，提出广西在市场环境、政务服务、监管执法、法治保障等方面改善提高营商环境的具体举措，这对于优化营商环境，提升广西金融综合竞争力，建设面向东盟的金融开放门户来说无疑具有积极意义。

（三）加快落实金融业负面清单制度

2013 年沿边金融综合改革试验区设立以来，广西就提出要实施金融业务负面清单模式，但这一制度却迟迟未能落地。作为一种市场准入管理方式，负面清单管理模式在当前世界各国推进金融服务业对内对外开放中越来越被普遍采用。我国金融服务业对内对外开放采用负面清单管理模式有多重意义，特别是在泛资管时代，推出统一的“负面清单”，有助于明确监管部门的职责边界，为金融机构提供一致、平等、公平、有序且更加

广阔的发展平台，以激发创新动力，提升服务能力。

上海是国内较早实施金融开放负面清单模式的地区。上海自贸区成立后先后推出了2013年、2014年的上海版和2015年、2017年的全国版负面清单，通过负面清单管理扩大了金融服务业对外开放。上海金融服务业对外开放负面清单管理模式的经验主要有：首先根据金融开放需要编制负面清单文本，提高操作性与有效性；其次是清单内容不断拓展，从环节和结构两方面不断完善，提升公平性与完整性；再次是建立清单评估制度，实现创新性与试验性。以负面清单年度评估为基础，归集可行的改革建议，形成政策创新储备，加强与中央有关部委的沟通协调；最后是开展政策试点，把握对等性与可控性。广西完全可以借鉴上海自贸区金融开放负面清单模式经验，在对金融机构和贸易企业调研的基础上，研究和制定建设面向东盟金融开放门户的负面清单，进一步提高金融业开放的透明度和可操作性。

（四）加强人民币与东盟货币的交易性，提升人民币在东盟地区的金融交易功能

人民币国际化在东盟地区的推动主要依靠跨境贸易结算，极易受到人民币与美元汇率波动影响。2019年，东盟已经超过美国，成为我国第一大贸易伙伴，这凸显了中国—东盟之间以人民币贸易结算的重要性。

提高人民币在中国—东盟跨境贸易结算中的比重，并最大限度避免人民币结算受人民币与美元汇率的影响，一方面要继续建立完善人民币与东盟国家货币的汇率形成机制，以银行间市场为主导，吸引更多东盟国家的商业银行加入，形成更具市场基础的人民币兑东盟各国货币汇率，加强人民币与东盟国家货币的交易性；另一方面，从金融交易需求的内生性出发，提高金融产品供给的有效性，通过金融市场开放、金融合作、资本市场互联互通、区域性金融组织、建立区域本币债券市场等在东盟地区建立起人民币金融交易网络，打破美元交易惯性效应，提升人民币在东盟地区金融交易功能。

（五）金融人才重引进更要重培养

建设面向东盟的金融开放门户以来，广西相继出台了一系列引进金融高端人才的政策，但这些政策还存在一些局限性，金融人才不但要引得来，也要留得住；要重视引进，但更要重视培养。

（1）对接国家和区人才规划，面向区外知名金融机构、金融组织、国内一流大学及研究机构，引进和培养一批广西经济社会发展需要的高层次金融人才。实行急需紧缺人才引进工作统一部署，定期发布更新广西金融领域急需紧缺人才目录，引进一批广西急需紧缺的金融人才。

（2）加大金融人才队伍培养力度。由于广西地理位置较偏，经济不发达，相比国内一线城市，难以为金融高端人才提供有吸引力的岗位和薪酬待遇，因此，引进高层次金融人才难度较大，而且即便引进，也很难保证这些花费重金聘请的金融高层次人才能长期留下来为广西的金融发展服务。建设面向东盟的金融开放门户，最终必须依靠广西自

身培育更多的金融人才。可以考虑构建一个不同层次的金融人才培养体系，逐步满足广西对于金融人才的需要。对于高端金融人才，可以考虑通过设立金融领军人才提升计划，每年遴选有发展潜力的高端金融人才进行培训，培养一批了解国内外金融动态和发展趋势、熟悉金融监管要求、具有改革创新意识的领军人才；对于金融机构中层管理人员，可以通过骨干人才培养计划，选择有发展后劲的骨干金融人才进行培养，为其提供专题进修资源；对于普通金融从业者，可以通过青年人才支持计划，通过开办金融大讲堂，金融“微课”、专题讲座、公开课等方式，持续提升青年金融人才专业水平和综合素质。

参考文献

[1] 陈胜良. 加快推进沿边金融综合改革研究——以广西百色市为例 [J]. 农村金融研究，2016 (3)：37-42.

[2] 陈斯雅. 沿边金融改革的“广西实践” [J]. 当代广西，2018 (21)：48.

[3] 陈煜兰. 关于广西沿边金融综合改革的问题分析和建议——以崇左市为例 [J]. 农村经济与科技，2017，28 (12)：89-91.

[4] 韩越，方俊智，郭秋平. 沿边金融开放的区位影响分析——以中国云南省与东盟为例 [J]. 新金融，2018 (8)：15-21.

[5] 李丹. 面向东盟建设金融开放门户——访全国人大代表、人民银行南宁中心支行行长崔瑜 [J]. 中国金融家，2018 (3)：102-103.

[6] 李晓露，伍坚. 上海自贸区对标金融开放高标准进阶研究 [J]. 海南金融，2018 (1)：19-24.

[7] 李岩，高西. 上海自贸区建设对我国金融开放的影响 [J]. 中外企业家，2018 (29)：98-99.

[8] 刘文娟. 沿边金融改革试验区破解期货市场发展困境的思考——基于广西的调查 [J]. 桂海论丛，2016，32 (4)：71-76.

[9] 卢光盛，田福敏. 云南、广西与东盟国家的投资关系比较研究 [J]. 东南亚纵横，2008 (7)：58-62.

[10] 沈伟. 自贸区金融创新：实践、障碍及前景——以上海自贸区金融创新立法为切入点 [J]. 厦门大学学报（哲学社会科学版），2017 (5)：39-47.

[11] 吴光豪. 金融开放的内涵、国际经验及启示 [J]. 北方金融，2018 (10)：95-98.

[12] 谢寿琼，潘长风. 金融开放的测度及其经济增长效应研究述评 [J]. 福建金融管理干部学院学报，2018 (3)：18-24.

[13] 徐洪才. 我国金融业对外开放：回顾及展望 [J]. 金融发展研究，2018 (9)：38-42.

[14] 詹小颖. 金融生态与广西沿边跨境金融创新研究 [J]. 金融经济，2015

(18)：38－40.

［15］钟碧兰，申韬. 广西沿边金融改革试验区金融生态环境优化研究［J］. 经济与社会发展，2015，13（5）：23－28.

（执笔人：李小好）

7. 广西—东盟征信合作发展研究

近年来，随着我国与东盟双边贸易额不断增长，各国对于征信的需求越来越高，各国外贸企业需要了解合作对象的信用状况，金融机构需要掌握客户的信用信息，然而目前中国与东盟之间跨境征信业务尚未开通，信用信息只能依靠长期业务往来所积累的信用和经验来获取或者通过当地的相关机构咨询。为了进一步促进中国与东盟双边贸易和投融资，稳固双方的金融合作环境，改善区域信用体系建设，中国与东盟各国之间有必要进行深度的征信合作。

广西作为中国面向东盟金融开放门户的前沿，具有重要的战略意义，广西在跨境金融、沿边金融等多个领域进行了改革创新，成效显著。我国应充分利用广西作为金融合作枢纽的优势，将广西打造为中国与东盟征信合作的示范区。本文通过对中国与东盟国家征信行业发展现状的总结研究，分析其中存在的问题并提出针对性的对策和建议，从而促进跨境征信合作的顺利开展。

一、广西—东盟征信合作的必要性

近年来，我国与东盟双边贸易额不断增长，尤其是2010年中国—东盟自由贸易区全面启动，自建成之后，中国与东盟大幅度降低关税，双边贸易额不断的突破历史最高点，如图7－1所示。截至2019年，中国与东盟双边贸易额已经达到6415亿美元，已经超过美国成为中国第二大贸易伙伴，有望超越欧盟（2019年中国与欧盟双边贸易额为7051亿美元），增幅高达9.2%，增速远超中国对美国和欧盟的贸易。中国对东盟的直接投资也在稳步增长，如图7－2所示。直接投资存量从2005年的12.56亿美元迅速增长至2018年1028.58亿美元。由此可见，东盟已经成为我国企业对外投资的重点区域，对推进双方的经济增长起到了至关重要的作用。

随着中国与东盟双边贸易和投融资额的大幅增长，各国对于征信的需求也越来越高，各国外贸企业需要了解合作对象的信用状况，金融机构需要掌握国外客户的信用信息，然而由于中国与东盟成员国之间的跨境征信合作仍未开展，企业和机构所需的信用信息只能够依靠长期业务往来所积累的信用和经验或者通过当地的相关机构咨询，所得到的信用信息往往是不完整、不及时甚至是不准确的。搜集、整理和分析信用信息的整个过程会占用企业和机构大量的时间和精力，大大降低了运营效率。同时，合作双方的信用信息不透明、信息来源渠道不正规也会增加企业的信用风险和交易成本，严重影响和限制了投融资等业务的开展，阻碍双边贸易的发展。而广西作为中国与东盟各国金融合作的桥头堡，已经为中国—东盟跨境征信合作打下了良好的基础，此时应充分利用广西作为金融合作枢纽的优势，建设沿边征信合作改革试验区。因此，广西与东盟之间跨境征信合作对促进双边贸易、提高企业效率、推进区域信用体系建设以及稳固双方的金融合作环境具有重要的现实意义。

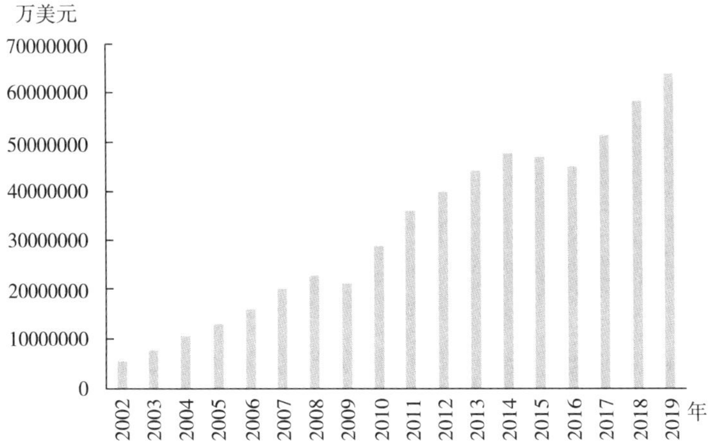

图 7－1　2002—2019 年我国与东盟双边贸易额情况

（资料来源：Wind 资讯）

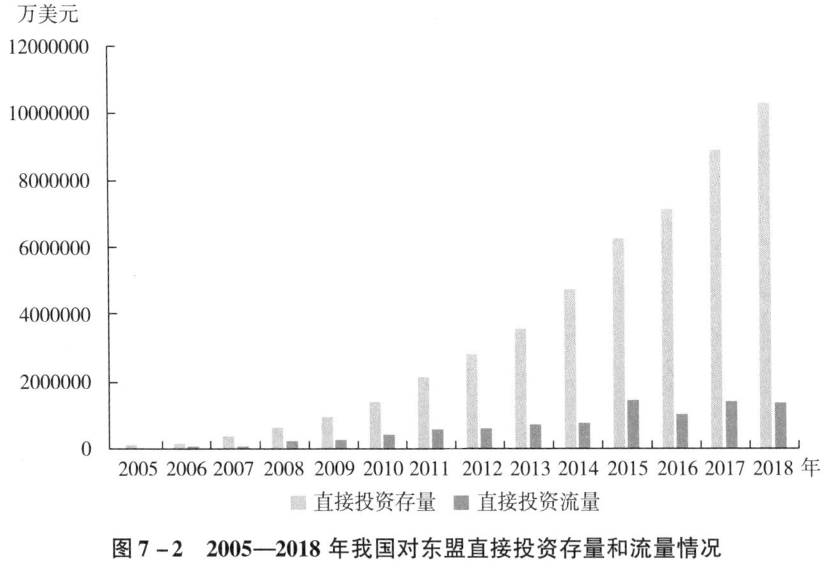

图 7－2　2005—2018 年我国对东盟直接投资存量和流量情况

（资料来源：Wind 资讯）

中国与东盟双边贸易和投融资的快速发展也带来了凭证诈骗、票据诈骗等金融诈骗和投融资风险，破坏了区域金融安全和社会稳定。通过开展广西—东盟跨境征信合作，共享个人和企业的信用信息，建立统一完善的金融监管体系，可以帮助金融机构有效识别高风险客户以及诈骗行为，降低潜在的信用风险，从而改善区域信用环境。另外，广西与东盟跨境征信合作的开展还可以帮助双方促进征信行业的发展。中国与东盟各成员国的征信行业发展水平各不相同，柬埔寨、越南等国家的征信行业发展较为落后，通过区域征信合作的开展，可以促使这些国家加快国内征信体系的建设，完善征信相关法律体系。而对于新加坡、马来西亚和中国等国家而言，虽然征信行业发展较为快速，但大多局限于国内，由于信用信息跨境流通的限制，征信机构很难获取其他国家的个人和企业的信用信息，通过区域征信合作的开展，可以帮助这些国家推进征信业的进一步发展，走出国门向海外市场提供征信服务。

二、广西—东盟征信行业发展的现状

（一）征信模式的分类和选择

征信体系可以分为三种类型：市场主导型模式、政府主导型模式以及会员制运营模式。中国与东盟各国在经济发展水平、监管体系、法律体系等多个方面都有所差异，导致了各国选择发展不同的征信体系道路，而这三种征信体系模式各有利弊。

1. 政府主导型模式

政府主导型模式又称为公营模式或者公共信用信息征信模式，是指由政府、中央银行或者银行监管机构建立的非营利性质的公共征信机构，由中央银行直接负责征信机构的建设、运营和管理。目前，中国和文莱、越南等东盟国家的征信体系主要采取以政府为主导的发展模式。在信用信息和数据的来源方面，公共信用信息系统通过立法的形式强制要求其所监管的银行、保险公司、贷款公司等金融机构接入征信系统，并要求这些机构定期提供所采集的相关信用信息和数据。作为回报，公共信用信息系统基于对等原则也会为这些金融机构提供服务，帮助其防范和控制信用风险等。

公共信用信息系统所收集的信用信息覆盖了企业征信数据以及个人征信数据，其中企业信用数据包括了企业贷款、贸易融资等；而个人征信数据则涵盖了个人贷款、信用卡信息等。虽然公共信用信息系统所收集的信用信息数据量很大，但是与市场主导型的征信模式相比，该模式的信息数据来源范围还是相对较小，例如不在中央银行监管范围之内的非金融机构数据很难获取，如犯罪记录等信息。

2. 市场主导型模式

市场主导型模式又称为私营模式，是指私营征信机构以盈利为目的，收集并整理个人和企业的信用信息和数据，并提供第三方征信服务。目前，采用市场主导型模式的东盟国家主要有新加坡、泰国和柬埔寨等。市场主导型模式是以私营企业为主导进行征信业务的运营，而政府只是负责法律法规的制定和监管，通过法律保护和规范私营征信机构的商业运作，推进征信市场平稳有序的发展，通常不会对私营企业的征信业务进行过多的干预。而私营征信机构也会在遵守法律法规和市场运行规律的基础上进行良性竞争，提供有偿的征信服务。

与政府主导型征信模式相比，私营模式的原始信用信息数据来源更加广泛，不仅有来自银行和非银行类金融机构，还有信用卡发行公司、百货公司等零售业。另外，由于私营征信机构之间的市场竞争，可以有效优化征信市场效率，完善社会信用体系的建设，例如经过多年的发展和竞争，目前美国的个人征信市场由环联、益博睿、艾克飞三家行业巨头以及数千家中小征信机构所组成，而企业征信市场则几乎被邓白氏集团所垄断。

3. 会员制运营模式

所谓会员制征信模式，是指以行业协会为主导，建立行业内部的征信系统，行业协会会员和相关组织在行业内部进行信用信息的交换和收集，行业协会主导的征信模式通常并不是以盈利作为主要目的的。在会员制征信模式下，行业协会会员有义务向征信机构提供其所拥有的信用信息和数据，基于对等原则，行业协会征信机构只对协会会员开放各类信用服务。目前，该模式主要存在于日本和巴西，日本的会员制征信机构主要分为信贷业协会、信用产业协会以及银行业协会，这些行业协会囊括了日本多数的银行等金融机构以及信用卡公司、百货零售等，因此征信机构的信用信息数据来源非常广泛，足以为协会会员提供各类的信用服务。近年来，该模式在我国也开始逐步兴起，但并不是主流模式。

按照征信业务模式分类，征信还可以分为企业征信和个人征信两种类型，其中企业征信是指对企业信用数据和信息进行收集保存整理并生成企业信用报告等服务产品的征信机构，其业务的基础产品是企业的信用报告，通常记录了企业各种类型的经营活动，展示企业的基本信息、信贷信用情况。个人征信则是针对个人信用信息提供信用服务的征信机构，生成和提供个人信用报告，其中记录了个人与银行等金融机构之间发生的信用活动，例如个人在银行办理过的贷款、信用卡等基本情况，以及是否存在违约等不良信用记录等信息。有些国家的征信机构同时提供企业征信和个人征信两种业务，例如我国的中国人民银行征信中心就可以同时提供个人信用服务和企业信用服务；而有些国家两种业务是分离的，由不同的征信机构独立完成，例如美国的企业征信服务和个人征信服务是由不同的征信机构完成，其中，个人征信服务主要是由环联（TransUnion）、艾克飞（Equifax）、益博睿（Experian）三大个人征信行业巨头所提供；普通企业征信服务则主要由美国邓白氏集团（Dun & Bradstreet）所掌控；而资本市场的信用服务则是由惠誉公司（Fitch）、穆迪公司（Moody's）、标准普尔（Standard & Poor's）三大著名的信用评级巨头所垄断。

若按照征信范围分类，征信则可以分为区域征信、国内征信以及跨国征信等。当一个国家的征信行业刚刚开始发展的时候，往往需要先从某一个区域进行试点提供征信服务，此时的征信服务范围以及规模通常比较小。随着国家征信行业的发展，区域征信就不再能够满足征信市场的需求了，此时征信机构的服务范围和规模开始迅速扩张，征信业务逐步细分，区域征信开始转化为国内征信。放眼当下，国内征信也是全球采用最多的征信形式之一。国内征信模式的发展会产生征信行业巨头，为了抢占市场份额，扩展服务业务，这些征信行业巨头就会通过直接投资的形式向国外发展，形成跨国征信。另一方面，世界经济一体化使得各国之间的经贸往来越来越频繁，金融开放程度越来越深入，这也催生了各国对于跨国征信合作的需求，为了跟上区域经济一体化和世界经济一体化的进程，跨国征信机构的数量也会逐步增加。但是需要注意的是，各个国家之间经济发展水平、政治体制和法律体系等皆有不同，同时又受到各国对于本国的信用信息隐私保护政策的影响，跨国征信的发展一定会充满困难举步维艰，这也要求各国之间相互配合，相互信任，在互惠互利的基础上共同发展。

（二）我国的征信发展现状

从20世纪90年代开始，我国就开始了对征信行业的探索，1997年，上海开展企业信贷资信评级，1999年上海资信有限公司成立，这是中国人民银行在上海市进行的第一个个人征信试点。此后我国的征信业务开始如火如荼开展，然而此时的征信机构规模较小，服务质量亟待提高，最为关键的是征信行业规章制度不健全，缺乏法律体系建设，征信行业监管部门无法可依，难以对征信机构进行有效的监管、整治和指导，造成征信市场无序低效的发展。在此背景下，我国开始制定一系列的规章制度为征信行业健康稳定的发展保驾护航。2005年《个人信用信息基础数据库管理暂行办法》出台，规范了商业银行在个人信用信息的报送、整理、查询、使用、异议处理以及安全管理等方面的操作规程，规范了个人信用信息的使用，加强了征信信息安全。2013年国务院发布实施了筹备十年之久的《征信业管理条例》（以下简称《条例》），该《条例》在我国征信行业发展道路上具有十分重要的意义，填补了征信行业法律的空白，解决了监管部门无法可依的尴尬处境，为征信机构和信用信息的使用者提供了严格的规范和有效的指导。《条例》明确规定了征信机构的准入标准，通过设置严格的行业门槛，规范了我国征信市场的发展。另外，《条例》规定在采集个人信息时需要经过信息主体本人的同意，如果信息主体对于自身的信用信息有异议则可以要求进行更正，这些条款对信用主体的隐私提供了法律保护。值得注意的是，《条例》明确规定了个人不良信息不能保存超过5年，一旦超过，应当予以删除。同年，《征信机构管理办法》（以下简称《办法》）出台，该《办法》对《条例》关于征信机构的设立、变更、终止以及管理等相关条款做出了补充说明。

迄今为止，我国的征信行业已经发展了20多年，虽然与西方发达国家相比，我国的征信行业发展历史较短，征信体系依旧还不完善，但是在征信体系建设发展过程中，我国积极学习全球征信机构的先进技术和经验，通过自身不断的努力和探索，已经走出了一条适合于我国发展的道路。目前我国的征信体系采取以政府主导为主，市场驱动为辅的发展模式，其中，中国人民银行征信中心是我国的征信体系的支柱，而私营征信机构的存在补充和完善了公共征信系统，也是我国征信体系中至关重要的一个环节。

1. 以政府为主导的征信机构

为了促进我国信贷市场的发展，防范金融风险，改善金融生态环境，1997年中国人民银行开始建立银行信贷登记咨询系统，并于2006年实现个人和企业征信系统在全国范围内运行。目前，央行征信中心已经发展为全世界规模最大的信用信息征信系统。截至

2019年底，央行征信中心的个人信用信息数据库收录的自然人信息数量多达10.2亿，而企业信用信息数据库所收集的企业机构数量达2834.1万户。央行征信中心接入机构的数量也在逐年增加，截至2019年底，个人和企业征信系统接入机构数量分别达到3737家与3613家。央行征信中心的个人和企业的信用信息采集主要包括基本信息采集、信贷信息采集以及其他信用信息的采集。其中基本信息主要是为了识别个人和企业的基础信息；信贷信息则是征信机构最为关注的信息，主要包括个人和企业在信贷活动过程中的信用情况，通过信贷信息可以分析出个人和企业的还款意愿和能力，预测和评估信用风险暴露情况；其他信用信息则是作为前两种信用信息的补充和完善，主要由非银行类的信用信息构成，例如电信缴费、社会保险缴费情况以及法院诉讼等相关信息，如表7－1和表7－2所示。

表7－1　个人的信用信息采集情况

序号	基本信息采集	信贷信息采集	其他信息采集
1	标识信息	贷款信息	履行相关义务信息
2	身份信息	信用卡信息	后付费的非金融负债信息
3	职业信息	担保信息	公共部门的相关信息
4	居住信息	特殊交易信息	
5		特别记录信息	

资料来源：中国人民银行征信中心。

表7－2　企业的信用信息采集情况

序号	基本信息采集	信贷信息采集	其他信息采集
1	机构标识信息	信贷交易合同信息	履行相关义务信息
2	登记注册信息	企业负债信息	后付费的非金融负债信息
3	高管及主要关联人信息	企业还款记录	公共部门的相关信息
4	重要股东信息	信贷资产质量分类	
5	财务信息	其他反映信贷交易特征的数据项	

资料来源：中国人民银行征信中心。

随着我国征信体系建设进程的不断加快，我国征信产品的种类和服务日益完备和丰富，目前根据不同客户的需求，个人和企业征信系统分别开发了基础产品和增值产品两种产品类型，如表7－3和表7－4所示。其中，个人信用报告和企业信用报告是主要的征信产品。随着社会信用意识的提高，越来越多的机构和个人开始关注征信产品，每年的信用报告查询次数也在屡创新高，据央行征信中心统计，2019年金融机构对于个人征信系统日均查询量高达657.0万次，企业征信系统的日均查询量为29.6万次。

表7－3　个人征信系统的征信产品和服务情况

序号	基础产品	增值产品
1	个人信用报告	个人业务重要信息提示
2	个人信用信息提示	个人信用报告数字解读
3	个人信用信息概要	

资料来源：中国人民银行征信中心。

表7－4　企业征信系统的征信产品和服务情况

序号	基础产品	增值产品
1	企业信用报告（银行版）	关联企业查询
2	企业信用报告（政府版）	企业征信汇总数据
3	企业信用报告（社会版）	对公业务重要信息提示
4	企业信用报告（自主查询版）	征信系统信贷资产结构分析
5		历史违约率产品

资料来源：中国人民银行征信中心。

随着征信产品和服务的使用越来越普及，央行征信中心已经帮助银行等金融机构极大地防范了信用风险，授信机构通过征信系统能够快速准确地查询个人和企业的信用状况，从而分析并识别出高风险受信人，降低潜在的信贷风险。与以往注重经验和定性分析的信贷管理方式相比较而言，通过征信系统，授信机构改善了信用风险管理模式，降低了交易成本，提高了信贷审批效率。另外，征信系统提升了企业和个人的信用意识。对于中小企业而言，融资难问题一直困扰着企业，而其原因之一就在于银企双方信息不对称，银行难以获得中小企业的有效信用信息，无法准确判断企业的信用状况，银行为了谨慎起见，只能拒绝中小企业的贷款申请。征信系统的普及促使中小企业建立和完善自身的信用档案，逐渐获得银行的信任，从而缓解融资难问题。个人信用报告的本人查询量正在逐年增加，个人信用报告的普及和重视正在逐步提高整个社会的信用意识，正确引导个人的信用行为。为了保持良好的信用记录，个人在日常生活中会约束不道德行为，养成良好的消费习惯和还款习惯，从而降低银行的贷款违约率。

2. 私营征信机构

（1）个人征信机构

2015年1月，中国人民银行印发了《关于做好个人征信业务准备工作的通知》，要求芝麻信用管理有限公司等八家机构为个人征信业务的开展做好准备工作，准备时间为六个月。该通知意味着我国个人征信行业开始走向市场化，民营企业将正式进入个人征信市场。与央行征信系统相比较而言，民营征信机构信用数据的采集来源范围将更加广泛，从以往的线下采集变为线上线下同时采集，所采集的个人信用信息来自个人日常生活的方方面面，极大地补充和完善了央行征信系统的不足和遗漏，将缺乏银行信贷记录的客户也纳入征信系统，从而建立更加全面完整的个人信用数据肖像。

2015年10月，中国人民银行印发了《征信机构监管指引》。该文件明确规定了设立个人征信机构应当符合的四条审慎性条件并提出对征信机构进行现场检查等要求。但此时仍然未向之前提到的八家机构发放个人征信牌照，此时业内人士和许多学者对许多预备民营征信机构与自身的信贷业务利益有挂钩产生了许多质疑和探讨，认为这些民营机构不符合征信的第三方独立性，会对征信结果的公平公正性造成干扰，而据证实，《通知》中提到的八家预备个人征信机构中，多达五家都有所涉及信贷业务。另外，这八家机构都在建立属于自己的业务生态闭环，而根据自身的业务所限，每一家的信用信息只能覆盖其经营领域，这就容易造成信息数据孤岛，不利于信用信息的共享，这也是为何民营个人征信机构牌照迟迟未发放的原因之一。

直到2018年2月，由中国互联网金融协会牵头，与芝麻信用、腾讯征信等八家机构共同组建的百行征信有限公司所申请的个人征信机构获得许可，其中中国互联网金融协会持股比重达36%，而其余八家企业各自持股8%，我国首家挂牌的个人征信机构进入了征信市场。八家征信机构在数据来源、技术能力等方面各有优势，能够很好地弥补各自的不足和劣势，充分展现各家征信机构的特点，如表7－5和表7－6所示。作为百行征信的重要股东，八家企业所采集的个人信用信息将涵盖网上购物的交易记录、微信支付宝支付记录、银行保险等金融机构的信用记录等。百行征信的成立将八家企业的信用信息全部整合，将数据孤岛连接起来，解决了各自为政、信息难以互通的问题，也破解了将来可能出现的信息垄断的局面，同时也可以规范民营征信市场，更好地保护信用主体的隐私安全。

表7－5　八家个人征信机构的优势（之一）

征信机构	机构简介	数据来源	信用产品
腾讯征信	股东为腾讯集团	微信等产品的支付数据（微信月活跃账户数11.5亿）；QQ、微信等社交软件用户数据；京东等第三方合作平台数据；在投资理财等金融领域的其他数据	应用人脸识别等先进技术防范欺诈行为；腾讯信用评分与信用报告；个人征信管理平台
华道征信	银之杰持股40%，创恒鼎盛持股30%，清控三联、新奥资本各持股15%。联合行业内多家机构发起成立同业征信联盟	小微贷机构的信贷数据、通过亿美软通整合的运营商数据（亿美软通为超过45万家企业提供移动数据采集，业务范围覆盖超过5亿手机用户）、公安部提供的公安数据、燃气等公共事业数据（新奥能源是国内规模最大的清洁能源分销商之一）、网络痕迹数据（与京东等企业合作采集）	消费信贷信息共享平台（业务主要涉及各类消费信贷）、华道个人信用报告、“猪猪分”（主要面向租房市场，可为房东提供租客的信用情况）

续表

征信机构	机构简介	数据来源	信用产品
中智诚征信	民营第三方征信企业，法定代表人盛希泰持股40%，曾培育了蓝色光标、大族激光、中联重科等数十家上市企业	合作的P2P平台、互联网金融机构以及其他第三方机构	提供申请反欺诈服务（凭借中文模糊匹配、分团规则算法等核心技术可以有效帮助P2P运营商和小微贷企业防范金融欺诈等问题）；全国公民身份信息认证（用于比对被认证人的身份信息）、个人征信评分、征信监控四项服务（协助合作机构监控借款人的违约风险）
芝麻信用	蚂蚁金服旗下独立的第三方征信机构，股东阿里巴巴旗下公司拥有海量网络交易数据	淘宝、天猫、支付宝、花呗、借呗等网络交易数据和互联网金融数据；公共机构数据；合作平台的数据等	芝麻认证（通过人脸识别等技术对用户进行实名验证）；芝麻分（运用机器学习等技术对用户在互联网上的消费数据和借贷信息进行统计计算，对个人的信用状况进行全面客观的评价）；行业关注名单（识别用户是否有不良记录）

资料来源：中国社会信用体系发展报告2017。

表7-6　八家个人征信机构的优势（之二）

征信机构	机构简介	数据来源	信用产品
考拉征信	拉卡拉旗下征信公司；2019年考拉征信涉嫌侵犯公民个人信息犯罪，非法提供身份证返照查询9800多万次，获利3800万元	蓝色光标、拓尔思、旋极等企业共享数据；拉卡拉集团下属的小微贷、支付以及电商等服务所提供的数据；法院、通信、学籍、公安、工商等公共部门提供的数据	考拉个人信用分（根据个人信息进行加工计算得出的信用评分）；考拉商户信用分（根据商户信息进行加工计算得出的信用评分，主要面向小微商户）；考拉职业信用分（根据个人用户的职业稳定性、职业习惯等因素进行整理计算得出的个人职业信用评分）；考拉企业信用分（根据企业基本信息，计算得出的企业信用评分）
鹏元征信	成立于2005年的一家从事全国范围的企业和个人征信服务机构，拥有政府背景，是深圳市人才引进专用诚信记录平台，鹏元资信评估占股15%	深圳等地区的政府、公共事业等各类公共政务数据；合作银行以及小微贷企业数据（鹏元征信系统已接入超过1000家机构，其中以P2P和小贷为主）	“鹏元800”个人信用综合评分；信用卡风险评分；小额贷款风险评分；申请欺诈评分；催收评分；中小企业小额贷款申请评分

续表

征信机构	机构简介	数据来源	信用产品
中诚信征信	拥有政府背景，是由中国诚信信用管理有限公司的全资子公司，前身是中国诚信证券评估有限公司	合作的政府、医疗、电商等提供的数据；P2P、银行、小微贷企业等金融机构和平台；根据中诚信征信所披露的信息，大型银行客户覆盖率超过75%	“万象信用”（互联网大数据征信平台，为银行、保险、供应链金融、消费金融等商业场景提供大数据征信产品服务）；“万象智慧”（智能风控平台，运用机器学习、区块链等技术为客户提高信用风险的防范能力）
前海征信	中国平安保险（集团）股份有限公司旗下的老牌征信机构	平安集团的数据；与之合作的公安部、最高法院等政府部门数据；与之合作的银行、证券、银联等金融机构数据	信用风险产品（帮助合作机构评定其用户贷前、贷中、贷后各阶段的潜在风险）；前海征信平台（基于大数据的反欺诈平台）

资料来源：中国社会信用体系发展报告2017。

2018年6月28日，百行征信与中银消费金融有限公司、苏宁消费金融有限公司、拍拍贷等15家互联网金融机构和消费金融机构正式签署了信用信息共享合作协议。这15家机构也成为百行征信首批接入机构，为百行征信系统提供征信信息，而百行征信也将为该15家金融机构提供信用信息查询等征信服务。截至2019年6月，百行征信已经与消费金融、P2P、小贷公司、融资担保等17类700多家机构签订信用信息共享合作协议，其中不乏蚂蚁金服、陆金所、微众银行等著名机构和企业。随着百行征信与各机构合作的逐步展开，其三款产品——个人征信系统、信息核验平台以及特别关注名单平台——也开始上线测试，其中个人征信系统和信息核验平台作为百行征信的基本征信产品，可以用来查询和核验个人的信用信息，能够有效帮助合作机构和企业识别欺诈行为，防范信用风险。

（2）企业征信机构

在企业征信方面，我国第一家民营企业征信机构——新华信国际信息咨询有限公司于1993年成立，随后几年里，多家民营企业征信机构陆续成立，但是由于此时我国的企业征信行业发展仍处于初级阶段，征信机构的客户大多还是跨国公司，其征信的需求多数来自跨国企业在跨国贸易过程中对于对手方的信用调查。经过多年的发展，目前我国的民营企业征信市场已经形成了多种类型征信机构共同发展的局面，其中，中资企业征信机构主要以新华信国际信息咨询有限公司和华夏国际信用咨询有限公司为代表。而来自国外的跨国征信企业也具有非常强劲的竞争力，占据了我国相当大的市场份额，这一类型企业以邓白氏为代表。与个人征信机构不同，我国企业征信行业进展较快，经过多年的市场竞争，已经形成了以新华信、华夏国际以及邓白氏等企业为代表的企业征信行业巨头，占据了我国大部分的市场份额，引领行业发展。在法律法规的制定方面，虽然我国尚未颁布专门关于企业征信行业规范的法律法规，但这并不意味着企业征信机构不受法律保护或者监管，事实上，我国已经有多部法律法规涉及企业征信机构，例如《合同法》《公司法》以及《国家安全法》等。目前阻碍我国企业征信行业发展的一大症结在于企业信用信息和数据的采集来源过窄，一个完整的企业信用信息画像应该来源于法院、银行、税务以及企业自身等多个方面，然而我国目前的企业信用信息开放程度较低，许多部门尚未将其所拥有的企业信用信息进行公开和共享，导致许多征信机构无法得到充足的信用数据进行分析，征信产品最终也变为无源之水，无本之木。

（三）东盟国家征信行业发展现状

由于东盟各国的经济发展水平、文化传统、政治体制等都有所不同，导致东盟十国的征信发展水平极不平衡。世界银行 2019 年度 Doing Business 报告（World Bank Doing Business Report）调查了全球 190 个国家和地区的信贷获得难度以及征信发展水平等，并对每项指标给出了评分。表 7 –7 展示了东盟十国以及中国共十三个国家和地区的信贷和征信发展水平等指标评分和排名，其中合法权益强度指数（Strength of Legal Rights Index）衡量了一个国家或地区关于抵押品和破产的相关法律对于借贷双方合法权益的保护程度，例如，该国家和地区是否存在一个统一安全地受到法律保护的交易系统，以及是否存在抵押品管理部门。该指标共 12 分，其中 10 分考察抵押品相关法律法规，其余 2 分衡量破产法律法规是否健全，得分越高说明抵押品和破产相关的法律法规越健全。

表 7 –7　2019 年中国和东盟等国家信贷可获得性情况

指标 / 国家	信贷可获得性排名	信贷可获得性得分（0～100）	合法权益强度指数（0～12）	信用信息深度指数（0～8）	私营征信机构覆盖率（成人百分比）	公共征信机构覆盖率（成人百分比）	征信行业发展水平指标（0～100）
马来西亚	32	75.00	7	8	86.6	63.3	87.48
中国	73	60.00	4	8	0.0	98.1	74.53
印度尼西亚	44	70.00	6	8	38.1	58.2	74.08
文莱	1	100.00	12	8	0.0	75.2	68.80
越南	32	75.00	8	7	29.5	54.8	64.83
新加坡	32	75.00	8	7	60.9	0.0	58.98
泰国	44	70.00	7	7	60.2	0.0	58.80
柬埔寨	22	80.00	10	6	50.4	0.0	50.10
老挝	73	60.00	6	6	0.0	14.5	41.13
菲律宾	184	5.00	1	0	2.7	0.0	0.68
缅甸	178	10.00	2	0	0.0	0.0	0.00

资料来源：World Bank Doing Business Report（2019）。

信用信息深度指数（Depth of Credit Information Index）则衡量了征信机构所采集的信用信息数据的覆盖范围以及采集数据的难度。该指标共 8 分，得分越高则说明信用信息的分享机制越成熟，征信机构获得信用信息的来源越广泛，难度越低。该指标共考察以下八个条件，每符合一个条件，则得 1 分，共 8 分。另外，如果该国家或地区没有建立征信机构或者征信机构覆盖率低于 5%，则信用信息深度指数得分为 0。

条件 1：个人和企业的信用信息数据可以被采集和分享。

条件 2：正面信用信息（例如贷款额度、未偿还贷款余额等）和负面信用信息（例如违约次数和金额、延迟还款等）都可以被采集。

条件 3：除了金融机构之外，零售商和公共事业等机构的信用信息也可以被采集。

条件 4：可以采集至少两年以上的历史信用数据。注意：即便违约人还清欠款，征信机构也不可清除违约历史记录等负面信用信息。

条件 5：贷款金额低于人均收入 1% 的数据可以被采集。

条件 6：根据法律规定，借款人有权利在该国或地区内最大的征信机构查询自身的信用信息。注意：征信机构不得收取信用信息查询者超过人均收入 1% 的查询费用。

条件 7：银行和其他金融机构可以通过网络采集信用信息和数据。

条件 8：征信机构可以为银行等金融机构提供征信增值服务，帮助其评估贷款人的信用状况。

信贷可获得性得分（Score for Getting Credit）是通过对合法权益强度指数和信用信息深度指数进行求和所得，而信贷可获得性排名（Getting Credit Rank）则是根据全球 190 个国家和地区的信贷可获得性得分进行排名。

私营征信机构覆盖率（Credit Bureau Coverage）计算了到 2018 年 1 月 1 日为止，该国或地区最大的私营征信机构所收录自然人和企业数量之和对该国成年总人口（15 ~ 64 岁）的百分比。如果该国或地区没有成立私营征信机构，则该指标为 0。

公共征信机构覆盖率（Credit Registry Coverage）则计算了到 2018 年 1 月 1 日为止，该国或地区最大的公共征信机构所收录自然人和企业数量之和对该国成年人口（15 ~ 64 岁）的百分比。如果该国或地区没有成立公共征信机构，则该指标为 0。公共和私营征信机构覆盖率衡量了该国征信机构的信用信息数据库的容量，所收录的信用数据规模和覆盖范围，是衡量一个国家和地区征信行业发展水平的重要指标。

东盟国家的征信发展水平极不平衡，中国和马来西亚等国家已经建立了较为成熟的征信体系，而缅甸和菲律宾的征信体系建设几乎是空白，为了衡量各国的征信行业发展水平，我们将建立一个新的指标。一种比较直观简单的方法是按照世界银行所计算的信贷可获得性排名来对东盟和中国进行排名和划分梯度，但是此指标是合法权益强度指数和信用信息强度指数的求和所得，并没有将私营和公共征信机构覆盖率考虑在内，另外，合法权益强度指数主要衡量了信贷交易双方的合法权益保护程度，与征信行业的发展关系并不强烈，因此我们将新定义一个指标来衡量征信行业发展水平。具体来说，我们将通过对信用信息深度指数、私营征信机构覆盖率以及公共征信机构覆盖率进行加权平均来计算征信行业发展水平指标：

征信行业发展水平指标 =（信用信息深度指数 ×100/8 + 私营征信机构覆盖率 ×0.5 + 公共征信机构覆盖率 ×0.5）/ 2

在征信行业发展水平指标的计算中，我们只简单使用了世界银行 doing business 调查报告中的信用信息深度指数以及征信机构覆盖率，并分别赋予了一半的权重。该指标的缺陷在于设计并不全面，并未将所有影响征信行业发展水平的因素考虑在内。根据征信行业发展水平指标的得分排名，本文将东盟和我国分为以下四个梯队进行分析：

1. 第一梯队

第一梯队由马来西亚、中国、印度尼西亚以及文莱构成。从表 7－8 可以看出，第一梯队的四个国家的信用信息深度指数都是满分，公共或者私营征信机构对于该指数所设置的八个条件都已经满足，表明四国具有较为成熟的信用信息收集机制，征信系统接入机构的范围广泛，信用信息内容较为丰富。表 7－9 显示马来西亚和印度尼西亚的公共和私营征信机构覆盖率都比较高，而且发展非常均衡，总体来看马来西亚的私营征信机构所收录的信用信息更多，而印度尼西亚则是公共征信系统更为成熟。可以非常明显看出，中国和文莱的征信体系是以公共征信为主导，而且覆盖率都比较高，尤其是中国的公共征信机构覆盖率达到了 98.1%，企业征信系统收录企业 2510 万户，收录数量位居世界前列，个人征信系统收录自然人 9.5 亿，更是发展为全球收录人数最多的征信系统。

表 7－8　第一梯队国家的私营和公共征信机构信用信息深度指数条件满足情况和得分情况

	马来西亚		中国		印度尼西亚		文莱	
	私营征信机构	公共征信机构	私营征信机构	公共征信机构	私营征信机构	公共征信机构	私营征信机构	公共征信机构
条件 1	是	是	否	是	是	是	否	是
条件 2	是	是	否	是	是	是	否	是
条件 3	是	否	否	是	是	否	否	是
条件 4	是	否	否	是	是	是	否	是
条件 5	是	是	否	是	是	是	否	是
条件 6	是	是	否	是	是	是	否	是
条件 7	是	是	否	是	是	是	否	是
条件 8	是	否	否	是	是	否	否	是
得分（0～8）	8		8		8		8	

资料来源：World Bank Doing Business Report（2019）。

表 7－9　第一梯队国家的私营和公共征信机构覆盖率情况

	马来西亚		中国		印度尼西亚		文莱	
	私营征信机构	公共征信机构	私营征信机构	公共征信机构	私营征信机构	公共征信机构	私营征信机构	公共征信机构
自然人收录数量	17000000	12498548	0	950000000	67702629	102681237	0	220842
企业收录数量	2000000	1384326	0	25100000	82	680575	0	12431
收录总数	19000000	13882874	0	975100000	67702711	103361812	0	233273

续表

	马来西亚		中国		印度尼西亚		文莱	
	私营征信机构	公共征信机构	私营征信机构	公共征信机构	私营征信机构	公共征信机构	私营征信机构	公共征信机构
覆盖率（单位:%）	86.6	63.3	0	98.1	38.1	58.2	0	75.2

资料来源：World Bank Doing Business Report（2019）。

2. 第二梯队

第二梯队由越南、新加坡以及泰国构成。表 7-10 显示，第二梯队的三个国家的信用信息深度指数都是 7 分，扣分项在于未满足条件 3，说明该三个国家信用信息采集范围较窄，只关注银行等金融机构的相关信用数据的采集，忽视了公共事业机构等非金融机构数据的采集，这将造成征信机构无法全面地描绘出信用主体的信用信息，影响其信用评价结果。从表 7-11 可以看出，第二梯度三个国家的征信机构覆盖率非常相近，都在 60% 上下，其中越南的覆盖率最低，为 54.8%，但是公共和私营征信行业发展最为均衡，私营征信机构覆盖率为 29.5%，而新加坡和泰国的征信体系都是以私营征信为主导，覆盖率达到 60% 以上，但是两国目前仍然没有成立公共征信机构。

表 7-10　第二梯队国家的私营和公共征信机构信用信息深度指数条件满足情况和得分情况

	越南		新加坡		泰国	
	私营征信机构	公共征信机构	私营征信机构	公共征信机构	私营征信机构	公共征信机构
条件 1	是	是	是	否	是	否
条件 2	是	是	是	否	是	否
条件 3	否	否	否	否	否	否
条件 4	是	是	是	否	是	否
条件 5	是	是	是	否	是	否
条件 6	是	否	是	否	是	否
条件 7	是	是	是	否	是	否
条件 8	是	是	是	否	是	否
得分（0~8）	7		7		7	

资料来源：World Bank Doing Business Report（2019）。

表 7-11　第二梯队国家的私营和公共征信机构覆盖率情况

	越南		新加坡		泰国	
	私营征信机构	公共征信机构	私营征信机构	公共征信机构	私营征信机构	公共征信机构
自然人收录数量	19578000	35505020	2312763	0	29308448	0
企业收录数量	109300	1040053	150776	0	316297	0
收录总数	19687300	36545073	2463539	0	29624745	0

续表

	越南		新加坡		泰国	
	私营征信机构	公共征信机构	私营征信机构	公共征信机构	私营征信机构	公共征信机构
覆盖率（单位:%）	29.5	54.8	60.9	0	60.2	0

资料来源：World Bank Doing Business Report（2019）。

3. 第三梯队

第三梯队由柬埔寨和老挝构成。从表7－12可以看出，柬埔寨和老挝的信用信息深度指数都是6分。柬埔寨不满足条件1和条件3，主要因为柬埔寨没有强制要求企业和机构报送信用信息。阻碍老挝征信行业发展的问题在于老挝采集信用信息和数据的范围较窄，并且征信机构不对金融机构提供征信增值服务，滞碍了客户对征信服务的需求，阻碍了征信行业的发展。表7－13展示了柬埔寨和老挝的征信机构覆盖率情况，可以看出柬埔寨的私营征信机构覆盖率为50.4%，但尚未成立公共征信系统，而老挝则采取以政府为主导的征信模式，但是覆盖率较低，仅为14.5%，说明信用意识还不普及。

表7－12　第三梯队国家的私营和公共征信机构信用信息深度指数条件满足情况和得分情况

	柬埔寨		老挝	
	私营征信机构	公共征信机构	私营征信机构	公共征信机构
条件1	否	否	否	是
条件2	是	否	否	是
条件3	否	否	否	否
条件4	是	否	否	是
条件5	是	否	否	是
条件6	是	否	否	是
条件7	是	否	否	是
条件8	是	否	否	否
得分（0～8）	6		6	

资料来源：World Bank Doing Business Report（2019）。

表7－13　第三梯队国家的私营和公共征信机构覆盖率情况

	柬埔寨		老挝	
	私营征信机构	公共征信机构	私营征信机构	公共征信机构
自然人收录数量	5184020	0	0	601200
企业收录数量	0	0	0	24588
收录总数	5184020	0	0	62588
覆盖率（单位:%）	50.4	0	0	14.5

资料来源：World Bank Doing Business Report（2019）。

4. 第四梯队

第四梯队由菲律宾和缅甸构成。从表7－14和表7－15可以看出，两国的征信行业发展水平非常低，菲律宾的征信机构覆盖率仅为2.7%，而缅甸则更是为0，征信市场几乎是空白。

表7－14　第四梯队国家的私营和公共征信机构信用信息深度指数条件满足情况和得分情况

	菲律宾		缅甸	
	私营征信机构	公共征信机构	私营征信机构	公共征信机构
条件1	否	否	否	否
条件2	否	否	否	否
条件3	否	否	否	否
条件4	否	否	否	否
条件5	否	否	否	否
条件6	否	否	否	否
条件7	否	否	否	否
条件8	否	否	否	否
得分（0－8）	0		0	

资料来源：World Bank Doing Business Report（2019）。

表7－15　第四梯队国家的私营和公共征信机构覆盖率情况

	菲律宾		缅甸	
	私营征信机构	公共征信机构	私营征信机构	公共征信机构
自然人收录数量	1727310	0	0	0
企业收录数量	52319	0	0	0
收录总数	1779629	0	0	0
覆盖率（单位:%）	2.7	0	0	0

资料来源：World Bank Doing Business Report（2019）。

（1）马来西亚征信发展

马来西亚的征信体系是以公共征信机构为主导，私营征信机构为辅助共同发展，为了维持不同类型征信机构健康稳定的发展，马来西亚为其制定了相应的法律法规。《马来西亚中央银行法》明确了公共征信机构的合法地位，并给予其权利可以采集金融类的信用信息数据，同时也规定了公共征信机构有义务帮助金融机构对信贷业务客户进行信用查询。另外，该法律同时也保障了信用主体的权益，允许信用信息提供者对其信用信息提出异议。

马来西亚对于征信信息的隐私安全非常重视，信用信息的收集和披露受到多部法律和法规的同时监管，例如《马来西亚中央银行法（2009）》《金融服务法（2013）》《伊斯兰金融服务法（2013）》《开发金融机构法（2002）》等。多部法律对信用主体的隐私提供了保护，要求金融机构有义务保护信用主体的信用信息，除了向规定的征信机构提供信用信息外，不得泄露信用信息，对于不经授权的私用滥用信用信息的行为将受到严厉的惩罚。私营征信机构则要遵循《征信机构管理法》的有关规定，在进行采集、保存和使用信用信息时，需要征询信用主体的同意。

马来西亚的公共征信机构叫作中央信贷咨询信息系统（Central Credit Reference Information System，CCRIS），是由马来西亚国家银行（Bank Negara Malaysia）建立，是马来西亚最大的征信数据库系统，征信局所收集的信用信息都会保存在该系统当中。CCRIS连接了马来西亚商业银行、伊斯兰银行、投资银行、开发金融机构（Development Financial Institutions）、保险公司、支付工具发行机构以及政府机关等机构共 75 家。依托马来西亚的《中央银行法》，CCRIS 有权力强制性地从该 75 家机构采集相关的信用信息数据，通过整理和分析最终生成征信产品——信用报告。CCRIS 的信用报告涵盖了三种类型信息：1. 未尝贷款余额，主要包括住房贷款、信用卡欠款、分期付款状况等；2. 特别关注账户（Special Attention Accounts），主要是被认定为不良贷款的账户；3. 过去一年时期内信贷申请记录和状况信息。通过申请，银行等金融机构即可获得 CCRIS 信用报告，并基于报告进行贷款客户的信用评估，识别高风险客户。

马来西亚的私营征信机构主要有以下几家：RAM Credit Information（RAMCI），Credit Bureau Malaysia（CBM），Financial Information Services（FIS）以及 CTOS。私营征信机构也具有信用报告服务，但与政府主导的 CCRIS 相比较而言，在信用信息的编制和来源等多个方面都有所不同。例如 CTOS 的信用信息数据主要来自国民登记局、马来西亚破产管理局、马来西亚公司委员会等政府公开信息以及市场交易信息，而 CCRIS 的信用信息来源主要是金融机构，这也使得公共征信机构和私营征信机构经营的信用产品和服务侧重点不同。通常来说，金融机构在评估信贷申请人的信用状况时，为了确保征信的可靠性和完整性，会同时参考多份来自不同征信机构的信用报告，除了 CCRIS 的信用报告之外，这四家私营征信机构生成的信用报告也占据了相当大的市场份额，因此私营征信机构可以作为 CCRIS 的补充和完善。

（2）新加坡征信系统介绍

新加坡信贷中心（Credit Bureau Singapore）是新加坡第一家个人征信机构，最初是由新加坡银行协会（Association of Bank's in Singapore）主持建立。该机构 2002 年开始运营，建立的初衷是为了促进信贷市场的发展。新加坡信贷中心的信用信息数据库搜集和保存了新加坡金融机构客户的信用记录和支付记录，对于新加坡银行协会的会员银行以及新加坡信贷中心所授权的用户都可以接入数据库来查询信用报告。信用报告主要包括个人的基本信息、个人的信用记录、违约记录以及破产记录等信用信息。

新加坡信用体系建设的时间与马来西亚相仿，但是经过多年的发展，马来西亚的征信体系建设已经超越了新加坡，主要原因在于新加坡的人口数量仅为 564 万（2018 年），而马来西亚的人口数量为 3153 万（2018 年）。人口过少意味着有效信用信息与数据量的缺乏，这将直接影响征信行业的发展。另一方面，相较于马来西亚，新加坡金融机构对于信用信息的共享较为排斥，这也阻碍了新加坡征信业的发展。

三、广西—东盟征信合作存在的问题

（一）中国与东盟各国发展水平差异较大

1. 各国经济发展水平差异较大

由于中国—东盟各国的政治制度、经济体制和国内资源等因素的差异，使得各国的经济发展处于不同的阶段，经济发展水平极不平衡，造成东盟各国之间的金融合作进展缓慢，严重阻碍了中国—东盟征信合作的发展。表7－16展示了2018年中国和东盟各国GDP和人均GDP情况，可以看出中国—东盟各国的经济总体实力差别巨大，中国的GDP突破了13万亿美元，是东盟十国GDP总额的4.5倍，而东盟经济体量最小的文莱GDP仅有135亿美元。而从经济发展水平来看，东盟各国的经济发展水平差距明显，分层严重，作为东盟唯一的发达国家，新加坡的人均GDP高达6.46万美元，处于第一层次。而文莱的人均GDP虽然从2012年的历史最高点4.77万美元下滑到2018年的3.16万美元，但仍比同位列第二层次的马来西亚高近乎2倍。而我国的人均GDP几十年来持续上涨，与马来西亚的差距逐渐缩小，与泰国同处于人均GDP 5000美元至10000美元的第三层次。第四层次的印度尼西亚、菲律宾、老挝和越南的人均GDP处于2000美元至5000美元，而柬埔寨和缅甸的人均GDP仅为1400美元左右，位于第五层次。

表7－16　中国和东盟国家2018年GDP与人均GDP情况

	GDP（亿美元）	人均GDP（美元）
中国	136081	9770.9
印度尼西亚	10421	3893.6
泰国	5049	7273.6
新加坡	3641	64581.9
马来西亚	3543	11239.0
菲律宾	3309	3102.7
越南	2449	2563.8
缅甸	712	1326.0
柬埔寨	245	1512.1
老挝	181	2567.5
文莱	135	31627.7

资料来源：世界银行。

东盟十国中既有被誉为“亚洲四小龙”已经步入发达国家的新加坡，也有以农业为主，农业人口超过60%的世界最不发达国家之一的缅甸，两者人均GDP相差48倍之多，各层次国家之间的经济发展差距巨大。经济联盟进行平等征信合作的一个重要基础就在于联盟各国的经济发展水平近似，例如欧盟各国经济发展水平接近，为欧盟各国之间的征信合作提供了良好的基础，然而东盟却并不符合这一条件。目前东盟各国正处于不同的经济发展阶段，导致各国金融市场的开放程度千差万别，对市场的监管力度不尽相同，所面临的经济发展问题各不相同，对于征信的需求也截然不同，这就造成中国—东盟各国开展征信合作时的执行成本、监管难度以及预期收益等存在较大差异，直接影响各国对于征信合作的信心和态度，无法快速达成共识，大大增加了各国之间征信合作的难度和成本。

2. 各国征信行业发展不平衡

中国和东盟各国的征信行业发展水平差异较大，与之配套的基础设施、行业标准以及法律体系建设等各个方面也有较大差距。马来西亚和新加坡等国征信行业起步时间较早，经过多年的发展，行业体系逐步规范和完善，而缅甸和菲律宾的征信市场发展较为落后。征信行业的发展水平将直接影响中国—东盟各国之间的征信合作能否顺利开展，我国凭借运行良好的金融基础设施以及庞大的信用信息数据，征信行业发展迅速，征信体系建设逐步加快，已经具有与马来西亚、新加坡等国家征信合作的基础，然而与缅甸、老挝等征信市场发展相对滞后的国家进行征信合作难度较大。

征信行业发展的不平衡还体现在信用数据采集范围和标准的不同。目前我国的征信系统覆盖范围广，几乎为所有有信用记录的个人和企业机构都创建了信用档案，征信系统所对接的机构数量也在逐年提高，所收录的信用信息内容越来越丰富，其中企业征信系统所收录的信用信息涉及贷款、信用证、票据贴现等多达 200 多项，个人征信系统所采集的信息也超过了 80 项。随着我国大数据征信的推广和深入，可采集的信用信息数据量将呈现爆发式的增长，除了传统的信贷信息和公共信息之外，还将包含上网行为、社交网络等非结构化数据。而与之对比的是，东盟某些国家仅仅采集银行等金融机构的信用信息，柬埔寨和缅甸等国甚至无法采集信用信息，这将不利于与之进行征信合作的国家全面准确了解该国企业和个人的信用状况，给征信合作带来巨大困难。事实上，不同国家之间的信用信息保存时间、信用数据更新频率等任何一个小小的不统一都有可能是开展跨境征信合作的阻碍。在这种情况下，中国与东盟国家所收录的信用信息数据的范围、内容以及标准等无法达到统一，信用信息较为匮乏的国家将损害信用信息充足国家的利益，在合作的过程中容易发生意见分歧和利益矛盾，严重阻碍了征信跨境合作的全面开展。另一方面，中国、文莱、越南等国家是以政府为主导的征信模式，而马来西亚、新加坡、泰国等国家则是以市场为主导，重点发展私营征信机构。中国—东盟各国之间征信发展模式的不同也会间接影响征信合作。

3. 中国—东盟国家政治关系复杂

由于历史原因，中国—东盟国家之间的合作关系比较复杂，一方面东盟国家想要与中国建立经济、金融、安全等多领域全方位的区域合作关系，借助中国的崛起和巨大的市场带动本国的经济发展，提升国际影响力，但另一方面，东盟国家对于身边的超级大国心存疑虑和担忧，在进行区域合作的过程中，一些东盟国家始终缺乏信任，秉持保守合作的姿态，甚至借助其他大国的力量与中国保持着制衡与合作的关系，以防某一方的势力过大而危害到自身利益。通过大国制衡战略，东盟国家始终平衡着各个大国在东南亚的力量和影响力，从而维持东盟国家的稳定发展。这种战略也反映在东盟国家的经济合作战略布局上，除了与我国的“10 +1”合作机制之外，2001 年东盟衍生出了与中、日、韩三国的“10 +3”合作机制，甚至于2005 年又加入了印度、澳大利亚和新西兰扩展成了“10 +6”合作峰会，从目前的合作进展和成果来看，“10 +1”合作机制是最为成功的，而所谓的“10 +6”合作则过于复杂。“大国平衡”战略是东盟国家的生存发展之道，这种局面在短期内无法改变，东盟部分国家对于中国的戒心和防范将影响中国与东盟国家之间的信任以及金融合作的深度，对征信合作带来不确定性。

我国与东盟部分国家之间的领土争端问题也给国家之间的合作蒙上了一层阴影。例如南海问题就涉及了中国、菲律宾、马来西亚、越南等多个国家，南海问题的升温也影响到了各国之间的经贸合作和金融合作。虽然近年来南海问题有所缓解，但是这种各国之间政治关系的不确定性严重影响了中国与东盟国家之间合作的稳定性和持久性，破坏了征信合作的外部环境。中国与东盟国家之间复杂多变的政治关系让人不得不防范信用信息安全问题，一旦双方关系出现恶化，信用信息的安全将无法得到保障，这会阻碍跨境征信合作。

（二）信用信息跨境流动通道尚未打通

中国—东盟之间的征信合作是建立在信用信息数据可以进行合法跨境流通的基础之上的，然而目前中国—东盟还未开通信用信息跨境流动通道，事实上，国家之间的个人和企业信用信息跨境流动仅在欧盟有成功的先例，其他国家都还在探索当中。信用信息跨境流动的难点主要是以下两个方面。

首先，信用信息跨境流动并不受我国法律的保护和支持。按照我国《征信业管理条例》的有关规定，征信机构无论是采集个人信用信息还是企业信用信息都必须在中国境内进行保存和加工处理等操作，除非有相关法律法规或者征信业监管部门的有关规定，否则征信机构不得向境外提供我国的个人和企业信用信息。2019 年6 月14 日，在国务院新闻办公室就征信系统建设情况举行的会议上，央行征信管理局局长万存知再次强调目前我国信用信息原则上是不能进行跨境流动的。事实上，在东盟国家也存在类似的法律法规，由于信用信息往往涉及隐私和机密，大多数国家都会严令禁止信用信息的跨境流动，而这也从根本上阻断了中国—东盟国家之间的征信合作。只有中国—东盟各国的监督管理部门签订相关协议，才能使信息跨境流动受到法律的保护，从而使得国家之间的征信合作成为可能。

其次，东盟各国对于信用信息数据跨境流动比较抵触。由于征信机构所采集的个人信用信息数据涉及个人的隐私和财产，企业信息更关乎企业的商业机密甚至还与国家的经济安全有关，中国与东盟国家对这些价值极高的信息数据往往采取重重保护措施，严禁流向境外。一旦这些敏感数据被别国征信机构获取，在没有相关法律保护的情况下，会侵犯个人隐私与企业机密，危害本国信息主体的合法权益，更为严重的是可能会对本国的经济政治安全产生不良影响。

（三）各国征信法律法规体系尚不完善

目前中国与东盟多数国家的征信法律法规体系还不完善，普遍缺乏关于征信行业以及征信跨境合作的法律法规，不能很好地推进各国征信行业的健康有序发展，更不足以支撑各国之间发展征信合作。

首先，传统的征信监管方式已经不再适应于目前快速发展的大数据和互联网征信模式。我国征信行业最具有里程碑意义的法律法规是2013年发布的《征信业管理条例》（以下简称《条例》），此时我国互联网征信行业正处于萌芽阶段，《条例》可以较好地实现对传统征信的监督和管理，但是随着新技术和大数据征信的发展，原先的法律法规将不再能满足监管的需求。近几年发生的多起个人信用信息泄露事件说明了不法分子正在利用监管上的松懈和漏洞来牟取私利。例如，2016年3月，中国人民银行征信中心发现，某商业银行个人信用报告查询数量短时间内大量增加，经查实，该银行的征信相关岗位人员违规查询个人征信报告并为牟取私利将其非法出售，造成大量客户信用信息泄露。无独有偶，2016年8月，再次发生个人信用信息泄露事件，由于某地方性商业银行征信工作人员的风险防范意识淡薄，被诈骗分子利用，盗取大量客户的个人信用信息。更为严重的是，2019年底，江苏淮安警方依法打击了七家侵犯公民个人信用信息犯罪的公司，而其中的考拉征信正是组建百行征信的八家征信机构发起人之一。在此次事件中，考拉征信非法提供身份证返照查询9800多万次，获取不法收益3800万元。身份证返照查询即通过输入身份证号码即可返回证件照片，事实上，此项业务很早之前就已经被叫停，而考拉征信则是利用监管漏洞，非法出售其之前缓存的用户个人信息，造成大量用户的个人信息泄露，而这又将造成一系列的连锁犯罪。从这几起个人信息泄露事件可以看出，无论是银行、保险等金融机构还是征信机构甚至是政府监管部门都存在着或多或少的监管漏洞，特别是各类新技术的快速发展使得信息犯罪越来越隐蔽。东盟各国的信用信息泄露事件也时有发生，甚至于被评为全球最安全的国家前十名的新加坡也无法幸免，国际网络安全公司Group - IB表示，过去三年，他们已经多次发现新加坡政府机构的信息泄露事件，其中涉及大量的个人信用信息。

其次，目前我国与东盟之间的征信合作依旧缺乏统一的法律支持。随着中国—东盟自由贸易区的建成和稳步发展，我国与东盟各成员之间的区域性合作也愈加密切，召开了一系列针对各国之间金融合作的论坛和会议，甚至签署了各类合作协议。但是，在这些区域性合作当中却很难找到法律方面的合作，而中国与东盟各国国内立法与相关国际条例之间的不协调会严重阻碍各国之间的深度合作。

四、广西—东盟征信合作发展的对策建议

基于中国—东盟征信合作目前存在的诸多困难和问题，我们不应当采取过于激进的合作方式，可以先从小范围内的合作开始，逐步建立和完善中国—东盟征信合作体系和机制，具体的建议如下。

（一）将广西打造为中国—东盟征信合作示范区

1. 搭建中国—东盟征信合作对话平台

在中国与东盟金融合作的过程中，中国—东盟金融合作与发展领袖论坛等对话平台起到了至关重要的作用，因此为中国—东盟征信合作搭建合适的对话平台和合作机制是必不可少的关键环节。作为中国面向东盟金融开放门户的前沿，广西在跨境金融、沿边金融等多个领域进行了改革创新，成效显著，目前广西正致力于完善跨境金融基础设施建设，例如建设中国—东盟金融信息库、建设面向东盟的离岸信息港以及面向东盟的国际金融大数据中心。与此同时，广西对跨境金融合作交流机制进行了加强和完善，与东盟国家加强了跨境金融监管协调合作，加强跨境金融信息合作。广西作为中国与东盟国家金融合作的桥头堡，已经为中国—东盟跨境征信合作打下了良好的基础，为了更好地满足多方合作事务的需求，应充分利用广西作为金融合作枢纽的优势，进一步加大对话合作平台的搭建。

第一，要充分利用现有的合作平台，将中国—东盟跨境征信合作提上议程并进行深度探讨。例如，2019 年 5 月 2 日在斐济楠迪举办的东盟与中日韩（10 +3）财长和央行行长会议讨论了区域经济形势以及未来可以合作的领域。建议将区域征信合作加入会议议程当中，保持高层互访频率，加强中国与东盟各国政府与监督管理部门之间不同级别和形式的征信行业实质性合作，力争各成员国征信机构之间开展更为密切的磋商。其次，作为中国与东盟国家代表商界的对话合作机制，中国—东盟商务理事会致力于促进中国与东盟国家的企业合作和一体化进程，建议利用其充分挖掘各国企业在跨国贸易与投资的过程当中对于跨境征信合作的需求和市场。最后，还可以利用中国—东盟金融合作与发展领袖论坛资源。事实上，在该会议上中国—东盟各方代表曾多次对推进中国—东盟金融征信市场进行专题研究，各方就中国与东盟各国经济发展不平衡，征信发展滞后的现状进行了多次讨论，对中国和东盟共同推进区域征信合作的必要性达成了共识。其中的一个会议成果就是在 2012 年 9 月 22 日举办的第四届中国—东盟金融合作与发展领袖论坛上揭牌成立“中国—东盟征信研究中心”。

第二，通过中国—东盟各对话平台之间的交叉合作，整合内部资源，共同促进中国—东盟征信合作的开展。例如中国东信在广西区政府的支持下，牵头成立了中国—东盟信息港数字经济产业联盟，与东盟国家合作共建“数字丝绸之路”。该平台可以与中国—东盟技术转移中心、中国—东盟数字经济研究院以及中国—东盟信息港大数据研究

院等机构和组织进行合作，整合各个平台所拥有的优质内部资源，推进中国—东盟跨境信息流动通道的建设。

第三，跨境征信合作涉及了信息跨境流通、信息安全、政府部门监管、法律法规建设等多方面的合作事务，而目前中国与东盟国家进行对话合作的平台数量有限，难以满足如此复杂的合作事务的需求，因此建议适度增加我国与东盟的专项合作平台建设为现有的合作平台作补充。

2. 营造良好的信用环境，重视人才培养

目前阻碍中国—东盟跨境征信合作的一个重要问题在于各国的信用环境不同。中国、新加坡等国的征信行业发展相对成熟，社会信用环境相对良好，银行等金融机构需要通过征信防范信用风险，对于征信的需求较为旺盛，随着个人对于征信的认识逐步加深，已经越来越重视个人的信用。与之形成鲜明对比的是缅甸、柬埔寨等征信行业发展滞后的国家，由于对于失信的个人和企业没有严格完善的惩罚机制，社会信用环境还有待提高，这造成征信行业的外部环境恶劣，阻碍了国家征信行业健康稳定的发展，同时也不利于中国—东盟跨境征信合作的开展。

欧美发达国家已经形成了非常成熟的社会信用体系，对于失信的行为有一套完善的惩罚机制，例如对于信用卡逾期会影响贷款买房甚至找工作，企业也不愿与失信的客户进行合作，因此无论是个人还是企业都有很强的信用意识，对于自身的信用记录都非常重视，避免失信的情况发生，整个社会形成了良性循环。中国与东盟各国应该向欧美等西方发达国家学习先进经验，迅速完善自身的社会信用体系，当然这需要以政府为主导，全社会各地区各行业共同努力，通过新闻媒体传播以及组织宣传活动等方式，向社会民众宣传讲解信用、征信的知识和重要性。同时，中国与东盟各国也要重视推动守信激励以及失信惩戒机制建设，通过社会道德惩戒、经济惩戒以及法律惩戒等多手段并行的方式，改善信用环境。

中国与东盟各国可以建立失信黑名单数据库，并且将黑名单数据库在相关信用信息平台上共享。对于进入失信黑名单的个人，可以通过拒绝贷款、拒绝签证等方式进行惩治，对于进入失信黑名单的企业而言，则可以提高其融资的成本，禁止其进行跨国投资等手段进行处罚，以保证市场的健康发展，对守信的消费者和企业则可以提供适当的优惠政策以及便利的服务。当全社会树立起正确的信用意识，形成良好的信用环境时，征信行业才有发展的土壤，中国与东盟之间才有跨境征信合作的基础，否则必将引起不必要的利益冲突，导致合作的失败。

另一方面，征信行业是一个涉及领域范围非常广泛的行业，往往需要计算机、信息安全、金融、法律等各行业各领域人才共同合作，因此，征信行业的发展以及中国—东盟跨境征信合作的建立都需要大量的专业人才和专家。建议中国—东盟各国加强征信行业专业人才教育与培养，增加各国征信行业专家对话机会。中国、新加坡等征信行业发展较成熟的国家可以对缅甸、柬埔寨等征信市场较为落后的国家进行人才培养上的支持和帮助，通过留学等方式帮助培养人才，促进这些国家的征信行业发展。另外，吸收和引进国内外征信相关行业高层次人才，为跨境征信合作做好人才储备工作。中国与东盟各国可以合作举办征信从业人员资格考试，只有通过考试或者认证的人员才可以从事征信行业，通过这种方式为各国的征信行业制定统一的从业标准以及认证制度，避免各国征信从业人员素质参差不齐，影响跨境征信合作的效率。同时，各国的征信机构以及银行等金融机构也可以组织开展行业内部的从业人员考核，甚至可以将考核结果纳入绩效考核，对于成绩优秀的员工予以奖励，通过这种方式来提高征信行业从业人员的专业知识和合规意识，调动从业人员的学习积极性，促进征信行业从业人员整体素质的提升。

（二）搭建信用信息数据跨境流动通道

1. 从易到难逐步展开信息跨境流动合作

考虑到中国—东盟各国征信行业发展水平差异巨大，只有部分国家建立了较为规范和完善的征信体系，此时建立全面的征信合作关系难度较大，建议先从信用信息数据跨境流动入手，首先打通中国—东盟信息流动通道，再进行更深入的征信合作，而不是盲目建立统一的东盟征信体系。事实上，对于经济发展、征信发展不平衡的东盟各国来说，统一的征信体系建设是几乎不可能完成的任务，甚至对于政治、经济等多方面都高度统一的欧盟来说都是非常困难的。

中国—东盟各国可以建立信息跨境流动示范合作通道，进行小区域小范围内的合作尝试，这包含以下两个方面。

首先，对于中国、马来西亚和新加坡等征信行业发展相对比较成熟的国家而言，已经具有了较为规范的征信系统，可以率先建立两国间的合作。例如我国可以与马来西亚协商签订两国的信用信息共享协议，规定可共享的信用信息类型和内容等。然后逐步放宽合作范围，将其他征信行业发展水平相近的国家加入进来，例如新加坡，通过多国合作对话，整合内部资源，将各国的征信系统进行连接和扩充，建立多国征信合作关系，打通中国—东盟跨境信用信息流动通道。当多国征信合作发展成熟之后，可以进一步放宽合作的门槛，将东盟国家中征信行业发展较为落后的国家也加入合作名单，并对这些国家的征信行业发展进行支持和指导，帮助其规范和升级数据采集的标准、技术以及监督管理方法。与此同时，我国要积极主动参与信用信息跨境流通规则和标准的制定，增加我国的国际规则制定的话语权，提高我国的国际地位。

其次，中国—东盟国家之间信用信息数据跨境流动合作的难点之一在于某些信用数据涉及过多隐私和商业机密，因此各国可以先从公开的信用数据开始进行试点。通过国际会议等对话平台和合作机制，共同制定统一规范的信息流通标准，对可自由流通的信息数据类型和内容给出详细的解释和说明。例如，在跨境征信合作的初期，可以采集个人基本信息、个人消费记录以及贷款记录等个人信用信息，而企业信用信息可以采集企业的基本信息、财务状况以及贷款情况等。随着征信合作的加深，可以适当放宽跨境流通的信用信息数据类型和内容。例如，可以将个人的欠款记录、欠税记录、法院判决记录等个人不良信用信息以及企业的欠税、破产、违法情况等企业信用信息加入可跨境共享范围。另外，可以通过共享各国各行业的信用信息以及国家信用信息，来帮助企业在进行跨国贸易时做出合理全面的投资判断。总之，在互惠互利、合作共赢的基础之上，中国与东盟各国享有共同使用对方信用信息的权利。

2. 加强信用信息安全保护

考虑到信用信息往往与个人隐私、商业机密甚至国家经济安全密切相关，在中国与东盟国家进行跨境征信合作的过程中，对信用信息数据进行充分的监管，保障信息安全是非常必要的。

中国与东盟各国应搭建信用信息监控平台，对跨境征信合作平台出现的异常进行实时监控和自动报警，确保跨境征信信息数据库的访问和查询记录以及系统日志的完整性、准确性和实时性。提高监控平台对于数据异常和信息泄露事件的应急处理能力，全面排查跨境征信系统的安全隐患和泄露风险，做到及时发现及时处理。另外，为信用信息的跨境流通建立申报系统，跨境查询和传输信用信息都要通过该系统的核实和监管，只有在信用信息主体知情并同意的前提下，征信机构才能够使用信用数据，确保信用信息的绝对安全。

另外，还要注意建立防火墙，防止出现系统破坏、恶意传播、远程控制、信息窃取等网络恶意攻击行为。由于信用信息涉及大量的敏感数据，一旦发生数据窃取事件则会对信息主体造成不可估量的严重后果，还会引发网络诈骗等后续犯罪活动。事实上，信用信息遭黑客攻击的事件在世界范围内屡见不鲜，2017 年美国征信行业巨头艾克飞（Equifax）遭受网络黑客的攻击，造成约 1.43 亿美国用户包括个人姓名、出生日期、社保号码等个人信息泄露，另外还有 20.9 万个信用卡号码曝光，也就是说将近一半的美国人在这次黑客攻击当中遭受了损失，为此，艾克飞将支付 7 亿美元的罚款。最近的一次大规模信用信息泄露事件则发生在 2019 年，美国金融巨擘第一资本投资集团（Capital One）信息服务器被网络黑客攻击，造成超过 1 亿人的个人信用数据被窃取，被窃取的数据除了个人基本信息之外，还包含了个人信用评分、信用额度、付款历史等信用信息。在这些信用信息泄露的事件当中，信息主体所遭受的损失难以计算，如果这些信息被不法分子利用，将会导致各种形式的金融诈骗行为，例如信用卡诈骗、冒名银行开户等，客户将承受巨大的风险。对于征信行业和金融行业来说，信息安全漏洞是一个代价高昂的威胁，从最近几年的案例当中可以看出，当大量的信用信息过于集中地存放于数据库当中，一旦发生信息泄露，将会导致无法估计的损失，涉及的受害人数量往往也是巨大的。这对中国与东盟跨境征信合作是个巨大的挑战，随着金融科技的发展，除了建立防火墙等传统技术手段之外，也可尝试使用区块链等新型技术手段对信用信息进行保存和保护。

总之，中国—东盟国家在跨境征信合作的过程中，除了享受使用信用信息的权利之外，同时也要担负起保障信用信息安全的义务，对于不经授权私用滥用信用信息的行为给予惩戒。

（三）完善征信行业监管的法律法规

中国与东盟国家之间的征信合作必须建立在法律法规的约束之下，完善的法律体系是征信合作健康稳定发展的基本条件。如果没有法律的支持和监管，各国之间的征信合作体系将会面临崩溃，各国之间的经济利益也会受到损失。目前，中国与东盟国家普遍缺乏关于征信行业以及征信跨境合作的法律法规。因此，建议从以下两个方面入手。

第一，中国和东盟国家尽快完善修正现有的法律法规或者制定专门的征信法律法规。我国 2013 年发布的《征信业管理条例》在我国征信行业发展道路上具有里程碑式的意义，弥补了我国征信行业法律的不足。但是我国依旧存在各地区各省市社会信用体系发展不平衡的问题，许多地区都颁布了适合自身信用体系发展的法规与指令，造成我国法律法规的不统一，因此我国应尽快出台更多的与征信行业相关统一的法律法规。另外，按照我国《征信业管理条例》的有关规定，征信机构无论是采集个人信用信息还是企业信用信息都必须在中国境内进行保存和加工处理等操作，不得向境外私自提供信用信息。我国目前尚未建立信用信息跨境流通的相关法律法规，这将阻碍跨境征信合作的开展，事实上，东盟国家也未出台相关的法律法规。中国与东盟国家应尽快制定适合本国国情的信用信息流通法律，并且为信息跨境流通制定严格的标准，以确保对可能涉及隐私和机密的信用信息进行充分的监管。

第二，与欧盟相比，我国与东盟之间的征信合作缺乏统一的法律。目前，中国与东盟各国几乎都已经制定了适合本国征信业发展的法律，但仍未建立适用于整个东盟区域统一的法律法规对各国之间的征信跨境合作进行监管和指导。因此，中国与东盟应推进征信合作法律规范体系的建立，但这并不是一蹴而就的。首先，中国与东盟国家要保持良好的对话与交流机制，充分利用广西的地理位置优势，将广西打造成为中国—东盟征信合作的桥头堡，为征信合作搭建平台。其次，我们也要充分认识到，由于中国与东盟各国的政治制度、法律体系等都有所不同，例如，在法系分属上，马来西亚、新加坡等国家属于典型的英美法系，中国具有自己的法系特色，但本质上属于大陆法系，而菲律宾的法律更是兼有两系的特点。若强行地将中国—东盟的征信监管法律进行统一，势必会与各国的本国法律法规产生冲突，造成征信合作监管上的混乱。因此，中国与东盟国家应立足于各国现有的金融监管合作框架，以区域性征信合作发展的总体利益出发，尽可能保证各方利益，增强区域性征信合作监管条例和协议的规范性和统一性，为区域征信合作的健康发展保驾护航。最后，随着区域性征信合作的深入开展，中国与东盟各国应共同制定一套在征信合作国家区域内具有约束力和权威性的法律制度，该制度的设立可以参照欧盟理事会和欧洲议会制定的《关于个人数据处理的个人权利保护以及数据自由流动的指南》（以下简称《指南》），该《指南》在整个欧盟都具有法律效力。具体来说，该监管法律的目标主要是：第一，为信用信息的跨境流通提供法律保护；第二，为信息主体的隐私安全提供法律保护。《指南》规定欧盟成员国共享和流通符合一定标准的个人信用信息，但不得向欧盟以外国家提供，并明确规定禁止采集、保存、处理敏感数据，除非得到信息主体的同意，否则要承担相应的法律责任。

（四）积极探索金融科技在征信合作中的应用

在中国与东盟国家进行跨境征信合作的过程中，会出现信息泄露、征信成本高、信息不共享等各种风险和问题，仅仅依靠法律的约束以及传统的技术手段难以从根本上解决这些问题，可以尝试使用区块链以及大数据技术等金融科技手段为这些问题找到解决之道。近年来，金融科技的快速发展，推动了我国进入大数据时代，为我国信用体系建设提供了新的发展道路，同样地，在征信合作的舞台上，区块链等金融科技也有用武之地。

首先，随着“互联网 +”的发展，网络上每天都在产生海量的信用数据，这些包含了大量非结构化数据是传统征信无法处理的，大数据技术的出现可以整合这些繁杂的数据进行分析，从多维度刻画出更为准确的个人与企业信用画像，识别欺诈行为，防范信用风险。在中国与东盟的征信合作中，可以利用大数据技术帮助扩大信用数据的采集范围，通过海量数据得到更加准确的信用产品，提高中国与东盟征信合作的效率。

其次，近些年频繁发生的征信行业和金融行业数据泄露事件暴露出了传统信息数据库的安全隐患。中国与东盟的征信合作必然需要存储大量的信用数据，一旦保存这些重要数据的数据库遭受网络黑客攻击发生数据泄露时，会给中国与东盟各国造成重大损失。需要注意的是，艾克飞和第一资本等企业的数据泄露事件遭受的大多是经济损失，而跨境征信合作系统一旦发生数据泄露，除了经济损失之外，还会涉及政治上的利益，会造成更加复杂的后果。为了避免这种恶性事件的发生，可以尝试使用区块链技术来解决。区块链和加密算法的结合可以有效地解决个人隐私安全的问题。另外，区块链的去中心化特征可以将数据分布到多个网络节点，改变当前数据库高度中心化的现状，这使得数据库即便受到网络黑客的攻击或者断电等意外事件，也不会导致整个信息数据库的系统性损失。区块链技术还可以帮助提高中国与东盟国家的征信机构之间的联通效率，有效缓解数据孤岛等问题。区块链技术的不可篡改特征更是可以使得征信系统所收录的信用信息具有可追溯和不可篡改的优势，有效地提高了征信合作的公信力以及监管效率。

金融科技的很多技术目前还处于起步阶段，但是随着技术的不断更迭，性能的逐步提升，金融科技的力量最终会促进征信行业的发展。事实上，目前我国市场上已经出现了基于金融科技的征信相关企业，例如成立于 2014 年基于大数据技术的天翼征信有限公司、成立于 2016 年基于区块链技术的公信宝以及 2018 年建立的即信链等。金融科技的崛起必然会促进中国与东盟征信合作的发展，帮助解决各种各样的技术问题。

五、广西—东盟征信合作发展的总结与展望

为了应对经济全球化带来的负面影响，2010 年中国—东盟自由贸易区全面启动，自建成之后，中国与东盟大幅度降低关税，双边贸易额不断突破历史最高点，截至 2019 年，中国与东盟双边贸易额已经达到6415 亿美元，增速已经超过中国对美国和欧盟的贸易。随着中国与东盟双边贸易和投融资额的大幅增长，各国对于征信的需求也越来越高，各国外贸企业需要了解合作对象的信用状况，金融机构需要掌握客户的信用信息，然而目前这些信息只能依靠长期业务往来所积累的信用和经验或者通过当地的相关机构咨询，中国与东盟之间跨境征信业务尚未开通，征信合作是时候提上日程了。

为了进一步促进中国与东盟双边贸易和投融资，稳固双方的金融合作环境，改善区域信用体系建设，中国与东盟各国之间有必要进行深度的征信合作。本文在总结中国与东盟各国征信行业发展现状的基础之上，分析了目前跨境征信合作存在的问题和困难：一是由于中国与东盟各国的经济发展处于不同的阶段，经济发展水平不平衡，造成各国之间的金融合作进展缓慢，阻碍了跨境征信合作；二是中国和东盟国家的征信行业发展水平差异较大，与之配套的基础设施、行业标准以及法律体系建设等各个方面也有较大差距；三是由于信用信息往往涉及个人隐私和商业机密，中国与东盟各国禁止信用信息的跨境流动；四是中国与东盟国家之间复杂的政治关系增加了各国进行征信合作的不稳定性和不确定性。

针对以上中国—东盟征信合作存在的问题和困难，本文给出了以下建议：一是要充分利用广西作为中国面向东盟金融开放门户前沿的优势地位，整合和搭建中国与东盟征信合作对话平台，将广西打造为征信合作示范区。营造中国与东盟各国良好的信用环境，重视征信专业人才的培养，增加各国之间征信专家和人才的交流互通机会；二是由点及面从易到难逐步进行信息跨境流动合作，加强信用信息安全保护，尽快有序安全地搭建中国—东盟信用信息数据跨境流动通道；三是完善征信行业监管的法律体系建设，尽快制定适用于整个东盟区域统一的法律法规对各国之间的征信跨境合作进行监管和指导；四是积极探索金融科技在征信合作中的应用，解决信用信息安全的问题，提高征信合作的效率和稳定性。

在未来的一段时间内，随着我国与东盟之间的贸易往来越来越频繁，双方对于征信的需求会促使征信合作尽快提上日程，届时，信息可流通门槛设置以及信息保护将成为合作的重点和难点。一方面，如果可流通信息标准设置过高，信用信息的需求者将无法得到太多有用的信息，无法判断对方的信用状况，从而导致征信合作有名无实。另一方面，如果标准设置过低，将损害信息主体的隐私安全和商业机密，甚至危害到经济安全。因此，合作双方必须通过商议达成一个合理的信息流通标准，保障多方利益。

参考文献

[1] 杜晓峰. 我国互联网金融征信体系建设研究 [D]. 厦门大学, 2014.

[2] 龚明华. 论金融全球化中的我国商业银行信用风险管理 [J]. 社会科学辑刊, 2004 (1).

[3] 广西壮族自治区人民政府发展研究中心. 广西东盟合作战略与全面开放研究 [M]. 桂林: 广西师范大学出版社, 2013.

[4] 郭熙保, 徐淑芳. 全球征信体系的制度安排及其影响因素 [J]. 学术研究, 2005 (11): 31-37.

[5] 李俊丽, 王家传. 美国个人征信体系的经验及其借鉴 [J]. 金融发展研究, 2006 (8): 72-75.

[6] 梁薇薇, 谢平安, 磨雁能. 中国—东盟征信跨境合作发展研究 [J]. 征信, 2015, 33 (7): 16-22.

[7] 梁运文. 中国—东盟合作中的广西作为: 过去十年成果与未来十年战略 [J]. 广西大学学报 (哲学社会科学版), 2015, 37 (1): 71-90.

[8] 刘芸, 朱瑞博. 互联网金融、小微企业融资与征信体系深化 [J]. 征信, 2014, 32 (2): 31-35.

[9] 林钧跃. 社会信用体系: 中国高效建立征信系统的模式 [J]. 征信, 2011, 29 (2): 1-7.

[10] 龙海明, 王志鹏. 征信系统、法律权利保护与银行信贷 [J]. 金融研究, 2017 (2): 117-130.

[11] 骆伦良. 构建中国—东盟跨境征信合作平台研究 [J]. 区域金融研究, 2012 (2): 50-54.

[12] 孙玉荣. 个人信用征信过程中的隐私权的保护 [J]. 法学杂志, 2006, 27 (3): 59-62.

[13] 万存知. 征信体系的共性与个性 [J]. 中国金融, 2017 (1): 40-42.

[14] 王富全, 许长新. 征信体系建设中的失信惩戒机制分析 [J]. 金融研究, 2008 (5): 186-193.

[15] 王锐, 熊键. 个人信用征信业: 美国模式的缺陷及相应政府监管的博弈分析 [J]. 上海金融, 2002 (1): 46-48.

[16] 王晓东, 王伟康, 周圣. "一带一路" 跨境征信合作研究——以数据流通为视角 [J]. 法制与社会, 2016 (22).

[17] 吴国平. 个人信息开放与隐私权保护——我国征信立法疑难问题探析 [J]. 法学杂志, 2005 (3): 74-77.

[18] 鲜于丹. 中国征信体系建设的制度安排研究 [D]. 武汉理工大学, 2008.

[19] 杨丛. 加快构建广西与东盟合作整体框架——应对中国—东盟自由贸易区全面建成的思考 [J]. 当代广西, 2009 (21): 59-60.

[20] 叶文辉. 大数据征信机构的运作模式及监管对策——以阿里巴巴芝麻信用为例 [J]. 海南金融, 2015 (7): 60-63.

[21] 张蓓, 张家寿. "一带一路" 建设背景下的广西与东盟合作新构想 [J]. 广西经济, 2017 (11): 39-41.

[22] 赵小凡. 社会征信体系建设: 国际借鉴与国内考察——兼论我国两类征信体系的整合 [J]. 财经理论与实践, 2005, 26 (2): 110-113.

(执笔人: 郭钏)

8. 广西国有企业投融资发展研究

改革开放以来，中国国有企业渐进改革，依次推进。从20世纪80年代的“放权让利”到90年代的“抓大放小”，再到21世纪后的资产管理和股权多元化等，适时和不断调整的国企改革战略有效提高了国有企业的经营利润和资源配置效率。十八大以来，国企改革进一步向纵深推进，2015年8月，中共中央、国务院印发了《关于深化国有企业改革的指导意见》，22个配套文件形成的“1+N”政策体系标志着国企改革顶层设计基本完成，之后中央企业和各地加快推进国企混合所有制改革，国企改革步伐加快、领域拓宽。2019年国务院印发《改革国有资本授权经营体制方案》，国有资本授权经营体制、国有资本管理体制不断改革和完善，国有经济布局结构不断得到调整，同期全国国有及国有控股企业营业总收入625520.5亿元，利润总额35961.0亿元，同比分别增长了6.9%和7.1%，国有企业发展在取得重大突破的基础上，紧抓窗口机遇期迈向高质量发展。

紧随21世纪以来国企改革的先锋号，广西坚持稳中求进的工作总基调，着力推进广西国有企业改革，2014年10月自治区党委和自治区政府印发《关于全面深化我区国资国企改革的意见》（桂发〔2014〕16号）工作文件，以及随后出台的24个国企改革文件，形成了自治区国有企业改革发展的“1+24”政策体系；2017年，自治区办公厅印发《推进自治区党政机关事业单位和群团组织与所属企业脱钩工作方案的通知》（桂政办电〔2017〕171号）文件，积极稳妥推进政企分开，健全完善国资监管体制，改革国有资本授权经营体制，“国海证券模式”“华银铝业模式”等模式引领示范全区国有企业混合所有制改革发展。截至当前，广西国有经济布局和结构不断调整优化，企业效益持续稳步增长，2019年广西全系统国有企业资产总额35547.38亿元，国有企业累计实现营业收入7975.23亿元，同比增长了12.11%和15.16%，广西国有企业的发展是广西经济社会发展的中坚力量。

但随着国企改革迈入高质量发展，加速新旧动能转换、优化结构布局、深挖创新驱动潜力等多重任务叠加，广西国有企业的转型升级与改革发展，也面临着时间紧、任务重的发展瓶颈，如何在复杂多变的外部经济环境中实现稳中求进，已经成为广西国有企业破题高质量亟须解决的重大问题。投融资作为国有企业获取经营利润的重要措施和手段，对其的有效管理将是广西国有企业高质量发展的关键方向，因此本文在广西国有企业迈向高质量发展的新时代背景下，探讨和分析广西国有企业投资和融资过程中存在的堵点、难点和痛点，提出有效的政策建议和措施，以期提升广西国有企业投融资效率。

一、广西国有企业发展的经济基础分析

（一）广西经济发展现状分析

21世纪以来，广西经济发展平稳快速，如图8－1所示，2000年至今，广西国内生产总值（GDP）从2080.04亿元增长到21237.14亿元，增长了9.21倍。2011年广西国内生产总值首次突破万亿元，从千亿元突破万亿元前后仅用了18年（1994年广西国内生产总值首次突破千亿元）。2019年广西国内生产总值再上新台阶，首次加入“两万亿俱乐部”，广西国内生产总值达21237.14亿元。从广西国内生产总值（GDP）同比增速来看，2002年至2013年GDP同比增速一直保持在10%以上的增速，2007年GDP同比增速达15.1%，之后受金融危机和外围经济波动的影响，2010年以来GDP增速处于下降渠道，但仍然一直保持在6%以上的增速。

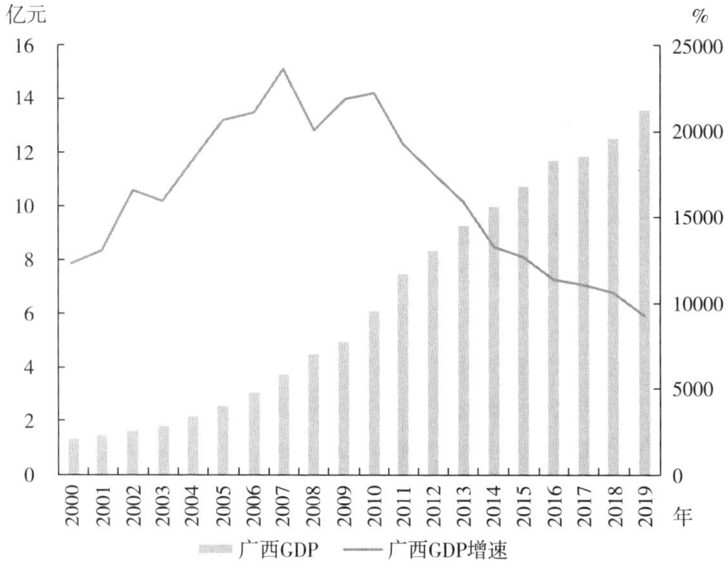

图8－1　2000年以来广西GDP与GDP同比增速

（资料来源：Wind数据库）

随着广西GDP规模的不断增长，广西GDP全国占比不断增长，广西GDP全国占比从2000年的2.07%最高增长到2016年2.45%，如图8－2所示。这充分说明广西在全国经济布局中的地位越来越高，越来越具有重要的战略地位。但总体上看，广西GDP全国占比并不是很高，始终在2%～2.5%区间浮动，特别是近三年来，广西GDP全国占比还呈现下降趋势，虽然这种下降并不是很大。

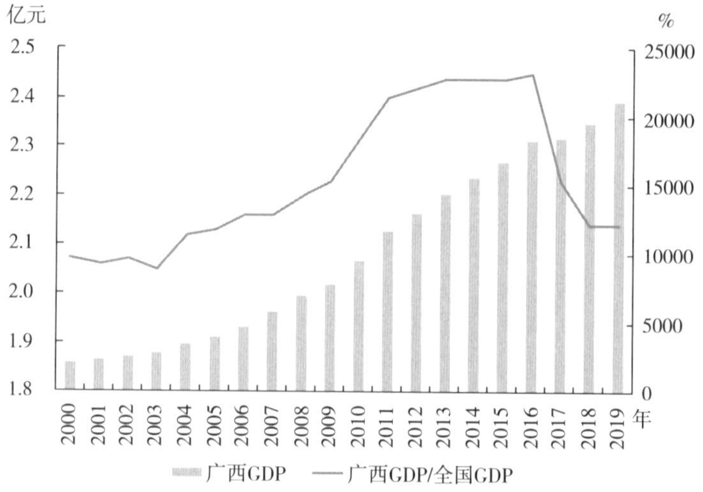

图 8－2　2000 年以来广西 GDP 与广西 GDP 全国占比

（资料来源：Wind 数据库）

人均 GDP 是地方经济发展整体水平的重要体现，是了解地方宏观经济运行情况的重要工具，但长期以来广西人均 GDP 并不高，长期处于全国人均 GDP 发展水平的中下游水平。如图 8－3 所示，2000 年以来，广西人均 GDP 发展水平不断提升，从 2000 年的 4652.00 元增长到 2019 年的 42964.00 元，同比增长了 8.24 倍，2006 年、2010 年、2013 年、2018 年连续突破万元、2 万元、3 万元和 4 万元，几乎 5 年左右就上一个新台阶，但相较全国人均 GDP，仍然有较大差距。2019 年全国人均 GDP 70892.00 元，广西 42964.00 元，低了近 39.34%，显示了广西人均 GDP 增速相较全国来说，增长优势并不是很高，这种差距还有逐步扩大的趋势。

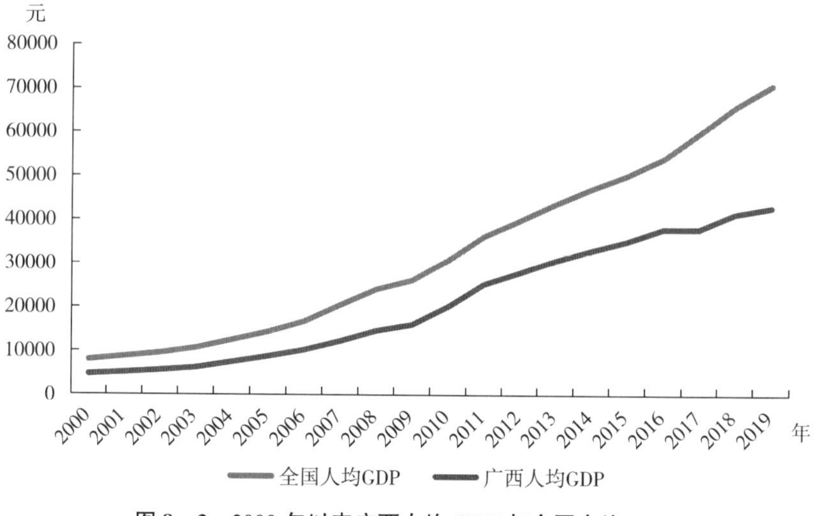

图 8－3　2000 年以来广西人均 GDP 与全国人均 GDP

（资料来源：Wind 数据库）

（二）广西经济结构现状分析

经济结构反映着一个地区的生产力布局情况，反映着微观经济主体的财务活动和发展程度，第一、第二、第三产业布局可以反映该地区经济发展水平的阶段性特征和金融发展状况。2019 年，广西第一产业增加值 3387.74 亿元，增长 5.6%；第二产业增加值 7077.43 亿元，增长 5.7%；第三产业增加值 10771.97 亿元，增长 6.2%。第一、二、三产业增加值占地区生产总值的比重分别为 15.95%、33.33% 和 50.72%。与全国相比，广西第二、第三产业均低于全国同期水平，经济产业结构还有待进一步优化。

图 8－4 显示了 21 世纪以来各年度广西第一、第二、第三产业增加值占广西 GDP 的比值情况，从图中可以看出，第一产业增加值占比逐年呈下降趋势，第三产业增加值占比则逐渐呈上升趋势，而第二产业增加值占比呈先升后降趋势，这说明广西近些年一直在逐步进行产业结构调整改革，逐步从农业为主逐渐向服务业过渡，同时也在不断加强制造业的调整，这与当前的经济发展形势是相适应的。

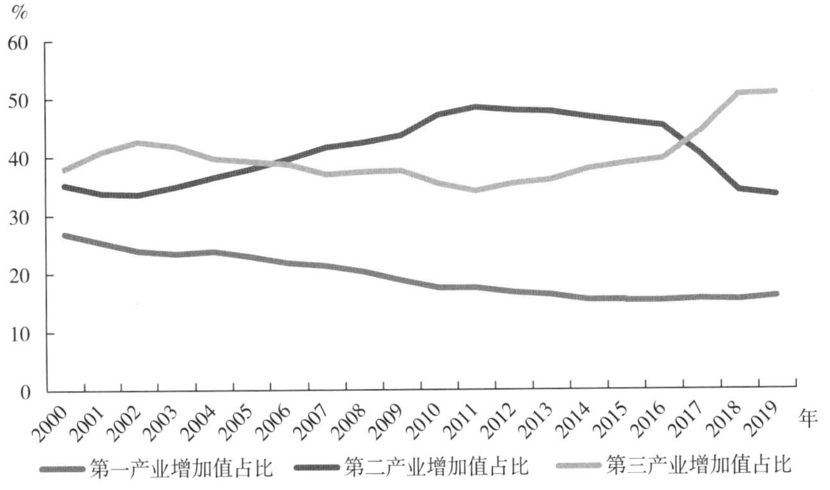

图 8－4　2000 年以来广西第一、第二、第三产业增加值占比

（资料来源：Wind 数据库）

（三）广西资本形成总额现状分析

资本形成额代表着资本存量指标，是一地区资本投资情况的体现。总体来看，2000 年以来，广西资本形成额呈上升趋势，资本形成总额从 2000 年的 676.12 亿元，最高增长到 2016 年 12363.85 亿元，各年增速都比较大，最高增长了 17.29 倍，显示了强劲的资本投资对广西经济增长的贡献。2017 年广西资本形成额 9364.46 亿元，相较 2016 年有所下降，但总体上看随着广西金融市场改革的推进、企业营商环境水平的改善和社会信用体系的建立，资本形成将重启升势。

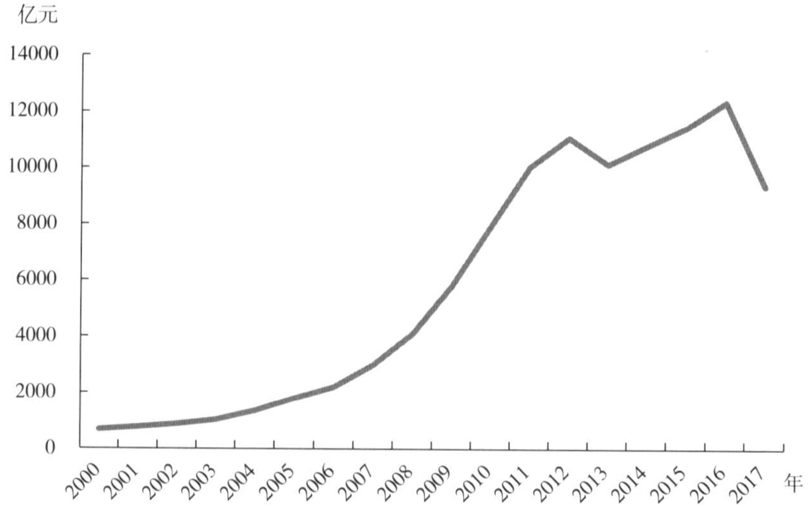

图 8-5　2000 年以来广西资本形成总额情况

（资料来源：Wind 数据库）

（四）广西固定资产投资现状分析

固定资产投资是推动地区经济增长最重要的影响因素，也是财政资金撬动社会资本最重要的渠道。2000 年以来广西固定资产投资完成额和固定资产投资同比增长情况如图 8-6 所示。从总体上看，广西年度固定资产投资完成额不断扩大，2019 年完成固定投资额 24153.91 亿元。但是从固定资产投资同比增速来看，增长幅度波动比较大，2009 年固定资产投资增速达到最高 53.90%，之后 10 多年来逐年呈下降趋势，而且下降幅度比较大。2019 年，广西全区固定资产投资（不含农户）比上年增长 9.5%，其中，第一产业投资下降 17.9%；第二产业投资增长 5.3%，其中工业投资增长 11.1%；第三产业投资增长 11.8%。基础设施投资增长 2.4%，占固定资产投资（不含农户）的比重为 24.8%。民间固定资产投资增长 13.4%，占固定资产投资（不含农户）的比重为 50.7%。

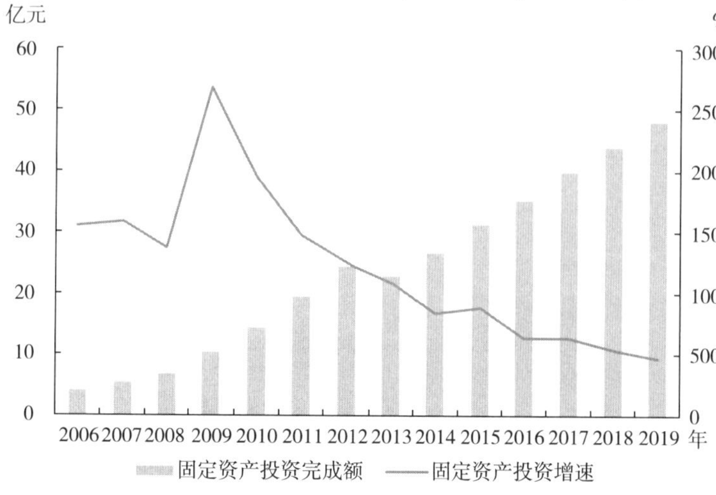

图 8-6　2006 年以来广西固定资产投资完成额统计

（资料来源：Wind 数据库）

二、广西国有企业发展现状分析

（一）广西国有企业发展规模分析

进入 21 世纪以来，广西国有企业改革不断取得进步，国有企业规模不断扩大，国有企业营业收入和经营利润不断创新高，国有企业已成为广西国民经济发展的核心中坚力量。2019 年，广西国有企业以及自治区国资委监管的国有企业资产总额、营业收入等各项指标均创历史新高。

2019 年，广西全系统国有企业资产总额 35547.38 亿元，累计实现营业收入 7975.23 亿元，同比分别增长了 12.11% 和 15.16%，累计实现利润总额 229.89 亿元，同比下降 29.02%。其中自治区国资委监管的 16 户国有企业资产总额 16639.74 亿元，实现营业收入 6857.30 亿元，同比分别增长了 15.39% 和 14.82%，实现经营利润总额 201.53 亿元，同比下降 17.14%。同时全系统国有企业中有 56 户资产总额超 100 亿元，40 户资产总额增加额超 10 亿元，有 71 户营业收入增幅超 20%，46 户营业收入增加额超亿元。广西国有企业的稳步发展有力支撑了广西经济的平稳向上，充分发挥了“压舱石”和“稳定器”的中流砥柱作用。

图 8－7 显示了 2003 年以来广西国有企业资产发展情况，从中可以看出，广西国有企业发展迅速，规模扩展很快，尤其是 2008 年发展提速，资产估摸用了三年时间就突破了万亿元，很快 2016 年和 2017 年就连续突破了 2 万亿元和 3 万亿元，实现了国有企业发展的大幅度跨越。

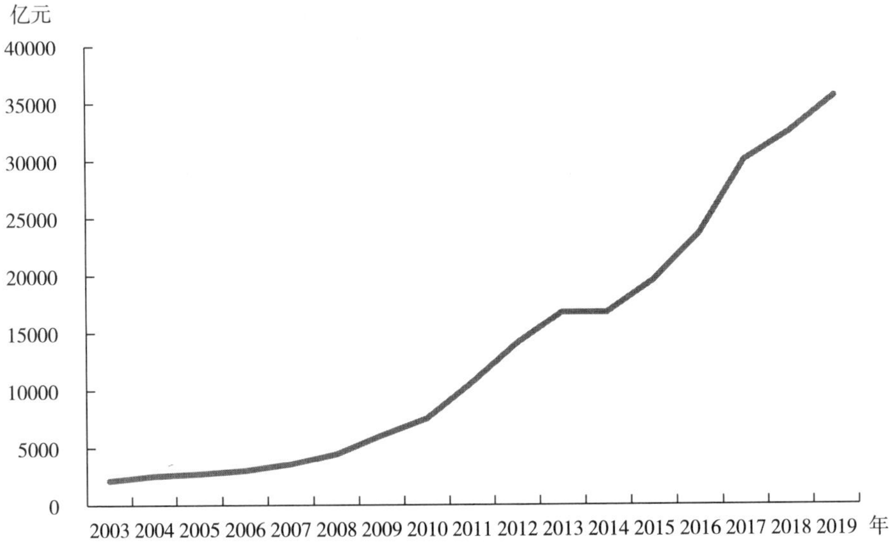

图 8－7　2003 年以来广西国有企业资产发展情况

（资料来源：Wind 数据库）

从广西国有企业经营指标营业收入和营业利润来看，如图 8－8 所示，2003 年以来，广西国有企业营业收入除 2015 年同比下降外，总体呈上升趋势，经营收入从 2003 年的 847.10 亿元增长到 2019 年的 7975.23 亿元，增长了 8.41 倍，显示了广西国有企业发展的旺盛生命力。

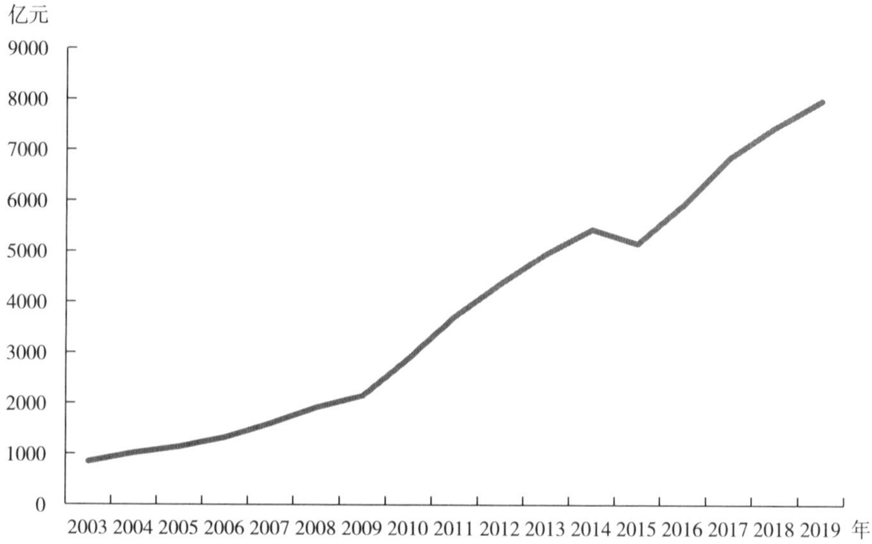

图 8-8　2003 年以来广西国有企业营业收入情况

（资料来源：Wind 数据库）

从利润指标来看，如图 8-9 所示，2003 年至今，广西国有企业经营利润虽整体呈上升趋势，但均存在着较大的波动，显示了经营利润的不稳定性，总体上来看，经营利润从 2003 年的 11.2 亿元最高增长到 2018 年的 297.80 亿元，增长了 25.59 倍，经营利润获得了跨越式发展，2019 年受外围经济不确定性的影响，营业利润下滑了 67.11 亿元。

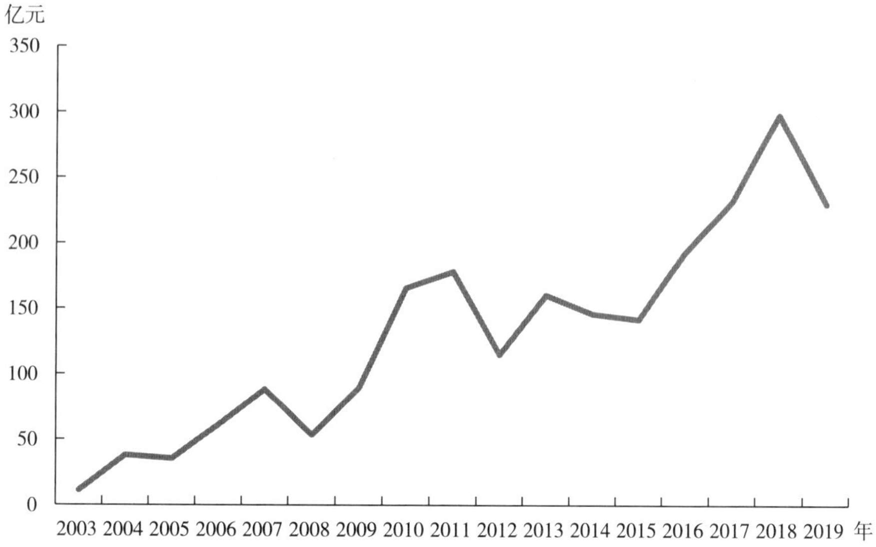

图 8-9　2003 年以来广西国有企业营业利润情况

（资料来源：Wind 数据库）

（二）广西国有企业发展分布分析

如表8－1所示，截至2018年底，广西共有一级国有企业277家，16家国有企业上市公司，分布在22个市、县。其中有8市国有企业家数在10家及10家以上，南宁市国有企业分布最多90家，柳州市、桂林市、百色市、河池市排在前5名，国有企业家数分别为36家、28家、18家、16家和14家。

表8－1　2018年广西国有企业地区分布

城市	数量（家）
南宁市	90
柳州市	36
桂林市	28
百色市	18
河池市	16
钦州市	14
梧州市	12
贺州市	10
防城港市	9
来宾市	9
玉林市	9
崇左市	8
北海市	7
贵港市	3
北流市	1
岑溪市	1
德保县	1
东兴市	1
桂平市	1
合山市	1
靖西市	1
凭祥市	1
合计	277

资料来源：广西壮族自治区人民政府国有资产监督管理委员会。

如表8－2所示，广西国有企业自1993年始开始登陆资本市场，截至当前，共有16家国有上市企业。其中沪市上市国有企业11家，深市上市国有企业5家。从总市值统计来看，当前国有企业总市值并不是很高，最高的为北部湾港，截至2020年3月，总市值150亿元，最小的为ST南化，总市值仅为13.71亿元人民币。同时从当前统计数据来看，有三家国有企业连续近三年亏损，分别是＊ST 柳化，ST 南化和 ST 南糖，其他国有上市企业 3 年统计期未连续亏损。

表 8－2　广西国有上市企业名单

序号	证券代码	证券简称	总市值	主营业务	实际控制人	上市时间
1	600310	桂东电力	30.30 亿元	发电、供电、供水	贺州国资委	2001 年
2	600249	两面针	21.78 亿元	牙膏等家庭卫生用品	柳州国资委	2004 年
3	601003	柳钢股份	126 亿元	钢冶炼	广西国资委	2007 年
4	600423	＊ST 柳化	23.32 亿元	化工产品及化学肥料	柳州国资委	2003 年
5	601368	绿城水务	46.53 亿元	供水和污水处理	南宁国资委	2015 年
6	600301	ST 南化	13.71 亿元	烧碱、聚氯乙烯等	广西国资委	2000 年
7	600368	五洲交通	43.56 亿元	收费公路	广西国资委	2000 年
8	600236	桂冠电力	355 亿元	水力、火力发电	国务院国资委	2000 年
9	600936	广西广电	61.16 亿元	广电网络	广西电视台	2016 年
10	600712	南宁百货	19.63 亿元	商业零售业务	南宁国资委	1996 年
11	600252	中恒集团	112 亿元	能源、金融、基础设施的投资	广西国资委	2000 年
12	000528	柳工	92.25 亿元	工程机械及配件	广西国资委	1993 年
13	000911	ST 南糖	22.78 亿元	机制糖	广西国资委	1999 年
14	000582	北部湾港	150 亿元	港口码头建设、装卸管理	广西国资委	1995 年
15	000833	粤桂股份	32.28 亿元	机制糖、纸浆和机制纸	广东广业集团	1998 年
16	000978	桂林旅游	16.82 亿元	客运、旅游观光服务	桂林国资委	2000 年

资料来源：Wind 整理。

（三）广西国有企业发展政策支持分析

十八大以来，国有企业改革步伐进一步扩大，政策支持文件不断印发和推出。如表 8－3 文件梳理所示，2018 年以来，政策文件一方面坚持改革总基调，不断增强国有企业活力，从清理整顿子公司改革国有企业提供体量，到改革完善工资总额确定方式建立匹配国有企业工资分配的信息披露机制，再到多渠道多资源充足整合“管大、管活”国有企业效率，建立了国有资本授权经营体制总方案，营造了良好的国有企业发展政策支持的生态环境，开启了国有企业混改的新篇章。另一方面，逐步推动构建国资监管大格局，倡导从监管理念、监管重点、监管方式、监管导向等方面加快完善国有资产监管职能，防范和化解国有企业的潜在风险。

表 8－3　2018 年以来国有企业发展重要文件梳理

文件名称	具体内容
《关于进一步推动国资监管大格局有关工作的通知》	明确构建国资监管大格局的总体要求，提出统筹推进全面履行职责、统筹推动形成以管资本为主的国有资产监管体制等 10 项构建国资监管大格局的重点任务，和完善组织领导机制、强化指导协调机制等 4 项完善建构国资监管大格局的工作机制
《关于以管资本为主加快国有资产监管职能转变的实施意见》	提出在坚持以管资本为主的国有资产体制的理念下，从监管理念、监管重点、监管方式、监管导向等方面转变国有资产监管职能
《改革国有资本授权经营体制改革方案》	提出国有资本授权经营体制改革的总体要求，指出优化出资人代表机构履职方式、分类开展授权放权、加强企业行权能力建设、完善监督监管体系、坚持和加强党的全面领导、周密组织科学实施等方案措施
《广西壮族自治区国资委监管企业内部资源整合指导意见》	提出“管大、管活”原则，《指导》意见从管理层级、清楚非主业企业、多渠道重组整合及资源配置等四个方面提出工作措施
《自治区国资委监管企业工资总额管理办法》	改革工资总额确定方式、实行分类管理、突出保障功能、完善工资与效益联动机制、建立工资平稳变动机制、建立企业工资分配信息公开制度
《区直国有企业风险隐患排查整治方案》	着力化解存量风险，严格控制增量风险，重点加强对债务风险的动态监控，对资产负债率过高或负债规模增长过快的企业，实施双重管控，切实降低杠杆率
《企业违规经营投资责任追究暂行办法》	完善国有资产监管体制，防止国有资产流失，明确责任追究的范围、国有资产损失认定、责任认定及处理程序，国有企业职责、监管部门职责等内容
《广西壮族自治区人民政府国有资产监督管理委员会履行出资人职责企业投资负面清单》	规范企业境外投资行为，要求企业进一步加强境外机构和人员的安保措施，建立健全处置预案
《清理整顿区直国有企业子公司过多工作方案》	清理整顿区直集团公司（一级企业）及其各级公司，规范公司组织结构，防范公司风险

资料来源：“国务院国有资产监督管理委员会”和“广西壮族自治区人民政府国有资产监督管理委员会”官网政策文件专门整理。

多年来，广西紧跟国家国有企业改革的时代步伐，坚持推动国有企业实施创新驱动战略，不断提升国有企业的内在活力和外在竞争力，以及抗重大风险的能力，制定实施了《自治区国资委管理企业经济布局和结构调整方案》《自治区国资委及监管企业改革发展“十三五”规划纲要》等一系列政策支持文件，统筹规划，系统布局，科学提出了广西国有企业改革创新发展的新思路和新方向。

三、广西国有企业投融资现状分析

（一）广西国有企业投融资环境分析

从经济环境看，广西作为与东盟紧密相连的省区，是 21 世纪丝绸之路的陆海交汇点，也是西部陆海新通道面向东盟的出海口。近年来，广西全面实施“开放带动战略”，不断优化营商环境，发展面向东盟的金融开放门户，全面对接粤港澳大湾区发展，构建“南向、北联、东融、西合”的全面开放发展新格局，逐步实现面向东盟的国际交流通道、国际合作平台的历史转变。2003 年，中国—东盟博览会永久落户南宁；2008 年，国务院批准实施《广西北部湾经济区发展规划》《桂林国际旅游胜地发展规划纲要》《珠江—西江经济带发展纲要》《左右江革命老区振兴规划》《广西壮族自治区建设面向东盟的金融开放门户总体方案》《西部陆海新通道》和《中国（广西）自由贸易试验区建设实施方案》等一系列战略规划，实现了多个国家战略对全区的广覆盖。2019 年，面对错综复杂的国际国内环境和持续下行的国内经济压力，广西全区在自治区党委、政府的坚强领导下，坚持以习近平新时代中国特色社会主义思想为指导，深入贯彻习近平总书记对广西工作的重要指示精神，全面落实党中央、国务院及自治区政府的各项战略部署，坚持稳中求进的工作总基调，坚定践行新时代高质量发展理念，深化供给侧改革，着力推进经济高质量发展，全区经济结构调整稳步推进，增长动能不断增强。

从政策与法律环境看，伴随着《公司法》《商业银行法》《企业所得税法》、新《证券法》等诸多法律法规的颁布实施，以及广西基于国家法律法规基础上根据广西发展实际颁布的一系列企业经营法规，各种法律和法规制度已经得到了极大的完善和提高，政策生态环境得到了极大的改善。2019 年广西实施了更大规模的减税降费举措，一方面对小微企业实施普惠性税收减免，另一方面深化增值税改革，继续推进实质性减税，并且全面实施修改后的个人所得税法及其实施条例，落实好 6 大项专项附加扣除政策，还进一步配合各个相关部门，积极研究制定降低社会保险费率综合方案，减轻企业的社会保险缴费负担。总体来看，近些年来，广西已经建立一套较为完整和完善的税收优惠政策，不断吸引更多本地投资和外商投资，有力地促进了广西区域经济的发展。

从金融环境来看，广西作为西部地区重要省份之一，在我国金融经济发展大趋势下，广西积极贯彻国家金融体制改革方针政策，金融结构渐趋多样性。2008 年国家批准《广西北部经济区发展规划》，2010 年中国—东盟自贸区建成，2013 年国家批准《云南省、广西壮族自治区沿边金融综合改革试验区总体方案》等都为广西经济发展、地方金融结构优化调整带来了前所未有的发展机遇，2018 年国家批准《广西壮族自治区建设面向东盟的金融开放门户总体方案》、2019 年《中国（广西）自由贸易试验区建设实施方案》更是为广西加快面向东盟的金融开放提供了良机。2019 年，《广西建设面向东盟的金融开放门户五年实施规划（2019—2023 年）》和《广西建设面向东盟的金融开放门户三年行动计划》印发实施，明确了广西金融改革的具体举措和发展路径，《广西建设面向东盟的金融开放门户南宁核心区实施方案》的“一轴两翼，一城四区”的金融产业布局，使得南宁金融中心成为2019年“中国金融中心指数”排名的一匹黑马，而得益于毗邻东盟的优越地理位置，人民币成为广西与东盟第一大跨境支付货币，《关于印发创建保险创新综合试验区实施方案的通知》的“一核多点”保险创新发展新构建格局将大大优化广西的金融结构，不断出台的金融支持政策使得广西金融生态环境大大改善，这为国有企业的改革发展打造了良好的投资环境和融资环境。

（二）广西国有企业投资现状分析

企业投资无论是实物投资还是资本投资，其投资形态都可以分为股权投资、非股权投资和金融资产投资。其中股权投资、非股权投资两种投资与金融资产投资主要是依据企业是否参与生产经营活动来进行区分。股权投资主要是以投入资本的形式通过新设、自建、增资、收购等形式获得或参与所投资企业的经营，而非股权投资主要以实物投资或者资本投资的方式参与企业的经营活动来取得收益，而金融资产投资主要表现在企业通过购买其他上市企业的股票，债券或者各类金融机构发行的金融工具，企业并不参与其经营活动，只是通过利息收入和资本利得获取收益，表8－4显示了2016年至2018年间广西上市国有企业对外投资所采取的方式。

表8－4　2016—2018年广西国有上市企业投资方式统计

序号	证券代码	证券简称	股权投资	非股权投资	其他投资	金融资产投资
1	600310	桂东电力	√	√		√
2	600249	两面针	√			√
3	601003	柳钢股份	√			√
4	600423	＊ST柳化				
5	601368	绿城水务				
6	600301	ST南化				
7	600368	五洲交通	√			
8	600236	桂冠电力	√			
9	600936	广西广电	√	√		
10	600712	南宁百货				
11	600252	中恒集团				√
12	000528	柳工	√			√
13	000911	ST南糖	√	√		√
14	000582	北部湾港	√	√		
15	000833	粤桂股份	√	√		√
16	000978	桂林旅游	√	√	√	

资料来源：各上市国有企业2016—2018年年度报告整理。

从总体上看，有12家国有企业在统计期间内采取了股权投资、非股权投资或者金融资产投资的形式进行了企业的对外投资活动，4家国有企业则从数据上来看，其融资获得的资金主要是维持企业自身的经营活动。

从投资的方式上来看，广西国有企业偏好以股权投资的形式参与所投资企业的活动，有11家企业在统计年份内以此种方式进行投资，再就是金融资产投资，有7家企业，这主要由于金融资产流动性比较好，可以满足企业随时的可能流动性不足，其次有6家国有企业才用非股权投资进行投资。

从广西国有企业投资规模来看，国有企业投资的规模并不是很大，除桂林旅游、柳工和北部湾港每年都有大量投资流量外，中恒集团主要投资国海证券等两家上市公司的股票，粤桂股份和ST南糖投资金融衍生品，其他国有企业金融资产投资选择的并不多。

（三）广西国有企业融资现状分析

企业融资的方式除传统地向商业银行申请信贷间接融资外，可采用的直接融资方式包括在资本市场的首发（IPO）、增发、配股和优先股等，在债券市场主要包括企业债券、可转债和可交换债等。

表8－5显示了2015—2018年广西16家上市企业通过金融市场的股权融资情况。四年间，广西有5家国有企业首发上市，其中2015年就有3家，2018年1家，通过全国对比来看，国有企业上市的数量并不多。

表8－5　2016—2018年广西国有上市企业股权融资情况统计

年份	融资总额/发行规模（亿元）							融资次数						
	总额	首发	增发	配股	优先股	可转债发行	可交换债	总数	首发	增发	配股	优先股	可转债	可交换债
2018	108.72	13.22	91.20			4.3		8	1	6			1	
2017	10.97		10.97					2		2				
2016	174.34	14.40	139.94				20	10	1	8				1
2015	337.68	13.72	323.96					16	3	13				
合计	631.71	41.34	566.07	0	0	4.3	20	36	5	29	0	0	1	1

资料来源：Wind整理。

从国有企业通过金融市场股权融资规模来看，四年间，16家上市企业共融资631.71亿元，其中首发股权融资41.34亿元，增发股权融资566.07亿元，可转债和可交换债融资24.3亿元。2015年股权融资规模最大，共融资337.68亿元，这与当年共有3家国有企业首次IPO上市融资有关系，2017年最少，仅有10.97亿元。从融资方式来看，四年间，共进行股权融资36次，其中增发29次，首发5次，可转债和可交换债各1次；2015年和2016年股权融资次数最多，均在10次以上，2017年仅有2次通过增发获取股权融资。因此，从16家国企4年间股权融资规模的融资次数的总体情况来看，广西国有企业偏好以增发的方式获取融资，利用配股、优先股、可转债和可交换债的方式获取融资较少。

债券市场也是国有企业获取融资的重要渠道，我国债券市场相对比较完善，债券种类比较齐全，私募债、一般公司债、一般短期融资券、一般企业债、超短期融资债券、定向工具、同业存单、一般中期票据、银保监会主管 ABS 和商业银行债都是企业经常采用的债券融资工具，表 8－6 显示了 2016－2018 年广西 16 家上市国有企业通过债券市场进行融资的情况。

表 8－6　2016—2018 年广西国有上市企业债券融资情况统计

债券种类	年份	私募债	一般公司债	一般短期融资券	一般企业债	超短期融资债券	定向工具	同业存单	一般中期票据	银保监会主管ABS	商业银行债	合计
债券只数（只）	2015	15	2	11	3	40	25	23	15	6	0	140
	2016	33	5	7	15	21	12	179	21	6	1	300
	2017	9	5	6	3	25	13	399	16	4	0	480
	2018	13	4	8	10	34	13	572	22	3	1	680
债券规模（亿元）	2015	150	50	72	25	252	154.5	134.5	111.5	32.94	0	982.44
	2016	306.3	55	48	144.4	144.4	93.5	776.4	176	58.14	17	1844.74
	2017	52.7	41.4	36	18	18	65.1	1393.7	144	24.91	0	1996.81
	2018	63	70	49.9	46	46	50.8	1467.8	161.3	4.48	20	2186.28

资料来源：Wind 整理。

从债券融资规模来看，2015 年以来，广西国有企业债券融资规模不断增长，从 2015 年的 982.44 亿元快速增长到 2018 年 2186.28 亿元，债券融资规模增长了 1.23 倍。从各金融工具发行规模来看，以同业存单、中期票据等金融工具发行进行融资的规模比较大，每年均在百亿元以上，其中同业存单规模较大，近 2 年都在千亿元以上规模。

从债券发行只数来看，四年来，广西国有企业每年债券发行的只数也是快速上升，从 2015 年的 140 只快速增长到了 2018 年 680 只，不同形式的债券融资工具发行只数增长了 300% 多。从选择发行的债券工具来看，同业存单是最经常用的金融工具，每年都在百只以上，2018 年发行了 572 只，另外就是超短期融资工具和一般中期票据，平均每年发行都在 20 只以上。总体来看，超短期融资债券、定向工具、同业存单、一般中期票据和私募债是广西国有企业债权融资经常选用的融资工具。

四、广西国有企业投融资存在的问题分析

（一）国有企业投资决策尚不科学

企业投资是企业扩大经营、多元化发展最主要的方式，科学、系统的投资规划战略

对国有企业的发展至关重要，但基于广西上市企业年报披露的投资数据可以看出，相较于企业的融资规模，国有企业的投资不仅局限在自治区内，而且投资的规模也相对较小，这表明广西国有企业多元化经营远没有展开，国有企业的投资战略目标、投资评价体系都还没有形成科学的体系，企业的发展只维系当前的正常经营，使得国有企业的投资收益提升得比较缓慢，这也与当前广西国有企业整体的经营收益较低相符合。

科学的投资战略体系的缺乏大大约束了广西国有企业的发展，使得广西国有企业发展的步伐还不够快，不够宽，在当前国家大力推进企业“走出去”的形势下，尤其是广西毗邻东盟，国有企业错失了很多产能合作的机会，制订科学合理的投资战略规划，引领国有企业的投资，已成为广西国有企业面临的最重要的问题。

（二）国有企业投融资体制尚不完善

近些年来，国有企业改革的方向已从“管企业”向“管资产”方向转变，让“市场在资源配置中起决定性作用”是国企改革最终想要达到的目标。但国有企业市场化改革，涉及打破垄断、市场准入、政府改革等多个层面和方面，混合所有制改革并不顺利。这一方面由于国有企业改革的复杂性和系统性，多重改革相互嵌套，“牵一发而动全身”，改革需要循序推进；另一方面国有企业改革涉及多方利益，政府要放权，企业要让利，投融资制度要规范，这需要一个循序渐进的改革周期。

因此在这种较为复杂的改革周期下，广西国有企业的投融资体制还不规范。这不仅表现在当前政府与国有企业之间当前还缺乏细致的沟通协调，国有企业如何更好地做好投资人角色，政府如何在国有企业的投融资决策施加影响力等都还是亟须解决的难题，而且还表现在国有企业的投融资环境的法律支撑一直还存在短板，由于立法时间的不同，一些投融资政策还没有对应的法律支撑，还有一些由于投融资市场的变革而致使法律的对应调整需要时间从而存在着脱节现象。而投融资体制的不完善使得广西国有企业的一些投融资行为缺乏制度保障，从而制约了国有企业大力发展投融资的行为。

（三）国有企业投资方式尚不灵活

国有企业投资是国有企业结构调整，促进国有资产保值增值，推动国有资本做强做大最重要的方式，但从广西国有上市企业 2015 年投资数据来看，广西国有企业投资方式单一，缺乏灵活性。从已有数据中可以看到，广西国有企业投资的主要方式有新建、增资、收购、衍生品购买，其他上市公司股票购买等。从投资规模也能看出广西国有上市企业的股权投资主要集中在自建和增资，少量会通过收购的方式扩大企业经营，而非股权投资和金融资产投资则很少涉及。

这一方面显示出了广西国有企业当前的发展主要集中在维系自身经营，对外扩张的战略还没有过多实施，另一方面也显示出广西国有企业投资方式过于单一，不仅没有重视企业扩张或其他实体经济投资所能带来的规模经济利润，也没有重视金融资产投资所能带来的资产增值和资金风险分散。

（四）国有企业融资方式存在局限性

当前，广西国有企业的融资方式主要依赖于外源融资，内部融资比较缺乏。总体来看，广西国有企业的经营效益普遍不是很高，缺乏自营资金，导致企业的固定资金和流动性资金一直处于紧缺的状态，导致国有企业的发展一直依赖于外援融资。从 2015 年以来广西上市国有企业融资的规模看，广西国有企业 2015 年以来外源融资的规模越来越大，显示广西国有上市企业的资金的短缺性，常常需要外源融资来支撑企业的发展。

企业的发展应该充分利用企业自身的经营利润留存或者通过股份制改造来发展，但当前广西仅有 16 家国有企业上市，以通过资本市场发行股票的形式获取资金，推进企业的发展。但大量的国有企业由于经营利润的问题，长期止步于维持日常经营而过少考虑通过做大做强企业，进而发展内源融资，这对广西国有企业自身的长期发展以及正在开展的混合所有制改革都是极其不利的。

（五）国有企业融资渠道存在单一性

长期以来，广西国有企业的融资都是以外部融资特别是银行信贷为主，缺乏多元化的融资渠道。从上述数据讨论可知，广西当前只有 16 家国有企业通过上市首发获得股权投资，首发之后通过增资和发行可转换债方式进行股权融资的次数寥寥可数，充分显示了上市企业的股权融资渠道单一。另外广西还有大量未上市的国有企业，这些企业未能满足上市门槛，维持企业日常经营的现金流只能通过信贷市场获得贷款支持。

同时通过上市国有企业债券融资的方式，当前债券融资是广西国有上市企业融资的主要渠道，债权融资的规模远远大于股权融资，而且相对来说广西国有企业债券融资的方式也比较广泛，定向工具、同业存单、一般中期票据等融资方式被广泛使用，但对于大量的未上市国有企业来说，由于企业信用未达到条件，企业债券等一些工具对于大量未上市企业来说门槛过高并不能广泛使用，同时由于国有企业难以从个人投资者获得融资，也致使很多国有企业并不能拓展新的融资渠道，只能转向信贷市场。

（六）国有企业融资成本存在居高不下性

长期以来，基于资产负债表数据，广西国有企业的资产负债率居高不下，这主要是由于国有企业的融资成本过高导致的，国有企业的融资效率一直比较低。由于广西国有企业的融资绝大部分都来源于外源融资，而且主要是来自银行信贷，多年来积累的银行信贷大大堆积了还款成本，是国有企业沉重的成本负担。

相较于权益资本融资，债权融资到期还本付息特性使得债权融资效率比较低，而从数据可以知道，广西国有企业的债权融资规模很大，即使没有通过债权融资，也大部分集中在银行信贷，因此，长期以来广西国有企业融资效率低下，沉重的还息成本，尤其是受存贷利息差政策影响下较高的贷款利息率使得广西国有企业融资成本一直居高不下，大大阻碍了国有企业的发展。

五、推进国有企业投融资发展的政策建议

（一）坚持党建引领，完善国有企业投融资的法律规章

坚持党的领导和坚持党的建设是国有企业长期以来的独特优势，广西国有企业的发展坚持和发扬党的领导的“根”和“魂”，把党组织研究讨论作为董事会、经理层决策重大问题前置程序，将“把方向、管大局、保落实”落到实处，充分发挥党组织在国有企业发展中的领导核心作用，创新探索国有企业党建新思路、新方法和新举措，把党的领导融入具体的各项投融资工作中来。

另外，法律规章是国有企业投融资的“准绳”，多年来国家和自治区层面虽然已经颁布了很多相应的法律和规章，这些法律和规章在一定程度上使得国有企业的投融资行为得到了规范，促进了国有企业的大发展，但整体上来看，这些规章和制度还没有形成科学完整的体系，与广西区域经济大的发展进程相比，有些规章制度并不能满足国有企业投融资发展的需要，而在市场准入、信息披露、治理模式等方面的法律规章制度的不规范和不完善，制约着广西国有企业的投融资行为。因此规范广西国有企业投融资行为，提升国有企业的投融资效率，应因地制宜，基于广西经济发展和国有企业发展现实，科学制定包括约束规范经营的核心制度，违规投融资的惩戒制度等激励和约束规章机制，以更好地规范广西国有企业的投融资行为。

（二）明确升级方向，合理设计国有企业投融资战略发展路径

党的十八届三中全会明确指出“混合所有制经济是我国基本经济制度的重要实现形式”，国有企业作为我国国有资产的核心，对其的混合所有制改革已经成为国家对国有企业改革的重点方向。因此广西国有企业应明确混合所有制改革大背景下，企业改革发展的方向，在以投资回报最大化为目标的前提下，通过引入战略合作者以完善监督、增强机制，提高效率，实现国有资本的保值增值。

同时企业的发展规划是企业发展的“明灯”，广西国有企业应不断完善企业发展思路，解放思想，找准定位，把握市场需求态势和发展空间，科学合理设计投融资发展战略，并把企业的投融资规划与自治区、国家的经济发展战略规划相契合，形成广西国有企业的科学发展路径，通过战略规划科学指引广西国有企业的发展方向。

（三）突出主责主业，不断加大国有企业发展的全方位融资

当前广西国有企业取得了长足发展和显著的成效，但与东部沿海省市相比仍然存在着一定的差距，国有企业仍然存在小、散、弱等问题。因此广西各投融资国有企业单位一方面要认真贯彻落实国家和自治区有关国企改革的总体部署和具体要求，创新工作要求和工作方法，加快国有企业改革步伐；另一方面要找准定位，深度挖掘企业自身优势，

突出抓好主责主业，对重复投资同质化竞争问题突出的领域，要进行重组整合，加快非主业非优势业务的剥离；另外还要充分担起国有企业在区域经济发展中“排头兵”的作用，狠抓项目落实，不断取得新突破，打造新亮点，为广西区域经济发展扛起国企担当。

在突出主责主业的背后，广西国有企业积极谋划跟进对接，构建全方位的融资体系。国有企业不仅要利用好传统的间接融渠道如银行信贷来获取融资支撑，还要大力发展企业债券、专项债券等融资工具，更重要的是要极力发展直接融资，充分利用增资、优先股等金融工具等形式，着力引进战略投资者，吸引社会资本加入，持续构建全方位的市场化融资策略。

（四）着眼服务大局，注重国有企业的多元化发展

改革开放以来，广西国有企业改革不断纵深推进，国有企业发展取得了较大的进步。但在国内外比较复杂的外围不稳定经济形势下，广西国有企业应在着眼服务大局的基础上，注重国有企业的多元化发展。一方面要牢牢握住管资本的手段，探索以国资管理创新实现国有资本的保值增值，实现国有企业的做大做强。另一方面要加快完善国有企业的公司治理结构，充分重视国有企业公司章程建设，推动国有企业的股份制改造，建立长效的国有企业公司治理机制；同时加快推动国有企业的混合所有制改革，积极吸引社会优质资本进驻，发展国有企业股权的多元化经营，积极转变思想，转变机制，全面实现战略性合作，并且还要积极开展多样化投资，在充分利用自建、收购等形式扩大企业经营规模的基础上，还要用闲置的资金开展多元化的金融资产投资，充分利用金融市场的投资工具实现国有企业的资产增值和风险分散，从而灵敏高效地应对高度不确定的市场化竞争。

（五）完善投融资体制机制，提升国有企业发展的竞争力

融资畅通、法治保障健全的国有企业投融资体制，是为国有企业高质量发展提供力量的保障。一方面要确立国有企业在投资活动中的主体地位，原则上要由国有企业自身依法依规自主决定投融资决策，但涉及重大企业发展的投融资项目或关乎企业利益的重大项目，要以清单方式报由政府审查，实现国有企业投融资核准范围的最小化。另一方面健全投资管理体制，发挥政府在国有企业投融资活动中的引导和带动作用。要优化政府投资的安排方式，采取投资补助、贷款贴息等方式引导国有企业对政府安排的项目进行投融资，充分发挥政府财政资金的引导和带动作用。同时还要加大创新力度，拓宽融资方式和渠道。鼓励国有企业开展股权多元化试点，依托多层次的资本市场体系，发展直接融资，拓宽国有企业投资项目的融资渠道。通过构建更加开放的国有企业的投融资体制，为国有企业走出去和重点合作项目的实施提供更多的投融资支持。

参考文献

[1] 李烨，黄速建．我国国有企业的综合绩效影响因素研究——以2006—2014年沪深国有A股公司为样本［J］．经济管理，2016（11）：60－70.

[2] 邓可斌，曾海舰．中国企业的融资约束：特征现象与成因检验［J］．经济研究，2014（2）：47－60.

[3] 黄速建．国有企业改革三十年：成就、问题与趋势［J］．首都经济贸易大学学报，2008（11）：87－96.

[4] 李礼，齐寅峰等．经济制度变迁对我国国有企业融资动机的影响——基于调查问卷的分析［J］．南开管理评论，2007（2）：54－61.

[5] 李成，黄友希．国有企业改革和利率市场化能否改善非国有企业融资困境?［J］．金融经济学研究，2014（7）：97－106.

（执笔人：王伟）

9. 广西金融支持汽车产业高质量发展研究报告

我国自加入世界贸易组织以来，汽车产业发展迅猛，在汽车产量和销量增长迅速的同时，汽车消费主体的发展方向也日趋多元化。对于广西壮族自治区而言，汽车产业是其最具有比较优势与发展潜力的支柱产业之一。仅从2003—2013年来看，广西壮族自治区的汽车产量从20.9万辆逐渐增长到186.91万辆，同比增长了11.7%。在广西壮族自治区的各个地级市里，柳州、玉林、桂林及南宁的汽车产业集群已基本建成。其中柳州的汽车工业经济总量占全广西壮族自治区汽车工业经济总量的比重达75%以上，拥有四大汽车集团（包括上汽、一汽、东风及重汽）的整车及专用车生产基地，汽车产业在广西壮族自治区已成为仅次于食品产业的千亿元产业。

一、汽车金融服务模式发展概况

汽车金融服务需依靠汽车产业进行开展，同时能有效地刺激汽车产业发展的金融服务性活动。汽车金融服务是继房地产金融之后一个规模较大、发展相对成熟的个人金融服务项目，年平均增长率保持在3%。随着汽车金融服务这一产业不断发展与成熟，据统计，在目前汽车销售总额中，现金销售额和提供汽车金融服务销售的汽车在全世界每年的汽车销量中占比分别达到了30%和70%左右。可以看出，如今发生根本性变化的整个汽车产业价值链，最有价值的环节将会是金融服务。单纯车型的竞争将会成为过去，未来的汽车市场在很大程度上会是围绕汽车金融服务这一具有相当潜力的环节展开竞争。

（一）汽车金融服务发展进程

1. 起步阶段

最初国外汽车制造企业以扩大汽车销售量为目的，向汽车购买使用者提供汽车销售分期付款的服务模式。为筹集用于汽车销售的资金。国外汽车制造企业出资组建为其服务的汽车票据承兑公司，使汽车制造资金与汽车销售资金通过这种模式得以分开。这种模式的出现实现消费者付款方式的变化，是一种汽车消费方式的革新，还处于起步阶段。追踪国内的情况，最先由1993年北京某汽贸公司所提出的分期付款购车方式，可视为国内最早的汽车制造企业所提供的汽车金融服务。相较国外的汽车金融服务，国内汽车金融起步较晚，出现问题也比较多。20世纪末，上汽等几家大型汽车生产企业组建财务公司并联合国有银行提供汽车金融服务，这一举措让汽车销量快速增长。但由于信用问题使举措在实际执行一段时间后，出现了不良现象。

2. 发展阶段

在经历过起步阶段后，汽车企业所在市场与制度等外部环境得到优化改善，发展过程中出现了由汽车金融公司解决向消费者提供分期付款售车方式中出现的资金不足这一问题。汽车金融服务的方式即是利用汽车金融公司这一载体形式来向社会筹集资金，从而缓解汽车制造企业紧张的资金。2003 年全球汽车销售收入中融资所占销售收入比例达到 70% 左右。国外汽车金融服务模式不断深化，汽车金融业务在证券发行、信贷运用、资产证券化及保险业务上均比较成熟。在国外有汽车融资租赁这种较为成熟的模式，其方式是让汽车消费者先租用汽车后购买，购买上面拥有自主选择权，在汽车租用时所使用的汽车可不必实现所有权的转移。如北美汽车金融市场，通过融资租赁方式获得汽车使用权的百分比为 46%，高于通过现金支付等方式的百分比，通过融资租赁的方式使用汽车比重较大。国内发展时间晚于国外，但比较国外发展阶段，虽同为汽车金融服务模式的深化，但有三个关键的区别点：（1）国外在提供金融服务有关于信用的前提条件；（2）国外在汽车金融方面的法律规范明显多于国内，管理相对规范；（3）国外的汽车金融服务模式相对多样化，提供的汽车金融服务产品选择性较多，增大了汽车金融服务市场的活力。

3. 成熟阶段

虽然国外在 2007—2008 年受到全球金融风暴的严重影响，但汽车金融服务的发展模式总体表现为将互联网等电子信息技术运用到汽车金融的现代化。汽车金融服务从开始仅针对消费者提供的汽车消费信贷业务向汽车衍生消费的方向多元发展；通过汽车制造企业的国际化经营方式，提供汽车金融服务更加注重高质性与便捷性。国内现有的汽车金融公司可通过社会筹集资金，商业银行的金融服务扩大到生产等环节，使汽车产业资金能够更加灵活周转，进而扩大汽车产业规模。由于汽车产业与汽车金融服务间的相互作用，汽车产业的发展进而也促进汽车金融的繁荣。根据《中国汽车金融公司行业发展报告》，截至 2014 年 3 月，目前全国拥有 17 家汽车金融公司，其总资产规模已超过 2819 亿元，总贷款余额已超过 2658 亿元。其中，汽车批发与零售贷款余额分别超过 668 亿元与 1944 亿元，可见汽车金融公司现阶段主要是针对消费者提供的汽车零售贷款业务，其他项目的金融服务相对较少。这些公司实现年度累计净利润 14.5 亿元，资产利润率和资本利润率分别达到 2% 和 14%。国外的汽车金融服务伴随互联网等电子信息技术的运用不断成熟，模式特点主要有上述中的多元化与国际化经营。国内的汽车金融服务模式在这一阶段也逐渐由商业银行为金融服务主体向专业的汽车金融服务公司转变。

（二）汽车金融服务的主要模式

1. 商业银行为服务主体

商业银行为服务主体的模式，提供的汽车金融产品针对不同的消费者缺乏个性化的设计。以天津滨海新区为例，截至 2011 年，金融机构对个人消费提供的贷款总余额为 217.07 亿元，其中汽车消费贷款余额为 1.72 亿元，占比不足 1%，所占比例远远低于提供个人住房贷款占比。

目前，商业银行提供的汽车金融服务模式主要有“直客式”与“间客式”汽车金融服务模式，“直客式”是商业银行为主体的金融服务模式，“间客式”是汽车经销商为主体的金融服务模式。这种模式由经销商、银行、保险公司三方联手，由经销商负责为消费者办理贷款手续，完成消费者的信用调查与评价。

2. 汽车金融服务公司为服务主体

由汽车金融服务公司直接面对消费者提供的购车融资服务，公司对消费者的信用状况及审批工作的结论，向消费者提供金融服务的模式，具体流程为：①消费者递交申请；②资料传递；③信用调查；④服务情况说明；⑤金融公司收到合同文件后付款给经销商；⑥车辆上牌登记，金融公司作为车辆的抵押权人；⑦车辆转交；⑧按期付款；⑨信息回馈。

通用汽车票据承兑公司（GMAC）是 1919 年由美国通用汽车公司设立，历史上第一家汽车金融公司，其提供汽车金融服务主要为两种模式：分期付款模式与融资租赁模式。汽车金融服务除购车，还包括后续零部件供应、维修、索赔、旧车处理等内容，汽车金融服务公司有汽车行业背景，能便捷快速提供专业服务，如汽车维修、美容等。汽车金融服务公司首要的市场定位是促进汽车及相关产品的销售，基于前面的理论基础，经济不景气时，商业银行收缩贷款，但汽车金融公司会采取相反的举措促进汽车销售量增长。汽车金融服务公司对于消费者可提供汽车贷款、汽车保险、技术指导、车辆延长保修，二手车报废和置换等完整的终身服务。

3. 智慧汽车金融平台为服务主体

互联网络发展影响汽车金融服务模式的变化，电子商务带来汽车金融的改变，电子化成为一种趋势，汽车属于大宗消费品，价值高，折旧快，汽车金融消费将是未来汽车金融消费的大势所趋。根据汽车之家研究中心 2013 年统计数据，80 后贷款购车比例从 2010 年的 23.5% 上升到 43.9%。伴随互联网成长起来的 80 后、90 后将会是未来汽车消费市场的中坚力量。

以我国的阿里巴巴公司为例，阿里巴巴介入汽车金融，与上汽签署了“互联网汽车”战略合作协议，2014 年 7 月阿里巴巴推出整车购买增值服务的消费产品，消费者的支付方式选用余额宝取代传统预付款模式。以阿里巴巴的汽车金融服务模式为例，比较汽车金融公司与商业银行，采用余额宝的运作模式，选择创富汽车金融为第三方合作公司，天猫给予补贴，实现无息贷款。汽车金融公司将信用审批与风险管控转移给阿里巴巴，而阿里巴巴基于淘宝和天猫消费数据和信用记录，对消费者的信用情况进行判断，阿里巴巴将互联网金融产品与汽车金融巧妙结合。

二、广西汽车产业发展现状

（一）广西汽车产业发展现状

广西汽车企业围绕着当前国内外汽车产业发展的趋势，积极调整产品结构，不断加大技术攻关和产品研发力度。几家整车企业近年来都不断推出新的车型上市，并且销售成绩可观；发动机、底盘、车用电器、车身附件等零部件企业也开发了一批新的产品，得到市场认可。

1. 产业布局情况

广西汽车工业主要包括汽车整车制造业、专用车改装车业及汽车零部件制造业，主要分布在南宁、柳州、桂林、梧州、北海、玉林、钦州、河池、百色、贵港、崇左、来宾、贺州等13个市。广西的主要汽车生产制造厂商为：上汽通用五菱、东风柳汽、广西汽车集团、钦州力顺、广西华奥、玉柴机器、桂客集团、柳州乘龙、一汽柳特、重汽运力、广西源正等。

从广西汽车产业整体布局来看，已形成以上汽通用五菱、东风柳汽、桂林客车集团、一汽柳特、重汽运力等企业为依托，在保持国内最大微车生产基地地位的同时，加快乘用车、客车、载货车、专用车和低速货车的发展，同时重点推进面向家庭的轿车及乘用车的布局；零部件配套供应已形成以玉柴集团、柳州五菱、广西方盛、桂林福达等汽车零部件骨干企业为依托，立足本地配套，面向全国，进入全球零部件采购体系的汽车零部件产业布局。

同时，广西汽车产业已经形成以柳州为中心并辐射玉林、桂林和南宁的汽车产业集群，依托五大整车厂及专用车厂的配套需求，带动柳州、桂林、南宁三地的零部件产业发展，柳州、玉林、桂林和南宁这4个城市占广西壮族自治区汽车工业经济总量的90%以上。

目前，广西汽车产业共有规模以上企业347家，企业资产总额为1667.1亿元，全部从业人员平均人数为13.5万人，形成包含载货汽车、客车、乘用车、车用内燃机、汽车零部件工业等较为完整的产业格局；拥有五菱、宝骏、雪佛兰、乘龙、霸龙、风行、景逸、菱智、大宇客车等在国内较有影响力的汽车品牌和“玉柴机器”内燃机品牌。上汽通用五菱已连续12年稳居国内微车行业产销第一，广西壮族自治区玉柴车用柴油机连续十多年保持国内同行业产销量第一，MPV产销量连续多年居全国第一位。数据显示，2017年全区汽车工业完成总产值2841.99亿元，占全区工业总产值的10.47%，同比增长7.33%。汽车整车产量248.61万辆，同比增长1.29%；销量246.26万辆，同比增长0.89%。其中MPV和交叉型乘用车产量居全国第一位，广西壮族自治区玉柴机器股份有限公司的车用柴油机产销量居全国第一。

2. 产业结构情况

广西壮族自治区百强企业中有10家汽车企业，占百强企业的10%，拥有上汽通用五菱汽车股份有限公司、广西壮族自治区玉柴机器集团、东风柳州汽车有限公司等一批在国内具有较强竞争力的优势企业。上汽集团、东风公司、一汽集团和重汽集团四大汽车集团均已在柳州建立生产基地。

同时，广西还拥有一批较具实力的专用车生产企业，利用本地微车、载货车底盘进行改装，通过市场细分拉动整车发展。广西低速货车生产也已具备一定规模，产品出口越南等地，具有比较优势。

另外，根据《广西壮族自治区新能源汽车发展行动方案》，确定了2018年和2020年广西壮族自治区新能源汽车发展目标。就项目扶持、购车补贴、充换电设施建设、用电、用地等提出了具体的扶持政策，其中，在充换电设施建设方面明确，近期南宁、柳州、桂林、贵港等新能源汽车发展重点城市充电设施的建设资金，由广西电网公司出资80%以上，其余由当地人民政府协调解决。

3. 产业组织情况

广西汽车市场化程度有所改善，但国有经济比重仍偏高。由于坚持实现公有制的多种有效形式，促进了行业企业产权多元化的组织结构调整，多种经济成分共同发展的格局基本形成。其中，国有大中型企业普遍进行了较为规范的公司制改造，法人治理结构得到完善。

但是，广西汽车工业国有资产占全行业的比重仍高于全国机械汽车工业的平均水平，部分国有企业承担的社会职能尚未剥离，债务沉重，资金短缺，抑制了内在发展动力。相对应地，在浙江、广东等经济发达地区，其非公有制企业至少占三分之二以上。

4. 生产经营出口

广西汽车产量近十年来呈现稳步上升，2013年产量是2004年的6.5倍，产量占全国的比重也基本呈现上升趋势，并稳定在8%左右。2011年，广西壮族自治区汽车工业完成工业总产值1417.7亿元，同比增长12.7%；完成工业增加值306.8亿元，同比增长8.8%；实现销售收入1443.1亿元，同比增长13.0%；实现利润74.7亿元，同比增长1.5%。2011年实现汽车工业出口交货值13.61亿元，同比增长39.8%。上汽通用五菱汽车股份有限公司借助南美市场发力，整车出口突破15000辆，实现交货值52622万元，同比增长112%。东风柳州汽车有限公司依托越南、阿尔及利亚等传统市场全面进入秘鲁市场，并通过南美自由贸易区逐步渗透到南美的其他国家，选择有实力的经销商，营销服务配件网络进一步加强，整车全年累计出口2020辆，出口额50428.12万元，同比分别增长64%和90%。中国重汽集团柳州运力专用汽车有限公司出口额19869万元，同比增长146%。柳州五菱汽车有限责任公司出口额达6538万元，主导产品为高尔夫球车、社区休闲车等。广西壮族自治区玉柴机器股份有限公司的产品出口已覆盖五大洲，特别是东南亚、中亚、东欧、非洲、南美和中美地区。

（二）自治区政府部门相关支持措施

2016年8月，广西壮族自治区政府印发《广西壮族自治区新能源汽车发展行动方案》。2017年2月8日，《广西壮族自治区新能源汽车产业发展“十三五”规划》出台。2018年9月，广西壮族自治区政府印发《支持新能源汽车发展的若干措施》。广西新能源汽车的发展，坚持产业转型和推广应用相结合，迈入发展快车道。广西将全面实施创新驱动发展战略，加快推动以科技创新为核心的汽车产业升级和结构调整，把发展新能源汽车作为促进城市绿色可持续发展的重要抓手，坚持产业发展与推广应用并举。通过推进整车产品规模化、重要部件本地化、关键技术自主化、产品应用多样化，到2020年全区要初步建立以骨干企业为核心的新能源汽车产业链，整车和关键零部件核心技术实现突破并达到国内先进水平，推广应用环境不断优化，实现较大规模应用。“十三五”期间，将以纯电驱动为新能源汽车发展和汽车工业转型的主要战略取向，重点发展纯电动客车和插电式混合动力客车、纯电动乘用车和插电式混合动力乘用车、新能源专用车、新能源汽车关键总成与零部件等产品，以及新能源汽车整车开发、新能源汽车关键零部件开发、新能源汽车产业化等关键技术。

2018年，广西壮族自治区全年汽车产量248.61万辆，整车产量占全国的8.6%，成为我国重要的汽车生产基地，也成为广西壮族自治区的重要支柱产业。广西壮族自治区对汽车产业的主要支持措施如下。

1. 做强做大骨干企业

为加快培育汽车产业发展新业态、新动能，广西壮族自治区政府2017—2019年多措并举筹集资金63.81亿元，通过贷款贴息、以奖代补、风险补偿、财政补助等多种形式，支持汽车产业发展，坚持汽车产业发展与推广应用并举，以构建广西特色现代汽车产业体系为目标，重点发展新能源汽车，加快汽车产业结构调整和转型升级，形成较完整的产业格局和配套体系，拥有一批优势企业和较强竞争力的产品。广西壮族自治区财政多渠道筹措资金2.7亿元，集中力量大力支持汽车工业龙头企业发展。以上汽通用五菱汽车股份有限公司为龙头，加强技术创新，加快产品更新换代步伐，升级宝骏310C/W小型轿车，推进紧凑型多功能乘用车（MPV）、小型运动型多用途车（SUV）系列化，加快发展中高端车型，尽快推出最低售价高于10万元的MPV、SUV产品，重点发展E200、E300、E400两厢、三厢纯电动轿车等新能源汽车。以东风柳州汽车有限公司为龙头，全面推进轻量化、电动化、智能化、网联化和共享化，重型卡车重点发展H5、H7重型载货车、T5、T7重型牵引车，加快提升新一代卡车H平台、T平台产品系列化；中轻型卡车重点发展城市物流、农村物流配送、港口等领域用车；乘用车重点发展紧凑型SUV景逸X5的换代产品、全新中型SUV景逸X7；新能源汽车重点发展纯电动轿车、MPV、SUV及纯电动中、轻卡产品。

2. 着力打造知名品牌

广西财政多渠道筹措资金7.19亿元开展质量提升行动，打造广西著名商标和名牌产品。支持建立健全检验检测平台和科技服务体系，加强计量科技基础研究和计量服务与保障能力，建设中国—东盟检验检测认证高技术服务集聚区，引导广西壮族自治区企业增强品牌意识，加强对品牌的宣传策划工作，扩大品牌的知名度和影响力，促进“广西壮族自治区制造”向“广西壮族自治区创造”转变，“广西壮族自治区产品”向“广西壮族自治区品牌”转变。

支持广西壮族自治区汽车企业参加全国质量标杆、全国品牌故事会评比，对获奖单位给予一次性奖励。鼓励广西壮族自治区汽车企业参加国际、国内和自治区组织的展会，宣传品牌产品，不断扩大品牌产品的影响力。对参展企业给予不超过70%的场地租赁费补贴；对于在中央一级媒体做产品广告的企业，按照其广告费的5%给予补贴。

3. 补短板拓产业链条

广西财政多渠道筹措资金1亿元，大力支持汽车零部件产业链中缺少的或相对薄弱的环节加快实现本地化生产或提升产品技术水平和规模。重点推进柳州上汽汽车变速器有限公司、广西卡耐新能源有限公司、方盛车桥（柳州）有限公司、南南铝业股份有限公司、福达控股集团有限公司等一批汽车零部件项目的技术改造，着力提升骨干零部件生产企业的装备水平和产品质量，提高发动机、变速器、电子电器、转动轴、蓄电池、雨刮器、涡轮增压机、压缩机、板簧、推式离合器、轮胎等关键零部件的本地配套率，构建更加完备的配套零部件体系和产业链，打造本地化、专业化、规模化、研发型的汽车零部件配套产业。对在本地备案且所得税在广西壮族自治区境内缴纳的零部件企业，年度销售收入首次超过3亿元的，给予100万元一次性奖励。

广西壮族自治区财政多渠道筹措资金4.84亿元，加强技术创新、新产品研发、成果转化及产业化，提升核心竞争力，不断推出适销对路新车型。支持汽车企业参与广西壮族自治区企业创新创业奖评比，参与广西壮族自治区企业技术中心、技术创新示范企业、工业设计中心认定，为下一步认定为国家企业技术中心、技术创新示范企业、工业设计中心夯实基础。对乘用车生产企业，单一新品获得工业和信息化部公告资质且上市第一年市场销售量达到2万辆或销售收入达到10亿元以上，企业所得税在广西壮族自治区境内缴纳的，按照销售额的1%给予奖励。对单一车型上市第一年市场销售量达到10万辆或销售收入达到50亿元以上的，另外给予1000万元奖励。对商用车生产企业，单一新品获得工业和信息化部公告资质且上市第一年销售收入达到5亿元以上，企业所得税在广西壮族自治区境内缴纳的，按照销售额的2%给予补贴。对单一车型上市第一年销售收入达到30亿元以上的，另外给予1000万元奖励。广西壮族自治区新能源汽车生产企业研发的新车型进入国家《新能源汽车推广应用推荐车型目录》的，每款车型自治区财政给予50万元的一次性奖励。对企业新获得国家、自治区认定并开展新能源汽车研发工作的研发机构，自治区各级财政资金扶持标准在原有基础上提高50%。重点支持上汽通用五菱汽车股份有限公司“跨级别、跨车型的乘用车模块化平台开发及应用”、东风柳州汽车有限公司“低碳智联新重型商用车协同创新研发及成果转化应用”、方盛车桥（柳州）有限公司“新能源汽车独立悬架轮边分布式驱动和电子差速控制模块研发及产业化”等项目。

4. 推动形成产业集群

广西财政多渠道筹措资金24.32亿元，支持培育发展现代工业园区，推进汽车产业集群发展。加大对园区基础设施投入力度，优先支持有汽车产业、新能源汽车产业等重大工业项目入园的园区基础设施建设，完善“五通一平”基础设施和生产生活配套服务体系，重点推进园区排水及污水处理、垃圾无害化处理、工业固体废弃物综合利用等项目，持续支持园区建设多层标准厂房，完善众创空间、科技企业孵化器等创新创业服务平台建设，强化园区功能，找准园区定位，提升园区承载产业的能力。推动项目集聚、产业集群、要素集约，改变产业“小、散、弱”的现状，不断做大做强产业。重点建设柳州市乘用车及商用车产业集群和新能源汽车产业集群、贵港市汽车产业集群和节能与新能源汽车产业集群、南宁市新能源专用车产业集群、桂林市客车和新能源客车产业集群、钦州市轻型载货汽车产业集群和锂离子动力电池产业集群、玉林市车用柴油机和混合动力总成产业集群、梧州市新能源汽车动力电池产业集群、崇左市锂离子动力电池产业集群，形成汽车产业集群。

广西财政多渠道筹措资金 23.76 亿元，支持开拓汽车市场，扩大全区汽车企业影响力。扩大国内市场，开展广西壮族自治区汽车消费季活动，对国内消费者购买广西壮族自治区生产汽车给予奖励，对符合条件的汽车及零部件企业生产及物流给予财政资金补贴支持，开展“以旧换新”汽车促销补贴，进一步提高奖励标准，促进汽车企业加快销售。重点开拓新能源汽车市场，开展新能源汽车消费月活动，扩大新能源汽车公共领域的应用规模，建立与新能源公交车推广应用的中央城市公交车成品油价格补助资金分配制度和中央节能减排补助资金分配制度。广西国家级风景名胜区和国家 4A 级以上旅游景区内新增和更新的客运车辆全部采用新能源汽车。全区党政机关、企事业单位、公共机构以及环卫、物流、邮政、机场通勤领域新增和更新车辆时，新能源汽车的比例逐年提高。2018—2020 年，对消费者购置新能源汽车产品的，自治区本级财政按国家标准一半的 40%，即国家标准的 20% 给予补贴；补贴形式为对新能源汽车生产企业进行补贴，新能源汽车生产企业按扣除补贴后的价格将新能源汽车销售给消费者。

（三）代表性地市级政府的相关支持措施

1. 南宁

近年来，南宁市大力发展新能源汽车产业，力争把南宁市建设成为全区重要的新能源汽车生产和应用基地。加快把南宁等地打造成为国内领先的新能源汽车研发制造基地；推动南宁高端装备制造城发展全铝车身汽车、轨道交通装备、智能机械及电气装备、装配式建筑工程装备等产业发展。推进新能源汽车整车产品规模化、重要零部件本地化、关键技术自主化，加快发展电池、电机、电控核心部件及零部件，提高关键零部件本地配套率，落实国家和自治区发展新能源汽车政策，鼓励社会资本进入充电设施建设领域，加快新能源汽车应用推广，加快把南宁等地打造成为国内领先的新能源汽车研发制造基地。

目前南宁市规模以上汽车企业（即从事改装汽车、摩托车和零配件生产三大类）共 20 家，其中具有汽车生产资质和产品目录的企业 3 家，摩托车生产资质的企业 1 家，国内上市公司 1 家。2017 年实现总产值 31.48 亿元，同比增长 84.4%。作为南宁市新能源汽车产业龙头企业之一，广西壮族自治区源正新能源汽车有限公司（现已更名为广西壮族自治区申龙汽车制造有限公司）依托上海申龙的资金、品牌和渠道优势，发展势头较快。继去年有 560 辆新能源公交车打入广州、乌鲁木齐等外地市场后，今年又与广州白马集团签订了 10 亿元新能源公交车的战略框架协议，有力地推动了南宁市新能源汽车产业加快发展。

2014年12月29日，南宁市颁布了《南宁市加快新能源汽车产业发展的若干意见》，为南宁市发展新能源汽车产业奠定了制度保障。指导意见里所称的新能源汽车，是指列入工信部《新能源汽车生产企业及产品准入管理规则》的混合动力汽车、纯电动汽车（BEV，包括太阳能汽车）、燃料电池电动汽车（FCEV）、氢发动机汽车、其他新能源（如高效储能器、二甲醚）汽车，且包括国务院《能源发展战略行动计划（2014—2020年）》推广使用的液化天然气、压缩天然气汽车。发展目标为：引进一批实力较强的行业龙头企业，建成一批新能源整车和零部件生产项目（包括轻型材料、可回收材料、环保材料等车用新材料生产项目），发展壮大一批新能源整车和零部件生产企业；新能源汽车在全市得到推广应用，充电加气等配套设施建设不断完善，形成新源汽车整车及零部件的开发、生产、销售、检测、服务为一体的新能源汽车产业发展体系。到2020年，全市形成新能源整车生产能力10万辆，新能源汽车产业实现年产值300亿元；推广新能源公交车2500辆、新能源出租车3500辆，新能源汽车在环卫车辆中的比例不低于20%。

（1）加快新能源汽车产业发展的重点任务

在《南宁市加快新能源汽车产业发展的若干意见》里，南宁市加快新能源汽车产业发展的重点任务如下。

第一，加快做大新能源汽车产业规模。①编制新能源汽车产业发展规划。将新能源汽车产业作为“十三五”重点产业进行研究，编制产业发展规划。②规划建设新能源汽车产业园。在南宁新兴产业园建设新能源汽车产业园，以园区为载体，加快园区水、电、路等基础设施建设，引导新能源汽车企业集群集聚发展，尽快培育一批国内龙头企业和行业领军企业，重点发展新能源客车、新能源乘用车、新能源专用车、多功能电动车及电池、电机、电控、车辆轻量化材料等关键零部件，打造规模化、竞争力强的新能源整车和零部件产业集群，建立新能源汽车生产基地。③全力引进和做大做强新能源汽车产业。充分利用南宁是中国面向东盟桥头堡城市、广西壮族自治区北部湾经济区核心城市的区位优势，抓住新能源汽车产业加速发展的政策和市场机遇，强化与国内外主要汽车集团以及关键零部件生产企业的对接联系，整合招商资源和平台，制定完善的产业链招商路线图，创新招商引资方式，全力引进新能源整车和关键零部件生产企业，不断壮大产业规模。深化与汽车生产企业的战略合作，加快推动新能源汽车生产基地项目建设，尽快形成新能源汽车规模生产能力。支持本地新能源汽车生产企业加强研发，开拓市场，扩大规模，做强产品，不断提升企业规模和核心竞争力。④培植壮大新能源汽车零部件配套产业。按照汽车工业发展要求，遵循市场经济发展规律，发挥政府导向作用，积极推动我市汽车零部件生产企业转型升级，加快培育新能源汽车配套企业（集团）。充分发挥新能源汽车财政扶持的引导作用，加大对企业研发、制造项目的扶持力度，在电池、电机系统以及铝制轻型材料等零部件领域，集中引进并择优重点扶持3～5家企业，使其成为创新能力强、技术水平高、生产规模大的“专精特新”企业，成为配套支撑新能源汽车生产的重要基础。

第二，强化新能源汽车产业研发创新。①加强整车和配套部件及关键技术的研发创新。依托企业组建新能源汽车研发中心或工程技术研究中心，支持广西壮族自治区内外高校、科研机构和企业开展产学研结合，形成新能源汽车产业发展技术创新平台。各技术创新平台要把握世界新能源汽车发展动向，瞄准产业发展的关键技术、共性技术和前瞻性技术，大力开展整车及关键零部件的研发创新，不断提高整车和关键零部件的性能、质量和技术水平。②加强公共技术创新平台建设。鼓励整车企业、科研院校、关键零部件企业，建立跨行业的技术创新联盟，搭建新能源汽车共性技术研发平台，整合资源，加强合作，对新能源汽车关键共性技术进行联合研发，为新能源汽车产业发展提供有力的技术支撑。

第三，加快新能源汽车推广应用。①扎实推进新能源汽车的推广应用。出台本市新能源汽车推广工作方案，以城市公交、机关团体通勤、景区游览等领域为重点，加快推广大中型客车等新能源乘用车；以出租、行政执法、环卫、物流、机场通勤等领域为重点，重点推广新能源乘用车和新能源专用车。积极探索建立电动汽车“微公交”运营模式，适时推进私人购买使用新能源乘用车。到 2017 年，全市推广新能源公交车 1500 辆、新能源出租车 2100 辆，新能源汽车在环卫车辆中的比例不低于 10%。到 2020 年，全市推广新能源公交车 2500 辆、新能源出租车 3500 辆，新能源汽车在环卫车辆中的比例不低于 20%。②推动政府机关和公共机构使用新能源汽车。2015 年，政府机关和公共机构购买的新能源汽车占当年配套更新总量的比例不低于 20%，2016 年不低于 30%，以后逐年提高。③鼓励新能源汽车消费模式创新。支持汽车租赁行业推行新能源汽车及电池租赁，支持在公共服务领域探索公交车、出租车、公务用车的新能源汽车融资租赁运营模式，扩大新能源汽车的推广应用范围。鼓励互联网企业参与新能源汽车技术研发和运营服务，加快智能电网、移动互联网、大数据等新技术应用，为新能源汽车推广应用带来更多便利和实惠。

第四，完善新能源汽车配套设施建设。①制订完善新能源汽车配套设施建设规划。新能源汽车充换电、加气设施及配套电网建设改造纳入城市建设发展总体规划。实施《南宁市城市燃气专项规划（2013—2020）》，按照国家、行业标准，结合城市发展规划、土地利用规划和配电网规划，制订和实施新能源汽车充换电、加气设施规划，适度超前建设自用、专用、公用等各类新能源汽车充电、加气设施。鼓励在琅东片区、凤岭片区、五象新区等具备条件的区域优先规划建设充电、加气设施。②加快推进新能源汽车配套设施建设。鼓励支持社会资本投资新能源汽车配套设施建设和运营，优先支持本地新能源汽车生产企业进入充换电及加气设施建设运营领域，在用地等方面给予政策支持，对建设运营给予必要补贴。按照适度超前、布局合理的原则，积极利用购物中心、机场、车站、码头、公园、社会停车场、路边停车位、高速公路服务区、加油站、地下空间等现有场地和设施，合理布局，推进充换电及加气设施建设，为新能源汽车产业发展提供配套及服务。新建建筑要按照一定比例建设充电设施或预留接口。

第五，加强零部件产品的循环利用和回收管理。制定动力电池回收利用管理办法，引导支持动力电池生产企业加强对废旧电池的回收利用，鼓励发展专业化的电池回收利用企业，探索利用押金、强制回收等方式促进废旧动力电池回收，建立健全废旧动力电池循环利用体系。鼓励使用轻型材料可回收材料，支持铝制零部件等可回收材料的回收再利用。

（2）支持新能源汽车产业的政策措施

2015—2020年，重点通过实施产业促进、研发创新、应用推广、金融支持、人才吸引方面的政策措施，加快推动新能源汽车产业发展。政策期满后，适时调整完善相应政策措施。

第一，产业促进。①2015—2020年，探索建立新能源汽车产业创投引导基金，并积极争取国家、自治区相关基金扶持，支持新能源汽车的制造、研发和产业化。鼓励各相关县（城区）、开发区设立配套资金。②对在本市投资建设的固定资产投资5亿元以上、设备投资2亿元以上的新能源汽车整车生产项目及关键部件生产项目，优先保障项目用地。争取项目列入自治区层面统筹推进重大项目。③对符合《南宁市加快新型工业化跨越发展的若干政策措施》相关规定的新能源汽车整车生产项目及关键部件生产项目，给予企业投资专项奖励。④对根据相关规定建设的新能源汽车整车生产项目及关键部件生产项目厂房，按照《南宁市加快新型工业化跨越发展的若干政策措施》确定的购买标准厂房补助标准的1~2倍给予厂房建设补助。⑤对购置装备达到国内先进水平且固定资产投资5亿元以上、设备投资2亿元以上的新能源汽车整车生产项目及关键部件生产项目，在项目投资建设期，按设备投资额的8%给予企业贴息或补助，补助额度最高不超过2000万元。⑥对按国家规定成功办理整车或新能源汽车生产资质并取得工业和信息化部汽车产品公告的汽车生产企业，按车型一次性给予奖励500万~2000万元。⑦新能源汽车整车生产项目自建成投产之日起第一年如年产量达到500~1000辆整车产量且产值达到5000万元以上的，给予500万元奖励；如年产量达到1000辆以上整车产量且产值达到1亿元的，给予1500万元奖励。第二年如年产量达到2000~3000辆整车产量且产值达到2亿元以上的，给予500万元奖励；如年产量达到3000辆整车产量且产值达到3亿元以上的，给予1500万元奖励。第三年如年产量达到4000~5000辆整车产量且产值达到4亿元以上的，给予500万元奖励；如年产量达到5000辆整车产量且产值达到5亿元的，给予1500万元奖励。以上整车产量中，全铝车身汽车占30%以上且相关铝制品为向本市生产企业采购的，奖励金额在上述标准的基础上提高10%。⑧对在本市投资建设的新能源汽车配套零部件生产项目，参照《南宁市加快新型工业化跨越发展的若干政策措施》确定的先进装备制造配套产业的贴息补助标准，给予企业设备投资贴息或补助。

第二，研发支持。①鼓励国内外企业、高校、科研院所等单位在本市建立新能源汽车研发机构，经有关部门认定为国家、省、市工程技术研究中心和重点实验室，以及自主研发创新的项目，依照《南宁市加快新型工业化跨越发展的若干政策措施》给予资金补助。对本市研发机构从事新能源汽车前沿技术研发或取得新能源汽车重大研发成果的，给予专项补助。②对获得的新能源汽车相关专利等知识产权，依照本市现行的专利政策给予支持。③支持符合条件的新能源汽车企业申报国家高新技术企业、技术先进型服务企业，并按照国家、自治区以及南宁市规定享受相关税收优惠政策。

第三，应用推广支持。①2015—2020 年，全市新增出租车 30% 采用新能源汽车，更新或新增大型公交车辆 50% 以上采用新能源汽车，更新或新增环卫车辆中的新能源汽车比例不低于 50%。支持本地生产企业开拓当地市场，南宁市公共服务领域同等条件下优先采购本地企业生产的新能源汽车。②符合条件的新能源汽车，按国家、自治区相关规定享受补贴政策。本市根据国家政策结合本市实际情况，适时研究出台配套补助政策。③积极争取国家、自治区新能源汽车补贴，鼓励单位及个人购买使用新能源汽车。④积极争取国家、自治区新能源汽车充电站等配套设施建设补贴，鼓励社会资金参与新能源汽车充电站、加气站等配套设施建设。

第四，金融和人才支持。①鼓励金融机构要对符合条件的新能源汽车研发和产业化项目、充电基础设施项目提供信贷、担保等支持。鼓励金融机构加大对新能源汽车消费信贷、保险等方面的支持力度。②积极支持符合条件的新能源汽车企业上市，发行企业债券、短期融资券和中期票据等。鼓励新能源汽车企业加大体制机制创新力度，通过战略收购、兼并重组等方式进一步转换经营机制，提升产业能级。③加强新能源汽车企业人才队伍建设。积极创造条件引入新能源汽车产业领域的国内外优秀领军人才和技术团队。加强新能源汽车专业人才培养，建立产学研合作机制，支持市内高校建立新能源汽车研究基地和创新平台，通过校企合作等方式，加强新能源汽车产业人才的培养力度。引导企业建立科学合理的薪酬制度和完善的人才激励政策，鼓励企业实行股权、期权、技术入股等多种形式的激励机制，促进高素质人才向新能源汽车产业集聚。

为加强组织保障、加强新能源汽车产业发展的领导，南宁市成立了由市委、市政府领导任组长的新能源汽车产业发展领导小组，领导小组下设办公室负责统筹协调新能源汽车产业发展、推广应用等工作，推进新能源汽车产业快速发展。

（3）汽车产业发展中的环境保护相关政策

对于汽车产业发展中的环境保护工作，南宁市也制定了一系列政策：

以开展柴油货车超标排放专项整治为抓手，统筹开展油、路、车治理和机动车船污染防治。加快淘汰老旧车辆，鼓励推广使用清洁能源车辆、船舶。按要求达到机动车环境管理能力建设标准，建立“天地车人”一体化的机动车排放监控系统，完善机动车遥感监测网络。全面供应符合国六标准的车用汽油和车用柴油，推广使用新能源车辆，大力发展全市新能源汽车产业集群。

到 2020 年，南宁轨道交通运营里程近 100 公里，中心城区公共交通站点 500 米覆盖率 100%。优化调整市区道路公共交通动力结构，着重推进新增和更新的公交、出租汽车采用纯电动等新能源与清洁能源车型。

在公交车、出租车停车场，加油加气站点，商业购物中心等场所配套建设充电站、集中式充电桩和快速充电桩，以满足全市纯电动车型的公交车和出租车的充电需求。

具体举措包括：①新增 21 个新能源汽车专用停车带。为进一步促进新能源汽车的推广应用和健康发展，南宁市公安局交通警察支队结合南宁市新能源汽车多样化发展的实际需求，发布了《南宁市新能源汽车专用停车带施划位置的公示》，明确指出从 2019 年 7 月 1 日起，南宁重点市区将新增 21 个新能源汽车专用停车带，提供大量专用停车位用于新能源汽车停放，满足市民日益增长的新能源汽车用车需求。作为广西壮族自治区汽车龙头企业代表，上汽通用五菱汽车股份有限公司宝骏新能源也在加紧南宁地区的生态配套服务建设，截至 2019 年 7 月，宝骏新能源已在南宁 94 个小区、674 个单位和 241 个公共停车点和 1128 个个人住宅区建设了共 2137 个新能源充电设施，首批施划 21 处选址、折算相当约 250 个停车位预计将在 7 月底完成施工并投入使用，在华润万象城、万达茂、东盟盛天地等商业综合体都设置了充电示范点及新能源汽车专属停车区。根据《加快广西壮族自治区新能源汽车推广工作的通知》规定，在停车收费方面，在政府投资或利用国有资源设立的公共停车场、市政道路两旁设立的停车位，对新能源汽车实行减半征收停车费的优惠政策，努力为新能源汽车解决停车、充电、行驶、上牌等应用问题。

②东旭集团与南宁合作打造新能源汽车科技产业园。东旭光电旗下的上海申龙客车有限公司与南宁市政府在南宁签订新能源汽车生产基地项目投资协议，合作打造新能源汽车科技产业园。项目计划总投资 30 亿元，年产 1 万辆新能源客车和 3 万辆新能源物流专用车，项目全部达产后预计年产值超 100 亿元，年税金超 4 亿元。东旭光电以 30 亿元对价收购了新能源客车行业的翘楚——上海申龙客车 100% 的股权，正式进入新能源汽车行业，为东旭光电开辟新的产业蓝海。南宁作为中国—东盟合作战略高地，投资价值不可小觑。东旭光电抢滩南宁，将进一步提升东旭光电在新能源汽车行业中的地位和影响力，推动公司新能源汽车产业驶向快车道。据工信部合格证数据统计，今年 5 月，申龙客车以当月 372 辆的产量跻身行业三甲，成为行业的后起之秀。申龙客车将继续围绕新能源汽车主业，提升与南宁市合作的深度与广度，全力打造新能源汽车制造为龙头，集研发、创新、制造、推广为一体的“新能源汽车科技产业园”，为振兴南宁装备制造业发挥重要的推动作用。

2. 柳州

2017 年 2 月 8 日，《广西壮族自治区新能源汽车产业发展“十三五”规划》提出，将重点打造柳州市新能源汽车产业基地，加快布局，全力推进上汽通用五菱新能源汽车生产基地建设、东风柳汽纯电动景逸开发、柳州五菱新能源汽车迁建等重大项目建设，尽快形成纯电动乘用车、纯电动货车和纯电动专用车等整车批量生产能力，积极开展三大关键核心部件研发。柳州市全面支持和鼓励汽车企业抢抓“中国制造”向“中国质造”“中国智造”转型的机遇，树品牌、补短板，推动传统优势产业二次创业，培育战略性新兴产业。

产业优化升级使柳州迈入新能源汽车产业新时代，柳州市坚定推进新能源汽车产业发展重大战略，按照全区总体区域布局要求和自身优势相结合，在推进整车产品规模化，重要部件本地化、关键技术自主化和产品应用多样化等多个方面，取得了长足发展。柳州市新能源汽车产业整车生产能力初显规模，零部件配套能力不断提高，示范推广持续创新，产业园区建设加快，在国内外新能源汽车产业步入快速发展期的新起点上，奠定了新优势。

新能源汽车作为柳州市重点培育的战略性新兴产业之一，已有 4 家企业获得国家新能源汽车生产资质，其中上汽通用五菱、东风柳汽获得整车生产资质，广西壮族自治区汽车集团、柳州延龙获得专用车生产资质。

电池、电机、电控系统等新能源汽车零部件本地化配套方面，柳州已引入了动力锂电池、电机、电控系统、专用电子电器等一系列研发生产企业，配套产业发展初现雏形。

3. 贵港

贵港位于广西壮族自治区东南部，处于珠江—西江经济带“心脏”位置，是广西壮族自治区新兴内河港口城市。近年来，当地加快发展新兴产业，以贵港市产业园区石卡园为核心区，全力打造广西壮族自治区第二汽车生产基地。目前，该市已初步构建起广西壮族自治区第二汽车生产基地、中国—东盟新能源电动车生产基地框架。贵港市在精准引入、政策扶持、配套建设、推广应用、人才引进等方面下功夫，推动新能源汽车产业加快发展，主要有以下支持政策：

一是精准引入好项目、大项目。瞄准新能源汽车龙头企业，强化以商招商、招大引强，吸引更多新能源汽车龙头企业和零部件生产企业落户贵港，推动新能源汽车产业在贵港集聚发展。同时，强化汽车产业配套建设，引导汽车零部件企业与整车生产企业进行生产衔接，引导冶金、电子、化工等行业企业做好配套服务，延长新能源汽车产业链条。

二是加大新能源汽车政策扶持力度。积极落实国家鼓励发展新能源汽车的相关政策措施，研究出台贵港市加快推动新能源汽车产业发展实施意见、新能源汽车生产补贴方案等政策文件。加大金融扶持力度，完善企业融资担保机制，鼓励银行加大对新能源汽车企业的信贷支持。深化拓展“企业服务年”“项目建设年”活动，进一步优化发展环境，提升服务水平，进一步打响贵港好服务的“金字招牌”。

三是加大新能源汽车产品推广应用。研究出台政府采购新能源汽车实施细则，将新能源汽车产品纳入政府采购目录，并在车辆定编和资金方面予以优先安排。大力推动在党政机关、企事业单位、旅游景区及其他社会停车场等建设一批充电设施，积极探索建立以充电量为基准的奖励补贴政策。加大新能源汽车产品推介力度，通过举办各种汽车展销会、博览会等，提高贵港新能源汽车的品牌知名度和市场占有率。

四是加快新能源汽车产业人才的引进和培养。加快推进新能源汽车产业产学研结合，推动高等院校、科研院所和企业对接合作。强化新能源汽车行业人才培训，大力培养企业经营管理人才、技术开发人才、高级技术工人以及面向市场的汽车估价师、汽车经纪人等各类人才。

具体举措包括：①贵港市在港北区规划了 1 万亩土地作为中国—东盟新能源电动车生产基地的建设用地。目前，签约引进企业已投产 39 家，引进的新能源电动车包括两轮、三轮、四轮整车及电机、电控等关键零部件，设计产能达50万辆两轮、30万辆三轮、30万辆四轮及100万套零部件配套，基本形成电动车产业链条。以整车组装为切入点，贵港逐步向电机等关键零部件及技术的研发扩展，加快培育一批具有可持续创新能力的新能源电动车生产企业，仅仅花了三年多的时间，贵港的新能源电动车产业拉动近百亿元的投资，已签约项目建成达产后，产值将超150亿元。

长春华奥汽车制造有限公司于2016年1月迁址广西壮族自治区贵港并更名。长春华奥是一家汽车整车生产企业，经营范围包括汽车制造、销售、研发及汽车零部件销售等，有独立的自主研发团队。广西壮族自治区华奥汽车制造项目总投资80亿元，项目从开工建设到第一辆新能源客车下线，仅用了9个月时间。随着华奥首批新能源公交车交付贵港使用，“贵港公交贵港造”实现了零的突破。在龙头企业的带动下，贵港新能源汽车产业集聚的雏形开始显现。与华奥相距不远，腾骏、久久星、荷美等多个新能源汽车产业项目相继落地。

②贵港西江科技创新产业城，已经形成了中国—东盟新能源电动车生产基地。由于中国新能源电动车具有价格低廉、技术性能优、环保、操作便利等优势，对东盟国家消费者具有很大吸引力。近年来东盟国家政企考察团纷纷前来寻求合作，该基地已与越南、泰国企业建立电动车电机、零配件生产贸易合作。中国—东盟新能源电动车生产基地引进的企业涉及两轮、三轮、四轮电动车整车生产、组装、车身配套件制造、电机生产、制动器材等行业，至今已签约项目30家，初步形成年产50万台两轮电动车、10万台电动三轮车、3万台电动低速四轮汽车以及100万辆的配套生产能力，企业达产后每年实现工业总产值10亿元，年创税利1500万元。到2020年，中国—东盟新能源电动车生产基地工业总产值将达到100亿元以上。

4. 梧州

《广西壮族自治区新能源汽车产业发展“十三五”规划》，提出推动汽车产业转型升级，加快培育发展新能源汽车产业，其中明确要重点打造梧州市新能源汽车动力电池生产基地。梧州在广西新能源汽车产业发展中扮演了重要角色，2014年，梧州市成为广西壮族自治区首个运营纯电动出租汽车的城市，率先投入运营纯电动出租汽车约115辆，为“十二五”期间广西壮族自治区新能源汽车示范推广做出了积极贡献。梧州作为新能源汽车推广应用的先行城市，在新能源汽车产业发展中扮演重要角色。

梧州市“十三五”重点推进的项目包括广西梧州新华电池股份有限公司的锂离子动力电池生产项目，该项目建设一条12ppm的锂离子动力电池生产线及其包装生产线、辅助设施，年产能为4.54亿千瓦时，项目达产后年销售收入约10亿元。目前该项目已竣工，新华公司与贵港华奥汽车签订产品定制合同，与陕西秦星客车制造有限公司签订战略合作协议，所生产的动力电池产品将分别配套不同型号的纯电动客车。

目前梧州市配套新能源汽车的产业链正逐步完善，鸿图精密压铸有限公司、广西壮族自治区梧州新华电池股份有限公司、梧州市宏达允捷电机制造有限公司，以及新落户粤桂合作特别试验区的梧州云榄公司、新能源汽车动力总成及整车生产等企业和项目，已布局新能源汽车动力电池、电机、关键总成等领域，产业规模初步形成。随着纯电动出租汽车、新能源公交车等投用普及，梧州市新能源汽车产业发展环境持续优化，将为下一阶段产业扩大发展奠定基础。

（四）广西壮族自治区汽车产业存在的问题

1. 创新不够导致产品附加值低

广西汽车生产企业的创新能力尚显不足，企业创新规划的制订和实施应与市场条件、自身实力和政策有效结合。例如自治区对全区汽车产业技改立项项目实施补贴政策，部分企业不考虑自身技改能力如何，纷纷一哄而上申请补贴。但是由于技改项目立项金额标准较高，一般企业的项目达不到补贴标准，项目资金短缺，中途搁浅而导致各企业又一哄而上。国家和自治区对新能源汽车和轻量化技术的重视，企业也应政策先行，根据综合实力来规划阶段性目标。否则在基础设施配套不力、生产资质无法获得、核心技术尚未掌握的情况下盲目上大项目，容易造成资源的浪费。

2013 年广西壮族自治区汽车产量已接近 200 万辆，且还将继续呈增长趋势，但超过 80% 的产品属于微型客车，商用车、多功能乘用车、重型卡车也多为中低端产品。这集中反映了两个问题。一是产品档次低，附加值有限，相应的品牌影响力和产品利润都难以和高端产品抗衡。在汽车领域，利润多集中在高端产品上，广西壮族自治区汽车产量的激增并没有相应带来企业利润的大幅提升，与资源的消耗不成正比。二是核心技术的缺乏和创新能力的薄弱不利于全区汽车企业的发展壮大。几百家零部件企业中，生产汽车电子、车身附件等高附加值产品的企业不仅数量较少，而且产品性能难以达到资质要求，因此整车企业不得不寻求区外配套，增加了配套成本。所以，受产品档次及附加值的制约，广西壮族自治区汽车企业在与区外企业的市场竞争中，处于不利地位，而且这种恶性循环至今没有得到根本改善。

2. 缺乏高质量的创新人才

从我国科技部统计数据可以看出：2008 年、2009 年，广西科技活动产出排名分别为 29 位和 26 位，技术成果市场化排名均为 30 位，高新技术产业化排名分别为 16 位和 19 位，科技促进经济社会发展排名分别为 20 位和 21 位，综合科技进步水平在全国的排名连续两年都是排在 30 位，造成这一局面的大部分原因是缺乏高质量的创新人才。

究其原因，一方面本土汽车人才培养的数量和质量尚不能满足市场和产业发展的需要，另一方面由于经济发展水平、环境和政策等原因，高素质人才的引进也迟迟未能落实。部分大型汽车企业硕士以上学历人数和中级以上职称人数占总人数的比例较低，中小型企业更是人才比例失调，创新人才不足。

3. 配套产业政策不健全

虽然近年来广西壮族自治区政府和各部门为推动汽车企业发展出台了一系列政策，但从实际效果来看仍不够理想。主要原因在于这些政策是以全区工业产业和经济社会发展为主，立足点较为宏观，专门针对汽车产业发展政策构建不足，缺乏细则化的具体政策，对自主创新的政策导向力度有待加强。此外，在相关财税政策、创新平台建设政策、知识产权保护政策、高素质人才培养和引进政策上发展滞后，政策环境有待进一步完善。以新能源汽车产业政策为例，国家为了大力发展新能源汽车产业，从政府采购、基础设施投入、技术研发和消费环节巨额投入三个方面进行政策指导。部分省市也在大力促进，如江苏省为了大力推动新能源汽车消费，规定除了国家补贴外，省、市两级还构建了双重补贴制度，其中省级补贴标准为国家补贴的 40%，市级补贴标准不低于国家补贴的 60%。广西壮族自治区在 2010 年也出台了相关政策促进新能源汽车产业发展，其中计划重点投资 14 个项目用于技术研发与改造，但是在购买补贴、消费市场的培育等方面政策不够具体，有关新能源汽车的法规不健全，缺乏新能源汽车批产上牌公告，缺乏产品检测与鉴定的实施细则，导致新能源汽车产业发展缓慢。

三、金融支持汽车产业高质量发展模式设计

广西汽车产业经过多年的发展，已成为南方重要的汽车生产基地，同时也是广西最具有优势和发展潜力的支柱产业之一。汽车金融服务发展虽然历史较短，其间经历过起伏跌宕甚至是发展停顿的时期，但是目前处于稳定发展阶段。针对服务广西壮族自治区地区汽车消费信贷需求的情况，在借鉴国外与国内其他地区经验基础上，针对汽车金融服务模式的有关主体，设计金融生态环境下适合广西壮族自治区的汽车金融服务模式，建立合适的经营管理结构，形成广西壮族自治区汽车产业的核心竞争力。

目前虽然有广西南宁信立德汽车金融服务有限公司、北京现代汽车金融有限公司在广西壮族自治区有区域销售分公司等为代表的汽车金融公司，但仍以商业银行为主体提供汽车金融服务，并且汽车金融产品过于单一。因此，亟待研究设计支持广西汽车产业发展更多的、更全面的金融产品与创新服务。例如，鼓励广西各地市的金融机构创新汽车金融服务，研究推进金融租赁、资产证券化、与汽车行业企业资产增值相关的理财、信托和基金产品等，鼓励汽车保险的创新，拓展汽车保险品种，并且鼓励广西壮族自治区的相关金融机构合作开发如下汽车金融产品。

（一）鼓励“新能源汽车”专项绿色债券发展

广西各地市可以对于一些社会效益较好但却需要动用大量资金的新能源汽车产业项目和相应的配套工程，由银行通过发行“新能源汽车”专项债券。而且新能源汽车产业由于其低排放、高节能已被大多数政府部门列入绿色产业，所以可以结合“绿色”金融债券来一并解决。中国已是世界最大的绿色债券市场。相关统计显示，其绿色债券发行量已由 2015 年约 13 亿美元上升至 2016 年的 330 多亿美元，占全球总额逾三分之一。2018 年第一季度，在中国发行的绿色债券超过 80 亿美元，占全球绿色债券发行量的约一半。中国的绿色债券市场发行的速度快，发行的规模大，极大地推动了中国绿色发展的进程。借助中国庞大的债券市场，为广西壮族自治区新能源汽车产业项目和相应的配套

工程建设发行专项绿色债券，就能筹集到大量的资金。并进一步鼓励国债和地方债用于新能源汽车产业项目和相应的配套工程设施建设。

从广西壮族自治区的金融机构来讲，支持金融机构通过发行绿色金融债的方式引导资金投向新能源汽车产业。支持新能源汽车重点领域建设项目采用企业债券、项目收益债券、公司债券、中期票据等方式，通过债券市场筹措资金。从广西壮族自治区的生产制造企业来讲，广西壮族自治区各城市也可鼓励新能源汽车生产企业发行“绿色企业债券”或“绿色金融债券”。

（二）鼓励发行“新能源汽车”绿色证券产品发展

如果把环境质量评估作为企业上市评估中的一项重要内容，将有很大的市场导向作用。企业上市融资或上市后再融资时，应审核其环保事项，环保不过关的不能上市或再融资。同时还可以发行绿色优先股，用于专门建立环境污染的预防和治理体系。这样，从上市的角度，也能在环保方面，约束所有的上市和期待上市的公司。此外，对企业来讲，在当前环保意识还不强的背景下，通过发行“新能源汽车”绿色证券产品，可以鼓励企业提高环保意识。而且，国家已有相关政策，鼓励绿色产业的公司优先上市，因此，广西壮族自治区也应该抓住机遇，培育区内有实力的新能源汽车生产企业上市。

（三）鼓励“新能源汽车”绿色基金发展

绿色基金是指基金管理公司管理的专门投资于能够促进环境保护、生态平衡事业发展的公司股票的共同基金。国家发改委《产业投资基金管理办法》规定，基金资产只要有60%投资于环保产业就符合环保产业基金的要求。因此，绿色基金在投资上有很大的自主性。通过绿色产业基金培育技术领先管理科学的实力型企业做大做强十分重要，一方面对市场上的绿色企业起到筛选作用，另一方面对于政府引导基金管理机构或者金融机构而言是新的利润增长点。出于产业基金以利润为先导目标的前提，主要用于扶持已有市场基础、具有一定盈利性的行业或企业，包括各种可再生能源发电、新能源汽车、污水处理等。这些行业都属于重资产行业，对资金需求量大，企业必须做大做强才能形成市场竞争优势，从而降低建设运营成本，并逐渐形成核心技术壁垒与人才优势，因此也对创新金融服务的介入有着迫切的需求。

广西各地市的汽车产业在绿色投资方面需求极大，但是财政方面的资金又远远满足不了其需求，发展绿色基金PPP模式具有潜在市场。因此，建议广西壮族自治区14个城市各拿出一部分资金，组建广西壮族自治区绿色产业引导基金，支持新能源汽车等绿色产业的发展。

（四）鼓励“新能源汽车”绿色保险产品发展

绿色保险也就是环境污染责任保险，是企业就可能发生的环境事故风险在保险公司投保，由保险公司对污染受害者进行赔偿。运用绿色保险手段处理环境污染事故，一方面可以帮助企业确定污染责任，增强企业防灾防损意识；另一方面，受害人能够及时获得赔偿，政府也能减轻财政赔偿压力。借鉴京津冀绿色保险的创新模式，鼓励广西壮族自治区保险机构创新绿色保险产品和服务，支持汽车产业中有环保、节能、清洁能源相关要素的企业发展。推动环境污染责任保险发展，支持保险机构开发环境高风险领域的环境污染责任保险。可以研究设计可操作性强的环境污染强制责任保险产品，在广西壮族自治区各地市的涉重金属汽车生产加工企业以及其他高环境风险的汽车生产制造企业范围内，不断拓展绿色保险的应用范围。并且联合银行等金融机构销售新能源汽车企业的相关环保责任险以及拓展绿色再保险业务。

（五）鼓励“新能源汽车”绿色资产证券化发展

绿色资产证券化具有以下的优点：基础资产和发行人信用评级分离。因此可以解决信用评级低而拥有较高信用评级的绿色资产的问题。融资成本低。通过绿色资产证券化融资，有助于解决中长期绿色项目融资难，融资贵的问题，推动绿色金融的发展。解决投资标的难以识别的问题。投资者可以直接投资于绿色资产证券化的产品，获得较大的流动性，降低投资风险，从而吸引更多的投资者进入绿色产业。我国已经有许多绿色资产证券化发行成功的例子，有着丰富的经验，如：2015 年“平安凯迪电力上网收费权资产支持专项计划”前后两期在深交所成功发行，共计募集资金 33.22 亿元。2015 年 8 月“龙桥集团应收账款资产支持专项计划”在深交所成功发行，基础资产为污水处理设施建设回购债权，募集资金 10.5 亿元。2016 年 7 月 27 日新疆金风科技发行“农银穗盈金风科技风电收费收益权绿色资产支持证券”。由此可见，推进绿色资产证券化可以支持广西壮族自治区各城市绿色金融的发展。

新能源汽车生产制造企业有很强的绿色资产属性，因此，应在广西壮族自治区鼓励新能源汽车生产制造企业利用股市融资，在设备设施领域实施资产证券化，推动具备一定收益能力的经营性生产制造项目形成市场化融资机制，拓宽企业融资渠道，为企业加大环境污染治理投资力度提供保障。

（六）鼓励“新能源汽车”绿色信贷产品创新

广西金融机构应该联合发放绿色银团贷款以及拓展绿色再贷款业务，缩小新能源汽车等绿色产业项目的高贷款利率与普通项目的贷款利率，降低企业成本，从而鼓励新能源汽车生产制造企业的扩大再生产，以及不断提高节能环保水平，从而获得更持久的绿色信贷支持，形成良性循环，引导整个广西壮族自治区的汽车制造企业良性可持续发展。

四、金融支持汽车产业高质量发展的政策建议

（一）汽车产业发展政策建议

1. 做强传统汽车产业，做优专用汽车产业

首先，做强传统汽车产业。按照安全、经济、舒适和环保的要求，全面实现乘用车的轻量化、智能化、电子化的核心技术突破。研制系列小排量微型乘用车，优化产品结构，形成多元化产品优势。扩大产业化能力，开展未来无人驾驶汽车的前瞻性技术研究。以实现客运零距离换乘和货运无缝化衔接、环保减排、满足多元化的市场需求为目标，开拓国际市场、实现产品国际化，进一步提升先进节能减排柴油机商用车品质，研制MPV跨界车等个性化车型，并逐步实现产业化。中重型车按照市场需求进行结构调整，向重型化、专用化、轻量化方向发展；轻微型车遵循中低端产品自主开发、高端产品引进的思路，优化产品结构，逐步形成多元化产品优势；客车要充分利用广西壮族自治区内已有的客车底盘和整车基础，引进新的合作者，拓展产业规模。

其次，做优专用汽车产业。实现液压件、泵类、阀类、控制仪表等专用汽车关键零部件全部国产化。提高生产适合不同专用汽车的专用底盘设计生产能力，实现底盘规模化生产。研制高端物流类专用和建设用等高附加值专用车。通过优势资源的重新优化配置，企业兼并、重组形成两家具有一定规模和国际竞争力的专用汽车企业集团。

2. 发展新能源汽车，打造绿色产业示范基地

加快新能源汽车的发展，是落实创新驱动发展战略的重要环节，是推动广西壮族自治区汽车产业转型升级，实现汽车产业由大到强跨越发展的关键。以科技创新驱动新能源汽车产业快速发展，深化关键技术研究，加强前瞻部署，攻克核心技术，提升创新能力，实现混合动力与纯电动汽车、整车控制系统、锂离子动力电池、燃料电池、驱动电机等各个方面核心技术突破和关键零部件的制造，完善新能源汽车产业链。实现混合动力与插电式客车、纯电动客车，混合动力与纯电动轿车规模生产，并在全区示范运行。制定并实施促进新能源汽车企业发展及基础配套设施建设的激励政策，对新能源汽车示范推广的车辆购置和配套设施建设给予补助，对新能源汽车消费者在购置、使用、维护等环节中给予政策优惠，争取国家政策和资金支持，加快新能源汽车推广使用。研究新能源汽车充电站运营用电优惠等相关政策，保障新能源汽车配套基础设施建设用地，结合示范推广规划积极推进纯电动汽车充电站等新能源汽车配套基础设施建设，推进新能源汽车相关生产性服务业发展。

在创新发展新能源汽车产业的基础上，发挥新能源汽车的节能环保优势，提高生产制造中的环境保护标准，并提高整车的节能降耗水平和低排放低污染性能，在广西壮族自治区打造一个全国知名的绿色产业示范基地。

3. 促进产业集聚，提升零部件配套能力

汽车产业关联度大，带动力强。推进有色金属、钢铁、塑料、橡胶、电子、纺织、皮革、石化、复合材料等产业链上游行业的发展，推动商贸流通、交通运输、金融保险、商务租赁、售后服务、二手车市场、旅游等下游产业的发展，拉伸产业链，形成上中下游产业共同发展的集群优势，在不断壮大关联产业的同时，支撑促进自治区汽车产业的整体规模扩大与结构升级。

在产业聚集和产业链完整的基础上，对广西壮族自治区内现有零部件配套体系进行整合，加快发展具备自主开发能力、产品技术含量高的企业，提高广西壮族自治区内零部件企业的竞争力；与国外优势企业开展合资合作，积极参与国际分工，引进国外先进技术企业，按专业化分工。立足国内市场，进入国际市场，在为主机厂配套的同时注重服务社会市场，努力扩大出口。提高发动机、变速箱、车桥（悬挂）、制动、转向五大关键总成的设计和制造能力，掌握关键核心技术。提高车身内饰和电控系统附件的技术附加值，提高系统研发能力，实现整车厂商的产品策划和预开发阶段承担同步开发任务。

（二）汽车金融发展政策建议

1. 汽车金融信息交换共享

在汽车金融信息共建共享方面，广西壮族自治区各地市金融业务部门间的数据及软件系统通用性不强，数据共享性差，因此目前汽车金融信息化偏低，仍处在分散起步阶段。对此，提议建立广西壮族自治区汽车金融信息共享中心，共享的内容包括整个区域的汽车金融政策制定、汽车金融机构组建、汽车金融产品创新以及汽车金融宣传活动的有关信息。汽车金融信息共享系统的建立的最大困难莫过于广西壮族自治区各地市不同系统、部门之间资料的收集与组织协调。所以，共享系统的建立开发应有统一的领导、规划和统筹指挥，获得相关领导的全面支持，相互积极配合、主动参与。

2. 组建汽车金融创新联盟

金融与科技的结合将会产生极大的经济发展动力，创新资源是协同发展最宝贵的财富。因此应加强科技创新合作，建立广西壮族自治区开放型科技创新体系，发挥北部湾桥头堡的区位优势，探索“广西＋东盟”汽车金融创新科技合作新模式，加强汽车金融研究成果和实践经验的交流和共享。可由企业为主体发起，联合科研院所建立新能源汽车产业技术创新联盟，推进产学研用融合对接，例如广西壮族自治区各地市与区域内各高校和科研院所合作，推进新能源汽车产业创新项目研发与转化，组建新能源汽车产业技术创新和汽车金融创新的联合体，积极培育容纳相关高端人才的国家级科研工程中心和高等院校、高研发投入的民营企业和科技创新型企业，以及机制灵活、创新活跃的社会机构和团体，储备青年创新人才，打造新能源汽车产业协作运行平台，加强高校与企业间合作，促进产学研互动与对接，探索建立汽车金融科技创业合作框架，为广西壮族自治区汽车金融创新创业活动提供有力保障。

创办广西汽车金融研究院，由各相关产业较为集中的地市政府、高校、企业、社会多方合作创建，主要培养绿色汽车金融人才。加强交流合作，共同营造整个广西壮族自治区的汽车金融研究合作氛围，推进广西壮族自治区汽车金融的发展。

参考文献

[1] 王再祥. 汽车金融研究 [D]. 北京：中国社会科学院研究生院，2003：20－29.

[2] 栗勤. 汽车金融公司及我国汽车信贷市场的发展 [J]. 海南金融，2004 (6)：21－23.

[3] 石嘉玉，张涵在. 浅析国内汽车企业对汽车金融市场的参与 [J]. 北京汽车，2003 (4)：25－31.

[4] 胡慧平. 激活汽车消费需要怎样的信贷模式 [J]. 汽车工业研究，2006 (5)：28－29.

[5] 胡爱明，陈衍中. 我国汽车金融公司的设立方式分析 [J]. 理论界，2008 (6)：253－254.

[6] 王悦. 汽车金融公司发展的现状及前瞻 [J]. 华北金融，2006 (12)：4－7.

[7] 梅明华. 美国汽车金融服务模式及其启示 [J]. 中国金融，2002 (9)：16－17.

[8] 王和. 论汽车金融与保险结合的发展 [J]. 保险研究，2006 (9)：34－35.

[9] 陈立辉，邢世凯. 我国汽车金融服务存在问题及对策研究 [J]. 河北金融，2011 (5)：31－33.

[10] 李婷婷. 我国汽车金融服务业的发展 [J]. 中外企业家，2013 (3)：116－117.

[11] 李由，王娟. 汽车金融服务“四方合作”的分析与启示 [J]. 西南金融，2012 (9)：65－67.

[12] 李果仁，李菡. 发达国家汽车金融服务建设的成功经验之借鉴 [J]. 北京汽车，2010 (2)：32－36.

[13] 胡萍. 汽车金融专业委员会正式成立——助力汽车金融迈向下一个辉煌 [N]. 金融时报，2014－6－11 (004).

[14] 龚勋. 天津汽车金融服务的发展现状及对策 [J]. 中国商贸，2014 (2)：157－158.

[15] 刘志迎，邓丽军. 国内汽车金融服务业发展对策 [J]. 汽车工业研究，2012 (5)：25－27.

[16] 李珮. 汽车金融进入快速发展新阶段 [N]. 金融时报，2014－02－20 (004).

[17] 吴影. 阿里巴巴进军汽车金融 [N]. 中国工业报，2014－8－15 (A04).

[18] 王小玮. “大数据”催生新模式——汽车金融面临阿里创新业务挑战 [N]. 中国证券报，2014－8－6 (A10).

[19] 祁毓，陈建伟，李万新，宋平凡. 生态环境治理、经济发展与公共服务供给——

来自国家重点生态功能区及其转移支付的准实验证据［J］. 管理世界，2019，35（1）：115－134.

［20］邵帅，张可，豆建民．经济集聚的节能减排效应：理论与中国经验［J］. 管理世界，2019，35（1）：36－60.

［21］李虹，邹庆．环境规制、资源禀赋与城市产业转型研究——基于资源型城市与非资源型城市的对比分析［J］. 经济研究，2018，53（11）：182－198.

［22］易明，李纲，彭甲超，陈文磊．长江经济带绿色全要素生产率的时空分异特征研究［J］. 管理世界，2018，34（11）：178－179.

［23］徐忠．新时代背景下中国金融体系与国家治理体系现代化［J］. 经济研究，2018，53（7）：4－20.

［24］刘贯春，张军，丰超．金融体制改革与经济效率提升——来自省级面板数据的经验分析［J］. 管理世界，2017（6）：9－22.

［25］王扬雷，杜莉．我国碳金融交易市场的有效性研究——基于北京碳交易市场的分形理论分析［J］. 管理世界，2015（12）：174－175.

［26］杜莉，张云，王凤奎．开发性金融在碳金融体系建构中的引致机制［J］. 中国社会科学，2013（4）：103－119.

（执笔人：梁刚）

10. 广西小额贷款公司监管研究

2008年以来，我国各地小额贷款公司纷纷试点，在发放贷款方面为商业银行机构的有益补充，在一定程度上缓解了“三农”和小微企业融资问题。广西属于经济欠发达地区，农业和小微企业占有较高的比重，小额贷款公司的发展有利于产业结构的改进和民营经济的提高。

一、国内外小额贷款发展及监管概况

（一）国外小额贷款发展及监管概况

自孟加拉国经济学家穆罕默德·尤努斯（Muhammad Yunus）于20世纪70年代在农村实施了无抵押无担保的小额信贷，亚、非、拉一些发展中国家纷纷开始了对小额贷款的实践和理论研究。小额贷款初期就被定义为低收入农民以及小微企业主服务的贷款，面向的主体偏重于弱势群体，具有支持、帮扶和援助的性质。国际上通行的小额贷款公司多以公益为主并非完全追求收益最大化，以扶持为目的来满足低收入群体或弱势群体的金融需求。小额贷款主旨是为了服务低收入人群或弱势人群，若运营模式不合理，没有形成一定的盈利模式来持续推动金融服务的发展，该种金融服务方式和服务质量并不会得到保证，甚至可能无疾而终。随着全球金融市场化的发展，补贴形式的信贷也正被市场化逐渐取代，小额贷款也由单一放贷形式向多元服务方向发展。

国外的小额贷款公司由扶持救助性质向公司化管理转变期间，获得资金的方式分为面向公众吸收存款和不吸收存款两类，面临的监管的要求也各不相同，面向吸收存款的机构则需严格的监管方式，而不吸收存款的机构不需严格的监管方式，如孟加拉国出台的《乡村银行法》规定了乡村银行可开展转贷业务，但不能吸收社会存款；美国则针对小额信贷制定了诸如《统一小额信贷法》《诚实信贷法》和《社区再投资法案》等一系列相关法律，主要促使民间资本向低收入者等社会弱势群体发放贷款；印度尼西亚通过制定《小额信贷法》确立中央银行为小额贷款业务的监管机构，并设计了一套准入和退出机制。

（二）国内小额贷款发展概况

我国小额贷款概念的提出虽然较晚，但其初期模式在20世纪80年代就已出现，当时接受的一些国际资本援助，就是通过借助民间机构运转并以项目形式发放小额贷款。

政府也尝试着将扶贫政策与小额信贷项目相融合，并逐步引入农村金融机构进行正规化管理。随着对五个省份开展试点工作，小额贷款公司形式逐步得到全国范围的推广。

1. 小额贷款公司的发展现状

小额贷款公司模式进入我国较晚，面对的群体主要是低收入农民，相对工商企业而言，“三农”领域在获得金融支持方面处于劣势，而且“三农”领域融资渠道有限，小额贷款公司模式的出现无疑起到支持和帮扶“三农”领域发展的作用。2005 年由中国人民银行开始推动在山西、内蒙古、陕西、四川和贵州五个省区进行小额贷款公司试点，并逐步推向全国。近十年，小额贷款公司数量增加迅速，在 2015 年末达到一个数量高峰，小额贷款公司全国注册数量为 8910 家，随后几年出现一定回落，截至 2019 年第三季度末，小额贷款公司全国注册为 7680 家。贷款余额在 2014 年末达到一个高点后，略有回落，在 2017 年末又达到新高，贷款余额近 9800 亿元，之后又开始回落，截至 2019 年第三季度末，贷款余额约为 9288 亿元。之前小额贷款公司准入条件较为宽松，公司的资质参差不齐，经过几年的经营则出现优胜劣汰的整合过程，再加上自身风险控制体系并不完善，一些公司经营不善，逐步退出小额贷款领域。

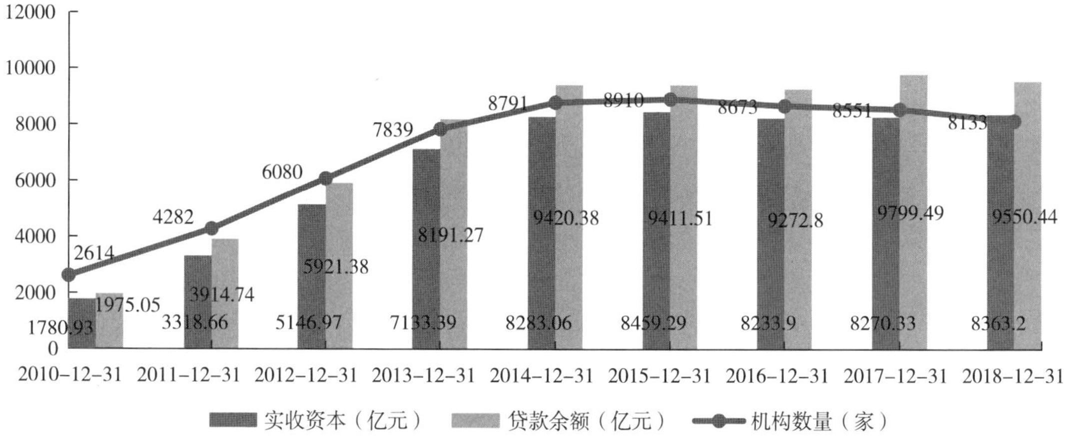

图 10-1　2010—2018 年我国小额贷款公司机构数量、实收资本和贷款余额

（资料来源：Wind 资讯）

此外，各省、自治区之间发展存在较大差异，以苏、浙、粤等为代表的经济发达省份小额贷款公司发展较快，这与地区经济发达程度不无关系，近些年上述地区良好的经济环境又为小额贷款公司发展提供环境支持，上述地区的小额贷款机构数量、贷款规模和从业人员素质等方面也位居前列，而东北地区和中西部等相对落后地区小额贷款公司发展相对缓慢。不过也并非绝对，西南地区的四川、重庆和广西等三个省小额贷款公司发展势头迅猛，其表现程度要高于该地区经济状况。

2. 小额贷款市场存在的主要问题

（1）扶持农户和小微企业意愿不强

小额贷款公司设立初衷是为“三农”和小微企业服务，但从企业收益角度讲，资本是以逐利为目的，小额度贷款的发放需要耗费大量人力和物力，信用风险也较高，而为具有规模的大企业和个人提供融资服务相对于农户和小微企业具有更低的成本和更高的效率的优点，致使小额贷款公司更倾向较大额度的放贷偏好。

（2）融资方式匮乏

小额贷款公司只发放贷款而不能吸收存款，运作的资金主要是自有资金，而向不超过两个商业银行金融机构的融入资金的外部渠道作用十分有限，况且小额贷款公司目前并不属于金融机构，只视为一般工商企业性质，并不能通过金融市场以同业拆借等方式获得资金支持。

商业银行出于对风险防控、业务竞争以及有效抵押不足等因素的考虑，一些银行规定不对小额贷款公司发放贷款，一些未正式做此规定的商业银行业在实际放贷过程中也基本不考虑小额贷款公司，所以小额贷款公司的外部融资渠道并不通畅。

（3）风险与收益不相匹配

小额贷款公司业务主要面向“三农”和小微企业，放贷对象往往是商业银行机构并不考虑或认为信用风险较高的项目，利率水平按规定基准利率0.9～4倍执行，但多数小额贷款期限较短，且回收并不那么顺畅，所以小额贷款行业的资产收益率及投资回报率并不高，正因如此，股东也不愿意追加资本来扩大内源性融资，近些年来，小额贷款公司因风险不断累积而出现“跑路”现象，在风险和收益匹配方面，小额贷款公司的投资回报并不高。

（4）征信体系有待改进

小额贷款公司的主要客户是农户和小微企业，客户往往通过授权小贷公司委托商业银行向中国人民银行征信中心查询信用状况，但客户并不情愿用此种方式来查询征信状况，而能够直接接入人行征信中心的小贷公司信用评级要求达到A级以上，并且遵循自愿原则，征信中心未强制要求小额贷款公司接入该数据库，那么小额贷款公司与客户之间的信息不对称问题通过征信系统也不能得到解决。

（三）国内小额贷款市场监管概况

对小额贷款公司的监管，由中央金融监管层面指导省、自治区、直辖市人民政府对小额贷款公司进行监管和风险处置，协调国务院有关部门解决小额贷款公司监管及发展中的重大问题，中央对小额贷款公司的审批权和监管权已下放到省、自治区和直辖市等地方政府。

1. 监管职能分工

小额贷款公司监管的权限由中央层面下放到地方级政府层级，地方主导对小额贷款公司的监管，各省、自治区和直辖市在小额贷款公司试点中建立了以地方金融监管局为主，人民银行分支机构、银保监局和其他部门机构为辅的监管模式。

（1）地方金融监管局

2017年7月第五次全国金融工作会议上确立了以中央为主、地方为辅的双层监管模式，按照中央统一原则，强化属地风险责任。地方金融办改革成为地方金融监管局也在随后逐渐拉开了序幕，各地也逐渐建立起由地方金融监管局为主导的地方金融监管体系，小额贷款公司日常监管和风险处置由地方金融监管局主导，监管局在设区的市、县下设分支部门负责对辖区小额贷款公司的监督管理等日常工作。

（2）中国人民银行与银保监会分支机构

2008 年，中国人民银行和银监会联合发布了《关于小额贷款公司试点的指导意见》（以下简称“指导意见”），明确两大监管机构对小额贷款公司监管职能，人民银行负责“对小额贷款公司的利率、资金流向进行跟踪监测，并将小额贷款公司纳入信贷征信系统”，银监会系统负责对小额贷款公司非法集资和非法吸收公众存款的管理，有些地区监管分支机构也增加对小额贷款公司的金融统计、反洗钱及员工培训的要求。

（3）地方政府职能部门

小额贷款公司的主要监管机构虽然由地方金融监管局负责，但作为一个企业法人，也要遵从工商、财税和公安系统的管理规定，如工商部门负责小额贷款公司的注册登记、变更、注销和年检等，财税部门对政策扶持和税收缴纳进行宏观规划，公安部门检查小额贷款公司是否有非法集资、吸收公众存款及其他非法金融活动等违法犯罪行为。

2. 监管体系存在的主要问题

（1）监管条例有待完善

中国人民银行在 2014 年发布的《非存款类放贷组织条例（征求意见稿）》，对经营放贷业务实行许可制度，与“指导意见”同样没有确定小额贷款公司的法律性质，并不要求取得金融许可证，只作为一般工商企业性质，而小额贷款公司从事业务的性质又属于货币金融服务，对“三农”和小微企业的融资发展有着不可低估的价值，公司业务本身存在风险与收益的匹配问题，不被赋予金融机构性质，则缺乏财税优惠和其他政策的配套支持，不利于发挥其对“三农”扶持的福利性功能。

（2）正向激励不足

小额贷款公司的成立是为“三农”和小微企业提供金融支持和服务，本身对低收入群体具有帮扶的意义，但外部监管指标要求的严格性不低于商业银行标准，再加上放贷对象又是商业银行不愿从事和很少关注的客户，使小额贷款公司的业务空间和盈利空间都受到严格的限制。虽然小额贷款公司有获得改制成为村镇银行的机会，但目前为止尚未有小额贷款公司成功改制为村镇银行。从中央到地方的一系列制度政策都显示对小额贷款公司的正向激励不足，这将促使小额贷款公司减少或压缩对“三农”领域的放贷支持，降低对社会支持的福利性效果。

（3）监管主体职能矛盾

当前小额贷款公司的主要监管部门为地方金融监管局，该部门由过去金融办改制而成，其本身协调和服务当地经济的内容更多一些，与银保监会和人民银行系统相比而言，经验和人才都有欠缺和不足，按照“谁试点、谁负责”的监管原则，监管部门承担风险化解的主要责任，地方监管部门有为辖区协调和服务的职能，监管对象则是与当地金融发展关系密切的机构，当监管和地方发展产生冲突时，这种不可调和的矛盾将降低监管的效果。

（4）监管指标存在地区差异

各省、自治区和直辖市的主管部门根据《指导意见》要求相继颁布监管规则，各地针对小额贷款公司制定规则差异很大，对单一股东的持股比例、对外资股东准入和外部融资比例问题等有很大差异，各地小额贷款公司经营范围差异较大，将会导致地方金融资源的竞争加剧。

二、广西小额贷款公司发展现状及存在问题

（一）广西小额贷款公司的发展现状

1. 广西小额贷款公司产生背景

广西作为一个沿边、沿海自治区，地理位置得天独厚，又面向东盟，在“一带一路”的有机衔接中具有重要的门户地位。近些年，广西经济快速发展，对经济调整要求也较高，现有常住人口超过4960万，其中农业人口约2425万，占48.9%，与2008年相比该比例已经下降了11%左右，由此可见广西的农业人口占比较高，作为一个农业人口占比较高的地区，对小额贷款的需求很大，对于这部分农业人口，从获得融入资金的角度来讲，很难从商业银行获得个人短期和小规模资金信贷的融资。融资的渠道偏向熟人社会和地下钱庄筹集资金，这不利于社会的和谐与稳定。而小额贷款公司的兴起和发展拓宽了融资路径，一定程度上满足了农户资金周转的迫切需求。此外，商业银行的信贷发放偏重于国有企业、大型企业和政府基础设施建设项目，而中小企业的融资需求往往实际上得不到满足。小额贷款公司的出现，给中小企业融资需求的满足带来机会和可能。

2. 广西小额贷款公司发展现状

自2008年我国部分地区推出小额贷款公司试点后，广西也拉开了小额贷款公司成立的序幕，截至2019年9月，广西现有小额贷款公司307家，实收注册资本270.63亿元，贷款余额453.9亿元，贷款余额在全国各省级地区中排第8位，排在前面的依次是重庆、江苏、广东、浙江、四川、山东和安徽。无论是机构数量、从业人员数，还是实收资本、贷款余额，广西小额贷款公司都保持了稳定的发展和增长。

表10-1　2010—2018年广西小额贷款公司情况统计

年份	机构数量（家）	从业人员数（人）	实收资本（亿元）	贷款余额（亿元）
2010	46	460	14.64	13.07
2011	109	1309	45.92	47.85
2012	159	2192	90.06	113.02

续表

年份	机构数量（家）	从业人员数（人）	实收资本（亿元）	贷款余额（亿元）
2013	257	3458	189.27	263.71
2014	312	4121	250.53	358.30
2015	318	4691	254.60	417.50
2016	309	4256	250.00	501.40
2017	304	3909	264.83	474.33
2018	308	3641	272.07	467.62

资料来源：Wind 资讯。

截至2019年9月广西正式设立的307家小额贷款公司的累计实缴注册资本为270.63亿元，公司平均注册资本8815万元，实际上各家小贷公司注册资金并不均匀，有最低注册资本500万元的公司，也有最高注册资本89.89亿元的公司，最高规模的注册资本甚至超过了北部湾银行，不过大多数小贷公司注册资本在500万~5000万元之间，占比达到70%以上，注册资本从整体上看并不高。此外，南宁小额贷款公司注册资本达到180亿元以上，已占广西小额贷款公司注册资本的三分之二，南宁的小额贷款公司无论是数量还是注册资本都远远高于其他地区，崇左的小额贷款公司注册资本规模占比不到1%，这也表明广西各地级市小额贷款公司规模和数量差距较为悬殊。

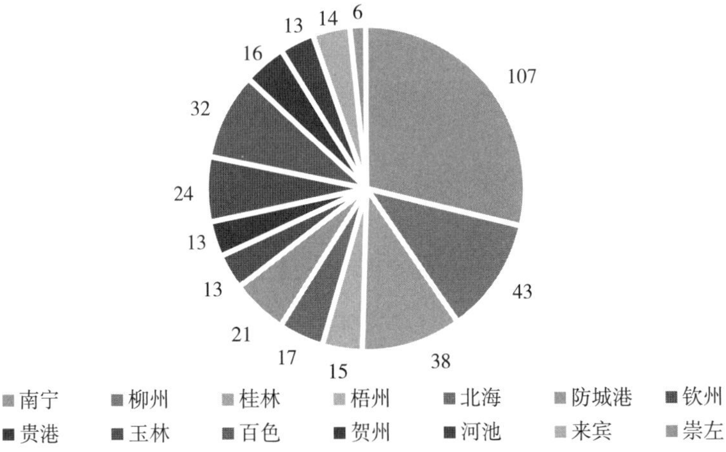

图10－2　2017年广西小额贷款公司分布区域情况

（资料来源：Wind资讯）

自2009年1月自治区政府下发《广西壮族自治区小额贷款公司管理暂行办法》以来，小额贷款公司从2009年成立的22家到2015年疯狂增长到318家，各地争先成立小额贷款公司，投资者对小额贷款公司的未来发展一致看好，但机构数量、注册资本及贷款余额在2015年左右出现一些调整而缓慢下降，贷款余额从2016年501.4亿元高峰开始出现下滑，由于初期进入小贷行业的公司资质参差不齐，公司收益并没有达到投资者的预期，一些公司风险管理经验欠缺，贷款回收也遇到各种各样的阻碍，这也表明小额贷款公司的市场准入和退出机制存在制度改进的空间。

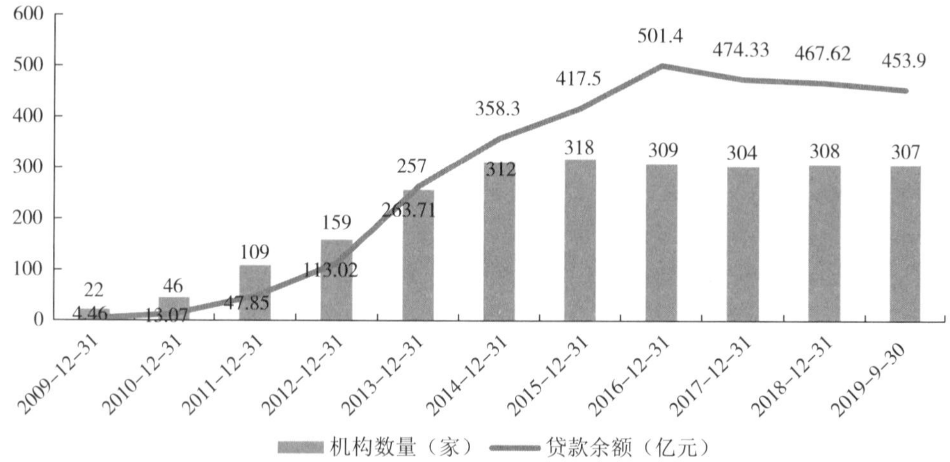

图 10-3　2009—2019 年广西小额贷款公司机构数量与贷款余额

（资料来源：Wind 资讯）

（二）广西小额贷款公司监管模式

我国早在 1993 年就开始引入小额贷款，只不过通过当时的商业银行和农信社系统进行政策性扶持，而商业银行在 20 世纪 90 年代遇到国企的改制转变出现大量的不良和坏账现象，商业银行缺乏动力和投入去促进小额贷款的发展。进入 21 世纪，我国经济进入持续快速发展的阶段，商业银行对小额贷款支持和投入也逐渐提升，随着民间财富的不断积累，国家有意引导民间资本投向小额贷款公司，并于 2008 年由人民银行和银监会联合颁布《指导意见》，鼓励地方发展小额贷款公司来支持“三农”与小微企业的发展。

1. 监管主体

按照《广西壮族自治区小额贷款公司管理办法》的相关规定，广西小额贷款公司的主管部门为广西壮族自治区金融办公室（现为地方金融监管局），负责小额贷款公司的监督管理。广西又成立了小额贷款公司联合审批小组，由金融办牵头，工商局、人民银行南宁中心支行和广西银监局参加，负责对小额贷款公司的设立、变更、终止和业务范围进行审核批准。

表 10-2　广西地方监管部门的职责

监管部门	职责内容
地方金融监管局	组织开展小额贷款公司的试点对象的认定以及日常监管工作
工商部门	办理小额贷款公司的注册登记、年检、变更等业务
中国人民银行南宁中心支行	小额贷款公司资金流动和贷款利率的动态监测，以及洗钱等非法活动的调查
银保监局	小额贷款公司违规筹集资金、吸收公众存款以及从事高利贷等非法行为的认定
公安部门	资格的认定，核实和打击各种金融犯罪

2. 监管内容

（1）市场准入监管

小额贷款公司在法律定位尚不属于金融机构，市场准入监管主要是对进入市场开展金融业务或提供金融服务的机构的审批，是为防范过度竞争或恶意竞争而进行的事前监督，之所以采用对小额贷款公司进行金融机构方式的监管，也是考虑到对金融市场的影响，其特殊性也并非如一般公司一样要求。

第一，行业准入标准。根据广西各地区小额贷款的市场需求和发展情况，在注册资金方面，对小额贷款公司的要求相比其他省级地区并不高，其他省、自治区和直辖市小额贷款公司的注册资本下限已达到5000万元。小额贷款公司不能向公众吸收存款，开展业务主要依靠自有资金，公司注册资本规模小，业务经营很难实现规模经济。

表10－3　广西小额贷款公司注册资本要求

	有限责任公司（万元）	股份有限公司（万元）
地级市	2000	4000
县（市）	1000	2000
贫困县（国家及自治区级）	500	1000

第二，股东实力要求。根据《广西壮族自治区小额贷款公司管理办法》，小额贷款公司第一大股东必须是企业法人，对净资产和资产负债率指标都有要求，对第一大股东和单个股东的出资比例有一定限制，第一大股东及其关联方持股比例不得超过小额贷款公司注册资本总额的30%，其他单个股东及其关联方持股比例不得超过小额贷款公司注册资本总额的10%。为鼓励更多民间资本进入金融领域，监管部门“进一步放开小额贷款公司发起股东的出资比例限制，进一步取消主发起人持股比例不能超过30%的限制，允许企业法人独资设立小额贷款公司”。这种放开限制而不要求最高限额的规定旨在鼓励从发起人掌握公司的资产质量和股权结构，从源头上对个体企业和行业风险进行了有效控制。

第三，资金来源。无论是人民银行和银监会联合发布的《指导意见》，还是地方发布管理办法和意见，都十分明确地提出，小额贷款公司不得吸收社会公众存款，其资金来源主要为股东的资本金、捐赠资金，以及来自不超过两个银行业金融机构的融入资金。从银行业金融机构获得融入资金的余额虽然取消了限制，但与其业务竞争关系也很难获得融资。向社会公众吸收存款多属于存款性金融机构业务范畴，对风险管理要求高，小额贷款公司只有达到一定条件时可以成为村镇银行。

（2）市场运营监督

市场运营监督是对小额贷款公司业务运作及经营进行监管，主要包括贷款对象、额度、利率和业务区域范围等。

第一，贷款对象。《关于小额贷款公司试点的指导意见》就已明确指出，“小额贷款公司在坚持为农民、农业和农村经济发展服务的原则下自主选择贷款对象”，在服务“三农”的原则下，可以对贷款对象进行自主选择，实际上为服务对象融资最多的还是小微企业和个体工商户，对“三农”的贷款扶持，也并非微观个体能够独立解决，所以贷款对象范围不应该被固化，以免约束小额贷款公司的持续成长，但不能偏离服务“三农”初衷设立。

第二，贷款利率。利率作为公司进行贷款业务的价格，也是公司业务竞争力的表现。监管要求对利率上限放开，但不得超过最高人民法院规定的民间借款利率的上限，下限为人民银行公布的同期限同档次贷款基准利率的 0.9 倍。具体浮动幅度按照市场原则自主确定。

第三，业务区域范围。小额贷款公司可跨县、市和地区设立分支机构，但有资质要求，按照分类监管评级，监管部门根据动态管理的工作要求，每年根据最新考核评级调整经营业务同城化试点名单，考核评级达到 A 级及以上的，可在全区范围内，跨市、县（区）开展业务；考核评级达到 B 级及以上的，可在注册地所在设区市范围内，跨县（区）开展业务；评级 C、D 级小额贷款公司，不得跨区域开展业务。

（3）市场退出监管

小额贷款公司的市场退出是对行业优胜劣汰的一种过滤，是对运行状态结果的一种判定。一般分为自愿退出和强制退出两种形式。根据“指导意见”规定当小额贷款公司出现内部解散事由、经营不善退出、破产清算等都属于市场退出形式，通过市场退出有力促进小额贷款行业的净化与健康发展。

3. 监管存在问题

（1）监管部门之间的协调

指导意见已经明确省级政府可以确定一个主管部门（地方金融监管局）负责对小额贷款公司的监督管理，并愿意承担小额贷款公司风险处置责任。管理办法第四条指定了自治区金融办（现地方金融监管局）为广西小额贷款公司的主管部门，负责小额贷款公司的监督管理。全国大多数省级地方都是以地方金融监管局为主管部门，涵盖工商、税务、人民银行和银保监会分支机构及公安等部门构成的监管体系，这种“一主多辅”的监管模式。广西成立了自治区小额贷款公司联合审批小组，由自治区地方金融监管局牵头，自治区工商局、人民银行南宁中心支行和广西银保监局参加，负责对小额贷款公司的设立、变更、终止和业务范围进行审核批准。地方金融监管局如何协调与监管机构的关系显得尤为重要，国务院金融稳定发展委员会要求建立地方协调机制，广西建立了以人民银行南宁中心支行牵头，建立金融委办公室地方协调机制，其中加强金融监管协调和推动金融信息共享对于小额贷款公司发展和监管具有重要意义。以往“一行三会”为实现监管机构配合、避免监管真空和重复监管而成立联席会议被实践证明效果甚微，后来成立国务院金融稳定发展委员会来强化金融监管部门监管职责，地方成立协调机制是否会面临同联席会议同样的问题，虽然由人民银行分支机构主导，但对小额贷款公司而言仍属多头监管，对行业发展依然会产生监管缺位或监管过度的问题。

（2）监管制度过严

小额贷款公司作为一般工商企业，尚未被认定为金融机构，被严格要求不准吸收公众贷款，通常情况为保证存款人利益，对吸收存款性金融机构的监管措施比较严格，无论从设立、资本金、股东、风险管理和流动性管理等都有较为严格的规定。与存款性金融机构比较而言，小额贷款公司主要通过自有资金开展信贷业务，对社会产生的影响更多是经营风险以及合规风险。因存款性金融机构在放贷业务存在竞争关系，小额贷款公司从银行业金融机构获得融入资金的可能性极低，对银行的连带影响风险也十分有限。对公司的融资、营业范围监管过严，会产生额外的经营和管理成本，阻碍公司平稳、有序和持续的发展，此外各省试点对小额贷款公司经营范围要求也不同，多数地方只规定小额贷款公司从事贷款和投资咨询业务，而部分省、直辖市如贵州和重庆地方允许小额贷款公司办理票据贴现，贵州省甚至允许小额贷款公司进行买卖债券。所以监管部门要转变经济职能，严格的监管要求也要为小额贷款公司创造更广泛的经营权利。

（3）监管手段尚未形成配套体系

小额贷款公司从进行试点到现今不过十余年，公司治理机制尚有许多不完善之处，经营者也在不断摸索改进之中，尤其是对资产的风险管理尚需经验的积累，地方对小额贷款公司的监管虽有地方金融监管局主导，当前尚属多头监管，监管部门在实际监管中容易各自为政、流于形式，很大程度影响监管效果，监管部门为公司建立制度约束时，也要为经营者创造环境，提供技术和其他方面的支持，对于关联交易要建立一定制度约束。

（4）监管人员素质有待提升

广西金融人才短缺。小额贷款公司与一般工商企业不同，信贷业务的特殊和复杂性要求监管人员具备一定专业知识和风险管理经验，而监管部门选拔人才多从高校或高校毕业不久，虽具备一定专业知识，但技术与经验相对缺乏。在监管与被监管者之间的博弈较量中，专业能力高低代表着对信息掌握的充分与否，也最终影响着博弈的结果，小额贷款公司中所涉及的农业、小微企业相关专业知识及财务会计知识都需要监管人员具备和增强。

4. 主要原因

（1）监管的法律法规配套不完善

地方政府在行使监督和管理权限，要依据权力机关颁布的法律法规赋予监督和管理权，人民银行发布《非存款类放贷组织条例（征求意见稿）》属于目前小额贷款公司最高阶位的法律文件，它具有法律的效力，是根据宪法和法律制定的，对小额贷款公司的违法违规强制力。自治区政府可以根据条例对小额贷款公司制定实施细则，但现实实施细则补充并不及时，比如违规搭售、暴力催收和跨自治区经营等问题并未及时有细则补充说明。

（2）公司的机构性质认定模糊

小额贷款公司机构性质认定对未来发展影响深远，公司从事金融信贷业务但无法取得金融许可证，既不属于金融机构，也不同一般工商企业，在税收方面不能按金融机构性质享受政策优惠，在信贷法律纠纷中被判定不适于“金融借贷纠纷”而致使诉讼成本高且周期长，非金融机构性质也让商业银行对小额贷款公司授信认可度不是很高，小额贷款公司很难从外部获得融资来支持本身业务。

（3）政府与市场的边界不清

地方金融监管部门肩负着监管、协调、服务及发展等多重职能，在一定程度上需要满足地方政府需要，除了承担处置小额贷款公司的风险处置责任，还要重点推动地方经济发展。地方金融监管部门往往在风险防范中侧重事后处置，忽视事前、事中监管，监管的独立性易受到影响，弱化了金融监管职能而强化了金融发展的功能。如南宁金通小额贷款公司由广西金融投资集团控股，注册资本近 90 亿元，如此大的规模在全国范围也属罕见，地方金融监管局发布监管意见或指引对该类地方国有公司的监管和发展之间如何做到平衡值得深思。

三、对广西小额贷款公司的监管建议

（一）监管主体的完善

1. 完善监管主体结构

小额贷款公司的监管主体是一个以中央监管为指导，地方政府负责监管，行业自律组织负责行业自律指导的多层次监管体系，地方政府监管是以地方金融监管局为主体，自治区工商局、人民银行南宁中心支行和银保监局为辅的“一主三辅”监管架构，其成立联合审批小组负责小额贷款公司的设立、变更、终止和业务范围进行审核批准，地方金融监管局负责拟定小额贷款公司管理办法，对小额贷款公司的业务经营情况进行监督管理。中央监管层面对小额贷款公司的监管放权给地方政府，并承担处置责任。国外的一些发展经验显示，小额贷款公司的资产坏账风险要高于银行，而地方监管部门负责制定监管规则，要对小额贷款公司行业发展进行系统研究，制度政策更新缓慢则不利于小额贷款公司在本地区的持续成长。对小额贷款公司的风险处置要反应及时准确，理顺风险边界，防止风险继续扩大。地方金融监督管理局要有更多的自主权限来及时行使监管措施和手段，提高监管效率，达到监管效果。

2. 监管制度的合理构建

地方政府对小额贷款公司的发展既要充分发挥对“三农”和小微企业的积极作用，也要结合制度设计，做好对小额贷款公司制度约束，监管部门也要为小额贷款公司创造必要条件进行支持，对小额贷款公司的监督和管理纳入法律制度，界定其法律地位，人民银行 2014 年发布的《非存款类放贷组织条例（征求意见稿)》依然没有确认小额贷款公司的金融机构性质，也没有确认小额贷款公司的退出机制与转型升级等。

（二）放宽运营限制

1. 扩大外部融资

《非存款类放贷组织条例》虽然准许非存款类放贷组织可以通过发行债券、向股东或银行业金融机构借款、资产证券化等方式融入资金从事放贷业务，但各地方并没有对小额贷款融资范围进行修改，地方监管部门针对小额贷款公司尚未及时补充管理细则，小额贷款公司外部融资需求仍难以满足，只有拓宽外部融资渠道，才能促使小额贷款公司更好地服务地方融资需求。

2. 拓展业务范围

小额贷款公司设计初衷是为“三农”和小微企业提供融资服务，但这种服务并不意味着公司自掏腰包来补贴支持。众所周知“三农”和小微企业信贷资产管理风险较高，但小微企业和“三农”的发展关系到国民经济的健康和可持续发展以及就业等问题，对他们的金融支持并不能获得高额回报的利润，风险与收益并不相匹配，国内财大气粗的商业银行都尽量规避，凭什么让小额贷款公司以自有资金冒着极大的风险接烫手的山芋呢？目前小额贷款公司的现实盈利能力并不是很理想，近些年各省、自治区和直辖市也竞相争夺金融资源，广西并没有形成实力雄厚的本土金融机构，若无政策上的优惠和鼓励，很难从全国的竞争中脱颖而出，所以从长远的发展眼光来看，可放宽对公司经营范围的限制，在确保主营业务不变的基础上，赋予公司更多业务权限。

3. 鼓励转型升级

以往村镇银行发起者主要为商业银行机构，在业务模式方面易受商业银行文化的影响，业务侧重点依然强调以大型机构为主，而忽视对“三农”和小微企业的支持，村镇银行也不过成为商业银行在农村市场的延伸，从农村吸收的资金最后用来支持城市的建设发展，并没有起到有效的反哺作用。而小额贷款公司向村镇银行转型指标要求相对较高，应适当调整转型中不合理的限制条件和因素。

（三）内在稳定机制的建立

对于小额贷款行业的风险控制不但要从外部稳定机制的监管入手，还要建立内在稳定的约束机制，小额贷款行业在我国发展时间并不长，无论是风险监测，还是内部控制制度，与商业银行体系无法比拟，但商业银行的风险控制方式可作为小额贷款行业较为完备的参照。

1. 损失准备金的提取

对小额贷款公司而言，可根据资产风险程度进行计提，建立合理的贷款损失补偿机制，尤其小微企业信用风险较高，债务偿还具有一定不确定性，监管部门与行业协会可联合组织贷款性金融机构建立“小额贷款公司风险补偿专项基金”，在贷款到期扣除抵押品或质押品以及担保人追索后的部分由风险补偿专项基金来承担损失赔偿，专项基金的建立将鼓励和引导放贷机构提高小额贷款发放额度，更好地满足小微企业的融资需求。

2. 公司内部控制制度的强化

要强化对小额贷款公司的内部控制制度的监管，对贷款方式、风险管理和贷款审批程序等进行内部的制度规范，监管部门和行业协会可以参与制定一些非正式制度规则来规范公司的业务行为，推动内部管理走向规范。监管部门的干预对秩序的稳定具有直接的效果，内部调节机制必须与监管部门进行合理的配合才能发挥强大的作用，实现对行业管理的功能。

3. 信息监管平台的建立

随着信息时代的迅猛发展，金融业务对信息和互联网技术的依赖越来越强，信息化监管平台的建立将有助于提高监管效率和节约人力资本，小额贷款公司可将业务数据上传到平台上的专有账户，监管部门可通过信息平台系统查询被监管对象日常数据，提高监管的及时性和有效性，信息监管平台更有利于监管部门的信息统计和风险预警系统的建立，将零散化、分散化的数据信息收集可以更好地进行风险分析，对信贷业务流程进行更好的优化改进。

（四）提高监管的服务意识

对小额贷款公司的监管是维护金融秩序稳定的需要，通过监督和管理以维护小额贷款行业持续发展，在规范和健全监管规则的同时，也要为“三农”和小微企业提供便捷的融资服务。监管部门要发挥其公共服务的职能，为小额贷款公司发展创造便利条件。小额贷款公司对辖区的农业和个体工商企业发展意义深远，从某种程度上带来经济的外部性。监管部门也要建立适当的激励机制，为小额贷款公司创造良好宽松的运营环境。

参考文献

[1] 王建，马鹏飞. 对我国小额贷款公司法律监管问题的思考 [J]. 金融理论与实践，2011 (6).

[2] 武鑫. 我国小额贷款公司监管问题研究 [J]. 金融监管，2012 (6).

[3] 凌海波. 小额贷款公司监管的现行机制研究 [J]. 学术交流，2012 (11).

[4] 戴楚怡. 创新小额贷款公司监管体系 [J]. 会计之友，2013 (10).

[5] 田长海. 我国金融业经营模式演进中的监管分析——基于“角色人”假设分析 [D]. 西南财经大学，2014.

[6] 周孟亮，李俊. 普惠金融视角下小额贷款公司监管模式研究 [J]. 吉首大学学报（社会科学版），2014 (1).

[7] 黄彩云，杨姚静. 广西小额贷款公司发展出路研究 [J]. 市场论坛，2016 (1).

［8］刘平，方秋华，黄世明，蒋涛．关于强化广西小额贷款公司法治环境建设的对策［J］．区域金融研究，2016（3）．

［9］张智敏．深圳市小额贷款公司的政府监管研究［D］．华南理工大学，2018.

（执笔人：田长海）

附　录

1. 中国 GDP 不变价同比增长率

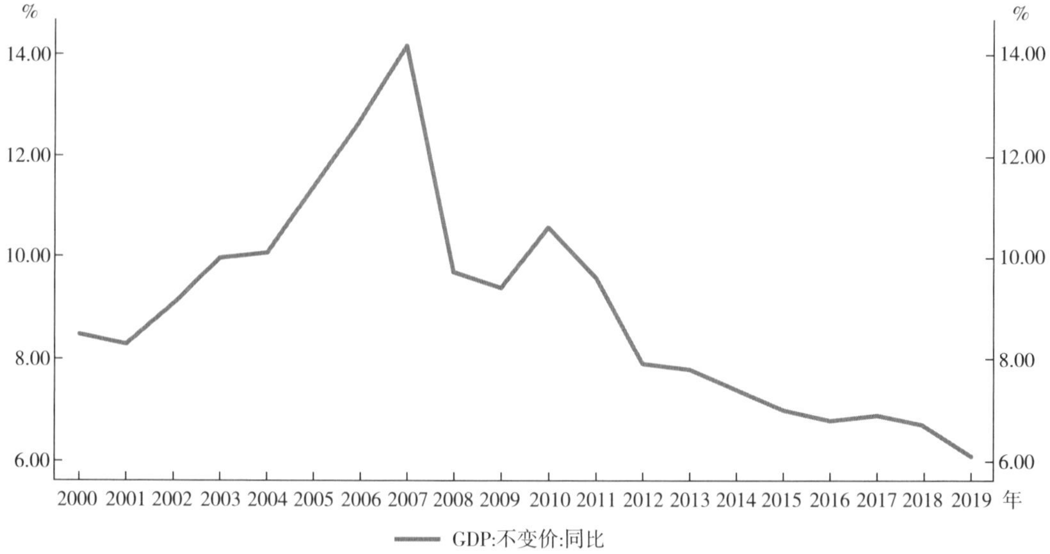

（资料来源：Wind）

2. 国内 CPI 指数

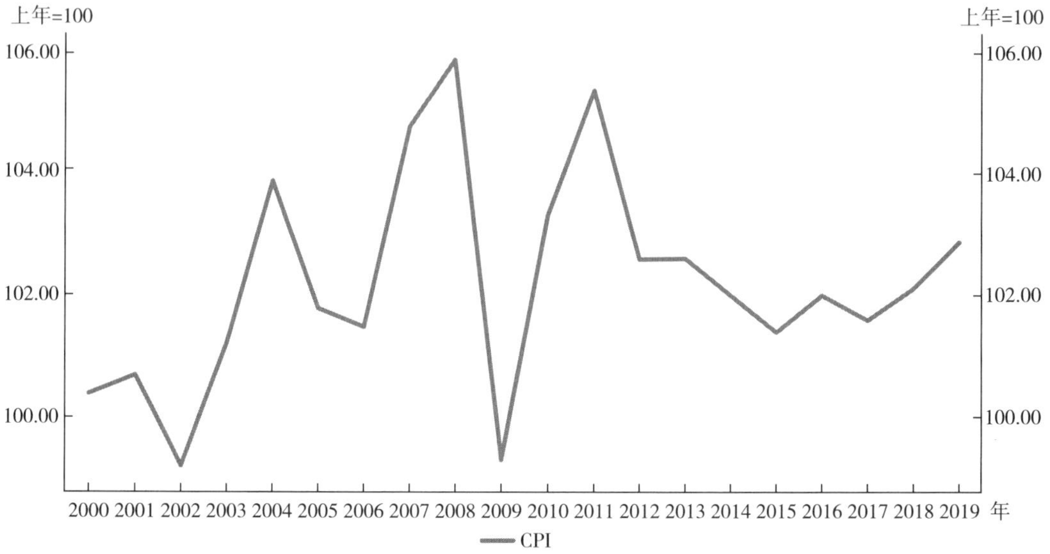

（资料来源：Wind）

3. 国内工业生产者购进价格 PPIRM 指数（1990 年 =100）

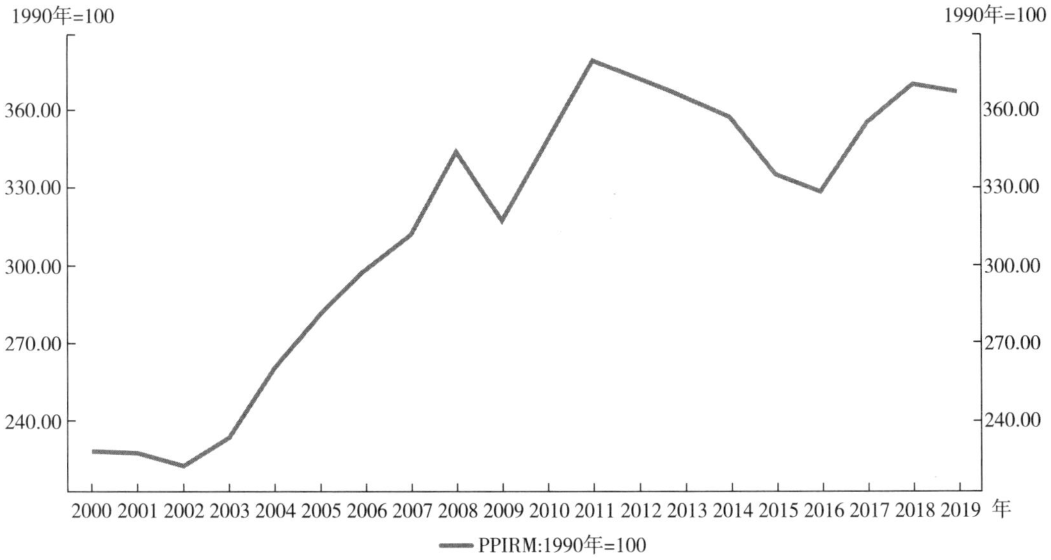

（资料来源：Wind）

4. 国内广义货币 M_2 同比增长率

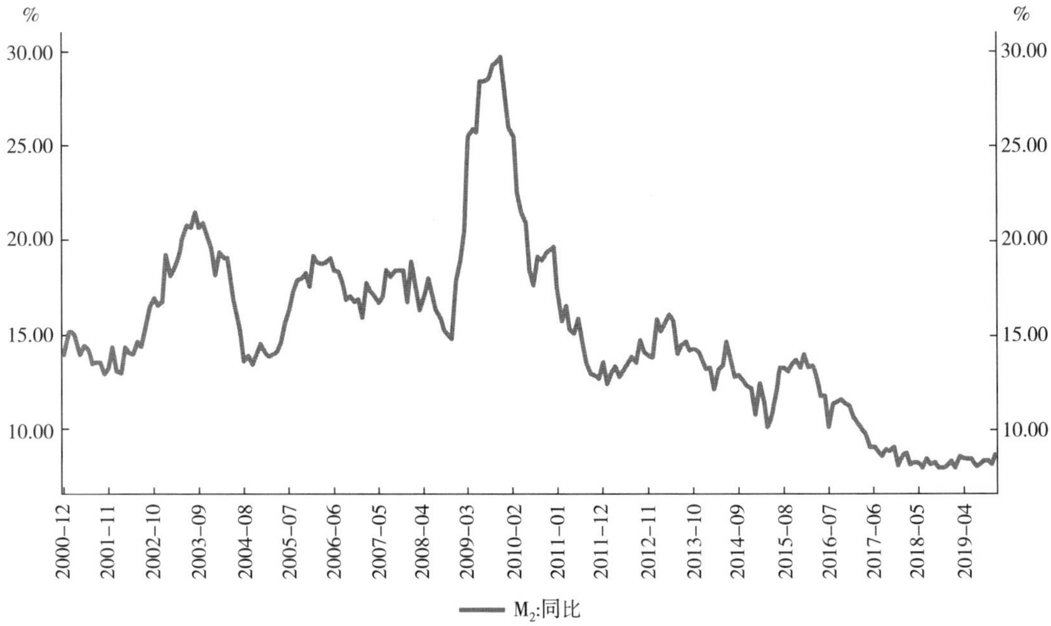

（资料来源：Wind）

5. 常备借贷便利（SLF）余额

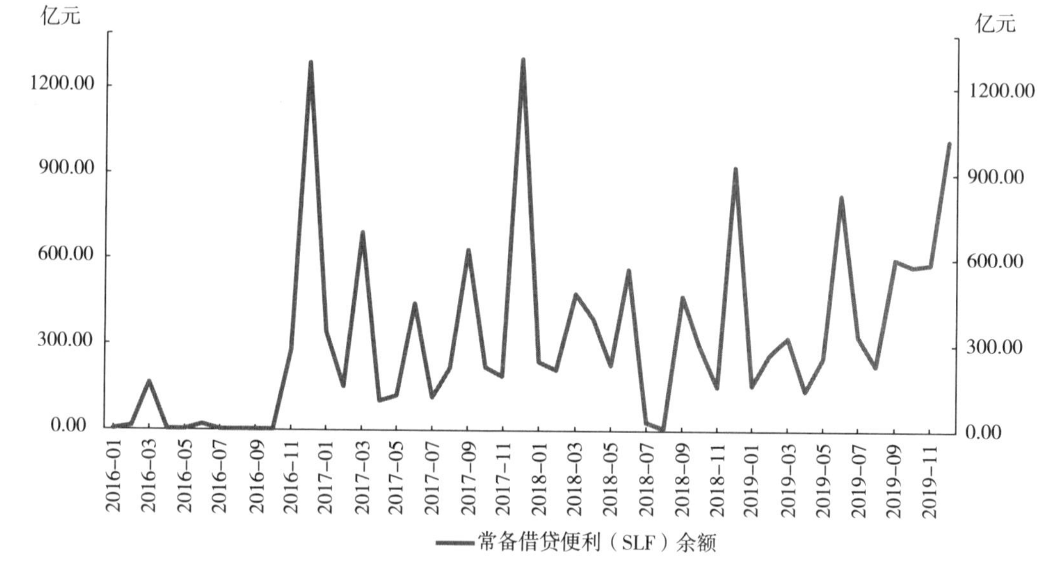

（资料来源：Wind）

6. 国内公共财政支出同比增长率

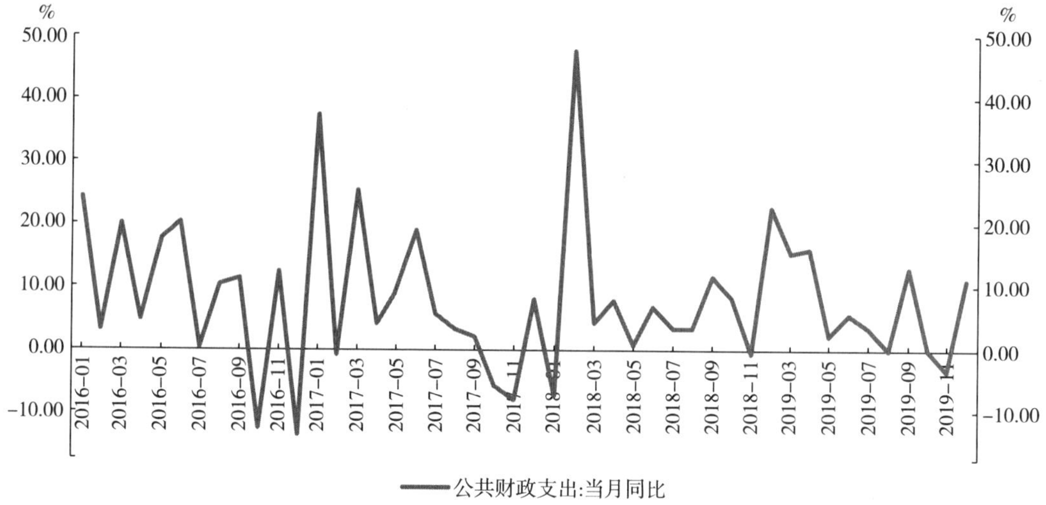

（资料来源：Wind）

7. 国内社保基金支出

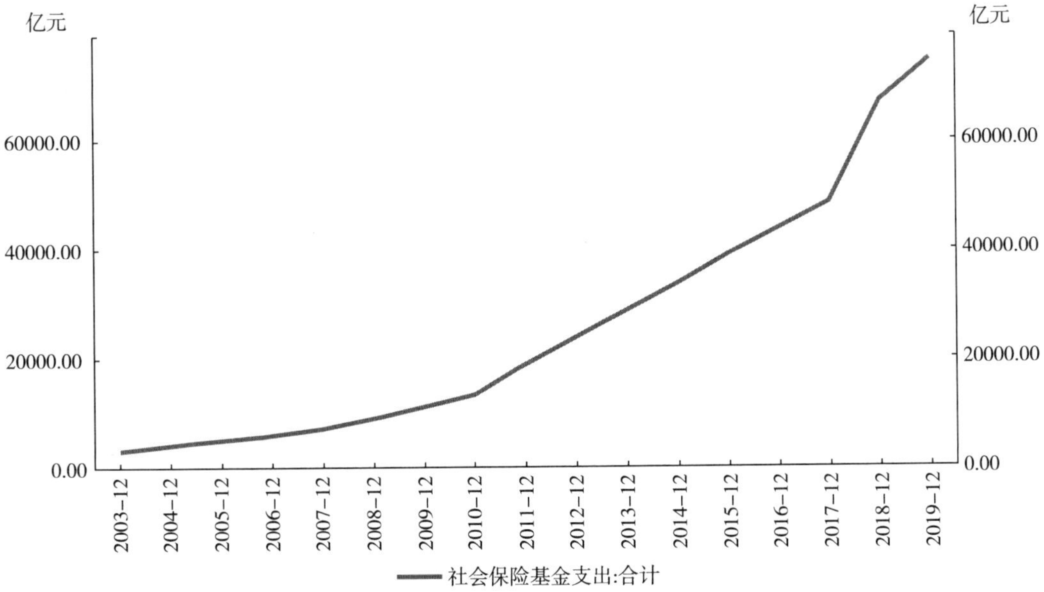

（资料来源：Wind）

8. 国内城镇登记失业率

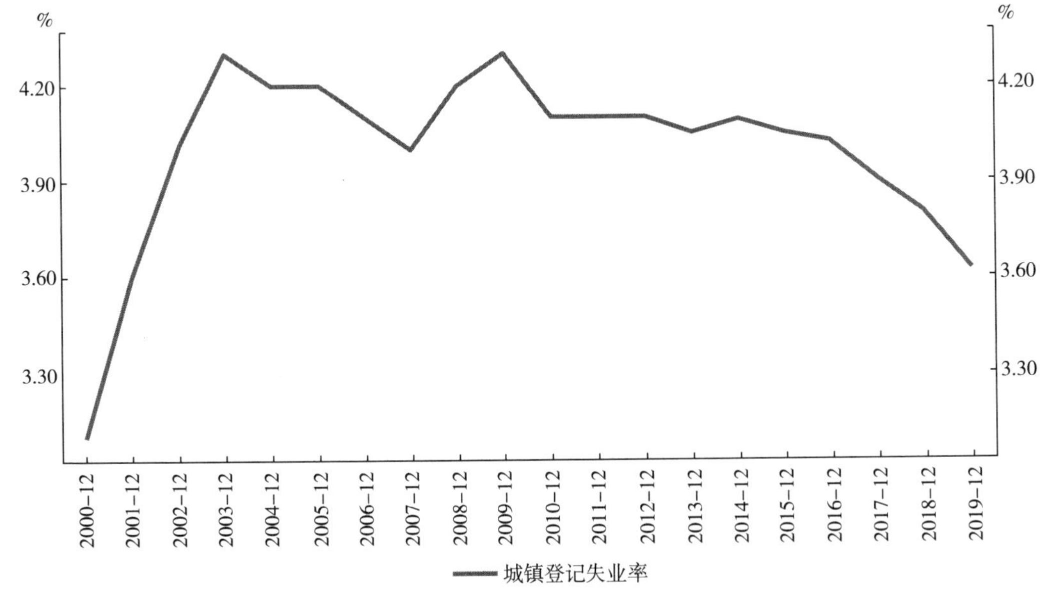

（资料来源：Wind）

9. 国内研究生培养机构数

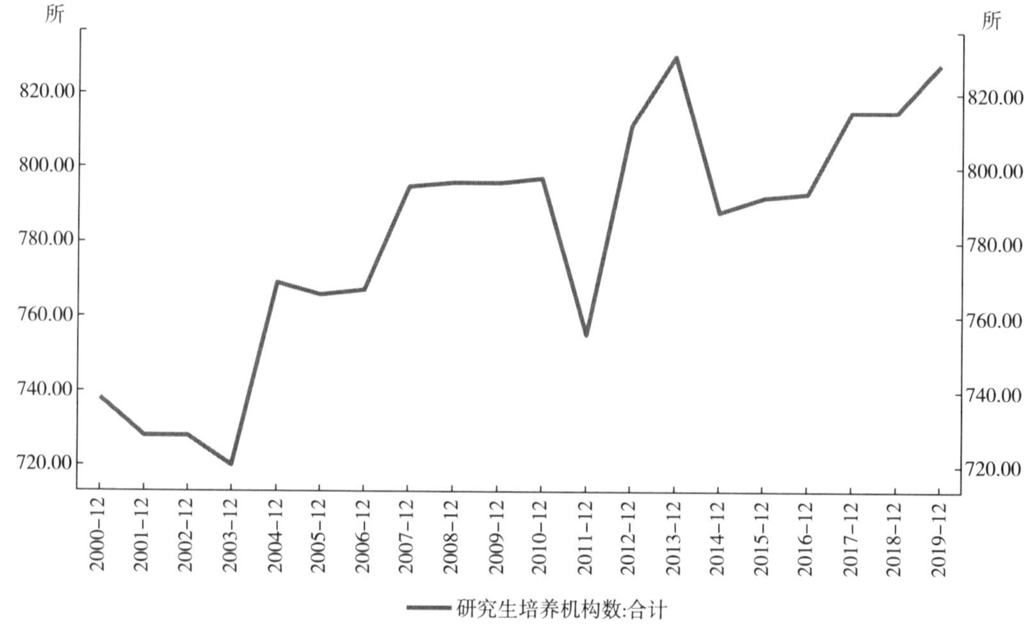

（资料来源：Wind）

10. 广西地区生产总值增长率

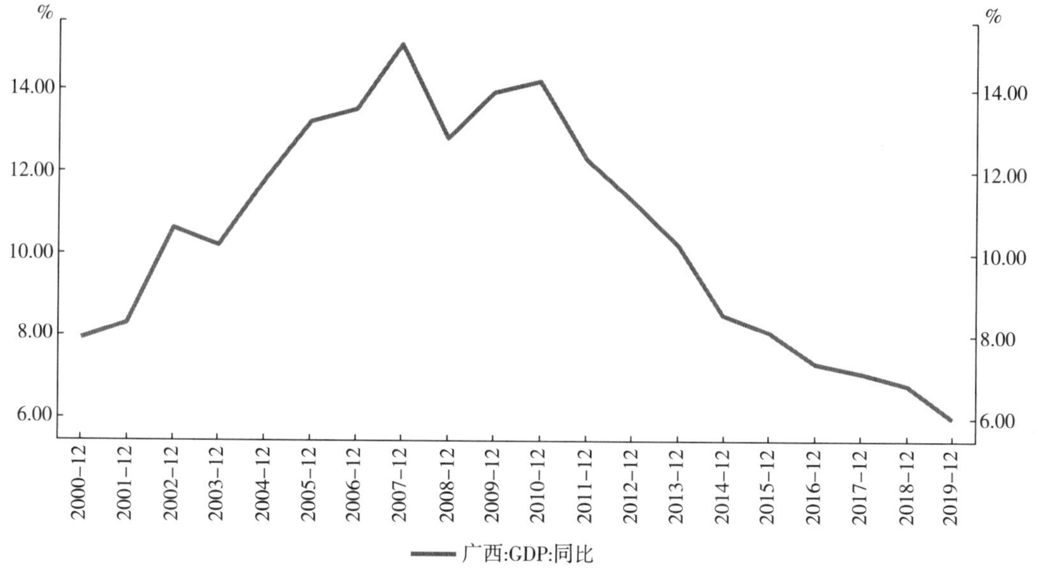

（资料来源：Wind）

11. 广西工业增加值（可比价）累计同比增长率

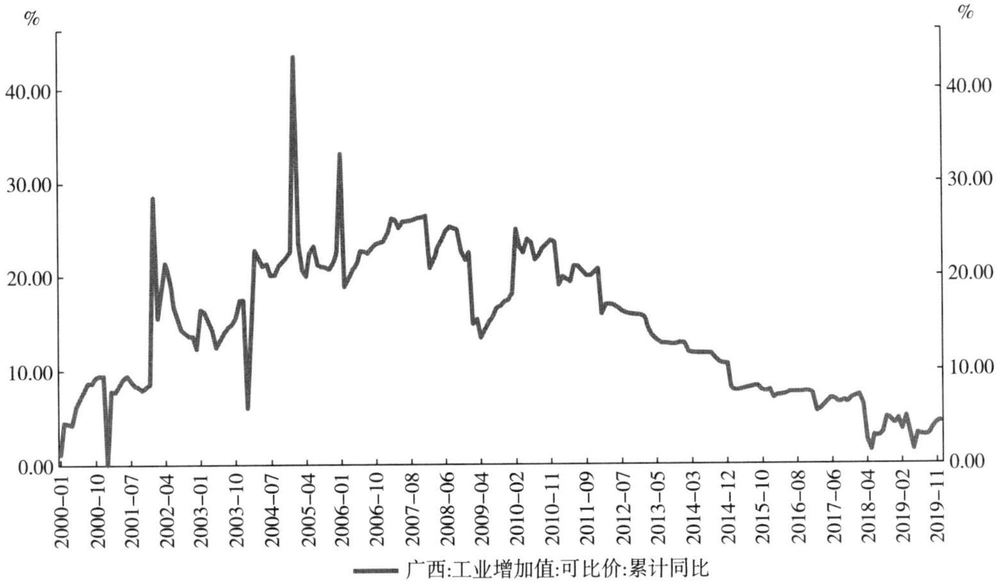

（资料来源：Wind）

12. 广西 CPI 指数

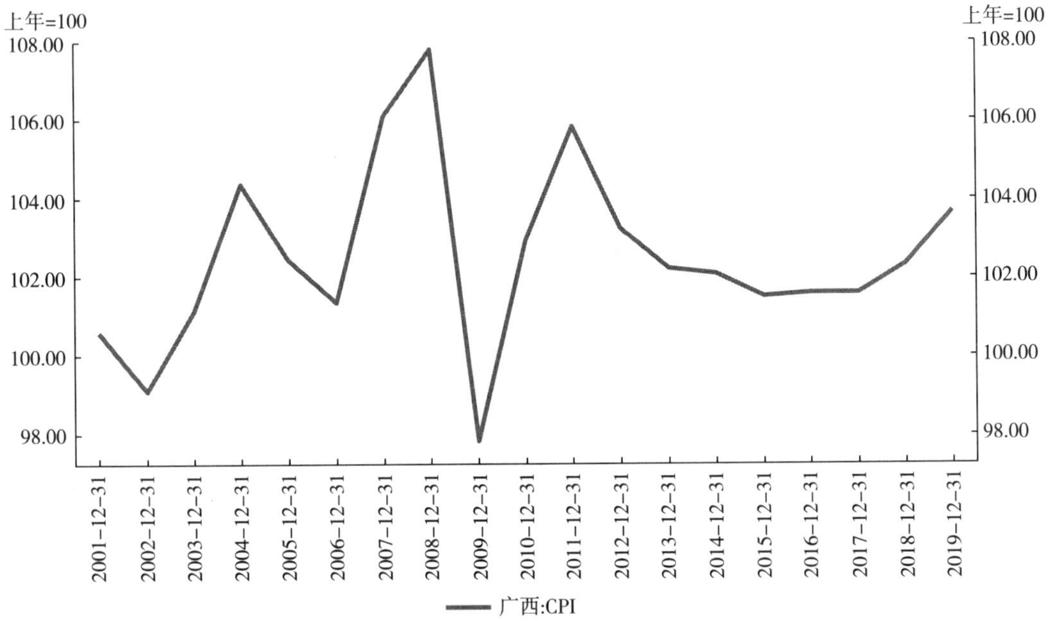

（资料来源：Wind）

13. 广西进出口金额（人民币）累计同比增长率

（资料来源：Wind）

14. 广西实际利用外商直接投资额

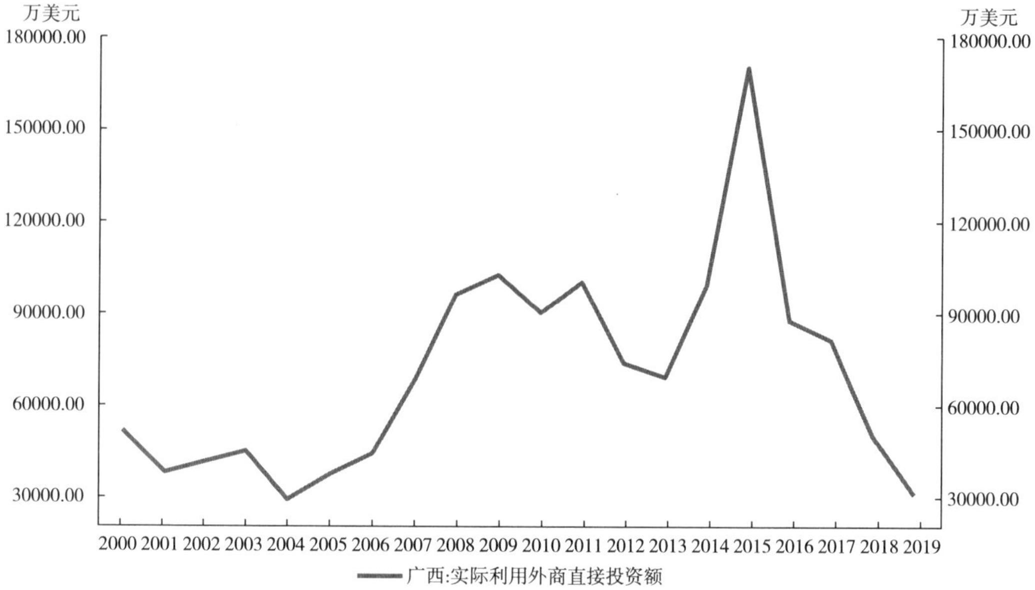

（资料来源：Wind）

15. 广西民间固定资产投资完成额增长率

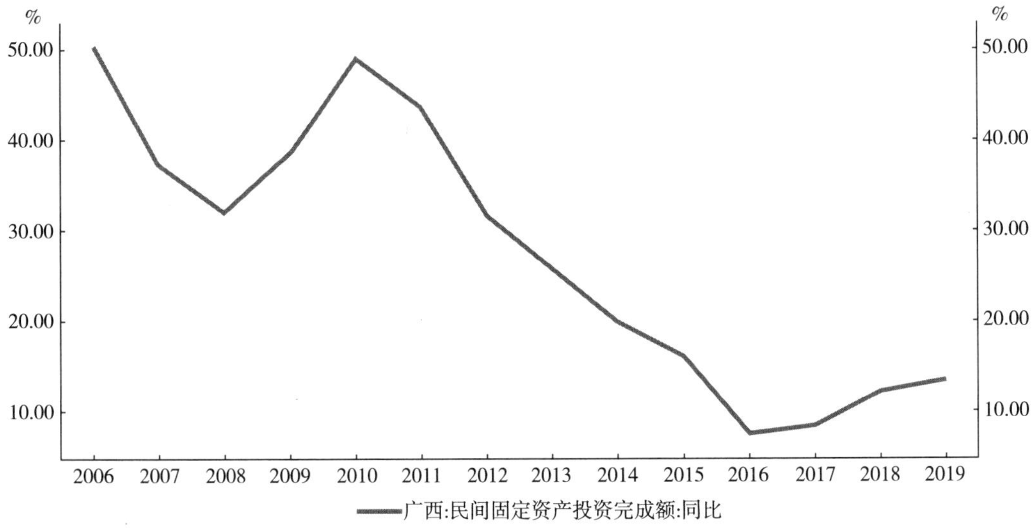

(资料来源：Wind)

16. 广西 PPP 项目投资额

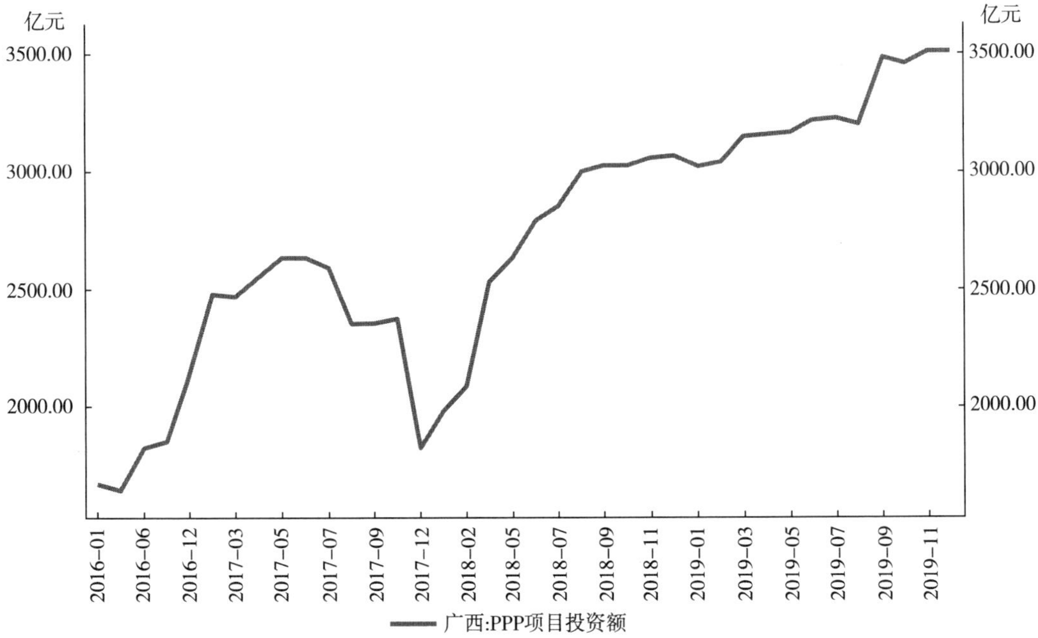

(资料来源：Wind)

17. 广西社会消费品零售总额

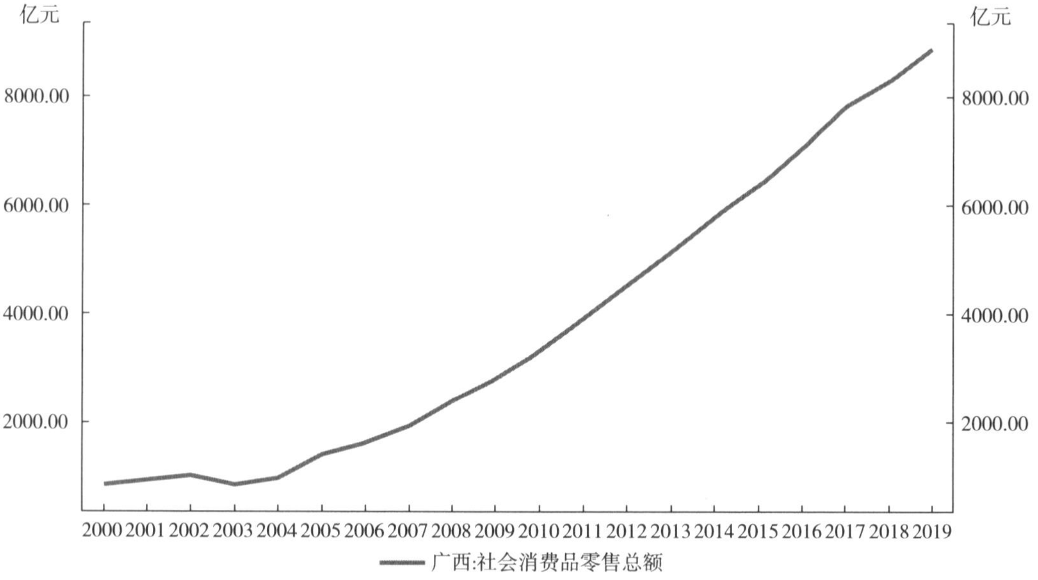

（资料来源：Wind）

18. 广西地方公共财政收入累计同比增长率

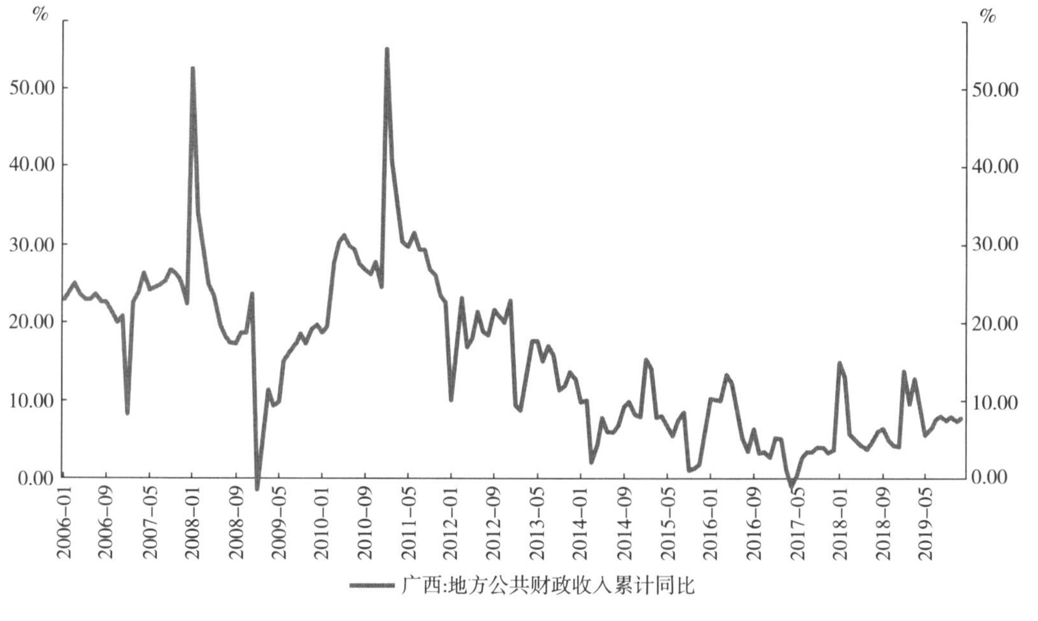

（资料来源：Wind）

19. 广西城镇登记失业率

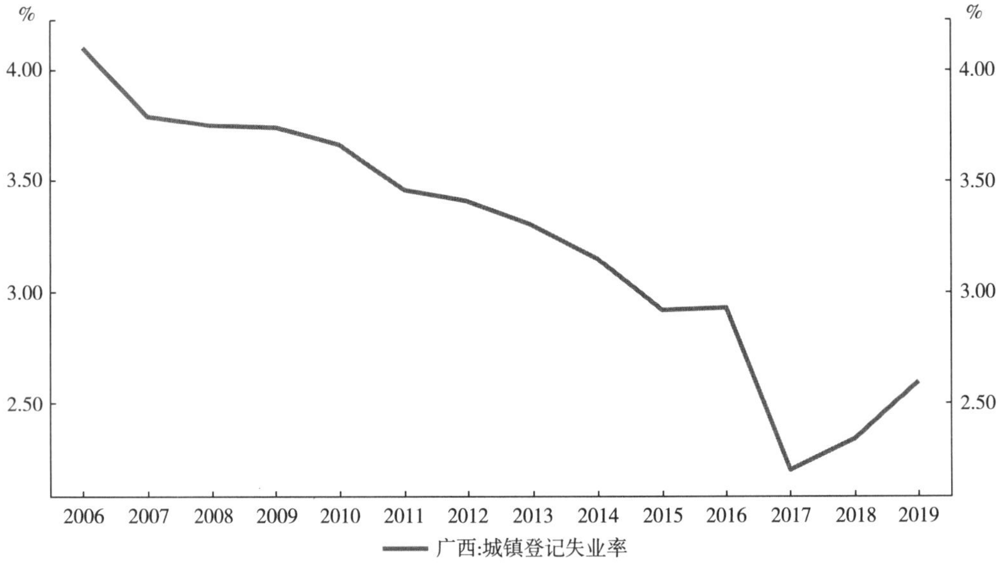

（资料来源：Wind）

20. 广西农村居民恩格尔系数

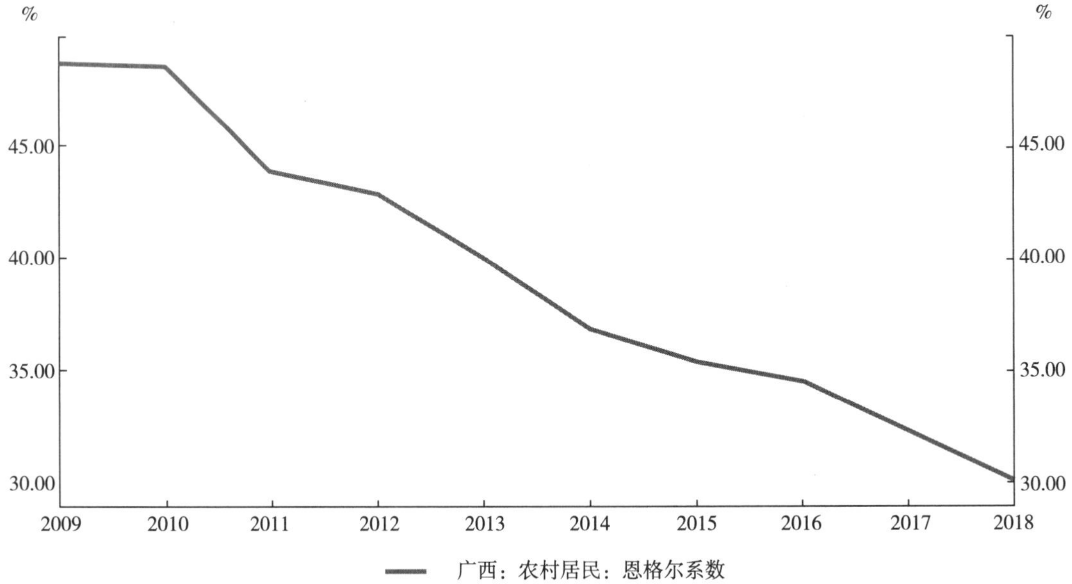

（资料来源：Wind）